한글의 사회문화사

A Social and Cultural History of Hangeul

Park, Yong-Shin · Do, Hyeon-Chul · Choe, Key-Sook etc.

연세국학총서 121

한글의 사회문화사

박영신 · 도현철 · 최기숙 외 지음

혜안

간행사

이 책은 연세대학교 국학연구원이 개최한 제473회 국학연구발표회 「한글의 사회사: 민본에서 민주로, 교화에서 운동으로」, 제474회 국학연구발표회 「한글의 문화사」에서 발표했던 성과물과 이 분야의 대표적인 성과물을 보태어 단행본으로 엮은 것이다.

국학연구원에서는 두 차례의 학술대회를 통해서, '한글의 사회사'와 '한글의 문화사'를 집중적으로 조명해 보았다. 주지하다시피 한글은 단순한 의사소통의 도구가 아니라 한국의 문화와 가치를 보존하고 사회를 발전시켜온 '원동력'이었다. 조선시대에는 유교 지식인들이 한글을 연구하며 민본(民本) 사상을 더욱 확고히 해왔다. 한말, 일제 강점기에 한글운동은 곧 민족국가 건설운동이자 근대 시민의 형성과정이었다. 그리고 오늘날 대한민국의 민주화와 산업화, 세계화의 문화 동력은 곧 '한글'의 힘에서 비롯되었다고 해도 과언이 아니며, 남북 분단을 넘어서는 민족화해의 동력으로 작동하고 있다. 국학연구원에서는 이러한 한글의 역사적·문화적 사실을 재확인하기 위해서 학술대회를 기획하고 개최하였다.

'한글'의 힘에 주목한 것은 비단 우리 국학연구원만이 아니다. 그동안 많은 연구소와 학회, 개인 연구자들이 '한글'의 역할과 의미에 대해 다양한 시각에서 '한글'을 연구해왔다. 그러나 한글 관련 연구는 기본적으로 언어와 문학 영역에 편중될 수밖에 없었다. 본 국학연구원에서는 '한글' 연구의 방향과 관점을 사회사와 문화사의 시각으로 확장시켜서 한글의 가치와 의미를 새롭게 해석하자는 것에 주안점을 두었다. 이를 위해 이 책의 필진으로는 국문학자, 국어학자들과 더불어 역사학자, 사회학자들이 함께 참여하였다. 서로 다른 학술 전통을 지닌 네 분과의 학자들이 모여 함께 토론하면서 각 분과에 닫혀있던 한계를 넘어서서 서로 소통할 수 있었음은 귀중한 경험이었다.

필자들은 전통시대에서 근현대까지 한글의 사회적 의미를 밝히고, 한글의 문화적 의미가 어떻게 확장되고 다양한 방법에서 모색되었는지를 포착하였다. 그 결과 '한글'이 한국 사회문화의 성격 형성 과정에서 어떤 역할을 했는지 이해하고, 앞으로 한국 사회문화 발전의 방향을 한글과의 연관성 속에서 전망하는 데에 많은 시사점을 제시해 주었다. 특히 본 단행본에서는 한글 연구 시기를 확장하고 있으며, 여태까지 큰 주목을 받지 못했던 한글 관련 주요 텍스트를 학술적 분석 자료로 부각시킨 성과도 확인할 수 있다. 향후 한글 연구에 있어서 본 단행본을 초석으로한 새로운 시도가 이어지길 기대한다.

학술대회의 성과가 책으로 간행되기까지 많은 분들의 도움이 있었다. 한글의 사회사 발표를 맡아주신 박영신, 이준식, 도현철, 정호훈 선생님, 한글의 문화사 발표를 맡아주신 최기숙, 권두연, 박부자 선생님께 깊은 감사의 말씀을 드린다. 한글의 사회문화사 단행본에 기꺼이 원고를 내어 주신 김병문, 박영민, 이석재, 한영균 선생님께도 감사드린다. 토론을 맡아주신 선생님들의 도움도 컸음을 밝혀둔다. 임미정 선생님은 다양한 글들을 모아 한 권의 책으로 펴내는 데 큰 도움을 주었다. 책 출간에 선뜻 나서준 혜안출판사에도 고마울 따름이다.

두 차례 학술대회를 열고 책을 내는 과정에서 외솔기념강좌 기금이 큰 도움이 되었다. 외솔 최현배 선생의 손자이신 최홍식 님은 외솔의 뜻을 널리 알리고자 국학연구원에 이 기금을 선뜻 내어주신 바 있다. 이 자리를 빌어 깊이 감사의 뜻을 밝힌다. 국학연구원은 앞으로도 한글

보급과 시민 교육에 한 평생을 바친 외솔의 업적을 계승, 발전시키기
위해 분발하고자 한다.

2022년 6월
연세대학교 국학연구원장 **김성보**

차 례

제3부 한글 표기의 실천과 문화사

제4부 근대 매체와 한글

제1부

•

훈민정음의 창제와 교화·사상

훈민정음의 창제와 유교 교화의 확대

도 현 철

1. 머리말

세종(1397~1450)은 훈민정음을 창제하였다. 세종 25년 12월에 임금이
친히 언문(諺文) 28자를 지었는데, 옛 전자(篆字)를 모방하고 초성·중성·종
성으로 나누어 합한 연후에야 글자를 이루었다. 무릇 문자에 관한 것과
이어(俚語)에 관한 것을 모두 쓸 수 있고 글자는 비록 간단하고 소략하지만
전환하는 것이 무궁하니, 이것을 훈민정음(백성을 가르치는 바른 소리)이
라고 일렀다[1]고 하였다. 훈민정음 창제는『농사직설』과 같은 농학,『향약
채취월령』·『향약집성방』과 같은 의학, 측우기·간의대와 같은 천문학
등의 성과와 함께 세종이 '풍토부동(風土不同)' 곧 유교적 문명사회를
지향하면서 지리적으로 중국과는 다른 특성을 인정하고 거기에 합당한
자국의 문화를 재발견한 것이었다[2] 그리고 여기에는 당시 생산력 발전과

---

1)『세종실록』권101, 25년 2월 경술(4책, 533쪽) "是月, 上親制諺文二十八字, 其字倣古
篆, 分爲初中終聲, 合之然後乃成字, 凡于文字及本國俚語, 皆可得而書, 字雖簡要, 轉換
無窮, 是謂訓民正音."
2) 김용섭,「조선왕조의 문명 전환 정책과 고조선 문명의 계승 육성」,『東아시아
역사 속의 한국문명의 전환-충격, 대응, 통합의 문명으로』(신정·증보판), 지식산

달라진 민에 대한 인식을 반영하여 형률, 법제와 같은 외재적 강제보다는 문자를 통한 설득, 자각, 소통의 인문 문치적 지배 방식의 변화를 내포하는 것이었다.[3]

조선왕조는 유교를 국정교학으로 삼아 삼강오륜으로 집약된 윤리 규범을 강조하여 짐승과 구별되는 인간으로서 당연히 지켜야 할 도리를 제시하면서, 명분론을 통하여 남자·장자·적자 중심의 상하존비의 관계를 정당화시키고, 이를 교화라는 이름으로 지배층뿐만 아니라 농민·부녀자· 어린이까지 포함하는 전국민에게 알려 왕조의 상하 지배질서를 확립하고 자 하였다.[4]

말하자면, 세종은 조선왕조의 지배체제 하에 유교 문명사회로의 전환을 꾀하는 가운데 생각하고 말하는 것을 쉽게 표기하도록 백성을 위한 문자, 훈민정음을 창제한 것이다. 곧 훈민정음에는 백성들이 상호간의 의사소통을 보다 원활히 하려는 목표는 물론 문자를 통하여 윤리 도덕을 강화시키고 지배질서를 옹호하려는 목표도 함축되어 있다.[5] 그러므로 세종이 유교 사회를 지향하면서 훈민정음을 창제한 의미를 파악하게 되면, 문자를 통하여 교화를 확대하고 지배질서를 공고히 하려는 세종대 나아가 조선초기의 문화의 성격을 보다 명확하게 파악할 수 있을 것이다.

훈민정음의 창제에 관한 연구는 세종의 업적과 연관되어 많은 성과를 거두었다. 세종이 백성들 자신의 의사를 쉽게 표기할 수 있도록 하는

업사, 20015, 180~193쪽.

3) 도현철, 「조선초기 민 인식의 변화와 언문을 통한 유교 문명화」, 『동방학지』 193, 2020.

4) 金駿錫, 「儒敎思想論」, 『韓國史認識과 歷史理論』(金容燮敎授停年紀念韓國史學論叢 1), 1997.

5) 국가의 훈민 정책의 대상, 예컨대 『삼강행실도』의 愚夫愚婦는 지배 신분 계급이고, 일반 농민은 유교 도덕에 의한 敎化의 대상이 아니라 법률적 통치의 대상이라는 견해가 있다(김훈식, 「15세기 민본이데올로기와 그 변화」, 『역사와 현실』 창간호, 1989).

백성의 문자를 만들었고,6) 중국 한자음을 바르게 이해하려는 목적이 있었으며, 한문을 쓰는 양반 지배층을 대신하는 한글을 쓰는 새로운 세력의 등장을 의도했다거나7) 민의 성장을 반영하여 지배질서를 유지하기 위한 수단 혹은 민본책의 일환으로 창제된 것이라는 견해,8) 그리고 조선의 명나라의 언어 표준의 수용의 일환9) 혹은 유교적 보편성을 구현하기 위하여 조선의 개별성을 고려하는 과정에서 한글이 창제되었다는 연구10)가 있다.

2. 조선의 유교 사회 지향과 훈민정음의 창제

1) 조선의 유교 사회 지향과 유교 문화의 수용

조선왕조는 유학을 국정이념으로 삼아 유교적 이상 사회를 만들려고 하였다. 조선은 고려말 개혁 정치 과정에서 건국되었기 때문에, 고려의 정치 사회 체제를 유교 이념에 맞게 개편하고 정치 사회 전반에 걸친 유교화를 추진해 갔다.

유학을 이론적으로 정립하고 이 시기 확산된 성리학은 종래 불교를

---

6) 이기문, 「훈민정음의 창제」, 『신편한국사』(조선초기의 문화1) 26, 2007.

7) 정출헌, 「조선전기 언해 사업의 지평과 문명전환의 맥락 - 새로운 언어문자의 창제와 새로운 학문주체의 탄생」, 『어문논집』 84, 2018.

8) 이우성, 「조선왕조의 훈민정책과 정음의 기능」, 『진단학보』 42, 1976 ; 강만길, 「한글창제의 역사적 의미」, 『창작과 비평』 44, 1977 ; 정창렬, 「백성의식·평민의식·민중의식」, 『한국민중론』, 1984.

9) 정다함, 「여말선초의 동아시아 질서와 조선에서의 漢語, 漢吏文, 訓民正音」, 『한국사학보』 36, 2009.

10) 문중양, 「세종대 과학기술의 자주성에 대한 재검토」, 『세종의 국가경영』, 지식산업사, 2006.

대신하여 사회 전반에 걸친 유교화를 진전시키는 토대였다. 불교나 민간
신앙에 결부된 고려의 사회적 정치적 유제를 청산하고 성리학의 그것으로
대체하여 갔던 것이다. 유교화는 중앙정부 차원에서 주도하는 집권체제
의 진전은 물론 국가 통치 체제를 정비하고 농민을 안정적으로 국가의
인민으로 포섭하여 사회화하는 과정 전반에 걸쳐 진행되었다. 이를 위해
먼저 법제와 의례를 성리학의 원리대로 재정비하고 인륜에 기초한 교화를
통하여 개인의 의식과 행동을 그 규범에 합치시켜가도록 하였다.

조선왕조는 명으로부터 많은 서책과 신지식, 신문화를 수용하였다.
성리학 연구에 핵심이 되는『자치통감강목』·『주자가례』·『대학연의』·『사
서대전』·『오경대전』·『성리대전』·『서산독서기』와 같은 성리학서적뿐 아
니라『문수』·『문선』·『문장궤범』·『옥해』·『통지』·『주례정의』·『산당고색』
등 '박문고거(博文考據)'의 류서(類書)를 받아들였다. 이 류서에는 중국
역대 왕조의 문물제도와 법령, 고대 제왕의 행적이 포함되었으므로 고금
의 변천을 하나로 꿰뚫어 볼 수 있었다. 조선왕조는 정치체제를 새롭게
재정비하는 것이 급선무였기에 제도정비를 위한 실천적·공리적 측면에
집중하되[11] 성리학의 본성 함양론이나 격지(格知) 공부론과 함께 중국의
문물제도 전반에 대한 적극적인 관심을 기울였다.[12]

당시 수용된 중국 서적, 신지식은 중국 중원의 지배자로 성장한 한족(漢

---

11) 韓永愚,「朝鮮前期 性理學派의 社會經濟思想」,『朝鮮前期社會思想硏究』, 지식산업
    사, 1983 ; 文喆永,「朝鮮初期 新儒學 수용과 그 性格」,『韓國學報』36, 1984 ; 李泰鎭,
    「15·16세기 新儒學 정착의 社會經濟的 배경」,『朝鮮儒敎社會史論』1989 ; 鄭亨愚,
    「≪五經·四書大全≫의 輸入 및 그 刊板 廣布」,『東方學志』63, 1989.

12) 아울러 조선왕조는 명나라의 勅撰勸戒書도 도입하였다. 명은 중앙집권적 정치체
    제의 안정과 함께 동아시아 국제질서의 주도권을 확립하고자 하여 윤리교화서인
    勅撰勸戒書를 만들어 주변국에 전래하였다. 조선은 명의 勅撰勸戒書를 도입하여
    유교의 모범적인 실천의 사례를 참고하여『삼강행실도』와 같은 교화서를 만들었
    던 것이다(이상민,「조선초 勅撰勸戒書의 수용과『삼강행실도』간행」,『한국사상
    사학』64, 2017).

族) 중심의 종족적, 지리적 특수성을 반영하면서도 인류사의 진전과정에서 공통적으로 발견되는 보편성이라는 양면성을 가지며, 특히 후자와 관련하여 당시로서는 최신의 유교적 보편 문명론을 견지하고 있었다. 조선은 중국학의 이러한 특성을 파악하고 지리적, 종족적으로 구분되는 조선 상황에 맞는 정치사상을 확립하여 갔다. 정도전의『조선경국전』(태조 3년 3월)과『경제문감』(태조 4년 6월),『불씨잡변』(태조 7년), 조준·조박·하륜·조용·이첨·정이오 등의『사서절요』(태조 7년),[13] 권근의『입학도설』(태조 7년)과『예기천견록』(태종 5년),[14] 그리고『치평요람』(세종 27년)[15]과『대학연의집략』(성종 3년)[16] 등은 조선 상황에 맞는 유교 이념의 확산을 도모하는 과정에서 산출된 결과물이라고 할 수 있다.

이 과정에서 조선은 그 이전의 유불도 삼교 혼용의 문화를 유교 단일의 문화, 문명으로 한 단계 높일 수 있는 지적 토대를 마련하였고, 고려와 조선의 문명 전환과 세계화를 통해 새로운 학문·학풍으로 무장한 지도자, 새로운 정치집단의 형성 등 다양한 변화를 추동하여 한층 진전된 조선왕조의 문화를 형성하는 기반을 닦을 수 있었다.[17]

한편 조선왕조는 중국과의 사대관계에서 국가의 자율성과 문화의 독자성을 확보하고 있었다. 조선은 건국 후 명나라에 사신을 보내 조선의

---

13)『郊隱先生文集』상, 撰進四書切要箋 ;『태조실록』권15, 7년 12월 기미(1책, 141쪽).

14) 홍원식,「권근의 성리설과 그 철학사적 위치」,『韓國思想史學』28, 2007 ; 이봉규,「권근(權近)의 경전 이해와 후대의 방향」,『韓國實學研究』13, 2007 ;「조선시대 『禮記』연구의 한 특색: 朱子學的 經學」,『한국문화』47, 2009 ; 강문식,『권근의 경학사상 연구』, 일지사, 2008.

15)『治平要覽』은 세종 27년(1445)에 왕명에 따라 집현전 학사들이 우리나라와 중국의 역사 가운데 정치인의 거울이 될 만한 사실들을 뽑아 엮은 것이다(金慶洙,「『治平要覽』에 대한 연구」,『湖西史學』21·22, 1994 ; 오항녕,『조선초기 治平要覽의 編纂과 典據』, 아세아문화사, 2008).

16) 정재훈,『조선전기 유교정치사상 연구』, 태학사, 2005.

17) 김용섭, 같은 논문, 180~193쪽.

건국과 태조 이성계의 즉위를 알렸다. 이에 명나라는 조선은 동쪽에
치우쳐 있어서 중국이 다스릴 지역이 아니라고 하면서, 성인의 교화는
조선의 사정에 맞게 자유롭게 하라(聲敎自由)고 하였다.[18] 사대외교의
대상은 외국으로서의 중국과 문명으로서의 유교를 구분할 수 있다. 조선
은 국가의 독립성과 자율성을 유지하면서 선진 유교 문화, 문명을 수용하
는 방식의 사대외교를 전개하였다.

　조선은 명으로부터 교화의 자유를 인정받아, 성인의 교화를 조선에
적용하는 것은 조선이 알아서 할 일로 규정되었다. '성교자유(聲敎自由)'의
구체적인 내용은 '의제는 본속을 따르고 법은 옛 규정을 지키는 것'으로,
결국 의제와 법을 조선이 스스로 시행하는 것이라 할 수 있다.[19] 세종대
명 홍무제는 '조선은 중국과 수천리 떨어져 있으니 스스로 교화를 행하라'
고 하였고, 명에 『대명률』을 청하자 명은 '의례는 본속에 따르고 법은
구법을 지키라' 하였다. 이는 명나라 율을 조선이 반드시 준수할 필요는
없다는 것이다. 조선의 입장에서도 『대명률』을 사용하더라도 시속과
사세로 인하여 가볍게 하거나 혹은 무겁게 하며 혹은 따로 조장(條章)을
세울 것이 많다는 인식을 가지고 있었다.[20] 중국의 법률인 『대명률』을
조선 사회에 적용하는 문제에 대해 상대적 인식을 가지고 있었음을
분명하게 보여준다.[21]

---

18) 『明太祖實錄』 권221, 洪武 25年(1392) 9월 경인(『明史』 권320, 外國列傳 朝鮮傳) ;
　　 『태조실록』 권2, 1년 11월 갑진(1책, 36쪽) "高麗知密直司事趙胖等持其國都評議司奏
　　 言, … 上曰, 我中國綱常所在, 列聖相傳, 守而不失, 高麗限山隔海, 僻處東夷, 非我中國所
　　 治 …."
19) 최종석, 「조선초기 국가이상과 '聲敎自由'」, 『한국사연구』 162, 2013.
20) 『세종실록』 권112, 28년 6월 계묘(4책, 678쪽)(1446) "下書議政府曰, … 高皇帝詔本
　　 國曰, 據數千里之地, 自爲聲敎. 建文時, 本國請大明律, 詔旨不許曰, 儀從本俗, 法守舊
　　 章. 是則明律, 非本國要須遵守者也. 故本國雖用大明律, 因時俗事勢, 或輕之, 或重之,
　　 或別立新條者多."
21) 정종의 즉위를 명에 알리자 명 황제는 "태조 황제께서 본국에 유시하기를 '의례는

조선초기에는 성리학의 사상적 문화적 배경을 기반으로 하되 주체적이
고 창의적이며 우리에게 적합한 문화 창달, 문명 전환을 지향하였다.[22]
특히 세종대의 문화와 과학기술의 성과는 새로운 왕조가 유교적 이념에
입각한 왕도 정치를 구현하려는 노력의 산물로서, '풍토부동', '신토불이'
에 입각하여 중국과 구별되는 국가의 독립성과 문화의 독자성, 유교사회
로의 문명 전환을 보여주는 것이 되었다.

2) 세종의 주체적 인간론 모색과 훈민정음의 창제

조선왕조의 국가적 독립성을 전제한 유교 문명의 지향은 세종의 정치사
상에서 확인할 수 있다. 세종은 하은주 삼대의 이상 사회를 조선에 실현하
려는 목표를 가지고 있었고, 유교의 탄생지인 중국의 고제를 연구하여
이를 조선의 현실에 맞게 운용할 것을 제시하였다. 그 결과 유교 경전과
중국 역대왕조의 문물 제도를 폭넓게 수렴함은 물론 중국과 다른 조선의
실정에 맞는 문화의 창출을 시도하였다.[23]

본국의 풍속에 따르고 법을 구장을 지키며 스스로 성교하는 것을 허락한다"고
하셨으니, 이후로 나라의 사무는 스스로 하는 것을 허락한다(『정종실록』 권1,
1년 6월 병인(1책, 151쪽)고 하였다.
22) 유교 문명을 지향하면서 국가의 독자성을 보여주는 것은 세종이 명의 군대
파병 요청을 거부한 것에서 알 수 있다. 세종 31년에 명나라는 몽골 원정을
감행하면서 조선에 10만을 요청하였다. 조선은 출병할 경우 여진이 그 틈을
노릴지도 모른다는 구실을 내세워 완곡히 거절하고, 그 대신 조선의 강토를
굳건히 지켜 藩國의 도를 다하겠다고 하였다. 이때 조선에서 파병에 찬성한
사람은 아무도 없었다. 조선의 관심은 예상되는 반란에 대비하여 방어 태세를
갖추고 기다리자는 입장이었다. 너무 갑자기 징집하면 농민들의 피해가 심하다는
이유가 주였다. 국방력 강화를 위한 어떤 조치도 없었고, 조선의 파병 거절에
대하여 명에서 아무런 이의 없이 수용하였다(계승범, 「파병 논의를 통해 본
조선전기 對明觀의 변화」, 『대동문화연구』 53, 2006).
23) 韓亨周, 「朝鮮 世宗代의 古制硏究에 對한 考察」, 『歷史學報』 136, 1992 ; 金容燮,
「世宗朝의 農業技術」, 『韓國中世農業史硏究』, 지식산업사, 2000.

세종은 유학 군주로서 사서오경을 중심으로 하는 경학적 사고를 바탕으로 경세론을 제시하였고, 경연을 강화하고 집현전을 설치하여 학문, 학술 연구를 활성화하였다. 그는 치용적 학문관, 경세론과 시조지의(時措之宜) 곧 때에 따라 일의 경중과 완급을 헤아려 조치하여 현실에 맞추는 실용주의적 관점의 제도, 정책론을 제시하였다. 그는 "경서를 깊이 연구하는 것은 실용(致用)하기 위한 것이다. 경서와 사기(史記)를 깊이 연구하여 다스리는 도리를 차례로 살펴보면, 그것이 보여주는 나라, 다스리는 일은 손을 뒤집는 것과 같이 쉽다. 그러나 실지의 일에 당면하면 어찌할 바를 모를 수가 없을 것이다[24]"고 하였다. 또한 선비를 뽑는 것은 현실을 위한 실용의 문제이고,[25] 인재를 배양하는 것도 현실에 유용한 인재를 양성하는 실용의 문제[26]라고 하였다. 결국 경학과 경서에 대한 탐구와 그에 기초한 논리 또는 이론은 실용(致用) 곧 구체적인 현실에 적합한 효율적인 방책을 찾기 위한 것이라고 보았다.

세종은 유학의 인성론에 기초하여 사람의 천성(天性)의 본연을 이해하였다. 그는 자식으로서 부모에 효성을 다하고 돌아가시면 그 슬픔을 다하는 것이 천성의 자연인데, 다만 오래도록 습속에 젖어 이를 생각하지 못할 뿐이라고 하였다.[27] 여기서 부모를 공경하는 도덕성은 하늘이 인간

---

24) 『세종실록』 권30, 7년 12월 계유(2책, 461쪽) "上曰 … 窮經所以致用也. 方其窮覽經史, 歷觀治道, 則其視爲國猶反手, 及其臨事, 不知所措者有之. 予雖涉獵經史, 猶且未能, 其與此何異? …."

25) 『세종실록』 권55, 14년 3월 경오(3책, 375쪽) "下敎曰, 設科取士, 將以致用也. …."

26) 『세종실록』 권94, 24년 7월 병술(4책, 424쪽) "上曰 … 培養人材, 將以致用 …."

27) 『세종실록』 권44, 11년 4월 기묘(3책, 174쪽) "下敎禮曹曰, 人子之於父母, 生則盡其孝, 歿則致其哀, 天性之自然, 而職分之所當爲也. 高麗之季, 外方無知之民, 父母歿則反生邪意, 卽毁其家. 且父母垂死, 氣猶未絶, 出置外舍, 雖有復生之理, 終或不免焉. 及其葬期, 多會香徒, 置酒張樂, 無異平昔, 乃何遺俗尙未殄耶? 嗚呼! 人固各有秉彝之天, 誰不愛其父母! 但狃於習俗之久, 不之思耳. 自今俾司體予至懷, 明示敎條, 俾家家曉然知舊習之汚, 擧得自新, 以成仁孝之風, 如或不悛, 監司守令, 嚴加禁止."

에게 부여한 인간의 본성을 의미하는 것이라고 할 수 있다.[28] 세종은 백성이든 관료든 천성을 가지고 있다는 전제하에 스스로 자각하여 인간의 도리를 터득하는 주체성을 강조하였다. 곧 '스스로 새롭게 하는 이치'(自新之理), '스스로 새롭게 하는 뜻'(自新之志)을 제시하여 보고 느껴 분발(觀感而興起)하도록 하였다.

세종은 『삼강행실도』를 간행하면서 삼강의 중요성을 강조하고 어리석은 백성이 알아서 도리를 다하게 하고자 하였다. 단 백성들이 문자를 몰라 그 뜻을 알기 어려우니 학식자가 가르쳐 사람들이 천성(天性)의 본연을 감발하게 하면, 효도와 충성을 다하고 남편과 아내 모두가 자기의 도리를 다하게 되어, 의리를 알고 스스로 새롭게 하려는 뜻(自新之志)을 진작하여 교화가 행해지고 풍속이 아름다워질 것이라고 하였다.[29] 또한 세종은 삼대에는 인륜이 밝았는데, 후세에 군신·부자·부부의 큰 인륜에 친숙하지 않고 타고난 천성에 어두워서 각박한 데에 빠지는데, 훌륭한

---

28) 안재순, 「세종대왕의 도덕 실천 운동과 윤리 정신」, 『세종문화사대계』 4(윤리·교육·철학·종교편), 1999.

29) 『세종실록』 권64, 16년 4월 갑술(3책, 562쪽) "上曰, 三綱人道之大經, 君臣父子夫婦之所當先知者也. 肆予命儒臣編集古今, 幷付圖形, 名曰, 三綱行實, 俾鋟于梓, 廣布中外, 思欲擇其有學識者, 常加訓導, 誘掖獎勸, 使愚夫愚婦皆有所知識, 以盡其道, 何如? … 命中樞院使尹淮製敎書. 辭曰, 予惟降衷秉彝, 生民之所同, 厚倫成俗, 有國之先務. 世道旣降, 淳風不古, 天經人紀, 浸以失眞, 臣不能盡臣道, 子不能供子職, 婦不能全婦德者, 間或有之, 良可嘆已. 思昔聖帝明王, 躬行身敎, 表倡導率, 使比屋可封. 顧予涼德, 雖不能企其萬一, 而竊有志焉. 惟是敦典敷敎之道, 夙夜盡心, 載念愚民懜於趨向, 無所則效, 爰命儒臣, 編輯古今忠臣孝子烈女之卓然可法者, 隨事記載, 幷著詩贊, 尙慮愚夫愚婦未易通曉, 付以圖形, 名曰三綱行實, 鋟梓廣布. 庶幾街童巷婦, 皆得易知, 披閱諷誦之間, 有所感發, 則其於誘掖開導之方, 不無小補. 第以民庶不識文字, 書雖頒降, 人不訓示, 則又安能知其義而興起乎? 予觀周禮, 外史掌達書名于四方, 使四方知書之文字, 得能讀之. 今可倣此, 令中外務盡誨諭之術, 京中漢城府五部外方監司守令, 旁求有學識者, 敦加獎勸, 無貴無賤, 常令訓習, 至於婦女, 亦令親屬諄諄敎之, 使曉然共知, 口誦心惟, 朝益暮進, 莫不感發其天性之本然, 爲人子者思盡其孝, 爲人臣者思盡其忠, 爲夫爲婦亦皆盡道, 人知義方, 振起自新之志, 化行俗美, 益臻至治之風. 惟爾禮曹, 體予至懷, 曉諭中外."

행실과 높은 절개에서 뛰어난 것을 뽑아 중앙과 지방에 나누어 주면, 우매한 남녀들까지 보고 느껴서 분발(觀感而興起)하게 될 것으로 기대하였다.[30]

또한 세종은 "사람은 상도(常道)를 지키는 천성(天性)이 있기 때문에 부모를 사랑한다. 다만 오래도록 습속(習俗)에 젖어 이를 생각하지 못하는 것뿐이다. 그러니 유사(攸司)가 나의 뜻을 알고 집집마다 구습(舊習)의 나쁜 점을 알도록 하여 스스로를 새롭게 하여(自新) 인효(仁孝)의 풍속을 이루게 하라"고 하였다.[31] 천성의 본연을 바탕으로 스스로 새롭게 하는 자율성에 호소하며 교화된 풍속을 이루도록 한 것이다. 『농사직설』을 간행하면서도 "제 스스로 하기를 원하지 않는 자는 반드시 강제로 시킬 것이 아니라, 적당하게 권과하기를 시종 게을리하지 말아서 점차로 흥행하도록 하라"[32]고 하여 스스로 알아서 원하는 바를 행하는 주체성을 강조하였다. 이처럼 세종은 사람 본연의 천성을 긍정하고 구습의 잘못을 시정하도록 가르치되 스스로를 새롭게 하여 분발하도록 하는 인간론, 수양론, 교화론을 제시하였다.

이러한 주체적이고 자율적인 인간론의 지향은 백성이 표현할 수 있는 문자 표기, 훈민정음의 창제로 이어진다. 세종은 백성이 쉽게 익힐 수 있는 훈민정음(언문)을 창제하고[33] 1446년 9월에 해설서인 예의본(例義

---

30) 『세종실록』권56, 14년 6월 병신(3책, 396쪽) "… 宣德辛亥夏, 我主上殿下, 命近臣若曰: 三代之治, 皆所以明人倫也. 後世敎化陵夷, 百姓不親, 君臣父子夫婦之大倫, 率皆昧於所性, 而常失於薄, 間有卓行高節, 不爲習俗所移, 而聳人觀聽者亦多. 予欲使其特異者, 作爲圖讚, 頒諸中外, 庶幾愚婦愚夫, 皆得易以觀感而興起, 則化民成俗之一道也. …."

31) 주) 29와 같음.

32) 『세종실록』권75, 19년 7월 신해(4책, 93쪽) "傳旨各道監司 … 今又印若干本, 加送諸道, 卿體予至意, 可卽分布各官守令, 令曉諭農民, 依書試驗, 使成風俗. 若愚民資力不足者, 不願自爲也, 不必强使爲之, 隨宜勸課, 終始不怠, 漸致興行."

33) 주) 1과 같음.

本)과 해례본(解例本)을 반포하였다.[34] 예의본에는 한글의 창제 이유와 사용법이 설명되었고,[35] 해례본은 한글의 창제 원리 곧 사람의 발음기관을 모방하여 만든 사실이 설명되어 있다. 백성을 가르치는 바른 소리인 훈민정음은 세종이 양반층의 전유물인 한문을 대신해서 백성들이 표현할 수 있는 문자로 창제되었다. 훈민정음은 이른바 언문의 탄생 곧 입으로 하는 말(口語)과 문자로 쓰여진 글(文語)이 일치하도록 한 것이다. 『세종실록』에는 반포와 창제에 대한 자세한 사항이 기록되어 있지 않은데 이는 모든 신료들이 반대했기 때문에 실록 기록자의 의도대로 빠진 것으로 추정된다.[36]

세종은 백성이 우리의 말을 쉽게 표현할 수 있는 문자를 창제하여, 지식을 넓히고 자각 능력을 키우는 문자를 활용한 훈민 교화책을 전개했다. 곧 백성을 위한 문자를 창제함으로써 지식을 습득하여 도리와 선악 시비를 알아 선을 행하고 악을 막아내 범죄를 저지르지 않게 하는 교화, 나아가 사회 질서에 순응하고 지배질서를 옹호하는 순기능을 기대하였던 것이다.

세종의 문자를 통한 교화는 도덕적 우열에 따른 차이를 전제함으로써 신분제 사회의 성격을 드러낸다.[37] 성리학적 인간론의 핵심 개념인 본연

---

34) 세종은 25년 12월에 한글 자모 28자를 만들어 훈민정음이라 하고 정인지 등 집현전 학사 8인에게 문자 체계 및 제자 원리에 대한 해설과 자모의 실제 표기 용례 등을 보이는 해설서를 만들게 했는데 이것이 훈민정음해례본이다. 이 책은 1940년 간송미술관에 소장되면서 알려졌는데 세종이 親製한 글인 본문(禮儀)과 정인지 등이 작성한 解例가 모두 한자로 되어 있다. 훈민정음은 세종이 창제한 고문자의 이름이면서 이 문자에 대하여 설명하고 표기용례를 보인 해설서의 이름이기도 한다(김무봉, 『훈민정음, 그리고 불경 언해』, 역락, 2015)

35) 『세종실록』 권113, 28년 9월 갑오(4책, 702쪽) "是月, 訓民正音成. 御製曰, 國之語音, 異乎中國, 與文字不相流通, 故愚民有所欲言, 而終不得伸其情者多矣. 予爲此憫然, 新制二十八字, 欲使人易習, 便於日用耳. … 禮曹判書鄭麟趾序曰 …."

36) 정윤재, 「『훈민정음 해례본』 발간 전후의 정치 과정 분석」, 『세종의 지식 경영연구』, 한국학중앙연구원출판부, 2016, 89~90쪽.

지성과 기질지성은 현실 세계 인간의 차별상, 즉 성인(=군자)과 우인(愚人)(=소인)으로 표현되는 인간의 차등을 긍정하게 하고, 본성을 가진 모든 인간은 기질의 치우침으로부터 벗어나서 본성=선으로 돌아올 수 있도록 노력해야 함을 역설한다. 전자는 인간이 현실의 자기 위치와 분수를 불가항력의 자연법칙으로 받아들여야 한다는 명분론의 근거가 되고, 후자는 인간은 모두 인륜의 완성자인 성인을 모범으로 삼고 그 가르침을 받아야 한다는 교화론의 성립 근거가 된다. 조선왕조는 유학을 국시로 하고 이에 기초한 신분제를 옹호하였으므로, 수기·수양을 통해 성인(=군자)이 된 부류를 지배층으로, 인민들을 기질과 인욕에서 벗어나기 어려운 우인(=소인)인 피지배층으로 설정하여, 교화 곧 인륜의 확립을 통하여 존비·귀천의 지배와 복종관계로 나타나는 신분질서를 정당화하였다.38)

　세종은 조선의 신분 차별적 질서와 유학의 차등적 인간론을 전제하면서 이러한 차별과 차이를 완화하려 하였다. 그는 천인(賤人)39)도 천민(天

---

37) 세종대 부민고소금지법이 시행되었다. 이 법을 주장하는 사람들은 "지방 주민과 지방관의 관계는 자식과 아버지, 신하와 군주의 관계와 같아서 결코 범할 수 없는 것이다."『세종실록』권52, 13년 6월 임자(3책, 326쪽). "상하의 명분은 반드시 엄격해야 하는데 만약 지방 주민의 고소를 청리하여 수령을 벌하게 되면 존비의 질서가 무너지고 풍속이 이로 말미암아 아름답지 못하게 된다"(『세종실록』권62, 15년 10월 기사(3책, 521쪽)고 하였다. 이에 대하여 세종은 "만약 卑下가 尊上을 고소하는 것을 금지하면 사람의 冤抑이 펴지 못한다. 자기에 절박한 것을 고소하면 청리하고, 그렇지 않은 것으로 관리를 고소하는 것은 청리하지 않은 것은 어떠냐"『세종실록』권51, 13년 정월 갑신(3책, 290쪽) "上曰, 若禁卑下告訴尊上, 則人之冤抑, 無所伸矣. 其告訴迫切於己者聽理, 如訴官吏者勿聽, 何如?") 하였다. 세종은 상하 존비의 신분질서를 인정하였지만, 卑下라는 하층민의 입장을 존중하는 입장을 견지했다고 할 수 있다.

38) 金駿錫,「朝鮮前期의 社會思想」,『東方學志』29, 1981, 151~159쪽.

39) 賤人은 정치의 객체로서 국가의 통치 대상이었다. 公私賤人도 삼년상이 허용되었고(『세종실록』권52, 13년 5월 무진)(3책, 314쪽) 養老宴에 참석하였다(『세종실록』권61, 15년 윤8월 계축)(3책, 503쪽). 세종 14년에 중궁이 사정전에 나아가서 80세 이상의 奴夫에게 연희를 베풀었는데, 여기에는 4품 이상의 아내 30인과

民)⁴⁰⁾이고, 국민(國民)⁴¹⁾이라는 인식⁴²⁾에 동의하였고, 천인(賤人)에 대한 시책을 일반 백성들과 동일하게 시행하였다. 그런데 백성을 교화하더라도 도덕적 우열에 따른 사람의 구별, 도덕적 능력이 있는 사람과 그렇지 못한 사람의 구분은 있었다. 세종은 중인 이상 곧 성인과 중인 이하, 곧 우부우부(愚婦愚夫)·하민(下民)·무지지민(無知之民)·우민(愚民)·소민(小民)을 구분하였다. 세종은 중인(中人) 이하는 선할 수도 있고 그렇지 않을 수도 있는 불완전한 존재로 보았다. 세종은 상피법을 언급하면서 근원이 맑고 깨끗한 사람과 비교하여 중인 이하는 사정에 빠지기 쉽다고 보았다.⁴³⁾ 또한 중인 이하의 사람들은 착하게 될 수도 있고 악하게 될 수도 있어서, 여울의 물과 같이 동쪽을 터주면 동쪽으로 흐르고, 서쪽을 터주면 서쪽으로 흐르게 된다. 다만 어리석은 사람의 기질은 변하지

9품 이상의 아내 66인, 公賤, 私賤의 부녀 118인이 좌우에 행랑과 뜰에 나누어 앉았다(『세종실록』 권57, 14년 8월 갑인(3책, 411쪽)). 세종 15년에 중궁이 사정전에 나아가 양로연을 베풀었는데, 사대부의 아내로부터 천한 백성에 이르기까지 모두 3백 62인이었다(『세종실록』 권61, 15년 윤8월 병진)(3책, 503쪽). 그런데 승정원에서 노인으로 천한 자는 양로연에 참여하지 못하게 하자고 건의하였는데, 세종은 養老하는 이유는 노인을 귀하게 여기는 것이고, 그 높고 낮음을 따지는 것이 아니니, 비록 지극히 賤한 사람이라도 모두 참여하게 하고, 다만 臟罪를 범하여 刺字한 자는 참여하지 못하게 하라(『세종실록』 권57, 14년 8월 계묘)(3책, 410쪽)고 하였다.

40) 『세종실록』 권105, 26년 윤7월 신축(4책, 579쪽) "… 然賞罰人君之大柄, 以人君而殺一無辜, 天之福善禍淫, 尙且不僭, 況奴婢雖賤, 莫非天民也? 以人臣而役天民 亦云足矣, 其可擅行刑罰而濫殺無辜乎? 人君之德好生而已. 坐見無辜之多死, 恬然不禁, 而乃曰揚其主可乎? 予甚以爲不可也. …."
41) 『태종실록』 권18, 9년 7월 임오(1책, 498쪽) "前東北面都巡問使李之源進便民事宜. 其書曰, … 其營造之資, 雖曰出於私財私奴, 然私奴乃國民也, 私財乃國財也. 公私瓦窯土木之役, 乞限豐年一禁 …."
42) 최이돈, 「조선초기 賤人天民論의 등장」, 『朝鮮時代史學報』 57, 2011.
43) 『세종실록』 권47, 12년 2월 갑오(3책, 223쪽) "上謂左右曰, 前朝之季, 朝士相避之法甚煩, 異姓七八寸亦避, 故獄訟淹延, 久而不決. 若無相避, 則本源澄澈者, 自不陷於私, 而易於處決, 中人以下, 則必陷於不公, 相避之法, 其參酌折衷以啓."

아니하므로, 비록 성인과 함께 거처하더라도 또한 어찌할 수가 없게 된다[44]고 하였다. 성인은 사물을 통찰하여 만리 밖의 일을 환하게 알고, 조정의 위에서 승부를 결단할 수 있지만, 중인 이하는 일을 하는 데에 의심하는 생각이 있다[45]고 본 것이다. 이때 기준이 되는 중인(中人)을 구별해내기는 쉽지 않지만, 대체로 신분제 사회에서 도덕적 판단 능력이 결여된 사람을 가리키는 것으로 보인다.

널리 알려져 있듯이 『논어』에서 중인 이상은 예를 이해할 수 있지만, 중인 이하는 예를 이해할 수 없다[46]고 하였고, 상지(上智)와 하우(下愚)는 변하지 않는다[47]고 한 말에서 유추할 수 있듯이 교화되기 어려운 사람도 상정된다. 세종은 유교 경전 상의 추상화된 성인이나 중인 등으로 도덕 능력을 구분하였고, 『삼강행실도』를 간행하면서 유식자를 통하여 우부우부들이 알도록 하라고 하였듯이[48] 후천적인 변화 가능성을 제시하였다고 할 수 있다.[49]

세종은 인간의 도덕적 본성을 전제하면서 인간의 도덕적 우열의 차이를 인정하였는데, 모든 사람을 교화의 대상으로 보고 문자를 창안하여 지식을 넓히고 자각하여 이치와 도리를 깨닫는 문자를 통한 교화를 도모하였던 것이다.

---

44) 『세종실록』 권75, 18년 11월 무술(4책, 39쪽) "召見辛引孫及權採于思政殿, 敎曰, … 大抵中人以下, 可與爲善, 可與爲惡, 猶湍水決諸東方則東流, 決諸西方則西流, 唯下愚不移, 雖聖人與居, 亦無如之何矣."

45) 『세종실록』 권59, 15년 3월 경오(3책, 459쪽) "上曰, … 但聖人洞照事物, 明見萬里, 決勝負於廟堂之上矣. 中人以下, 於作事當有疑慮, 若疑慮而猶豫."

46) 『논어』 권6, 雍也 "子曰, 中人以上, 可以語上也, 中人以下, 不可以語上也."

47) 『논어』 권17, 陽貨 "惟上智與下愚不移."

48) 주) 29와 30 참조.

49) 세종의 뜻을 이은 문종은 下愚라도 허물을 고친다면 스스로 새롭게 되는 것을 허락하는 것이라『문종실록』 권2, 즉위년 8월 경술(6책, 252쪽) "上曰, … 崇善世宗非欲終廢之也. 雖下愚, 苟能改過, 當許自新, 如斯人者, 未易得也. ….")고 하였다.

3. 문자의 활용과 유교 교화의 확대

1) 유학의 교화와 문자의 활용 교화

　조선왕조는 유교를 정치이념으로 삼고 유교적 명분질서를 확립하고자 오륜으로 집약되는 유교 윤리를 보급하려 하였다. 삼강오륜으로 대표되는 인륜을 인간으로서 당연히 지켜야 할 도리로 강조하여 짐승과 구별되는 인간의 참된 가치를 제시하고자 하였다. 이를 지배층뿐만 아니라 농민·부녀자·어린이까지 전 국민에게 알려 조선이 인의도덕을 바탕으로 한 유교사회가 되도록 유도하였다.

　유학의 정치는 예치와 덕치로, 인간의 도덕적 신뢰를 바탕에 두고 대화, 설득, 자각을 통해 합리적이고 이성적인 도덕 사회를 지향한다. 이는 문치적 성격을 드러내는 것으로, 일본의 무치사회처럼 힘에 의한 폭력적 지배가 아니라 명분과 의리를 밝혀 백성을 설득하는 정치이고, 법치가 아닌 예치와 덕치를 추구하는 것이라고 할 수 있다. 유교의 교화는 성종대에 위에서 행하면 아래에서 본받는 것을 풍(風), 훈도되어 물들 듯이 젖어가는 것을 화(化), 함께 어울려 휩쓸리는 것을 류(流), 여러 사람의 마음이 안정되는 것을 속(俗)이라 규정한 것에서 알 수 있듯 풍화(風化)가 위에서 실행되고 유속(流俗)이 아래에서 이루어지는 방식이다.[50] 요순시대 성인의 정치처럼 움직이지 않아도 감화가 행하여져 바람에 풀이 쓰러지듯, 비가 만물을 윤택하게 한다. 즉 도덕적 감화를 통하여 세상이 안정되고 교화가 실현되기를 바랐다.[51]

　조선왕조에서 교화의 중심은 학교였다. "학교는 교화(敎化)의 근본이

---

50) 『성종실록』 권174, 16년 1월 임진(10책, 665쪽).
51) 이석규, 「朝鮮初期 '敎化'의 性格」, 『韓國思想史學』 11, 1998 ; 이상민, 「15세기 지방 유식자의 활용과 평민교화」, 『역사와 현실』 118, 2020.

다. 여기에서 인륜을 밝히고 여기에서 인재(人才)를 양성한다."52)고 했듯
이 교화의 내용이 바로 인륜이었으며, 인재란 인륜을 제대로 연마한
관인·식자를 가리키는 것이었고, 이 과업은 모두 학교로 불리는 향교·성
균관과 서당·서원에서 이루어져, 유교 사회를 지향하는 인륜 질서의
확립을 궁극적인 목적으로 하였다. 인간으로서의 도리를 가리키는 인륜
(五倫)을 반드시 실천해야 할 보편적인 당연지칙(當然之則)인 리(理), 즉
인간관계에서 반드시 지켜야 할 합당한 도리로 이해하고 이것이 지배하는
윤리도덕 사회를 지향하였다.53)

조선왕조는 국가 운영의 과정에서 예치와 덕치를 보완하기 위하여
법제와 형률의 도움을 받았다.54) 조선 건국의 이념적 기초를 마련한
정도전이 정치를 윤리도덕의 실현과정으로 보고 인정과 덕치의 유교
정치론을 지향하면서도, 제도와 형벌은 예치와 덕치를 보완하는 수단으
로 그 존재가치를 인정하였다는 사실은 기왕의 연구에서 밝혀진 바이
다.55) 태종 18년(1418)에 복간된 『의옥집』과 세종 20년(1438)에 완성된
『신주무원록』은 조선이 예치와 덕치를 근본으로 하고 인정에 기반한
형률을 운영하였음을 보여주는 것이다.56) 유학을 국정교학, 정치이념으
로 삼아 예치와 덕치를 기본으로 국가를 운영하고자 하였지만, 한나라
때 국교화되면서 유학의 이념을 담아 성문화한 법제와 형률에 의해
국가를 운영했던 경험을 참고하지 않을 수 없었다. 조선왕조는 두 가지

---

52) 『三峯集』 권7, 朝鮮經國典 上 禮典 學校 "學校教化之本也. 于以明人倫, 于以成人才.
　　…"
53) 김훈식, 「麗末鮮初 儒佛交替와 朱子學의 定着」, 『韓國 古代·中世의 支配體制와 農民』
　　(金容燮敎授停年紀念韓國史學論叢 2), 1997.
54) 정긍식·조지만, 「조선전기 『대명률』의 수용과 변용」, 『진단학보』 96, 2003.
55) 韓永愚, 『鄭道傳思想의 研究』, 서울대출판부, 1983.
56) 김호, 「『신주무원록』과 조선전기의 檢屍」, 『법제사연구』 27, 2003 ; 「조선초기
　　『疑獄集』 간행과 '無冤'의 의지」, 『한국학연구』 41, 2016.

지배 정책을 병용하였지만, 기본적으로는 유교의 이념에 따라 예와 덕에 기반한 자율적이고 자각적인 교화를 지향하였다.

조선왕조는 사람의 마음에 기초한 자각적이고 이성적인 교화론을 전개하였다. 문자를 활용하여 지식을 넓히고 지식에 기반하여 도덕적 각성을 유발하는 자각적이고 자율적인 교화책을 썼다. 처음에는 오래전부터 사용해 온 한문을 활용하여 윤리 교화서를 간행하도록 하였다. 세종대 간행된 『삼강행실도』는 부자, 군신, 부부의 삼강에 모범이 될 만한 효·충·열의 사례를 모아 만든 것으로, 백성의 인륜 교화를 도모한 것이다. 처음 세종은 살부(殺父) 사건을 계기로 효행을 중심으로 편집한 『효행록』을 간행하고자 하였는데,[57] 여기에 충신과 열녀를 묶어 보다 확장된 인륜 관계를 포섭하고자 하였다.[58]

세종은 『삼강행실도』를 반포하는 교서에서 고금의 충신·효자·열녀 중에 뛰어난 행적을 보여 본받을 만한 자를 모았으나, 어리석은 백성들이 아직도 쉽게 깨달아 알지 못할까 염려하여, 그림을 붙이고 『삼강행실』이라 하였으니 거리에서 노는 아이들과 골목 안 여염집 부녀들까지도 쉽게 알아, 느껴 깨달음이 있게 되도록 하라고 하였다. 다만 백성들이 문자를 몰라 그 뜻을 알아 감동하고 착한 마음을 일으킬 수 없을 것이니, 『주례』에 외사(外史)가 주관하듯이 서울과 지방 사람들에게 가르쳐서 깨우치도록 하라[59]고 하였다. 즉 세종은 문자와 그를 통한 지식을 기반으

---

57) 『세종실록』 권42, 10년 10월 신사(3책, 147쪽) "… 上謂直提學偰循曰, 今俗薄惡, 至有子不子者, 思欲刊行孝行錄, 以曉愚民. 雖非救弊之急務, 然實是敎化所先, …."

58) 『삼강행실도』序(權採)·跋(偰循) ; 『世宗實錄』 권45, 14년 6월 병신(3책, 396쪽) ; 『世宗實錄』 권64, 16년 4월 갑술(3책, 562쪽) ; 김항수, 「≪삼강행실도≫ 편찬의 추이」, 『진단학보』 85, 1998.

59) 『세종실록』 권64, 16년 4월 갑술(3책, 562쪽) "上曰, 三綱人道之大經, 君臣父子夫婦之所當先知者也. 肆予命儒臣編集古今, 幷付圖形, 名曰三綱行實, 俾鋟于梓, 廣布中外, 思欲擇其有學識者, 常加訓導, 誘掖奬勸, 使愚夫愚婦皆有所知識, 以盡其道, 何如? … 其辭曰, 予惟降衷秉彝, 生民之所同, 厚倫成俗, 有國之先務. 世道旣降, 淳風不古, 天經人

로 백성이 도리를 깨닫게 하고 이를 실천하게 하는 교화의 방식을 도모하
였다.

또한 조선왕조는 형률서를 이두와 구결을 이용해 번역함으로써 백성들
의 문자 이해를 증진시키고자 하였다. 율문 곧 형법에 대한 백성의 이해를
높여 범죄 예방 효과를 달성하려는 목적에서였다.[60] 태종 4년 의정부에서
『대명률』의 번역을 요청하였다.[61] 고려말에는 형법에 관한 일정한 기준
이 없었으므로 혹독한 형벌을 가하는 경향이 있었고 동일한 범죄에
대한 처벌이 관청이나 관리에 따라 경중의 차이가 심하여 백성의 원성은
높아지고 법률의 권위는 떨어졌다. 이에 정몽주는 『대명률』과 『지정조격』
그리고 고려의 법령을 참작해서 신율을 제정하였고,[62] 정도전은 『조선경
국전』 헌전에서 『대명률』를 채용하였다.[63] 이와 함께 한문으로 된 『대명

紀, 浸以失眞, 臣不能盡臣道, 子不能供子職, 婦不能全婦德者, 間或有之, 良可嘆已.
思昔聖帝明王, 躬行身敎, 表倡導率, 使比屋可封. 顧予涼德, 雖不能企其萬一, 而竊有志
焉. 惟是敦典敎敎之道, 夙夜盡心, 載念愚民懍於趨向, 無所倣效, 爰命儒臣, 編輯古今忠
臣孝子烈女之卓然可法者, 隨事記載, 幷著詩贊, 尙慮愚夫愚婦未易通曉, 付以圖形, 名曰
三綱行實, 鋟梓廣布. 庶幾街童巷婦, 皆得易知, 披閱諷誦之間, 有所感發, 則其於誘掖開
導之方, 不無小補. 第以民庶不識文字, 書雖頒降, 人不訓示, 則又安能知其義而興起乎?
予觀周禮, 外史掌達書名于四方, 使四方知書之文字, 得能讀之. 今可倣此, 令中外務盡
誨諭之術, 京中漢城府五部外方監司守令, 旁求有學識者, 敦加獎勸, 無貴無賤, 常令訓
習, 至於婦女, 亦令親屬諄諄敎之, 使曉然共知, 口誦心惟, 朝益暮進, 莫不感發其天性之
本然, 爲人子者思盡其孝, 爲人臣者思盡其忠, 爲夫爲婦亦皆盡道, 人知義方, 振起自新之
志, 化行俗美, 益臻至治之風. 惟爾禮曹, 體予至懷, 曉諭中外."

60) 박병호, 「朝鮮初期 法制定과 社會相」, 『국사관논총』 80, 1998 ; 강명관, 「한글서적,
    오로지 번역본으로만 존재하다」, 『조선시대 책과 지식의 역사』, 천년의 상상,
    2014.

61) 『태종실록』 권8, 4년 10월 병신(1책, 313쪽) "議政府請譯律文, 定笞杖枷鎖制作之法,
    從之. 其書曰 …." ; 『태종실록』 권22, 11년 12월 무자(1책, 612쪽) "命譯大明律,
    勿雜用元律" ; 『세종실록』 권8, 13년 6월 을묘(3책, 327쪽) "命舍人趙瑞康·少尹權克
    和, 譯解大明律于詳定所."

62) 『高麗史』 권117, 列傳30 鄭夢周(하책, 571쪽) "(공양왕)四年 夢周取大明律·至正條格·
    本朝法令, 叅酌刪定, 撰新律以進."

63) 『三峯集』 권8, 朝鮮經國典 下 憲典 ; 末松保和, 「三峯集編刊考」, 『朝鮮學報』 11, 1951

률』을 이두, 구결로 번역하여 담당 관리와 실무 아전이 익히고 나아가 백성들이 이를 문자로 알 수 있도록 하였다.[64]

세종은 사리를 아는 사람이라도 율문에 의거해야 죄의 경중을 알게 되는데, 어리석은 백성이 죄의 경중을 알고 스스로 고치는 것은 어렵다고 판단하고, 백성 모두에게 율문을 알게 할 수는 없으나 큰 죄의 조항만이라도 뽑아 이두문[吏文][65]으로 번역하고 이를 민간에게 반포하여, 우부우부들이 죄를 짓지 않도록 하자고 하였다.

세종의 문자를 통한 교화책은 유학자에게 반발을 불러일으켰다. 허조는 간악한 백성이 율문을 알게 되면, 죄의 크고 작은 것을 헤아려 두려워하고 꺼리는 바 없이 법을 제 마음대로 농간할 것이라 반대하였다. 이에 대하여 세종은 백성이 법을 알지 못하는 상태에서 죄를 주는 것은 잘못이라고 전제하고, 세민(細民)들이 금법(禁法)을 알게 되면 두려워 죄를 짓지 않을 것이라 하였다.[66] 세종의 의도는 『대명률』요약본을 번역하고 보급

(『靑丘史草』 제2, 1965) ; 도현철, 『조선전기정치사상사』, 태학사, 2013.

64) 『세종실록』 권52, 14년 1월 무진(3책, 426쪽) "知申事安崇善啓, 謹稽元典, 凡斷獄者, 多不曉律文, 私意出入, 刑罰不中, 冤抑無訴, 致傷和氣, 以召災沴. 大明律時王之制, 所當奉行, 然國人未易通曉, 宜以俚語譯之, 頒諸中外, 使之講習, 一笞一杖, 必依律施行, 以示仁厚之德."

65) 하지만, 언문을 창제하는 입장에서 이두의 한계는 명료하다. 후에 언문 창제 이후 정인지가 말하듯이 이두는 신라의 설총 이래 이두를 만들어 관청과 민간에서 이를 쓰고 있지만, 모두 글자를 빌려서 쓰기 때문에 어렵고 막혀서 비루하여 근거가 없고 언어에서 만분의 일도 통할 수 없다(『세종실록』 권113, 28년 9월 갑오(4책, 702쪽) "禮曹判書鄭麟趾序曰, … 昔新羅 薛聰始作吏讀, 官府民間, 至今行之, 然皆假字而用, 或澁或窒, 非但鄙陋無稽而已, 至於言語之間, 則不能達其萬一焉.…").

66) 『세종실록』 권58, 14년 11월 임술(3책, 425쪽) "受常參, 視事. 上謂左右曰, 雖識理之人, 必待按律, 然後知罪之輕重, 況愚民何知所犯之大小, 而自改乎? 雖不能使民盡知律文, 別抄大罪條科, 譯以吏文, 頒示民間, 使愚夫愚婦知避何如? 吏曹判書許稠啓, 臣恐弊生也. 姦惡之民, 苟知律文, 則知罪之大小, 而無所畏忌, 弄法之徒, 從此而起. 上曰, 然則使民不知, 而犯之可乎? 民不知法, 而罪其犯者, 則不幾於朝四暮三之術乎? 況祖宗立律之法, 欲人皆知之也. 卿等稽諸古典, 擬議以聞. … 稠出, 上曰 許稠之意以爲民知律文, 則爭訟不息, 而有凌上之漸. 然須令細民, 知禁而畏避也. 遂命集賢殿, 稽古使

하여 우부우부의 범죄를 예방하고자 한 것이었다.

최만리는 "형살(刑殺) 옥사(獄辭)로 인하여 생기는 백성의 억울함은 문서의 문자 때문이 아니라 옥리(獄吏)의 마음가짐에 의해 발생하는 것이므로 언문을 사용하면 옥사가 공평하게 처결될 수 있다는 데에 동의할 수 없다" 하였다. 이에 세종은 설총이 이두를 만든 뜻이 백성을 편리하게 하려 함이었고 지금의 언문 역시 백성에게 편의를 제공하기 위해 만든 것이라고 하였다.[67]

세종은『삼강행실』을 언문으로 번역하여 민간에 반포하면 어리석은 남녀가 쉽게 깨달아서 충신·효자·열녀가 나올 것이라고 하였다. 이는 정창손이 "삼강행실을 반포하더라도 충신열사의 무리가 나오는 것을 볼 수 없을 것이니, 사람의 행하고 행하지 않음은 다만 자질 여하에 달린 것이기 때문이다. 어찌 반드시 언문으로 번역한 후에야 사람들이 모두 본받을 것인가"하며 반대한 것에 대한 대답이었다. 정창손이 말한 '인지자질여하(人之資質如何)'에서의 '자질'은 차등적 인간관을 전제한 것으로, 민을 신분제 하에서 열악한 존재로 규정하고 민 스스로의 사유 능력을 인정하지 않은 견해였다.[68] 그 점에서 세종의 입장은 민의 주체적

民習法之事以啓."

67) 최만리의 주장은 문자와 문자 관련 지식, 정보를 양반 지배층이 독점하려는 의도로 해석한 연구가 있다. 이에 의하면, 한문에 대한 능력을 바탕으로 유교 경전을 연구하거나 시와 산문을 짓는 능력을 갖추어 문과 시험을 통해 핵심 관료가 되고, 이두를 익혀서 서리나 향리에 진출하도록 제도화함으로써 신분질서를 유지할 수 있었는데, 한글을 사용하게 되면 누구나 과거에 급제할 수 있게 되고, 중세적 신분 질서의 붕괴를 우려한 것이라는 것이다(오종록,「훈민정음 창제와 반대상소」,『내일을 여는 역사』32, 2008).

68)『세종실록』권103, 26년 2월 경자(4책, 543쪽) "… 上曰, 前此金汶啓曰, 制作諺文, 未爲不可. 今反以爲不可. 又鄭昌孫曰, 頒布三綱行實之後, 未見有忠臣孝子烈女輩出. 人之行不行, 只在人之資質如何耳, 何必以諺文譯之, 而後人皆效之? 此等之言, 豈儒者 識理之言乎? 甚無用之俗儒也. 前此. 上敎昌孫曰, 予若以諺文譯三綱行實, 頒諸民間, 則愚夫愚婦, 皆得易曉, 忠臣孝子烈女, 必輩出矣." ; 도현철, 같은 논문, 15~16쪽.

사유능력을 인정하는 바탕에서 언문을 통해 도리를 깨달아 범죄를 예방하고 교화가 이루어지도록 하자는 것이었다.

2) 언해의 간행과 유교 교화의 확대

세종은 훈민정음을 창제하고 한문으로 된 책을 한글로 번역하는 언해 작업을 추진하였다. 훈민정음을 사용해 찬술한 최초의 산문인 『석보상절』은 세종 29년(1447) 7월에 수양대군이 세종의 명으로 소헌왕후의 명복을 빌기 위해 지은 석가의 일대기와 설법을 엮은 것이고,[69] 『사리영응기』는 1449년 7월에 세종이 김수온에게 명하여 부처님 사리의 영험함에 대해 기록하게 한 불교서이다.[70] 세종 27년(1445) 4월에 완성된 『용비어천가』는 선조인 목조(穆祖)에서 태종까지 6명의 선조의 행적을 노래한 서사시이다. 세종은 이를 통하여 언문의 실용성을 검증하고 왕조의 정통성을 천명하였다.

세종은 1446년(세종 28) 9월에 훈민정음을 반포하고 다음 달인 10월에 한문으로 자신의 뜻을 유시(諭示)하였다.[71] 세종이 죽은 왕비를 위하여

---

69) 『월인천강지곡』은 그 다음 해에 세종이 수양대군이 엮은 『석보상절』을 보고 한글로 그 가사를 지은 것이다. '월인천강지곡'이라는 말은 '부처가 백억 세계에 모습을 드러내 교화를 베푸는 것이 마치 달이 즈믄 강에 비치는 것과 같다'는 의미라고 한다. 월인천강지곡은 세종이 석보상절에 부응하여 석가모니의 일대기를 시의 형식으로 읊은 것이다. 『석보상절』과 『월인천강지곡』은 합철되어 『월인석보』라는 이름으로 세조 5년(1459)에 간행되었다.

70) 태종은 文昭殿 옆에 佛堂을 세워 列聖朝의 명복을 빌었으나 지금은 그러지 못하다고 하면서 이를 安平大君이 총괄하여 다시 경영하도록 하였다. 이 책의 끝에는 참여자 명단이 있는데 그 가운데 '韓실구디, 朴검드ㅗㅇ' 등 한글로 표기된 이름 50개 가량이 나타나 있어 고유어로 된 인명을 연구하는 자료로 이용된다(『拭疣集』 권2, 舍利靈應記 ; 김수온 저, 이종찬 역, 『역주사리영응기』, 세종대왕 기념사업회, 2013).

71) 『세종실록』 권114, 28년 10월 갑진(4책, 708쪽) "上數臺諫之罪, 以諺文書之, 命宦官金得祥, 示諸義禁府承政院."

사찰에서 재(齋)를 올리고 불사를 거행하자, 대간들이 이를 정지하라는 상소를 올렸는데, 세종은 대간의 죄를 언문으로 작성하여 제시하고 그들을 처벌하라고 하였다. 이에 집현전 학사들이 대간의 처벌을 거두어 달라고 하였다. 세종은 수양대군에게 명하여 자신이 의금부에 내린 언문으로 된 유시를 보여주도록 하였다.[72] 이 일이 있던 같은 해 11월에 언문청이 만들어졌다.[73]

세종은 같은 해 12월에 이과와 이전(吏典)의 선발 시험에 훈민정음을 부가했고[74] 다음 해인 세종 29년 4월에 함길도 자제로서 이과 시험에 응시하는 자는 다른 도의 예에 따라 육재(六才)를 시험하되 훈민정음을 시험하여 입격한 자에게만 다른 시험을 보게 할 것이며, 각 관아의 이과 시험에도 모두 훈민정음을 시험하도록 하라고 하였다.[75] 관공서의 문서 행정을 이두에서 한글로 대체하려는 뜻이었다. 세종 30년(1448)에 사서(四書)를 훈민정음으로 번역하도록 상주사 김구에게 명하였다.[76]

세종은 서연에서 세자에게 언문과 의서를 가르치도록 하였고[77] 왕세손에게 국운(國韻, 언문)을 강의했다.[78] 세종은 31년 6월에 20여 장이 되는

---

72) 『세종실록』 권114, 28년 10월 갑진(4책, 708쪽) "… 首陽大君傳上旨曰, 爾等之言是矣. 然爾等不知予心, 乃以諺義禁府諺文示之曰, …."

73) 한영우, 「세종대 어문 사용」, 『세종평전』, 경세원, 2019, 761~766쪽.

74) 『세종실록』 권114, 28년 12월 기미(4책, 716쪽) "傳旨吏曹, 今後吏科及吏典取才時, 訓民正音, 並令試取. 雖不通義理, 能合字者取之."

75) 『세종실록』 권116, 29년 4월 신해(5책, 17쪽) "傳旨吏曹, 正統九年間七月教旨, 節該, 咸吉道子弟欲屬內侍茶房知印錄事者, 試書算律家禮元續六典, 三才入格者取之, 然吏科取才, 不必取俱入六才者, 但以分數多者取之. 咸吉道子弟三才之法, 與他道之人別無優異, 自今咸吉子弟吏科者, 依他例試六才, 倍給分數, 後式年爲始, 先試訓民正音, 入格者許試他才, 各司吏典取才者, 並試 訓民正音."

76) 『세종실록』 권119, 30년 3월 계축(5책, 57쪽) "驛召尙州牧使金鉤. 鉤爲尙州未半年, 時集賢殿奉教以諺文譯四書, 直提學金汶主之, 汶死, 集賢殿薦鉤, 故特召之, 尋拜判宗簿寺事."

77) 『세종실록』 권118, 29년 11월 계묘(5책, 43쪽).

78) 『세종실록』 권121, 30년 9월 병신(5책, 99쪽).

언문 유시를 만들어 좌의정 하연 등 대신들에게 보여주면서, "불사를 행할 때 감찰은 모든 제사에 반드시 배례(拜禮)를 행하는 예에 따라, 승도가 비를 빌 때도 감찰이 배례를 행하도록 하는 것으로 항식(恒式)을 삼는 것이 어떠한가"[79]라고 하였다. 아울러 이 언문 유시는 앞에 것과는 달리 감정이 섞이지 않은 내용이라 사초(史草)에 들어가게 하였다고 한다. 세종이 언문의 확산에 반대하는 신하들의 입장을 고려하여 신중하게 대응하고 조심스럽게 행동하려 노력한 흔적을 엿볼 수 있다.[80] 세종은 6개월 후 사망한다.[81]

문자로서의 언문은 벽서를 통하여 당시 의사소통의 수단으로 사용되었다. 세종 31년(1449)에 영의정 하연(河演)은 까다롭게 살피고 또 노쇠하여 행사에 착오가 많았으므로, 어떤 사람이 언문으로 벽 위에 "하정승(河政丞)아, 또 공사(公事)를 망령되게 하지 말라."고 하였다.[82] 벽서가 많지는 않았지만, 성종 16년(1485)에는 저자 사람들이 언문을 써서 호조 당상을 욕하기도 하고,[83] 중종 4년(1509)에는 종실이었다가 천민으로 전락한 여성 노비인 철비가 언문으로 종량(從良)해 달라는 글을 올리기도 하였다.[84] 글을 해독할 능력이 있는 사대부와 왕실 여인, 일반 백성 중 극히

---

79) 『세종실록』 권124, 31년 6월 무진(5책, 135쪽) "召議政府左議政河演等謂曰 …且監察 凡祭祀必行拜禮, 自今僧徒祈雨, 令監察亦行拜禮, 永以爲式何如? 援引古辭, 以諺文書 之, 辭語反復, 幾二十餘紙. 抵意在群下不從風向佛, 私自譏議, 又深斥集賢殿諫說之非. …."

80) 한영우, 같은 논문, 761~766쪽.

81) 성종은 세종의 뜻을 이어 의정부에서 국왕이 절검을 행하는 말을 언문으로 번역해서 관문, 시장, 촌락에 걸어두어 부녀자, 어린이들까지 알게 하라고 하였고, 한문 교서를 한글로 번역하여 전국의 모든 백성이 읽고 이해할 수 있도록 하라고 하였다(『성종실록』 권22, 3년 9월 경자(8책, 685쪽).

82) 『세종실록』 권126, 31년 10월 임자(5책, 149쪽) "演苛察, 又老耄, 行事多顚錯, 人有以 諺字書壁上曰, 河政丞且休妄公事."

83) 『성종실록』 권185, 16년 11월 병진(11책, 72쪽) "… (조)之瑞曰, 市人書諺文辱戶曹堂 上, 固可憎也, 然此小民常事 …."

일부가 언문을 불만과 민원을 표현하는 수단으로 사용하였다. 훈민정음의 창제로 인해 일반 백성은 쉽게 자신의 생각을 말로 표현할 수 있게 되었고 자신의 의사를 문자화하고 체계적으로 정돈하여 지배층에게 전달할 수 있는 기반을 마련해 가고 있었다.[85]

한문에 익숙해 있던 양반 사대부는 훈민정음을 외면하였고 오랫동안 문자 없이 살았던 백성들에게 국문자를 습득하는 일은 쉽지 않았다. 훈민정음은 국가의 공용 문자가 되지 못하였고 사적이고 개인적인 차원에서 사용되었다. 국가의 공적 기록은 한문으로 되어 있고 관청에서 공무로 작성하는 문서도 한문이었으며 한글로 작성된 문서는 그 법률적 효력을 인정받지 못했다. 한글 문헌은 대부분 왕실이나 간경도감과 같은 국가기관이 주관해서 만든 관판본이 주를 이루었다. 언해 곧 한문 문헌에 대한 국어역은 『정속언해』와 『소학언해』, 『삼강행실도언해』[86] 등이 간행되면서 시작되었다.[87]

한글의 창제는 민의 의식을 진전시키는데 기여하게 된다. 조선왕조는 양반 사대부가 중심이 되어 건국되었고 그들이 근간이 되어 신분제를 바탕으로 하는 유교적 이상 사회를 실현하고자 하였다. 세종은 왕조의 군주로서 국정 이념인 유학의 경전을 익혔고, 인륜의 확립을 통하여

---

84) 『중종실록』 권9, 4년 9월 경자(14책, 363쪽) "下鐵非上言于該司. 鐵非宗室女, 以諺字書上言之辭, 援例願蒙上德, 免爲私賤. 政院啓曰, 鐵非以諺呈上言, 至爲褻慢. 且其所願, 不可從也, 請推考治罪. 從之. 鐵非, 乃李顆母也."

85) 도현철, 같은 논문, 16~22쪽.

86) 성종 21년(1490)에 『삼강행실도』 언해본을 간행하여, 서울과 지방 士族의 家長 父老, 敎授, 訓導 등이 부녀자와 어린이들을 가르치게 하였다. 그 다음해 4월에는 전국 각지에 이를 보급하게 하였다. 또 조선왕조의 성문법인 『경국대전』에서 『삼강행실도』의 언해본을 읽도록 규정함으로써 제도적으로 한글을 통한 유교의 윤리 규범인 오륜의 확대를 유도할 수 있게 되었다(『경국대전』 권3, 禮典 獎勵).

87) 김무봉, 「조선전기 언해 사업의 현황과 사회 문화적 의의」, 『한국어문학연구』 58, 2012.

존비·귀천의 지배와 복종관계의 지배질서를 유지하고자 하면서, 문자를 통한 교화로 이것의 한계를 극복하려 하였다. 세종은 인간의 도덕적 본성과 도덕적 자각을 강조하였고, 백성들이 사용하기 편리한 문자를 창제하여 문자를 통한 인륜 교화, 유교 윤리를 확대하고자 하였다. 훈민정음의 창제는 신분제가 강고히 존재하고 도덕적 우열의 차이가 강조되던 시기에, 문자의 내재적인 힘과 논리에 의하여 문자 생활을 통해 지식을 확대하고 생각을 정돈하며, 소통을 활성화하고 민의 의식을 성장시키는 길을 열어주고 있었다.

4. 맺음말

훈민정음의 창제와 그를 통한 유교 교화의 확대를 살펴보려는 것이 본고의 목표였다. 내용을 정리하고 마무리하면 다음과 같다.

조선왕조는 유교를 국정교학으로 삼고 유학에서 제시하는 정치사상, 정치제도를 활용하여 국가 체제의 운영 원리와 운영제도를 마련하였다. 또한 조선왕조는 원과 명으로부터 선진 문화를 수용하여 유교의 조선화와 자국화를 도모하였다.

세종은 유교 군주로서 중국의 고제를 연구하고 조선의 현실에 맞는 유교 이념의 운용을 꾀하였다. 그는 유학의 경학과 경세론에 기반하여 치용적 학문관을 견지하였다. 그것은 시조(時措), 즉 현실 변화에 적합한 조치를 취하고 치용(致用), 즉 현실에 맞는 실용주의적 관점에 기초하여 제도를 마련하고 정책을 펴는 것을 의미하였다. 그는 선한 본성을 전제로 한 유학의 교화론을 제시하였다. 인간의 절대선인 천성을 전제하면서 스스로 새롭게 하는 이치(自新之理)를 강조하여 보고 느껴 분발(觀感而興起)하도록 유도하였다.

조선왕조는 예와 덕에 의한 국가 통치와 윤리 교화책을 견지하지만, 형률에 의한 교화책도 활용하였다. 정도전은 정치를 윤리도덕의 실현과 정으로 보고 인정과 덕치의 유교 정치론을 지향하면서도, 제도와 형벌을 예치와 덕치를 보완하는 수단으로서 그 존재가치를 인정하였다.

조선왕조의 인정에 기반한 교화책은 문자를 통한 교화책으로 이어진다. 처음에는 종래부터 사용된 한문을 기본으로 하는 것에서, 이두와 구결문으로 풀어쓰는 방식으로 진전되고, 점차 백성의 문자인 언문(훈민정음)을 창제하기에 이른다. 세종은 백성이 이두라도 알아서 율문을 알고 법을 어기는 것을 막고자 한문을 이두문으로 번역하도록 했다. 사리를 아는 사람이라도 율문에 의거해야 죄의 경중을 알게 되는데, 우민(愚民)이 범한 죄를 알고 스스로 고치는 것은 어렵다는 이유에서였다. 세종은 문자에 의한 교화를 목적으로 『삼강행실도』를 간행하여 백성이 인간의 도리를 다할 수 있도록 오륜을 가르치고자 하였다. 세종은 설총이 이두를 만든 뜻은 백성을 편리하게 하려 함이고, 언문 역시 백성을 편리하게 하려 한 것이라고 하였다.

더 나아가 세종은 백성이 쉽게 익힐 수 있는 한글(언문)을 창제하여 법률을 이해하고 교화가 실현되기를 기대하였다. 세종은 양반층의 전유물인 한문을 대신해서 백성들이 사용할 수 있는 문자를 창제하였는데, 훈민정음은 이른바 언문의 탄생 곧 입으로 하는 말(口語)과 문자로 쓰여진 글(文語)이 일치하도록 한 것이다. 문자를 활용한 훈민 교화책, 곧 백성을 위한 문자를 창제하고 문자를 통해 백성들이 자각 능력을 키우게 함으로써 선을 행하고 악을 막아 범죄를 저지르게 하지 않는 방안을 구상하였다.

세종은 훈민정음을 창제하고 한문으로 된 책을 한글로 번역하는 언해 작업을 추진하였다. 『석보상절』과 『월인천강지곡』 그리고 『용비어천가』를 통하여 언문의 효율성을 실험하였을 뿐 아니라 왕실의 권위나 왕조의 정통성을 천명하였다. 또한 세종은 한문으로 유시하였고 이과와 이전의 선발 시험에 훈민정음을 부가했으며, 이과 시험에 응시하는 자는 다른 도의 예에 따라 육재(六才)를 시험하되 훈민정음을 시험하여 입격한 자에게만 다른 시험을 보게 하며, 각 관아의 이과 시험에 훈민정음을 시험하도록 하였다. 이는 관공서의 문서 행정을 이두에서 한글로 대체하려던 의도였다.

훈민정음의 창제로 일반 백성이 쉽게 쓸 수 있는 문자의 보급이 이루어지고 문자 생활을 통하여 백성들이 자신의 생각과 사상을 문자화하고 사유를 체계화하는 것이 가능하게 되었고, 비록 신분제 사회이기는 했지만 백성들이 자신의 의사를 문자화하고 체계적으로 정돈하여 지배층에게 전달할 수 있는 수단이 마련되었다. 그러나 한문에 익숙해 있던 양반 사대부는 훈민정음을 외면하였고 오랫동안 문자 없는 상태로 지냈던 백성들이 국문자를 습득하는 일은 쉽지 않았다. 훈민정음은 국가의 공용문자가 되지 못하였고, 사적이거나 개인적 차원에서 사용되었다. 국가의 공적 기록은 한문으로 되어 있었고 관청에서 공무로 작성하는 문서도 한문이었으며, 한글로 작성된 문서는 그 법률적 효력을 인정받지 못했다. 한글 문헌은 대부분 왕실이나 간경도감과 같은 국가기관이 주관해서 만든 관판본이었다. 언해 곧 한문 문헌에 대한 국어역은 16세기에 간행된 『정속언해』와 『소학언해』로부터 시작되었다.

세종은 한글을 창제함으로써 백성들이 문자 생활을 통해 생각하고 사고하며 도덕적인 자각 능력을 함양하는 길을 열었다. 양반 사대부가 중심이 되어 건국된 조선왕조는 그들이 중심이 되는 국가 운영을 도모하고 지배체제를 유지 강화하기 위하여 법제와 형률과 함께 문자를 활용한 교화책을 썼다. 당시는 사회변동과 왕조교체를 지나면서 생산력이 발전하고 토지 지배 관계가 변화하였고 이에 수반하여 백성의 의식이 성장하고 있었다. 조선왕조는 성장한 백성들의 의식을 수렴하면서 지배체제를 옹호할 방법을 강구하였고, 새롭게 수용된 성리학을 활용한 유교적 교화론을 제시하였다.

조선왕조는 성리학을 통하여 교육, 교화를 강조하고 문자를 활용한 백성 교화를 추진해 갔다. 처음에는 한문책의 확대 보급에서 시작하여 한문책을 이두와 구결로 풀이하는 단계를 거쳐 마침내 훈민정음을 창제하기에 이른다. 이를 계기로 백성이 문자를 통하여 자신의 생각을 정돈하고 체계화할 수 있는 계기가 마련되었고, 자신의 의사를 문자로 체계적으로 정돈하여 지배층에게 전달할 수 있는 길이 열리고 있었다. 백성의 문자인 훈민정음의 창제는 문자의 내재적인 힘과 논리에 의하여 문자를 통해 지식을 확대하고 생각을 정돈하며, 소통을 활성화하고, 민의 의식을 성장시키는 길로 더욱 나아가게 하였다.

참고문헌

강만길, 「한글창제의 역사적 의미」, 『분단시대 역사인식-저작집2』, 2018.
강명관, 「한글서적, 오로지 번역본으로만 존재하다」, 『조선시대 책과 지식의 역사』, 천년의 상상, 2014.
김무봉, 『훈민정음, 그리고 불경 언해』, 역락, 2015.
김무봉, 「조선전기 언해 사업의 현황과 사회 문화적 의의」, 『한국어문학연구』 58, 2012.
김용섭, 『東아시아 역사 속의 한국문명의 전환-충격, 대응, 통합의 문명으로』(신정·증보판), 지식산업사, 20015.
金駿錫, 「朝鮮前期의 社會思想」, 『東方學志』 29, 1981.
金駿錫, 「儒教思想論」, 『韓國史認識과 歷史理論』(金容燮教授停年紀念韓國史學論叢1), 1997.
김 호, 「조선초기 『疑獄集』 간행과 '無冤'의 의지」, 『한국학연구』 41, 2016.
김항수, 「≪삼강행실도≫ 편찬의 추이」, 『진단학보』 85, 1998.
김훈식, 「15세기 민본이데올로기와 그 변화」, 『역사와 현실』 창간호, 1989.
김훈식, 「麗末鮮初 儒佛交替와 朱子學의 定着」, 『韓國 古代·中世의 支配體制와

農民』(金容燮教授停年紀念韓國史學論叢 2), 1997.

도현철, 『조선전기정치사상사』, 태학사, 2013..

도현철, 「조선초기 민 인식의 변화와 언문을 통한 유교 문명화」, 『동방학지』 193, 2020.

문중양, 「세종대 과학기술의 자주성에 대한 재검토」, 『세종의 국가경영』, 지식산업사, 2006.

박병호, 「朝鮮初期 法制定과 社會相」, 『국사관논총』 80, 1998.

안재순, 「세종대왕의 도덕 실천 운동과 윤리 정신」, 『세종문화사대계』 4(윤리·교육·철학·종교편), 1999.

오종록, 「훈민정음 창제와 반대상소」, 『내일을 여는 역사』 32, 2008.

이기문, 「훈민정음의 창제」, 『신편한국사』(조선초기의 문화Ⅰ) 26, 2007.

이상민, 「조선초 勅撰勸戒書의 수용과 『삼강행실도』 간행」, 『한국사상사학』 64, 2017.

이상민, 「15세기 지방 유식자의 활용과 평민교화」, 『역사와 현실』 118, 2020.

이석규, 「朝鮮初期 '敎化'의 性格」, 『韓國思想史學』 11, 1998.

이우성, 「조선왕조의 훈민정책과 정음의 기능」, 『진단학보』 42, 1976.

정긍식·조지만, 「조선전기 『대명률』의 수용과 변용」, 『진단학보』 96, 2003.

정다함, 「여말선초의 동아시아 질서와 조선에서의 漢語, 漢吏文, 訓民正音」, 『한국사학보』 36, 2009.

정윤재, 「『훈민정음 해례본』 발간 전후의 정치 과정 분석」, 『세종의 지식 경영연구』, 한국학중앙연구원출판부, 2016.

정출헌, 「조선전기 언해 사업의 지평과 문명전환의 맥락 ─ 새로운 언어문자의 창제와 새로운 학문주체의 탄생」, 『어문논집』 84, 2018.

최이돈, 「조선초기 賤人天民論의 등장」, 『朝鮮時代史學報』 57, 2011.

최종석, 「조선초기 국가이상과 '聲敎自由'」, 『한국사연구』 162, 2013.

韓永愚, 『鄭道傳思想의 硏究』, 서울대출판부, 1983.

韓永愚, 「세종대 어문 사용」, 『세종평전』, 경세원, 2019.

조선후기 훈민정음 연구의 사상 맥락과 성과
―崔錫鼎과 柳僖를 중심으로―

정 호 훈

1. 머리말

17세기 이래 조선에서의 한글 이용 양태는 놀라울 정도로 다양하고 풍부했다. 한자를 주로 이용했던 양반 지식층으로부터 부녀·서민층에 이르기까지 신분과 나이, 性別 불문하고 많은 사람들이 한글로 만들어진 책과 작품을 읽고, 한글을 이용하여 일상생활을 영위했다. 한글을 사용하는 계층이 늘어나고, 한글을 담은 문헌과 작품의 생산·유통이 확대되었으며, 한글로 이루어지는 소통이 일상화되었다.[1]

한글 사용의 확대가 가지는 의미는, 여러 측면에서 이를 살필 수 있겠으나, 주류적 위치에 서지 못했던 사람들이 人文知識을 향유할 수 있는 조건이 이를 통하여 풍부하게 형성된다는 점을 주목할 수 있다. 그 인문의 세계가, 한자를 專有하던 계층이 생산하고 누리던 세계와 동질은 아니었지만, 사회구성원을 성숙하게 하고 사회를 변화시킴에 중요한 힘으로 작용할 수 있었음을 생각해 볼 수 있다. 한글이 부녀·서민층의 이용자들이

---

1) 안대회, 「한문학에서의 민족적인 것과 세계적인 것」, 『국문학과 문화』, 서울: 월인, 2001.

인문 세계에 접하는데 일조한다는 洪大容의 발언2)은 그러한 현장의 일단
을 조금 보여준다.

조선후기 한글의 실태를 잘 보여주는 일 가운데 하나는 이 시기에
훈민정음을 집중적으로 연구하여 독자적인 성과를 내는 학자·관료들이
나타나는 점이다.3) 대체로 양반 지식인들이 참여하여 진행했던 이 일들은
일상에서의 한글 사용과는 성격이 많이 달랐다. 훈민정음에 대한 전문적
이며 학리적인 연구는 이 문자가 가지고 있던 풍부한 세계를 체계화하고
한글의 활용 가능성을 확장함에 큰 도움이 될 수 있었다.

훈민정음을 전문적으로 연구하는 양상은 크게 보아 문자 체계로서의
훈민정음의 특성을 살펴 저술을 내는 흐름, 韻書의 실용적 편찬과 정리를
위해 훈민정음을 검토하는 흐름으로 정리할 수 있다. 이는 개인과 정부
차원의 작업으로도 성격이 나뉘는데, 전자는 崔錫鼎에서 시작되어 申景濬,
鄭東愈, 黃胤錫과 같은 학자들을 거쳐 19세기 초 柳僖의 연구로 나타났고,4)

---

2) 洪大容, 『湛軒書外集』 卷1, 答鄧汶軒書, "東國別有諺字〈有其音而無其義, 字不滿二百,
   而子母相切, 萬音備焉. 婦人及庶民不識字者并用諺字, 直以土話爲文. 凡簡札簿書, 契
   券明暢, 或勝眞文. 雖欠典雅, 其易曉而適用, 未必不爲人文之一助.〉."

3) 이에 대해서는 김동준, 「소론계 학자들의 자국어문 연구활동과 양상」, 『민족문학
   사연구』 35, 서울: 민족문학사연구회. 2007 참조.

4) 김석득, 「經世訓民正音圖說의 易理的 構造」, 『동방학지』 13, 서울: 연세대국학연구
   원, 1972 ; 김석득, 「실학과 국어학의 전개: 최석정과 신경준과의 학문적 거리」,
   『동방학지』 16, 1975 ; 배윤덕, 「崔錫鼎의 『經世正韻』研究」, 『동방학지』 71, 1991 ;
   이상혁, 「국어사의 관점에서 바라본 유희의 언어관-『언문지』를 중심으로-」,
   『동아시아문화연구』 36, 서울: 한양대동아시아문화연구소, 2002 ; 김영주, 「소론
   계 학인의 언어의식 연구(1)-『정음』 연구를 중심으로」, 『東方漢文學』 27, 서울:
   동방한문학회, 2004 ; 김석득, 『우리말 연구사』, 서울: 태학사, 2009 ; 조성산,
   「조선후기 小論系의 東音 인식과 訓民正音 연구」, 『韓國史學報』 36, 서울: 고려사학
   회, 2009 ; 김동준, 「崔錫鼎의 語文觀과 文明認識 -〈經世正韻五贊〉을 중심으로」,
   『古典文學研究』 42, 서울: 고전문학연구회, 2012 ; 심소희, 『한자 정음관의 연구』,
   서울: 이화여자대학교출판부, 2013 ; 이상규, 「여암 신경준의 『邸井書』 분석」,
   『어문논총』 62, 대구: 한국문학언어학회, 2014 ; 김슬옹, 「신경준 『운해훈민정음
   [邸井書]』의 정음 문자관」, 『한말연구』 39, 서울: 한말연구학회, 2016 ; 이상규,

후자는『華東正音通釋』,『三韻成彙』,『奎章全韻』의 간행으로 구체화 되었
다.5)

이 글에서는 조선후기 훈민정음 연구의 실상, 그리고 그 연구가 갖는
역사적 의미를 최석정과 유희 두 학자의 성과를 통하여 살피려고 한다.
최석정은『經世正韻』을 편찬하며 조선후기 훈민정음 연구의 막을 열었고,
유희는『諺文志』를 집필, 주시경 이전 조선 훈민정음 연구의 한 귀결을
이루었던 인물이다. 조선후기 훈민정음 연구가 시작되고 또 매듭을 지어
가는 개성을 이들의 업적은 지니고 있다고 할 수 있다.6) 이들의 작업에
대한 탐색은 그러므로, 애초 17세기 후반에 훈민정음 연구가 이루어지는
배경과 원인은 무엇이었던가, 그리고 150여 년의 시간이 지난 뒤의 훈민정
음 연구는 초기의 연구에 비해 어떠한 변화와 성과를 보이는가 하는
점을 밝힘에 도움이 될 것이다.

그간 이들 두 학자의 저술에 대한 검토는 국어사, 문학사 및 사상사
영역에서 다양하게 이루어졌다. 그 역사적 의미에 대한 평가는 국어사의
연구를 기반으로 하되 이 시기 사상과 문화의 흐름을 염두에 두며 진행되
었다고 할 수 있다. 이 과정에서 학계에서는 최석정의 성과를 집중 조명했
는데, 최석정의 활동을 추동한 배경 혹은 그 성취의 역사적 의미에 대한
해석이 몇 가지 관점 위에서 선 굵게 제시되었다. 정리해보자면 '實學'과
연관한 이해,7) '조선중화주의'8) 혹은 '箕子 중심의 상고적 중화주의'9)에

『명곡 최석정의 경세훈민정음』, 서울: 역락, 2018.
5) 한국 운서의 역사 속에서 이 흐름을 정리한 연구로는 정경일,『한국 운서의 이해』, 서울: 아카넷, 2002가 있다.
6) 주 4)에서 볼 수 있듯, 국어·국문학사 영역에서 최석정에 대한 연구가 집중적으로 이루어졌다. 반면 유희『諺文志』에 대한 검토는 그렇게 많지 않다.
7) 김석득, 앞의 글, 1975 ; 김영주, 앞의 글, 2004. 조선후기 훈민정음에 연구를 '실학'과 연관하여 이해하는 태도는 이후 '중화주의'의 관점에서 검토가 진행되면서 약화되었다.
8) 심소희, 앞의 책, 2013.

초점을 둔 해명, 조선 문명의 자각과 국난극복을 위한 문물 정비의 노력이
라고 본 평가10) 등으로 나눌 수 있다.

　최석정과 유희 연구의 연관성에 대해 살핀 논자들은 두 사람이 공유하
는 소론의 학통을 중시하고 상호 상관관계가 깊다고 이해했다.11) 다만
이들 연구에서는 긴 시간의 흐름 속에서 나타나는 연구의 변화에 대해서는
그다지 주목하지 않았던 것으로 보인다.

　필자는 앞선 여러 연구의 성과를 활용하며 세 가지 점을 집중적으로
살피려 한다. 첫째, 최석정의『經世正韻』편찬을 촉발한 직접적인 계기가
무엇이었던가 하는 점에 대한 해명이다. 필자가 보기에『經世正韻』의
저술은 韻書인『禮部韻略』의 수정 작업과 맞물려 진행되었다. 종래 연구에
서 이 점은 거의 주목되지 않았는데, 두 작업의 인과성을 세세하게 검토하
며『經世正韻』의 의미를 따질 필요가 있다. 둘째, 최석정과 유희 연구와의
상관성에 대한 이해이다. 최석정과 유희 두 학자가 훈민정음을 연구하고
활용하는 목적과 방식은 크게 달랐다. 어찌 보면 상관관계가 전혀 없다고
할 정도로 양자 사이의 거리는 멀었다. 이 차이는 두 학자가 훈민정음
연구를 통하여 얻고자 하는 실용적 목적과 연관이 있는 것으로 판단된다.
셋째, 유희『언문지』의 지향 및 성과가 조선의 문자 생활 혹은 조선
사회의 변화와 어떠한 연관성을 갖는가 하는 점에 대한 검토이다. 유희는
한자·한문－한글·국문의 位階的 문자 질서에서 일어나는 한글의 활용상
을 면밀히 살피고, 이를 기반으로 '한자는 높이고 한글은 천대하는' 현실을
벗어난 문자 세계를 찾으려 했던 것으로 보인다.

---

9) 조성산, 앞의 글, 2009.
10) 김동준, 앞의 글, 2012.
11) 김영주, 앞의 글, 2004 ; 김동준, 앞의 글, 2007 ; 조성산, 앞의 글, 2009.

2. 최석정의 훈민정음 연구: 『經世正韻』과 표준 한자음 모색

1) 『禮部韻略』의 수정 간행과 『경세정운』

조선후기 훈민정음 연구는 최석정의 『경세정운』[12]으로부터 시작된다. 이 책은 公刊되어 널리 알려지지 않은 채 필사본으로 전해져 왔는데,[13] 최석정은 이를 통해 훈민정음의 특성을 邵雍의 음운 이론과 연관하여 밝히고, 한글 자모로 표기할 수 있는 한자음의 규모와 표준을 제시하고자 했다.

『경세정운』이 편찬된 해는 1678년(숙종 4) 3월이다. 최석정 스스로 『경세정운』의 의의를 밝힌 「經世正韻五贊」에서 확인되는 사실이다.[14] 그런데 이 책의 편찬은 1678년 3월, 국왕의 명으로 인쇄에 들어간 『예부운략』의 수정·新印[15]과 밀접한 관계가 있다. 당시 최석정은 홍문관 교리 겸

---

12) 이 책은 교토대학 河合文庫에 원본이 소장되어 있다. 교토대 소장본은 권수제를 經世正韻序說이라고 하고 표제는 經世訓民正音이라고 했다. 홍양호는 經世正韻圖說이라 불렀다. 저자 최석정은 '經世正韻五贊'을 작성, 이 책의 의의를 설명했다. 이 글에서는 '經世正韻'으로 표기한다.

13) 이 자료는 1961년 김지용이 마이크로필름으로 촬영하여 1968년 연세대학교 인문학연구소의 연구총서 19집으로 영인 발간했으며, 2011년에 명문당에서 재간행했다.(최석정 저·김지용 해제, 『經世訓民正音圖說』, 서울: 명문당, 2011)

14) 이 점은 『經世正韻』坤, 「經世正韻五贊」稽訓의 "臣忝太史, 載事是職."이라는 표기, 그리고 『經世正韻』坤, 「五贊註」의 "述志. 錫鼎著此書戊午春成."에서 확인된다. 숙종 4년 봄에 최석정은 春秋館의 記注官을 겸하고 있었다. '臣忝太史'는 이를 가리킨다. 초기 연구에서는 18세기 초, 최석정의 말년에 이 책이 편찬되었다고 이해했다.(김지용, 위의 글, 2011) 이후 연구가 진전되면서 1678년에 편찬된 것으로 확인되었다.

15) 『肅宗實錄』卷7, 肅宗 4년 1월 17일 己丑 ; 『承政院日記』263책, 肅宗 4년 3월 4일 乙亥. 이해에 간행된 『禮部韻略』의 말미에는 간행 시점을 '戊午三月奉敎新印'으로 기록해 두었다.(규장각, 一簣古495.13-J436b 참조. 이하 『禮部韻略』 관련 내용은 이 책을 이용했다.)

경연 侍讀官, 춘추관 記注官으로 재직하며 『예부운략』의 수정 작업을
주관했다.16) 『經世正韻』을 편찬하던 시점과 『예부운략』을 간행하던 시점
이 공교롭게도 일치하는 셈이다.

  이 사실은 『경세정운』의 성격, 최석정의 훈민정음 연구를 이해함에
중요한 받침돌이 된다. 『예부운략』과 『경세정운』은 본래 책의 성격이
다르고 또 공적인 간행본과 사적인 필사본이라는 형태상의 차이를 보이
나, 양자는 떼려야 뗄 수 없는 맥락 위에서 출현했다. 종래의 『경세정운』
검토에서는 이 점을 그다지 주목하지 않았지만,17) 두 책의 동시 출현은
『경세정운』의 성립, 『경세정운』의 성격을 살핌에 의미 있는 역할을 하리라
판단된다. 『경세정운』을 이해하는 첫걸음은 『예부운략』의 간행에 대한
확인에서 시작해야 한다.

  『예부운략』은 고려 시기부터 이용되던 韻書로 조선에서도 많은 사람들
이 활용했다.18) 詩를 짓고 科試를 준비하는 사람들에게 유용한 요소가
많았기 때문이다.19) 이 운서는 106韻의 체계로 한자를 배치하였는데,

---

16) 숙종이 명령을 내리고 책을 완간할 때까지 5개월 정도 소요되었는데, 숙종이
   명령을 내린 시점은 이해 정월이고(『肅宗實錄』 卷7, 肅宗 4년 1월 17일 己丑)
   간행에 들어간 때는 3월, 간행하여 신하들에게 반사한 때는 여름이었다. 반사
   받은 인물 사례로는 예조판서 柳命天을 들 수 있는데, 때는 6월 하순이었다.(규장
   각 소장 『예부운략』의 頌賜記 참조)

17) 『禮部韻略』과 『經世正韻』이 같은 시점에 간행 혹은 편찬되었음을 거론한 연구는
   김동준의 앞의 글(2012, 316~317쪽)이었다. 양자 상관성의 실상에 대한 검토는
   과제로 남겼다. 본 연구에서는 이때에 간행된 『禮部韻略』의 실물을 통하여 두
   책 사이의 연관성을 확인하고 이를 바탕으로 『經世正韻』 편찬의 의미를 검토하고
   자 했다.

18) 姜信沆, 「韓國의 禮部韻略」, 『國語國文學』 49·50, 서울: 국어국문학회, 1970 ; 정경
   일, 「조선시대의 운서 이용 양상」, 『韓國語學』 7, 서울: 한국어학회, 1998 ; 김윤조,
   「한국 漢詩 창작에 있어서 시기별 韻書의 변화 양상에 대한 연구」, 『東洋漢文學研
   究』 44, 대구: 동양한문학연구회, 2016 참조.

19) 김윤조, 위의 글, 2016에서는 『東文選』, 『箕雅』, 『大東詩選』에 실린 1,073수의
   한시를 분석, 『예부운략』이 조선에서 詩韻의 기준이었으며, 그 지위는 요지부동이

한자음을 反切로 표시하였고, 글자마다 간략하게 뜻풀이를 하여 字典의 역할도 할 수 있게 구성한 점이 형태상의 특징이다. 선조 대, 광해군 대에 간행된 간본에서 이 책의 특징과 사회적으로 활용되는 양상을 확인하게 되는데,[20] 한자음 표기에 훈민정음을 이용하지 않은 점으로 보자면 이용자들에게 이 점은 그다지 문제가 되지 아니했음을 알 수 있다. 1678년의 간행은 그러한 현실 위에서 이루어졌다고 할 것이다. 이때 중간된 『예부운략』은 다음과 같은 주목할 만한 사실을 담고 있다.

첫째, 예전 간본의 내용을 대폭 수정하여 간략하게 정리한 점이다. 범례에 따르면 편자는 글자의 배치를 새롭게 하고, 번거롭고 쓸모없는 글자 주석은 삭제하여 간편하게 한다고 하였다.[21] 책을 보다 쉽게 이용할 수 있게 하려는 의도였음을 볼 수 있다. 실제 이때의 간본을 이전 간본과 비교하면 일신된 면모를 느낄 수 있다.

둘째, 『훈민정음』, 그리고 邵雍의 『황극경세서』를 이용한 성음도를 책 말미에 붙인 점이다. 『훈민정음』의 서문과 例義, 「皇極經世書聲音卦數」, 「經世律呂唱和圖」, 「訓民正音與經世數配合圖」[二十四音聲, 二十八聲] 등 네 종류의 글과 도표가 실렸다.(아래 사진 참조) 『훈민정음』은 본문이 다 실린 셈이나, 『황극경세서』와 연관된 내용은 그렇게 풍부하지 않다. 눈에 띄는 점은 『훈민정음』과 『황극경세서』를 연관 지워 도표를 작성한 사실이다. 책의 편자는 24개의 聲母와 28개의 韻母를 제시했다. 『예부운략』에서는 이들 두 자료에 대해, 『훈민정음』은 切韻法의 핵심을 담고 있는 문헌, 『황극경세서』의 聲音數는 聲韻을 총괄한다고 밝혔다.[22]

없음을 밝혔다.

20) 규장각 등 여러 곳에서 소장 사항을 확인할 수 있다. 규장각의 경우, 선조 대의 간본으로는 一簧古495.13-B146yb, 광해군대 간본으로는 奎中1767이 있다.

21) 『禮部韻略』附錄, 禮部韻凡例, "一. 每字註義, 舊本所載, 甚爲繁冗. 今只取要旨爲註, 而兼存音切, 每切之上, 加圈以別之. 一. 舊本有新添重添等字, 附于韻末. 今皆以圈別之, 新添則加〇 … 重添則加〇."

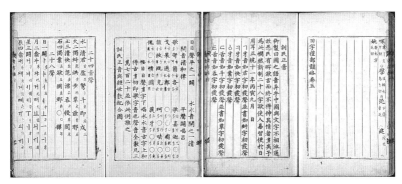

〈표 1〉 1678년 간인 『禮部韻略』(규장각, 一簑古495.13-J436b)

　　1674년 간본의 의도는, 내용 구성을 간명하게 한 점으로 보아, 책의
실용성을 높이려 했던 것으로 보인다.[23] 오랫동안 내려오던 전통적인
체재를 짧은 기간 안에 새롭게 바꾸어 버리는 일 자체가 쉽지는 않았을
텐데, 최석정은 이 일을 과감하고도 신속하게 추진했다. 이것이 가능했던
데에는 그러한 목표가 여러 사람들에게 인정받았기 때문일 것이다.[24]
이 책은 조선에서의 『예부운략』 활용의 흐름, 나아가 조선 운서의 역사를
이해함에 중요한 자료가 된다.

　　하지만 중국에서 편찬되고 조선에서 널리 이용되던 운서의 말미에

---

22) 『禮部韻略』附錄, 禮部韻凡例, "一. 世宗大王御製訓民正音, 乃聖人制作之妙. 凡有音之
　　字, 皆可推知, 最關於切韻之法, 而顧其爲書, 只數紙, 不可別爲一書, 故表而出之, 載于卷
　　端. 一. 邵氏經世書聲音數, 實聲韻之摠括, 故並符於訓民正音之下. 其闢翕淸濁之妙,
　　天地四象之數, 覽者詳之."

23) 이 점은 간략한 주해, 단순화한 구성에서 확인할 수 있다. 물론 간행된 이후,
　　이 형태를 활용한 간본이 보이지 않는 것으로 보아, 이때의 성과는 더 이상
　　간본으로 유행되지는 않았던 것으로 보인다. 18세기 鏡城에서 간행된 『禮部韻略』
　　은 예전 간본의 체제였다.(규장각, 奎中1563)

24) '여러 사람에게 인정받았다.'는 언명은 제한적으로 사용하고자 한다. 국왕이
　　내린 명령을 받아 별다른 장애 없이 간행까지 한 사실을 이와 같이 표현했다.
　　이 간본이 나온 이후의 복간본이 발견되지 않는 점으로 미루어, 이 책은 그
　　후에 그렇게 주목받지 못했던 것으로 여겨진다.

그 책과는 별다른 관계가 없어 보이는『훈민정음』과『황극경세서』의
내용을 실은 점은 매우 기이하다. 이들 글에서 언급하는 절운법이『예부운
략』의 수정과는 아무런 상관이 없었기 때문이다.

　『훈민정음』과『황극경세서』관련 자료를『예부운략』에 실어 간행한
의도는 최석정이 작성한『예부운략』의 後序에서 어느 정도 살필 수 있다.
이 글은 정작 公刊된『예부운략』에는 수록되지 못하고『明谷集』에만 실려
전해지는데, 최석정은 이들 자료를『예부운략』의 말미에 실은 점에 대해,
'切韻之學'의 원본이 되는 두 책을 이러한 방식으로 천명하는 한편으로
攷訂의 바탕으로 삼으려 한다고 했다.25) 말하자면 이들 두 자료는『예부운
략』의 수정과는 직접적인 관계는 없었지만, 최석정은 이 두 자료를 통해
성운법의 이해는 이 두 책을 근본으로 삼아야 함을 드러내려 했다고
할 수 있다.

　여기서 주목되는 대목은『훈민정음』과 소옹의 음운이론을 "攷訂의
바탕으로 삼으려" 한 점이다. '攷訂의 바탕으로 삼는다.'는 의미가 문제가
될 텐데, 필자가 보기에 이는 反切로 제시한『예부운략』의 한자음을
한글로 정확히 읽고 표기하려 할 때 이들 두 자료가 도움이 된다는
뜻으로 이해된다. 말하자면 최석정은 한자음 이해의 방향, 방법으로써
이 두 자료에서 제기하는 '切韻之學'이 유효하다는 점을 밝혔다고 할 수
있겠다. 하지만『예부운략』의 말미에서 다룬 내용은 너무나 소략하여,
독자들이 그 전체적인 양상을 이해하기에는 장벽이 너무 높았다. 최석정
이 이 자료에 담은 내용은 일부였고, 기대 효과 또한 극히 제한적이었다.

25) 崔錫鼎,『明谷集』卷7, 禮部韻略後序, "臣又竊念世宗大王御製訓民正音, 卽所謂諺文也.
聖王制作之妙, 實與卦畫書契同其功用, 而世無刊本, 傳者絶少. 邵氏經世聲音, 亦與訓
民相表裏, 切韻之學, 斯爲原本, 不可不闡而明之. 故今輒附印于下方, 以資攷訂. 當今聖
上御極, 日講經史, 其於賁飾文治之道, 蓋惓惓焉, 是書雖小, 亦可以窺盛朝右文之一端云
爾. 歲戊午春三月穀朝, 中訓大夫行弘文館校理知製敎兼經筵侍讀官春秋館記注官 臣崔
錫鼎謹序."

조선에서 이 책 이전까지 훈민정음과 소옹의 이론을 활용하여 성운학을 연구하고, 비록 분량은 얼마 되지 않았지만, 그 성과를 일목요연하게 제시한 경우는 없었다. 훈민정음을 창제하며, 그리고 최세진이 『四聲通解』, 『訓蒙字會』를 편찬하며 소옹의 이론을 참고하고 활용은 했지만, 오로지 소옹의 이론에 기반해서 성운학을 체계화한 것은 아니었다. 최석정의 작업은 그런 점에서 새로운 면모를 지니고 있었다. 물론, 『예부운략』의 부록으로 실린 『훈민정음』과 소옹 이론에 기초한 도표는 대단히 소략하고 상호 간의 관계에 대한 충실한 해설이 빠져 있어, 이 방면에 조예가 있는 사람이 읽는다 하더라도 쉽게 이해할 수 있는 상태는 아니었다. 그런 점에서 이 자료는 선언적인 의미가 강했던 것으로 보인다.26) 『예부운략』의 간행을 빌어, 최석정은 이 책들의 존재를 알리고, 이 책들의 지침과 이론을 근거로 성운과 관련한 작업이 수행되어야 함을 조선에 널리 보고했던 것은 아닌가 생각하게 된다.

요컨대, 1678년의 『예부운략』은 새로운 수정본으로 중간되었었다. 수정본의 편찬을 책임졌던 최석정은 이 책이 실용적으로 이용될 수 있도록 전 내용을 손질했다. 이와 더불어 최석정은 『훈민정음』과 소옹의 음운 이론이 切韻學의 원천이 됨을 간략한 자료를 통하여 제시하였다. 최석정이 지니고 있던 음운학, 운서에 대한 목표와 의도가, 불충분하지만 이를 통하여 어느 정도 세상에 공포되었다고 할 수 있다.

1678년본 『예부운략』의 개성은 여러 면에서 살필 수 있을 것이다. 무엇보다 중요한 사항은 『훈민정음』과 소옹의 음운 이론을 엮어서 한자음을 읽고 표기할 수 있다는 사실을 명시적으로 제시한 점으로 보인다. 이 책이 가진 최대의 의미였다. 최석정은 자신이 가지고 있던 생각의 일단을 이러한 형식을 빌려 세상에 내보이고자 했다. 하지만 그것으로는

---

26) 이는 『禮部韻略』 附錄, 禮部韻凡例에서 확인할 수 있다. "訓民正音 … 最關於切韻之法, 而顧其爲書, 只是數紙, 不可別爲一書, 故表而出之, 載于卷端."

충분하지 않았다. 별도의 전면적인 저술이 필요했다. 『經世正韻』이 바로
그 장본이었다. 최석정은 『예부운략』에서 하고 싶던 이야기를 이 책을
통해 하나하나 드러내고자 했다.

　최석정은 『예부운략』을 편찬하면서 『경세정운』 또한 동시에 마련하고
있었던 것으로 판단된다. 『경세정운』의 첫머리에서 '臣錫鼎謹按'이라고
표기하며 자신의 의견을 개진한 점,27) 『경세정운』의 의미를 풀이하고
自讚한 「經世正韻五贊」에서 '자신이 史官의 직무를 수행하며 이 책을 만들었
다.'고 한 서술,28) 그리고 「經世正韻五贊」의 註에서 이 책의 집필 시기를
숙종 4년 봄으로 명시한 사실,29) 정제두가 편지로 『예부운략』 부록과
『경세정운』의 일부 내용이 차이가 나는 까닭을 질문한 사실30) 등에서
『경세정운』이 이미 『예부운략』과 함께 준비되어 있었음을 알 수 있다.31)
짐작건대 최석정은 『경세정운』을 숙종에게 올리거나 나아가 출판까지
하려 했던 것으로 보인다. 내용이 다 갖추어져 있었고, 『예부운략』이
간행되므로, 그 다음의 순서는 자연스럽게 『경세정운』이었을 것이다.

---

27) 崔錫鼎, 『經世正韻』 乾, 訓民正音, "臣錫鼎謹按, 御製諺文二十八字, 卽列宿之象也.
　　初聲十七字 … 中聲十一字, 太極兩儀八卦之象也."(이하 『經世正韻』의 저자명 崔錫鼎
　　은 생략)

28) 『經世正韻』 坤, 經世正韻五贊, 稽訓, "臣忝太史, 載事是職, 狀德天高, 慕光日曜, 稽首作
　　贊, 鏡玆東表." 이때 최석정은 春秋館의 記注官을 겸하고 있었다. '臣忝太史'는
　　이를 가리킨다.

29) 『經世正韻』 坤, 五贊註, "述志. 錫鼎著此書戊午春成."

30) 鄭齊斗, 『霞谷集』 卷2, 與崔汝和問目, "闢翕圖可以新行禮韻附錄闢翕圖考之, 而烏要于
　　由等分排闢翕之不相同, 何也. 且禮附則有ㅣ〈伊〉而無·〈兒〉, 圖說則有·而無ㅣ何
　　也"; 『明谷集』 卷13, 與鄭士仰書, "闢翕圖烏要, 與禮韻附印不同云云. 禮韻附錄, 因邵氏
　　二十八聲分排, 勢沒奈何, 以烏要于由分屬闢翕, 有伊而無兒音者此也. 正音元有三十二,
　　可知經世之疏漏矣. 今訓民, 則依天地本然之元聲推去, 故具三十二音."

31) 현재 『經世正韻』은 乾·坤의 2책으로 구성되어 있다. 두 책에 실려 있는 내용은,
　　일부를 제외하고는, 숙종 4년 3월에 거의 준비되어 있었던 것으로 보인다. 다만
　　바로 앞의 주에서 소개한 정제두의 질문으로 본다면, 『경세정운』의 견해는 『예부
　　운략』 간행 이후 깊은 연구를 거치며 보완된 결과라 할 수 있다.

이렇게 보자면『예부운략』의 편찬·간행은 최석정이 세운 큰 계획 위에서 진행된 일이었다고 할 수 있다.

하지만 최석정의 그러한 의도는 그 스스로 政爭에 휘말리면서 장벽에 부닥쳤다. 1678년(숙종 4) 윤3월 8일, 최석정은 尹鑴를 비판하고 宋時烈, 金壽恒을 옹호하는 상소를 올렸고,[32] 그 때문에 남인의 거센 공격을 받아 削奪官職·門外黜送의 처벌을 받았다.[33] 禮訟으로 政局이 경화되며 남인과 서인의 대립이 격화되던 시점에, 최석정은 서인의 소장 관료로서 對남인 공격에 깊숙이 개입했고 이로 말미암아 모든 힘을 잃어야 했다. 일체의 행동이 중단될 수밖에 없었는데, 무엇보다『예부운략』의 간행이 문제가 되었다. 이때는『예부운략』의 원고가 마무리되어 인쇄에 들어가던 시점이었다. 이 일로 인해 최석정은『예부운략』의 최종 출간 작업에서 배제되었다. 정부에서는 최석정이 편찬을 주관했다는 사실을 명기하지 않고 책을 간행했다. 최석정이 작성한『예부운략』의 서문 또한 싣지 않았다.[34] 최석정이 세워둔『예부운략』이후의 작업 계획 역시 무망해졌다.

이상의 내용을 정리하면 다음과 같다. 17세기 후반, 최석정은『예부운략』을 간행하며『경세정운』또한 편찬하고 있었다. 추측이지만, 최석정은『예부운략』이후 국가의 힘을 빌어『경세정운』을 이어서 간행하려 했던 것으로 보인다. 韻書인『예부운략』에서『훈민정음』과 소옹 상수학과의 연관성을 선언적으로 제시했다면,『경세정운』으로는 두 책을 본격적으로

---

32)『肅宗實錄』卷7, 肅宗 4년 윤3월 8일 戊申 ;『肅宗實錄』卷7, 肅宗 4년 윤3월 21일 辛酉.

33) 이 처벌을 받은 직후의 사정은 남구만이 최석정에게 쓴 편지(『藥泉集』권32, 答崔汝和 戊午閏三月二十二日), 최석정의 시(『明谷集』권1, 城西錄. 戊午, 以校理言事 遭黜, 寓居西門外春田李判書故宅)에서 볼 수 있다.

34)『禮部韻略』의 서문이 '禮部韻略後序'란 제목으로『明谷集』의 제7권에만 실려 있는 이유가 이 때문이다. 이 서문에서 최석정은 이 글을 작성한 시점이 '戊午春三月穀朝'이며, 이때 그의 품계와 관직은 '中訓大夫行弘文館校理知製敎兼經筵侍讀官春秋館記注官'이었다고 썼다.

분석하여 본래의 목적을 구현할 수 있을 터였다.

『예부운략』과『경세정운』두 책의 편찬 혹은 간행이 한꺼번에 이루어진
셈인데, 실제 이 작업은 최석정이 그 이전부터 오랫동안 준비해온 결실이
었다. 최석정은 할아버지 崔鳴吉-아버지 崔後亮으로 이어지는 家學의
전통 위에서[35] 성운학에 많은 관심을 기울이며 훈민정음을 연구하고
있었고, 그것이 이때의『예부운략』간행,『경세정운』의 편찬으로 나타났
다고 할 수 있다.

이런 면에서 보자면,『경세정운』은 최석정 개인의 관심 차원에서만이
아니라, 관료 최석정의 정치적 계획 나아가 이 시기 국가의 간행 사업과
일정한 관계를 맺으며 저술되었다고 할 수 있다.

2)『경세정운』의 지향: 훈민정음을 이용한 표준 한자음 구하기

『경세정운』은 최석정이 33세 되던 해에 편찬되었다. 소옹 상수학에
대한 숙성된 이해는 물론이고 어려운 韻學, 字學에 대한 소양이 밑받침되지
않으면 불가능한 일을 젊은 시절에 해내었음을 보게 된다. 실상 최석정은
이 책을 만들 때, 음운학에 관한 지식을 다양하게 섭렵하고 있었던 여겨진
다.『경세정운』에 실린 '群書折衷'은 최석정이『廣韻』,『禮部韻略』,『東國正韻』
등 중국과 조선에서 간행된 운서를 치밀하게 분석하며 각 책들의 장단점과
특성을 충분히 정리하고 있었음을 알려준다. 운서에 관심을 가지고 그에
관한 지식을 쌓는 일은 당시로는 아주 드물고 귀한 일이었다. 서경덕
이래 소옹의 상수학에 경도되는 인물이 많이 나타났으나, 이 시기 성운학
을 집중적으로 공부한 경우는 거의 없었다. 상수학에 기반한 저술을
할 정도로 이 방면에 정통한 한 학자로 申欽과 그의 아들 申翊聖을 꼽을

---

35)『經世正韻』坤, 經世正韻五贊의 逑志 및 이에 대한 註.

있지만,[36] 이들의 작업은 최석정과는 추구하는 방향과 영역이 달랐다.

『경세정운』의 내용은 대단히 복잡하다. 선행 연구들을 길잡이 삼아, 몇 사실을 살피고, 이를 바탕으로 이 책 편찬이 갖는 의미를 검토하고자 한다. 건책과 곤책 두 권으로 묶여 있는 河合文庫本 『경세정운』의 주요 내용은 건책 곧 책의 전반부에 실려 있다.[37] 구성은 다음과 같다.

<표 1> 『經世正韻』의 구성

제목	내용	최석정의 해설
訓民正音	훈민정음 서문과 본문	初聲 17자는 五行相生의 序次 中聲 11자는 太極·兩儀·八卦의 象
十七聲分配音聲圖	初聲 17자 五音分配圖	17성은 7調로 나뉘며, 五音에는 각기 浮·重·沈 3성이 있음. 초성 字標는 훈민정음에, 중성 字標는 訓蒙字會에 실린 글자 이용.
十一音取象八卦圖	中聲 11자와 8卦 兩儀	ㅏ·ㅑ·ㅓ·ㅕ는 太陽, 太陰, 少陽, 少陰 ㅗ·ㅛ·ㅜ·ㅠ는 少剛, 少柔, 太剛, 太柔 ㅡ는 動, ㅣ는 淨, ·는 一動一淨之間
聲分淸濁圖	正聲24	초성 17자를 24자로 늘리고 淸濁으로 나눔. 소옹의 正音에 해당하며, 6卦·6樂의 성격을 지님. 순경음은 배제.
音分闢闔圖	正音32	중성 11자를 32자로 늘리고 闢闔에 배분. 소옹의 正聲에 해당하며, 8괘·8음의 성격을 지님.

---

36) 신익성의 『皇極經世書東史補編通載』는 소옹의 역사이론에 기초하여 편찬한 역사서이다. 이 책에 대해서는 김남일, 「《康節先生皇極經世書東史補編通載》의 편찬배경과 황극경세 紀年 체계의 이해」, 『韓國史學史學報』 35, 서울: 한국사학사학회, 2017 참조.

37) 정제두가 1704년에 최석정에게 보낸 편지를 보면, 『經世正韻』은 原編과 續編의 형식으로 제책되어 있었음을 알 수 있다.(『霞谷集』卷2, 答崔汝和書, "正韻卽擬奉完, 中間賤疾添苦, 有未卒工, 且未遇的便, 今始呈去, 不勝未安. 韻音圖雖見於經世說, 而學者未知其用. 自得此書, 綱目該盡, 了如指掌, 正是聲音之大全矣. 其間一二敢疑處, 列在下方, 亦乞批釈. 續編在此, 無敢傷毀, 幸容緩索, 俾得更繹.") 다만, 두 편으로 나뉜 책의 내용이 오늘날 교토대 河合文庫本의 그것과 동일한지는 분명하지 않다. 河合文庫本 坤冊에 실려 있는 '經世正韻五贊'은 乾冊과 같은 시점에 작성된 것으로 보인다.

律呂相乘配合成字圖	正聲24와 正音32, 終聲 16을 곱하여 계산한 글자	중성32×초성24=768(闢闔 각 384) 768×종성16=12,288
聲分平上去入圖 音分開發收閉圖	四聲 四音의 분속	四聲의 高低는 在初聲而統闢闔 四音의 舒斂은 在中聲而統清濁 音中有聲, 聲中有音.
訓民正音準皇極經世 四象體用之數圖	훈민정음과『황극경세서』의 正音·正聲 비교	소옹의 皇極經世天地四象體用之數圖를 조 선의 한자음에 맞추어 수정
聲音律呂唱和全數圖	훈민정음의 正聲 24와 正音 32, 終聲 32로 한자음 분속	32圖×384音=12,288

　최석정은 훈민정음의 원리, 훈민정음으로 표현할 수 있는 성음의 총수, 훈민정음과『황극경세서』의 관계, 훈민정음의 문자 체계 속 한자의 분속과 같은 내용을 순차적으로 배치하며『경세정운』을 구성했다. 훈민정음의 특성 분석에서 시작하여 훈민정음을 통한 한자음 확정으로 마무리하는 분석-서술 과정을 읽을 수 있는 구조이다. 마지막에 이르게 되면 독자들은 최석정이 제시한 韻圖를 통해 한글로 읽을 수 있는 한자음의 면모를 확인할 수 있었다.[38)]

　최석정은 시종 소옹의 상수학 이론을 활용하며 각 단계에서 논의되는 내용을 추려내고 확정하였다. 어떤 경우는 작위적이어서 합리적이지 않다는 느낌도 들지만, 최석정의 소옹 의존은 절대적이었다. 최석정은 한자음의 표기를 위한 방법으로 훈민정음을 전면에 내세우되 그 구체적 적용을 위해서는 소옹의 이론을 적극 활용했다.[39)]

---

38) 배윤덕은『경세정운』의 여러 논의는「聲音律呂唱和全數圖」로 귀결된다고 하였다. 『경세정운』이 韻圖임을 집중 조명한 연구는 정경일, 앞의 책, 2002이다. 최석정이 소옹의 성운학을 적극 활용한 까닭은, 한자음을 일목요연하게 파악할 수 있는 韻圖를 작성하는 방법을 갖추고 있었던 소옹의 이론이 한글로 한자의 표준음을 완벽하게 표기하는 방법을 찾던 최석정의 의도에 부합하는 측면이 강했기 때문으로 보인다.

39) 최석정이 소옹의 이론을 적극 활용했지만, 온전히 그의 견해를 따르지는 않았다. 최석정은『황극경세서』에서의 正聲과 正音이 송대의 俗音을 반영하는 경우가

『경세정운』의 韻圖를 결정하는 가장 중요한 요소는 훈민정음의 초성, 중성, 종성의 수였던 것으로 보인다. 훈민정음으로 표기할 수 있는 글자의 범위를 이들 요소를 통해 헤아릴 수 있기 때문이다. 최석정은 그만의 방법으로 초성과 중성, 종성의 수를 획정하고자 했다.

최석정은 『훈민정음』 초성 17개를 正聲 24개로 늘리고 이를 淸濁으로 나누었다. 이는 소옹의 正音에 해당하는데, 정성 24개는 『훈민정음』의 17자 초성에 된소리[硬音] 6개를 더한 수이다.[40] 4濁의 4번째 자리는 소릿값이 바뀌면서 해당 사항이 없어져 실제로는 23 正聲이 된다고 보았다. 최석정은 정성 24를 4로 나누면 남는 6은 易卦의 6爻, 음의 6音을 상징한다고 이해했다.

최석정의 초성 이해에서 두드러진 특징은 6개의 된소리 곧 全濁의 소리를 설정한 점이다. 최석정은 이들 여섯 된소리를 陰의 성격을 가진 것으로 보고 그 안에 ㄱ, ㄷ과 같은 全淸의 陽의 글자가 들어 있어 正聲이 될 수 있다고 했다. 음이 양이 되고 양이 음이 되는 것이 易의 논리라면, ㄱ↔ㄲ, ㄷ↔ㄸ, ㅂ↔ㅃ, ㅈ↔ㅉ, ㆅ↔ㆅ, ㅅ↔ㅆ의 변화를 이루는 글자는 상호 동일한 차원에서 인정해줄 수 있다는 생각이었던 것으로 보인다.[41] 한편 24 正聲에서 脣輕音은 제외했다. 최석정은 이를 두고 순경음은 천지 본연의 소리[元聲]가 아니기 때문에 배제한다고 했다.[42] 『훈민정음』에서도 순경음은 字標에서 빠져 있었는데, 최석정은 그것도 이 때문이었다고 했다.

있어, 이를 조선의 '告音'으로 수정한다고 했다. 이에 대해서는 심소희, 앞의 책, 2013, 334~341쪽 참조.

40) 실제 『훈민정음』의 자모는 全濁音 6개까지 더하여 23음이었다. 최석정은 전탁음 6개를 뺀 17음을 초성으로 불렀다. 24 정성은 실제 『훈민정음』의 23자모이다.

41) 『經世正韻』 乾, 右正聲二十四, 5ㄱ.

42) 『經世正韻』 乾, 右正聲二十四, 5ㄱ~ㄴ.

〈표 2〉 聲分淸濁圖

1淸	ㄱ	ㄷ	ㅂ	ㅈ	ㆆ	ㅅ
2濁	ㄲ	ㄸ	ㅃ	ㅉ	ㆅ	ㅆ
3淸	ㅋ	ㅌ	ㅍ	ㅊ	ㅎ	ㄹ
4濁	ㆁ	ㄴ	ㅁ		ㅇ	ㅿ

『훈민정음』의 중성 11음은 正音 32로 늘리고 이를 闢闔으로 나누었다.[43] 최석정은 이것은 소옹의 正聲에 해당하며, 또 8괘, 8음과도 연관이 있다고 했다. 正音 32는 『훈민정음』의 11중성 ㅏ, ㅑ, ㅓ, ㅕ, ㅗ, ㅛ, ㅜ, ㅠ, ㅡ, ㅣ, ·과 이들 11성을 다양하게 합하여 나온 음을 더하여 얻었다. ㅏ·ㅑ·ㅓ·ㅕ, ㅗ·ㅛ·ㅜ·ㅠ의 8음, ㅏ·ㅑ·ㅓ·ㅕ와 ㅗ·ㅛ·ㅜ·ㅠ를 각기 대응시켜 더한 음 ㅘ·ㆇ·ㅝ·ㆊ의 4음, ㅏ·ㅑ·ㅓ·ㅕ와 ㅗ·ㅛ·ㅜ·ㅠ에 각기 ㅣ를 더하여 얻은 8음, ㅘ·ㆇ·ㅝ·ㆊ에 ㅣ를 더하여 얻은 4음, ·, ㅣ, ㅡ, ㅢ의 4음, 이 4음에 ㅣ를 더하여 얻은 4음으로 구성된다. ㅣ는 빠졌는데, 최석정은 그 이유를 ㅢ 속에 ㅣ가 포함되어 있기 때문이라고 설명했다.[44]

〈표 3〉 音分闢闔圖

1闢	ㅏ阿	ㅑ也	ㅓ於	ㅕ與
2闔	ㅘ烏阿	ㆇ要也	ㅝ于於	ㆊ由與
3闢	·兒	ㅣ伊兒	ㅡ應	ㅢ伊應
4闔	ㅗ烏	ㅛ要	ㅜ于	ㅠ由

---

43) 최석정은 中聲을 正音으로 불렀다. 정음 32는 『예부운략』의 부록에 붙인 28聲(訓民正音與經世數配合圖의 二十八聲)과는 개수가 다르다. 훗날 정제두가 두 책에서 차이가 나는 이유를 묻자(『霞谷集』 卷2, 與崔汝和問目) 최석정은 『예부운략』의 부록에서는 소옹의 28성 분배방법을 따랐지만 『경세정운』에서는 천지 본연의 元聲을 유추하여 32음을 갖춘 훈민정음을 따랐다고 답했다.(『明谷集』 卷13, 與鄭士仰書, "禮韻附錄, 因邵氏二十八聲分排, 勢沒奈何. 以烏要于由分屬闢翕, 有伊而無兒音者此也. 正音元有三十二, 可知經世之疏漏矣. 今訓民則依天地本然之元聲推去, 故具三十二音.")

44) 崔錫鼎, 『明谷集』 卷13, 與鄭士仰書, "其有兒而無伊音者, 伊在ㅢ伊應之中故也."

1	ㅒ 阿伊	ㅖ 也伊	ㅖ 於伊	ㅖ 與伊
2	ㅙ 烏阿伊	ㅚ 要也伊	ㅖ 于於伊	ㅖ 由與伊
3	ㆍㅣ 兒伊	ㅟ 伊兒伊	ㅓ 應伊	ㅖ 伊應伊
4	ㅚ 烏伊	ㅚ 要伊	ㅟ 于伊	ㅖ 由伊

종성은 16개로 파악했다. 『훈민정음』의 초성 17개에서 次淸과 純濁을 제외한 12개, 여기에 두 소리를 합한 소리[二合] 4개를 더하여 16성이 된다. 이 경우 실제 한자음 표기가 문제가 되는데, 최석정은 ㄷ·ㅈ과 4개의 二合音은 제외하고, 대신 16 종성에 들어 있지 않던 ㅱ과 ㅸ을 첨가했다. 이렇게 되면 종성은 12개가 된다. 한편 최석정은 12음 가운데 문자로는 구별이 되나 음운상으로는 중화되어 변별되지 않은 음으로 ㅿ, ㅇ, ㅅ, ㆆ을 거론했다. 이렇게 되면 실제 한자음에 쓰인 종성은 ㆁ, ㄴ, ㅁ, ㄱ, ㄹ, ㅂ, ㅱ, ㅸ 8개가 된다.[45]

〈표 4〉終聲 16(종성의 밑줄 친 6자는 초성에서 사용한 字標이다.)

五音					二合			
牙音	舌音	脣音	齒音	喉音	舌牙	舌脣	舌齒	舌喉
ㆁ 凝	ㄴ 隱	ㅁ 音	ㅿ 而	ㅇ 矣	ㄹㄱ	ㄹㅂ	ㄹㅅ	ㄹㆆ
ㄱ 億	ㄹ 乙	ㅂ 邑	ㅅ 思	ㆆ 盆	乙億	乙邑	乙思	乙盆
	ㄷ 得		ㅈ 叱					

최석정이 설정한 초성, 중성, 종성은 그 수가 적지 않은 편이다. ㅑ, ㅖ 등 현실적으로 발음할 수 있는가 하는 의문이 드는 소리도 있다. 『경세정운』에서 최석정이 목표로 삼은 점은 훈민정음의 원리를 소옹의 음운 이론으로 정리, 훈민정음으로 표기할 수 있는 성음의 총수를 확인하고, 이를 근거로 한자음을 '바르게 획정하는' 것이었다. 이를 위해 최석정은 『훈민정음』의 초성 17자를 24자로 늘려 正聲을, 중성 11자를 32자로 늘려 正音을 구하였다. 聲母를 24재실제로는 23재, 韻母를 32자로 정한 셈이다.

─────────────

45) 정경일, 앞의 책, 2002, 348~349쪽.

여기에 종성을 16개로 설정했다.

　최석정은 이를 바탕으로 韻圖를 작성, 한글의 초·중·종성 위에서 한자를 읽을 수 있도록 했다. 「聲音律呂唱和全數圖」가 그것이다.[46] 이 도표는 전체 32도를 설정하고 매도마다 384음을 표기했다. 모두 합하면 12,288음이 된다. 이 도표 위에서 본다면, 원리상 12,288개의 한자를 한글음으로 표기할 수 있었다.[47]

　이상 살핀 대로,『경세정운』은 조선에서 접하거나 사용하던 중국의 한자음을『훈민정음』의 문자 체계를 이용하여 표기하고, 이를 기반으로 한자음을 읽고 이해할 수 있는 방법을 모색한 저술이라 할 수 있다. 최석정은 24 正聲, 32 正音, 16 終聲의 틀을 마련하고 그 틀 속에서 한자음을 충분히 표기할 수 있다고 확신했다.

　『경세정운』의 한자음 이해와 표기 방식은 종래 韻書에서의 그것과 비교하면 여러 면에서 개성을 지니었다.『경세정운』이전까지 조선의 운서는 크게 훈민정음을 이용하여 한자음을 표기한 경우와 그렇지 않은 경우로 대별된다.『三韻通考』는 한자음 표시 없이 한자만 제시했고,[48] 『예부운략』은 反切로 한자음을 표기했다. 훈민정음을 이용하여 한자음을 표기한 운서로는,『東國正韻』(1448년),『洪武正韻譯訓』(1455년),『四聲通解』(1517년) 등이 있다. 이들 가운데『洪武正韻譯訓』[49]과『四聲通解』[50]는 중국

---

46)『經世正韻』을 연구한 대부분의 연구에서는『經世正韻』이 최종 다다른 지점이 여기에 있다고 파악한다. 심소희, 앞의 책, 2013, 343쪽 ; 정경일, 앞의 책, 2002.

47) 이 숫자는 初聲 24, 中聲 32, 終聲 16을 곱하여 얻는 수이기도 하다.(『經世正韻』 乾, 終聲十六, 9ㄴ)

48) 康寔鎭, 「朝鮮의 韻書 硏究(2)-≪三韻通考≫를 중심으로」, 『人文論叢』 54, 부산: 부산대 인문학연구소, 1999 ; 이장희, 「≪三韻通考≫의 底本에 대하여」. 『語文學』 80, 서울: 한국어문학회, 2003 ; 심경호, 「한국의 韻書와 운서 활용 방식」, 『東亞漢學 硏究』 5, 서울: 고려대 한자한문연구소, 2009 참조.

49)『洪武正韻譯訓』은 중국의 한자음을 正音과 俗音으로 나누어 표기했다. 초·중·종성 은 全濁音 6자, 脣輕音, 正齒音[ᄼ, ᄎ, ᄾ], 齒頭音[ᅎ, ᅔ, ᄼ]의 31자모, 18 중성,

에서의 한자음을,『동국정운』51)은 조선에서 사용하는 한자음을 표기하고
자 하여 표기 양상이 달랐다. 15~16세기에 간행된 여러 운서에서는 중국에
서의 발음과 조선에서의 발음을 고려하며 통일된 음을 표기하거나, 중국
과 조선에서의 음을 동시에 표기하고자 했다.

'올바른 한자음'을 표기하려는『경세정운』의 지향은 훈민정음으로 한자
음 표기를 추구한『東國正韻』,『洪武正韻譯訓』과『四聲通解』의 전통과 연결
된다고 하겠다. 하지만『경세정운』은 앞 시기 이 책들의 한자음 읽기와
표기 방식을 전적으로 따르지 않았다.『경세정운』에서는 초·중·종성
체계가 확장되어 발음과 표기의 범위가 매우 넓어졌으며, 중국의 음을
正·俗으로 나누어 표기하거나 혹은 舌·齒音을 둘로 나누어 표기하던 방식
이 사라졌다. 발음과 표기의 영역이 단순해지면서도 풍부해졌는데, 특히
초·중·종성 표기 영역 범위의 확장이 가져온 효과가 컸다. 최석정은,
훈민정음으로 모든 음을 표현할 수 있는 것과 마찬가지로, 자신의 방식으
로 훈민정음을 이용, 중국의 한자음을 빠짐없이 '정확하게' 표현할 수
있다고 여겼던 것으로 보인다.52)

이 지점에서 살피면, 최석정의『경세정운』저술이『禮部韻略』의 수정·간
행과 같은 시점에서 이루어지는 맥락, 그리고『경세정운』을 통하여 발언

8종성 체계를 갖추었다(심소희, 앞의 책, 2013, 295쪽 ; 정경일, 앞의 책, 163~170
쪽).

50)『四聲通解』는 한자음을 正音, 俗音, 今俗音 셋으로 구분하여 표기했다. 31자모
체계를 갖추었다.(정경일, 위의 책, 2002, 187~190쪽)

51)『東國正韻』은 23자모, 23중성, 8종성 체계를 갖추었으며, 글자마다 하나의 음만
표기했다.(정경일, 위의 책, 2002, 123~127쪽)『東國正韻』의 성격에 정경일은
東音을 표기한 표준 한자음 운서로(위의 책, 2002, 63쪽), 심소희 역시 최초의
표준 조선 한자음 운서로(앞의 책, 2013, 284쪽) 이해했다.

52) 이는『明谷集』卷11, 經世正韻五贊의 稽訓에서 훈민정음에 대해, "旣粹旣備, 聲音律
呂, 配合成字, 叶以終聲, 參伍錯綜, 數衍于萬. 由體達用, 鷄鳴狗吠, 咸得形容."이라고
頌讚한데서 느낄 수 있다.

하고자 하는 바가 무엇인지를 어느 정도 이해하게 된다. 최석정은 한자음을 조선의 훈민정음을 따라 표준적으로 표기하고 발음하는 방식을 구하되, 그 표준 시점을 17세기 후반 자신이 살던 시간에서 구하고자 했다. 그는 이러한 작업을 스스로 창안하고 주도했지만, 궁극에는 국가의 힘을 빌려 구체화하려 했던 것으로 여겨진다. 중간에 좌초되지 않고 실행에 옮겨졌다면, 이 작업은 아마도 그렇게 많은 시간을 들이지 않고 진행되어 독립된 서적의 간행으로 마무리될 수 있었을 것이다.

최석정의 훈민정음 연구는 한자음을 훈민정음 즉 한글로 '올바르게' 표기할 수 있는 방법 곧 표준 한자음을 찾아내고자 함에 목적을 두고 있었기에, 이 연구는 일상의 한글 사용과 관련한 지식을 키우는 일과는 거리가 있었다. 애초 최석정은, 한글 사용이 폭발적으로 늘어나는 상황에서 한글을 이용하여 자유롭게 문자 생활을 하고자 하는 백성들의 욕구에 부합하고자, 혹은 語文一致의 문자 생활을 가능하게 하고자 하는 의도를 가지고 이 작업을 했던 것으로는 보이지 않는다. 그의 목표는 분명하여, 韻圖를 작성하고 이를 통해 조선 사람들이 한자음을 '제대로' 읽을 수 있는 표준을 제시함에 있었다.

한글의 힘을 빌려 한자음을 이해하려 했던 최석정의 구상은 그 개인의 성과였지만, 다른 면에서는 시대적 요구에 대한 응답인 측면이 있었다. 다음 두 자료에서 그 단서를 찾을 수 있다.

> 중국 문자의 聲音 구별은 反切로써 준칙을 삼는다. 그런데 우리 世宗大王이 만든 諺書를 보면 半切의 준칙과 한결같이 부합되고 있으니, 이를 통해서도 先王의 首出聖聰이 堯舜과 서로 비슷하다는 것을 알 수 있다. 따라서 지금 언어의 성음을 바르게 하기 위해서는 오직 이 언서를 통해 구하면 될 것이다. … 지금 三經 중에서 半切의 준칙에 입각하여 그 성음을 구하고, 또 韻書를 참고하여 바르게 되도록 힘쓰면서 책을 만들었

다. 다만 그 성음 중에는 혹 俗音과 큰 차이를 보이는 것도 있는데,
그 속음은 그동안 세속에서 계속 잘못 전해 온 탓으로 이미 오래전에
습관화되어 方言으로 굳어진 것이다. … 이에 속음도 아울러 기록하기로
하였다. 이들을 모두 諺書로 써서 독자들로 하여금 正音과 속음을 알게
하였으니, 정음을 따르든 속음을 따르든 그것은 독자들 스스로가 알아서
택하면 되리라.53)

　　우리나라 사람들은 三韓 이전에는 글자의 음을 중국에서 배웠는데,
삼한 이후에는 오직 책자를 통해 글자의 음을 傳習하여 일상 생활할
때에 쓰는 어음과 서로 상관이 없기 때문에 연대가 바뀌어 방언이 변해도
문자는 그대로 옛 음이 남아 있다. 그런데 중국은 五胡 이후로 오랑캐와
중국 사람이 뒤섞여 살아서 어음이 날로 뒤섞이고 글자의 음 또한 따라서
잘못되니, 이는 필연적인 형세이다. … 歌와 麻 두 운의 경우는 옛날에
통용하였다. … 그런데 지금 중국식 음은 가 운이 마 운과 매우 다르다.
그리하여 '我'字를 우리나라 '吾'字 음과 똑같이 읽고, '河'字를 우리나라
'湖'字 음과 똑같이 읽고 있으니, 이제 마땅히 우리나라 음을 바른 것으로
삼아야 할 것이다.[今當以我國音爲正] 그런데 谿谷 張公은 이것을 살피지
못하고, 마침내 "우리나라 사람들이 중국의 歌韻과 馬韻의 음이 다른
줄을 알지 못하여 압운할 때에 통용한다."고 비난하였으니, 이는 남을
따라 슬퍼하고 기뻐하는 자에 가깝지 않겠는가.54)

　앞의 글은 趙翼이 1642년(인조 20)에, 뒤의 글은 南九萬이 1686년(숙종
12)에 작성했다. 조익은 조선의 한자음 가운데 중국의 성음 규칙을 따르지
않아 잘못 읽는 음이 있으므로 半切의 규칙을 이용하여 새로 정리하되,
조선에서 굳어진 한자음 또한 같이 제시하기로 하고, 이를 한글로 표기하
여 책을 만들었다. 한자음의 교정에 훈민정음을 결합시키는 모습이 이채
롭다.55) 남구만은 중국과 조선의 한자음은 크게 다르며, 조선에서 통용하

53) 趙翼, 『浦渚集』 卷26, 三經字音序.
54) 南九萬, 『藥泉集』 卷29, 丙寅燕行雜錄.

는 음을 '正音'으로 인정해야 한다고 했다. 남구만이 비판한 장유의 견해는
『谿谷漫筆』에 실려 있는데,56) 남구만과 장유의 사례는 조선에서 통용하는
한자음에 대한 당시 사람들의 태도를 극명히 보여준다.

두 자료에서 주장하는 내용의 결이 동일하지는 않다. 하지만 이들
자료는 조익과 남구만 모두 중국과 조선의 한자음에 차이가 있고 실제
문자 생활에서 그 차이를 어떻게 받아들이며 구현해야 할지를 고민하고
있었음을 보여준다. 아마도 이 시기를 살았던 다른 사람들도 비슷한
생각을 하고 있었을 것이다.57) 중국의 한자음을 한글로 읽을 수 있는
방법을 제시한 최석정의 『경세정운』 또한 그 답의 하나일 수 있다.

최석정의 『경세정운』 편찬이, 이와 같이 한자음의 표준적 이해를 구하
려 고심했던 시대적 요구와 조응한다면, 그 노력이 미치는 의미는 단지
한자음의 영역에 국한될 일은 아닐 것이다. 문자와 정치가 밀접한 관계를
가지는 점을 고려할 때,58) 『경세정운』은 궁극에서 정치의 성격을 지닌다

---

55) 현재 『三經字音』은 실물로 확인되지 않아, 조익이 한자음을 표기했던 구체적인
양상이 어떠했는지는 알 수 없다. 다만, 한자음을 교정하고 이를 훈민정음으로
표기하는 발상은 최석정의 문제의식과 유사하다. 한편 조익은 '바른 讀音'의
의미에 대해 이것이 독서를 온전하게 하는 일이라고 했다.(『浦渚集』 卷26, 三經字音
序, "夫讀書貴得意, 音讀固淺事也. 然自古解釋經史, 皆音訓竝行, 則古人亦未嘗以其淺
而忽之也. 讀書者固當以求其意義爲務, 至於音讀淺事, 亦皆得其正, 方是爲盡也.")

56) 張維, 『谿谷漫筆』 卷1, 通用旁韻, "近體以聲律爲主, 最嚴於用韻. 故通用旁韻, 爲律家大
禁. 古人或間有通韻者, 如東冬, 支微, 魚虞, 眞文, 庚靑等韻, 猶可相通, 以其音叶故也.
若歌麻二韻, 漢音本自迥別, 而東土音訛, 最難辨別. 故我東詩人, 例多通押, 雖以通儒如
鄭圃隱, 亦未免俗, 殊可慨也. 愚嘗謂我東篇什犯此禁者, 雖稱高唱, 決不可入選."

57) 『小學諺解』의 한자음에 대해 박세채와 그 제자 사이에 나눈 대화에서도 그 일단을
볼 수 있다. 朴世采, 『南溪正集』 卷46, 答朴一和問小學○乙卯九月一日, "(문) 太子洗
馬, 洗之言先也.當以先讀, 而諺音作世, 當以世讀否. 凡大全與諺解字音多有不同者,
率皆從諺否. (답) 當以先字讀. 其餘當從大全. 然我國聲音與中國大異, 苟非十分明白,
則姑依諺解無妨."

58) 이에 대한 대표적인 언명은 신숙주가 작성한 『東國正韻』의 서문에서 살필 수
있다.(『世宗實錄』 卷117, 世宗 29년 9월 29일 戊午)

고 할 수 있다. 『경세정운』의 역사성은 일단은 여기에서 구할 수 있다고
생각해본다.

그렇다면 17세기 중·후반의 현실에서 『경세정운』의 정치적 성격은
어떻게 파악할 수 있을까. 이 시기 조선을 추동했던 정치적 과제는 임진·병
자 양란을 경과하며 형성되었던 국가적 위기를 극복하는 문제와 깊이
연관되어 있었다. 여기에서 크게 부각되었던 정치사상계의 움직임은
대체로 古制·古法의 이념을 바탕으로 체제를 혁신하려는 흐름, 尊周義理論
으로 조선의 정체성을 세우고 윤리 규범의 무장에 치중하는 흐름, 實利主義
위에서 조선의 國體와 역사 전통을 지키고 옹호하며 變化에 대응하려는
흐름으로 정리해볼 수 있다.[59]

이들 여러 경향 가운데 세 번째의 움직임은 중국의 폭압 상황에서
조선의 현실적 생존에 집중하는 점에서 다른 흐름과는 구별되는 면이
있었는데, 대체로 少論 세력이 이를 주도했다. 이들은 조선의 역사와
문화 전통에 큰 관심을 기울이고,[60] 국왕을 중심으로 하는 현재의 질서를
공고히 할 수 있는 방안을 모색했다. 훈민정음을 다시 불러내어, 世宗의
功業을 聖人의 반열에서 찬양하고,[61] 중국의 한자음을 훈민정음으로 풍부
하게 이해하려는 최석정의 방식은, 조선의 국체를 옹호하고 역사 전통을
중시하며 국가를 새롭게 再造하려 했던 이 시기 소론의 지향과 궤를
같이한다고 할 수 있다.[62] 남구만이 조선식 한자음을 두고 이것이 '正音'이

---

59) 여기에 대해서는 金駿錫, 『朝鮮後期 政治思想史硏究』, 서울: 지식산업사, 2003
참조.

60) 檀君과 箕子의 역사를 검토한 남구만의 「東史辨證」(『藥泉集』 권29)은 그 한 모습이
다.

61) 崔錫鼎, 『明谷集』 卷7, 禮部韻略後序, "臣又竊念世宗大王御製訓民正音, 卽所謂諺文也.
聖王制作之妙, 實與卦畫書契同其功用."; 『明谷集』 卷11, 經世正韻五贊의 稽訓, "赫赫
世宗, 道參天緯, 禮樂文章, 粲乎可述, 先天不違, 知周萬物, 究觀方言, 遂創大訓, 命曰正
音". 김동준은 최석정의 작업을 조선 문명에 대한 자각과 연관하여 검토하였다.(김
동준, 앞의 글, 2012)

라고 했던 의식 또한 최석정의 생각과 겹쳐 있었다.

최석정에게서 보이는 이러한 성향은 南九萬, 尹拯, 朴世采와 같은 인물들과 교류하며 얻은 것이기도 하고, 또 청과 싸우는 과정에서 국체 보존을 우선에 두고 행동했던 할아버지 崔鳴吉의 정신[63]을 이어받은 것이기도 했을 것이다.[64] 훈민정음을 중심에 두고『경세정운』을 편찬한 최석정의 작업은 17세기 후반, 소론계 학통이 가지고 있던 정치적 사유에 영향받으며, 또한 그들이 구현하고자 했던 세계를 추구하며 나온 성과물이라 할 수 있다.

3. 유희의 '언문' 연구: 『諺文志』와 '文字位階'의 해체 의식

1)『언문지』의 구성과 '언문'의 초·중·종성 校定

최석정의『경세정운』이후, 18~19세기 조선의 훈민정음 연구는 다양한 모습으로 나타났다. 정부 측에서는 운서의 한글음 注記를 위하여『훈민정

---

62) 숙종은 1691년(숙종 17) 11월 21일에「訓民正音後序」를 작성하여 훈민정음의 의의를 극론했다. 이 글은『列聖御製』권41에 실려 있다. 안병희 교수는 숙종의 서문 작성이 최석정의 영향을 받아 이루어졌다고 추정했다.(安秉禧,「숙종의 訓民正音後序」,『訓民正音研究』, 서울: 서울대학교출판문화원, 2007, 111쪽)

63) 여기에 대해서는 한정길,「조선조 관료 지식인의 양명학관 연구─지천 최명길(遲川 崔鳴吉)의 양명학관을 중심으로」,『韓國思想史學』52, 서울: 한국사상사학회, 2016 ; 김용흠,「지천(遲川) 최명길(崔鳴吉)의 정치 활동과 유자(儒者)의 책임의식」,『白山學報』52, 서울: 백산학회, 2018 참조.

64) 최명길의 행동에 대해 남구만은 최명길의 신도비명을 작성하며 "弱國圖存之計, 亦出於審量彼已, 灼見事勢, 要以宗社爲重, 非爲一身之私利. 世徒以明之嘉靖宋之靖康, 爲千古之至戒, 乃欲同科而共譏之, 不亦甚乎"라고 평가하고 또 옹호했다.(『藥泉集』卷17, 領議政文忠崔公神道碑銘). 이 신도비명이 작성되는 경위는『藥泉集』卷32, 答崔汝和 辛未六月에서 확인할 수 있다.

음』의 표기법을 검토하고 책으로 간행하는 일을 여러 차례 시도했고, 민간의 학자들 중에도 훈민정음의 표기 문제에 관심을 기울이며 이를 자신의 주된 연구 영역으로 만들어가기도 했다. 전자의 성과로는 박성원의『華東正音通釋韻考』,『三韻聲彙』,『奎章全韻』을 들 수 있고,[65] 후자의 학자로는 洪良浩, 李匡師, 李匡呂, 李令翊, 鄭東愈, 申景濬, 黃胤錫, 李瀷과 같은 인물을 꼽을 수 있다.[66] 훈민정음 혹은 한글에 대한 조선 사회 내부의 풍부한 관심과 연구는, 이중 언어체계 속 문자 생활자들의 한자와 한글에 대한 수요를 반영하는 현상이었는데,[67] 훈민정음 연구는 또한 그 수요 속의 갈등과 대립을 증폭시켜 가는 요소로 작용하기도 했다.

19세기 전반 유희의『언문지』는 17~18세기 조선의 한글 연구의 성과 위에서 솟아오른 특별한 성과였다. 이 저술은 형태상 훈민정음 자체에 대한 연구로 이야기할 수 있다. 최석정의『經世正韻』, 신경준의『訓民正音韻解』와 같은 계보에 속한다. 학통 상으로는 소론의 학문적 전통 속에서 이루어졌다. 유희는 스승 정동유로부터 직접 한글 연구의 방법과 지식을 전수 받았으며, 이광사·이영익 등 선배들이 이루어 놓은 성과를 적극 참고하며 생각을 키웠다.

하지만 유희의 연구는『경세정운』과는 거의 관계없이 진행되었던 것으로 보인다.『언문지』내에서 최석정이나『경세정운』을 언급하는 대목은 전혀 찾을 수 없다. 이것은『경세정운』이 세상에 모습을 드러내지 않아 유희가 접할 기회가 없었기 때문일 수 있다. 그러나 鄭齊斗가 이 책을 최석정으로부터 구하고 또 이 책의 내용에 대해 최석정과 여러 차례 논변했던 사실,[68] 정조대 활동했던 홍양호가 後序를 써서[69] 그 성과를

65) 정경일, 앞의 책, 2002 참조.
66) 김동준, 앞의 글, 2007 참조.
67) 조선의 이중언어 체계 속에서의 문자 생활에 대해서는, 이종묵,「조선시대 여성과 아동의 한시 향유와 이중언어 체계(Diaglosia)」,『진단학보』104, 서울: 진단학회, 2007 참조.

기렸던 사실로 본다면 소론계 일각에서 이 자료는 많이 알려져 있었던 것으로 보인다. 홍양호는 『경세정운』과는 달리 훈민정음의 초성[ㄱ, ㄴ, ㄷ, ㄹ, ㅁ, ㅂ 등]을 '象形과 연관하여 이해하는 태도를 보이기는 했으나,[70] 『경세정운』이 거둔 성취와 의의는 높이 평가하고 있었다. 유희도 이 책의 존재를 알았을 가능성이 높다.

홍양호의 태도와 달리, 유희가 『경세정운』을 일체 거론하지 않았던 까닭은 분명하지 않다. 다만 소옹의 상수학과 음운학을 활용하여 한자음을 이해하고자 했던 방식에 대해 일체 긍정하지 않았던 스승 정동유의 생각[71]을 유희가 계승하면서 이러한 모습이 나타났던 것은 아닌가 유추하게 된다. 정동유-유희의 사제 간에 보이는 이러한 개성을 넓혀 보면, 18세기 소론의 정치적 학문적 분화와도 연관이 있을 것이다.

17세기 중·후반에 형성되기 시작했던 소론은 숙종·영조대의 여러 사건을 거치며 다양한 분기를 보이는데, 徐命膺, 홍양호와 같이 중앙 정부에서 요직을 맡으며 활발하게 활동하는 관료·학자도 있었고, '강화학파'의 학자들처럼 중앙 정계에서 배제되어 힘을 잃거나 지방으로 옮겨 사는 경우도 있었다.[72] 정동유, 이광사, 유희 등은 강화학파의 학통과 연관이

---

68) 다음과 같은 편지에서 확인할 수 있다. 『霞谷集』 卷2, 與崔汝和問目 ; 『霞谷集』 卷2, 答崔汝和書.

69) 洪良浩, 『耳溪集』 卷10, 經世正韻圖說序.

70) 洪良浩, 『耳溪集』 卷10, 經世正韻圖說序, "然竊按其正韻圖說, 支分縷析, 雖極其變, 而獨未及於觀象制字之意, 無乃鄭重而未敢質言歟. 臣不揆僭妄, 謹就初聲十七字, 取牙舌脣齒喉五音, 而因方圓曲直之畫, 配開合全半之形, 以應六書象形之例, 敢附諸御製首章之下, 於以見聲音之理, 出於天而不假於人爲也."

71) 정동유는 『경세정운』의 방식, 논리를 비판적으로 보아 수긍하지 않았다. 이를테면 "經世正韻二十八字列宿之象云者, 只是傅會之辭也"(『玄同室遺稿』 제2책, 字音往復書〈三十段〉)과 같은 표현이 그것이다. 『玄同室遺稿』에 실린 한글 연구에 대해서는 김동준, 앞의 글, 2007에서 검토된 바 있다.

72) 강화학파에 대해서는 많은 연구가 있다. 대표적으로는 민영규, 『강화학 최후의 광경』, 서울: 우반, 1994 참조.

있는 인물이었다. 당색을 같이하면서도, 정치적으로나 사상적으로 분화
되고 교류가 약해지는 상황에서, 소론계 내에서도 최석정의 사상이나
『경세정운』의 존재는 제한적으로 받아들여졌을 가능성이 크다.73)

　『언문지』가 편찬된 때는 1824년(순조 24)이었다. 본래 스승 정동유의
가르침을 받아 1차로 집필했다가 이후 20여 년이 지나 다시 작성했다.
이때의 원고는 1차 정리 때의 초고가 사라진 통에 옛 기억을 되짚으며
거의 새로 썼다고 한다. 『언문지』는 저술 후 널리 알려지지 못하고 가장본
으로 전해지다가 20세기 초반에 출판되며 모습을 드러내었다. 근래에
이르러 유희의 저술집 『文通』 속에 포함되어 있던 필사본 『언문지』가
공개되며 이 책의 실상을 보다 분명하게 살필 수 있게 되었다.74)

　『언문지』는 서문과 본문으로 구성되어 있으며, 본문은 다시 初聲例,
中聲例, 終聲例, 全字例 네 내용을 갖추고 있다. 핵심이 되는 주장은 初聲例,
中聲例, 終聲例에 담겨있다. 유희는 이 작업을 통해 한글의 초성, 중성,
종성의 字母를 획정하고, 이를 바탕으로 문자로서의 한글이 갖는 우월함을
드러내는 한편으로 한글의 사회적 위상을 제고하고자 했다. 유희는 이
과정에서 『훈민정음』과 이후 조선에서 상용해 온 운서를 참조하고 검토하

---

73) 『경세정운』 자체가 유희의 한글 연구에 그다지 큰 도움이 되지 않았기에 애초
　　관심을 기울이지 않았을 수 있다. 뒤에서 살피겠지만, 유희의 한글 연구는 한자음
　　을 注記할 수 있는 적절한 방법을 찾아낼 목적으로 진행되지 않았다. 한글을
　　이용한 문자 생활을 활성화함에 필요한 규범을 세우려는 것이 그의 주 관심사였
　　다. 이렇게 할 때 그는 한글이 천대받는 처지를 벗어나 존귀한 문자가 될 수
　　있다고 생각했다. 『언문지』는 19세기 초 조선에서 발생하고 성장했던 한글과
　　관련한 주요한 지식과 경험을 아우르며, 일상에서의 한글 사용, 천대받는 한글을
　　존귀한 문자로 만들기 위한 방법을 찾으려 고심했던 한 학자가 벌였던 분투의
　　산물이었다. 유희가 설령 『경세정운』을 보았다 하더라도 참고할 수 있는 대목은
　　없었을 것이다.
74) 참고한 『諺文志』는 한국학중앙연구원, 『晉州柳氏 西陂柳僖全書 I』, 서울: 한국학
　　중앙연구원, 2007 수록본과 서울대학교 규장각한국학연구원 소장본(가람古
　　411.1-Y91e)이다.

며 자신만의 한글 지식 체계를 뚜렷이 세웠다.

　유희가 校定한 초성의 字母는 25자이다. 유희는 이들 25자를 角·徵·羽·商·宮·變徵·變宮의 7음으로 나누어 이해했다. 이 과정에서 유희는 『廣韻』의 36자모, 『集韻』의 36자모, 『韻會』의 35자모, 『洪武正韻』의 31자모, 『訓民正音』의 15초성,[75] 『華東正音通釋』의 17초성[76]을 두루 검토했다.[77] 『광운』과 『운회』, 『홍무정운』의 자모는 『사성통해』에 각기 도표로 실려 있었으므로 이를 이용했던 것으로 여겨지지만, 확언할 수는 없다.

〈표 5〉 '柳氏校定 初聲例'

7音		全清	次清	全濁	不濁	次全清	次全濁
角	牙	ㄱ 見	ㅋ 溪	ㄲ 群	ㆁ 魚[78]		
徵	舌	ㄷ 端	ㅌ 透	ㄸ 定	ㄴ 泥		
羽	脣	ㅂ 幫	ㅍ 滂	ㅃ 並	ㅁ 明	ㅸ 匪	ㅹ 俸
商	齒	ㅈ 精	ㅊ 淸	ㅉ 從	△ 日	ㅅ 心	ㅆ 邪
宮	喉				ㅇ 喩	ㅎ 曉	ㆅ 匣
變徵	(半舌音)				ㄹ 來		
變宮	(半喉音)				ㆆ 影		

　유희가 정한 초성 25자모는 중국의 운서에 나오는 자모보다는 적은 수지만 『훈민정음』『화동정음통석』의 수보다는 많다. 이는 중국 운서의 舌·脣·齒音을 각기 둘로 나누는 방식[79]을 따르지 않으면서도,[80] 『훈민정

---

75) 유희는 『訓民正音』의 초성을 ㄱ, ㄴ, ㄷ, ㄹ, ㅁ, ㅂ, ㅅ, ㅇ, ㅋ, ㅌ, ㅍ, ㅈ, ㅊ, ㅎ, ㅸ의 15음으로 파악했다. 『訓民正音』23자모에서 전탁음 6자를 빼고, 빠져 있던 순경음 ㅸ은 포함시켰다.

76) 『華東正音通釋』 범례, "五音初聲 ㄱㅋㆁㄷㅌㄴㅈㅊㅅㅂㅍㅁ◇ㅇㅎ ㄹ △".

77) 각 문헌에서 초성 자모의 성격을 이해하는 방식은 다 다르다. 이에 대한 검토는 또 따른 영역에서 이루어질 일이다. 이 글에서는 유희가 최종 정리한 결론만 제시한다.

78) 유희의 25초성에 사용된 한자 字標는 『洪武正韻』의 31字標를 따랐다. 다만 魚의 경우 『洪武正韻』에는 疑로 되어 있다. ㅸ匪, ㅹ俸은 『洪武正韻』에 나오지 않는다.

79) 『廣韻』과 『集韻』에서는 舌·脣·齒 세 음에 대해 舌頭·舌上, 脣重·脣輕, 齒頭·正齒로

음』·『화동정음통석』에 없던 全濁音,[81] 『훈민정음』에는 있었으나 사용하
지 않는 △, ㅸ, ㆁ, ㅽ을 더한 결과이다.[82] 유희는 또한 현실에서는
사용하지 않아 사라져버린 △, ㅸ을 모두 수용하고,[83] 음가가 없는 ㅇ을
대신해서 ㆁ을 종성으로 쓰도록 했다.

유희의 초성 자모 교정에서 두드러진 점은 초기 『훈민정음』에서 제시했
던 자모를 거의 그대로 인정하고 복원하고자 하는 모습이었다. 유희는
자신이 『언문지』를 편찬하는 이유를 애초 중국의 한자음을 적기 위해서가
아니라 사람의 입에서 나오는 모든 소리를 적기 위해서라고 했다.[84]
이로써 본다면 당대의 변화한 발음 현실을 거스르며 『훈민정음』식 표기를
고심했던 유희의 의도가 분명히 드러난다. 유희는 한글로 문자 생활을
영위할 수 있는 방법의 최대치를 찾는 일을 자신의 주요한 과제로 설정하

구분했고, 『洪武正韻』에서는 脣齒 두 음에 대해 脣重·脣輕, 齒頭·正齒로 나누었다.

80) 柳僖, 『諺文志』, 初聲例, "夫牙舌脣齒喉, 均有一音而已. 昔無諺文之時, 分之以舌之頭上
·脣之重輕·齒之頭整, 不得已故已. 今旣以諺文行合而字分之, 無庸存此沽略之例〈舌脣
齒, 各分二母〉, 吾所以並去之, 使諸按頤者, 一從其擧頤而已也."(이하 『諺文志』의 저
자 柳僖 표기는 생략)

81) 유희는 『訓民正音』에서 全濁의 字形을 만들지 않고, 全淸 字母에 旁邊을 더하여
전탁을 대신하도록 했다고 한다. 이것은 이치상 雙形과 같고 또 글자를 빠르고
간편하게 쓸 수 있는 방법이지만, 이로 인해 탁성의 자모가 전폐되는 결과가
초래되었다고 했다.["訓民不製全濁之形, 使加旁邊於全淸. 其理與雙形同, 而爲字簡
捷. 然因以致字音全廢濁聲也."] 이러한 이해는 『訓民正音』에서 전청의 자모를 '竝書'
하여 전탁의 자모를 만든다고 설명한 사실과 비교된다. 유희의 발언은 실제의
문자 생활에서 전탁의 자모를 살려 써야 한다는 문제 의식에서 나온 것으로
보인다.

82) 『諺文志』, 初聲例, "近日東俗, 除雙쌍喫끽二字之外, 都無全濁之聲, 蓋由古人簡省諺劃
之故也."

83) 유희는 △, ㅸ를 초성 자모에 포함한 이유에 대해, 『언문지』를 편찬하는 것은
사람의 입에서 나오는 소리를 모두 적고자 했기 때문이니, 현재의 俗音에 이
두 글자가 사라졌다고 해서 이 글자를 폐지할 수는 없다고 했다.(『諺文志』, 初聲例)

84) 『諺文志』, 初聲例. "今余此志, 雖間間發明以字音, 初非爲字音說也, 只欲寫盡人口所出
之聲而已." 유희의 한글 연구가 갖는 최대의 개성은 여기에 있다고 판단된다.

고 있었다.

중성 모음에 대해 유희는 定例 15형, 變例 1형으로 정했다. 초성 자모와 마찬가지로, 『훈민정음』에서 제시한 중성의 수보다 더 늘어났다.[85] 정례와 변례를 구별한 점도 특기할 만하다.[아래 표]

〈표 6〉'柳氏校定 中聲例'

『훈민정음』·『정음통석』·『삼운성휘』	ㅏ ㅑ ㅓ ㅕ ㅛ ㅜ ㅠ ㅡ ㅣ ·
『언문지』	定例 : ㅏ ㅑ ㅘ ㅑ ㅓ ㅕ ㅝ ㅕ ㅗ ㅛ ㅜ ㅠ ㅡ ㅣ · 變例 : ㅣ

유희의 중성 설정에서 두드러진 점은 우선, 『訓民正音』의 11형에 合用字 ㅘ, ㅝ, ㅑ, ㅕ를 더하여 수를 늘린 점이다. 유희는 ㅘ, ㅝ는 형태상 두 글자의 중복처럼 보이지만, 소리 자체로 보면 독립성을 갖추었다고 하여, 『訓民正音』의 11성 반열에 합류시켰다. "형태를 버리고 소리를 궁구함[舍形究聲]"의 방법으로 보자면, ㅘ, ㅝ는 ㅏ, ㅓ와 동류라는 것이 그의 판단이었다. ㅑ, ㅕ 또한 '사람의 입에서 나오는 소리'를 들어보면 실제로 존재한다고 하여 중성으로 포함시켰다.

말하자면 유희가 중성을 정하며 세운 원칙은, 소리를 들어보고 중복되지 않으면 독자성을 인정한다는 것이었다. 그런 까닭에 유희는 『번역노걸대』와 같은 책 혹은 『화동정음통석』에 나오는 중국음[華音]이나 당시의 중국음 ㅗ, ㅑ, ㅜ, ㅓ, ㅕ, ㅗ, ㅛ 등은 실제 중복의 소리를 내므로 중성으로 인정할 수 없다고 하여 배제했다.[86]

---

85) 『訓民正音』 例義篇에서 중성글자로 11자만 설명했으나, 『訓民正音』 解例 中聲解에서는 字韻의 중간에 자리 잡고 초성·종성과 합하여져 음절을 이루는 것을 중성이라고 하고, 11자 이외에 이들 11자를 가지고 두 글자씩, 세 글자씩 합용하여 쓰는 중성자 14자를 제시했다. 『訓民正音』 中聲解에서 제시한 중성자는 모두 29글자였다

86) 『諺文志』, 中聲例, "飜譯〈通釋同〉華音之ㅗ ㅑ ㅜ ㅓ ㅕ, 今華俗之 ㅗ ㅛ, 並眞讀以重複之聲〈所以謂折腰中聲〉, 蒙韻〈通考通解同〉雖以作終聲, 以理究之, 非中非終, 直是一字

중성을 결정함에 주목되는 또 다른 사항은 모든 글자의 오른쪽에
첨가하여 글자는 만드는 ㅣ를 중성의 變例로 설정한 사실이다. 유희는
글자의 오른쪽에 ㅣ를 첨가하여 글자를 만들어도 소리가 중복되지 않으며
이것을 모든 글자에 적용할 수 있다고 하여, ㅣ를 정례 15형과는 구별하여
변례로 정하였다.[87]

유희가 교정한 종성은 정례 6韻, 변례 1韻이다. 정례 6운은 牙·舌·脣音의
全淸과 不濁에 해당하는 ㄱ, ㄷ, ㅂ, ㆁ, ㄴ, ㅁ이고, 변례 1운은 ㄹ이다.
『훈민정음』·『화동정음통석』·『삼운성휘』의 종성 8운에 비해 수가 줄어들
었다. 이들 책에서 종성으로 쓰이던 ㅅ, ㅇ이 빠지고 ㆁ이 들어간 점,
ㄹ이 변례로 이해되는 점이 특징이다. 유희는 변례로 분류한 ㄹ은 초·중성
으로 이루어지는 모든 글자의 아래 및 아래의 좌측[예: 돎]에 붙여 쓴다고
설명했다.

<표 7> '柳氏校定 終聲例'

『훈민정음』·『정음통석』·『삼운성휘』	ㄱ ㄴ ㄷ ㄹ ㅁ ㅂ ㅅ ㅇ
『언문지』	定例 : ㄱ ㄷ ㅂ ㆁ ㄴ ㅁ
	變例 : ㄹ

유희의 종성 이해에서 주목할 점은 종성에 平聲 셋, 入聲 셋이 있다고
본 점이다.[88] 유희는 초성의 '不濁' 자모[ㆁ魚, ㄴ泥, ㅁ明]를 종성에서
平聲으로 씀으로써 그 소리를 느리게 하거나 빠르게 할 수 있다고 보았다.
또 '全淸' 자모[ㄱ見, ㄷ端, ㅂ幫]를 종성에서 入聲으로 씀으로써, 그 내는
소리를 목구멍[喉]으로 급하게 들어가게 하여 느리거나 빠르지 않게 한다

複音耳. 諺文寫之, 當作兩字〈如朝鮮, 當云챠오션〉, 今不必有此中聲, 以亂天成之排行,
故並去之."
87) 유희는 기·키 등의 글자는 ㅣ를 더하여 쓸 수 없으므로, 기·키 등이 변출임을
알 수 있다고 했다.[『諺文志』, 中聲例, 기키等字, 獨不能加ㅣ, 可見其自기키等變出也]
88) 유희는 入聲에 많은 관심을 기울였다. 그는 입성을 적극 설정하지 않는 점이
한글의 문제 가운데 하나라고 보았다.(『諺文志』, 諺文志序)

고 했다.[89] 유희는 또 全淸과 不濁의 소리는 서로 표리를 이루어, 종성으로
쓰일 때에는 각기 평성과 입성을 서로 짝으로 두게 된다고 하였다. ㄱ이
ㆁ의 입성이 되고, ㄷ이 ㄴ의 입성이 되고 ㅂ이 ㅁ의 입성이 되는 현상이
그것이었다.[90]

『언문지』에서 최종 확정한 초성, 중성, 종성은 각기 25字母, 15形, 7韻이
었다. 유희는 이를 가지고 표기할 수 있는 한글의 수를 모두 계산, 全字例에
서 제시했다. 이에 따르면 3성을 조합하여 표기할 수 있는 한글의 영역은
광대했다. 특히 그가 착안한 中聲 變例字, 終聲 變例字는 쉽게 보이지 않는
한글의 표기 범위를 확장하여 드러내는 중요 요소였다. 유희가 계산한
글자를 성격에 따라 정리하면 다음과 같다.

<표 8> 諺文字 총수

	글자 성격	계산식	총수	비교
1	無終字	中聲 15 × 初聲 25	375	가 카 까 … 하
2	中聲正例字	無從字 375 × 終聲 6 + 本字 375	2,625	가 각 … 하 함
3	中聲變例字	중성 정례자 2,625 - 중성 정례자 중 1자를 쓰는 글자 125	2,500	중성 정례자에 ㅣ를 더하여 쓸 수 있는 글자. 중성 정례자 중 ㅣ자를 사용하여 다시 ㅣ를 더하여 쓸 수 없는 글자(기·긱·긴·깁·깅·긴·김·키 등) 125자를 빼고 남은 수.
4	終聲正例字	중성 정례자 2,625 + 중성 변례자 2,500	5,125	
5	終聲變例字	종성 변례자의 수	5,125	종성 정례자에 ㄹ을 붙여 만든 글자 총수.
6	諺文字 총수	종성 정례자 + 종성 변례자	10,250	

89) 『諺文志』, 終聲例, "終聲有三平〈……〉三入. 凡以初聲之不濁者, 終之爲平聲〈……〉, 以其聲之可緩可促也. 全淸字終之爲入聲〈見母爲屋藥等韻, 端母爲質曷等韻, 幫母爲緝洽等韻.…〉, 以其聲急入於喉, 不容或緩促也."

90) 『諺文志』, 終聲例, "然不濁之中 … 唯牙舌脣之不濁爲用矣. 全淸之中 … 唯牙舌脣之不濁爲用矣. 全淸不濁, 互相表裏. 其爲終也, 各以平入相配〈ㄱ爲ㆁ入, ㄷ爲ㄴ入, ㅂ爲ㅁ入〉, 此天成之至妙然也."

유희가 교정하여 제시한 초성·중성·종성은 당시의 운서에서 언급하지
않거나 현실에서 사용하지 않는 자모를 적극적으로 포함시킨 까닭에,
이로써 구성할 수 있는 글자의 총수는 상당한 규모였다. 이 작업에서
유희가 고려하고 있었던 점은, '부녀'의 문자생활에서 볼 수 있는 한글의
질을 낮추고 한글의 가능성을 위축시키는 문제를 어떻게 보완하고 해결할
것인가 하는 사안이었다. 유희는 당시의 한글과 한글을 이용한 문자생활
에 대해, 入聲을 적극 설정하지 않고, 濁聲을 폐기했으며, '14 字母' 만을
사용하여 문장을 만드는 폐단을 안고 있다고 진단하고 있었다.[91] 한글이
가진 가능성이 한글 자체, 그리고 한글의 일상적 이용에서 축소되고
약해진다는 것이 그의 생각이었다. 유희의 구상은 이러한 현실을 뒤집어
교정할 수 있는 방안을 모색하기 위한 시도였다. 그는 한글이 사람이
낼 수 있는 소리를 최대치로 담을 수 있는 가능성을 가진 문자, 현실에서
늘 쓸 수 있는 문자여야 한다고 생각했다. 애초 유희의 한글 연구는
한자음을 표기하기 위한 방법의 모색과는 거리가 멀었다. 유희 한글
연구, 그 결정인 초성·중성·종성자의 핵심은 여기에 있었다.

2) 『언문지』의 세계: '尊文賤諺' 현실의 비판과 '文字位階' 解體 意識

한글의 초·중·종성을 자신의 방식으로 획정하고자 했던 유희의 작업은
아무나 시도할 수 없는 무게와 깊이를 지니고 있었다. 이 주제에 관심이
없고 지식이 부족한 사람은 『언문지』와 같은 책에 접근하기도 쉽지 않았
다. 그의 연구를 누구도 알아주지 않아 처음 작성했던 원고를 그냥 방치해
두었다가 잃어버렸다는[92] 유희의 한탄은 이 일이 어떤 성격을 지니고

---

91) 『諺文志』, 全字例, "諺文之制 … 徒以微眇之本理, 一壞於蒙韻之無入聲, 再壞於東俗之
    廢濁聲, 三壞於婦女之只事十四母, 猶足以釋文無反切互誤之廢·通情無言語誤看之慮."
92) 『諺文志』, 諺文志序.

있었는지를 잘 보여준다.

유희가 이 작업을 추진할 수 있었던 힘은 그가 지녔던 한글에 대한 깊은 관심과 애정, 성운학·문자학에 대한 탐구를 통하여 쌓은 지식, 문자생활에 대한 폭넓은 관찰에서 나왔던 것으로 보인다. 물론 스승 정동유의 탁월한 가르침, 李匡師와 李令翊 같은 주위 연구자들의 존재 또한 크게 힘이 되었을 것이다.[93]

무엇보다 한글에 대한 깊은 애정, 현실의 한글 문자 생활에 대한 관심은 그의 연구를 좌우하는 힘이었다. 유희는 이로부터 얻은 지식과 식견을 자신의 연구를 추동하는 중요한 방법으로 활용하였다. 이런 모습은 자신의 견해에 대한 증거를 조선 현실에서의 한글 사용 사례에서 찾아 확인하는 데서 찾을 수 있다. 몇 사례를 제시하면 다음과 같다.

① ㆆ·ㆅ를 '次全淸'(ㆆ), '次全濁'(ㆅ)으로 설정하는 이유.

유희는 '차전청', '차전탁'에 해당하는 자모를 순음의 ㅸ·ㅃ, 치음의 ㅅ·ㅆ, 후음의 ㆆ·ㆅ으로 설정했다. 순음과 치음은 '全淸', '次淸'의 자모[ㅂ·ㅍ, ㅈ·ㅊ]가 있었으나, 후음에는 해당하는 자모가 없었다.[표 5 참조] 이 경우, 순음과 치음은 '차전청', '차전탁'이라고 부르는 것이 문제가 없지만, 후음의 경우는 '차전청'이라고 하면 '文法'에 어긋나지 않은가 하는 의문이 생길 수 있었다.[94] 이에 대해 유희는 여기서 사용한 '次'라는 용어는 '그 다음 차서'라는 의미와는 아무 상관이 없다고 하고, 그 이유를 다음과 같이 설명했다. 자연스러운 언어 현상을 설명하기 위한 나름의 방책이었다.[95]

---

93) 유희는 『諺文志』 곳곳에서 鄭東愈, 李匡師, 李令翊 세 학자들의 견해를 인용하기도 하고, 또 비판하며 자신의 견해를 세우는 자료로 삼기도 했다.
94) 『諺文志』, 初聲例, "匣俸次於幇滂, 心邪次於精淸, 唯曉匣無所次而亦謂次, 不乖於文法乎."
95) 김석득, 앞의 책, 2009, 241쪽에서는, 이러한 이해를 두고 주시경에 의해 체계화

'全淸'을 終聲으로 쓸 때, ㅇ이 받으면 본래의 음 그대로이고[각아 →
가가, 갑아 → 가바], 똑 같은 음이 받으면 '탁성'이 생기고[각가 → 가까,
갑바 → 가빠], ㅎ이 받으면 '차청'이 생긴다.[각하 → 각카, 갑하 → 가파]
여기 차청이 생기는 이치가 그 어찌 차전청 때문이 아니겠는가? ㅎ이
'차전청'이 되고 ㆅ이 '차전탁'이 됨이 분명하다.[96]

② 한글 이용자[婦女]가 濁聲을 쓰게 될 경우, 좌변의 ㅅ을 따르는데,
유독 ㅅ 자모에 대해서는 雙形이 만들어지는 것을 피해 좌변에 ㅂ을
더해 쓰는 표기법의 문제.

유희는 이 같은 표기법은 현재 한글 이용자들의 창안이 아니고 훈민정
음의 본의라고 하고, ㅅ 자모가 종성과 초성으로 만나는 경우 ㅆ으로
표기하는 것이 正理라고 설명했다. 발음에서 자연스럽게 나타나는 현상이
니, 이와 같이 표기하는 것이 적절하다는 생각이었다.

현재 부녀들은 탁성을 만나면 모두 좌변의 ㅅ을 따른다. … 탁성은
전청 자모가 종성에 쓰인 똑같은 자모를 이을 때 생긴다.[각가 → 가까,
갑바 → 가빠] 전청의 자모가 종성에 쓰인 ㅅ을 받을 때도 탁성이
생긴다.[갓가 → 갓까, 갓바 → 갓빼] ㅅ이 초성으로 쓰이고 ㅂ이 종성으로
쓰일 때도 탁성이 생긴다.[갑사 → 갑싸] 하지만 본음을 잇는 경우, 앞
어절의 상성이 아래 어절에 더해져 쌍형이 된다.[각가 → 가까, 갑바
→ 가빠과 같은 경우] ㅂ 종성이 ㅅ 초성으로 이어지는 경우, 앞 어절은
그대로이고 아래 어절의 초성에는 군더더기가 생긴다.[갑사 → 갑싸와
같은 경우] 그러므로 쌍형을 따르는 것은 바른 이치이다.[97]

된 '섞임거듭'설의 효시라고 설명했다.

96) 『諺文志』, 初聲例, "非有所次之謂次也. 凡諸全淸, 以作終聲, 而承以喩母, 則本音生焉
〈如각아爲가가, 갑아爲가바〉. 承以本音, 全濁生焉〈如각가爲가까, 갑바爲가빠〉.
承以曉母, 次淸生焉〈如각하爲가카, 갑하爲가파〉. 此其生次淸之理, 豈非爲次全淸故
歟. 曉爲次全淸, 匣爲次全濁, 審矣."

97) 『諺文志』, 終聲例, "今俗婦女, 若遇濁聲, 皆從左邊之ㅅ. 獨於心母, 避成雙形, 而加ㅂ左

③ '부녀'의 언문에서, 종성으로 ㅅ을 ㄷ 대신 쓰는 문제에 대해.

유희는 종성으로 ㅅ을 설정하지 않았다. 언문 이용자들이 ㄷ을 대신하여 ㅅ을 종성으로 쓰는 현상을 오류로 보고 그 이유에 대해, 그것은 ㅅ이 종성으로 쓰이지 않으면서 두 단어를 연결할 때 사용되는 사실을 모르는 데서 온 현상으로 보았다.[98] 유희는 이러한 사실을 『四聲通解』나 경서 언해에서의 번역 사례를 들어 설명했다. 이를테면, 한자를 번역할 때, 그 번역어가 두 단어로 이루어진 경우 ㅅ으로 서로 연결하되 ㅅ에 독립된 위치를 부여하는데, 여기서 ㅅ은 종성과는 아무 상관이 없다고 했다. ㅅ은 두 단어의 뜻을 잇되 절로 생겼다는 것이 유희의 이해였다.

> 『사성통해』에서는 篷을 번역하며 '빈ㅅ돗'이라고 했는데, 이는 舟之席[배의 좌석]을 말하는 것이다. 舟는 '빈'로 번역하지 '빗'으로 하지 않는다. 席은 '돗'으로 번역하지 '쏫'으로 하지 않는다. ㅅ음은 두 글자의 뜻을 이으며 자연스레 생긴 것이므로 ('빈ㅅ돗'으로) 썼다. 3글자의 자리에 맞추어 쓰는 것이 당연하다. 경서 언해에서도 비슷한 경우는 모두 이와 같이 썼는데, 그 이치를 모르고 괴이하게 여기기만 한다. 그래서 윗글자와 연관하여 ㄷ을 대신해서 썼다고 하고, 어떤 경우는 아랫 글자와 연결하여 雙形〈탁성을 말함〉을 대신했다고 한다. 모두 그 자리를 잘못 이해한 것이다. 언문은 본래 중국 문자처럼 한 글자가 두 세 글자로 두루 쓰일 수 있게 만들어지지 않았다. ㄷ과 ㅅ을 바꾸어 쓰는 것은 잘못이다.[99]

邊, 是則違理不成形乎? 曰非婦女創也, 訓民本意也, 亦理之所有爾. 蓋濁聲生於全淸承本音之終者〈如각가爲가까, 갑바爲가빠〉. 若以心母之終, 亦生濁聲〈如갓가爲갓까〉. 心母之初, 則以承幫母之終, 亦生濁聲〈如갑사爲갑빠〉. 然其承本音者, 上終來添下初爲雙形〈觀上註可知〉. 其承心幫者, 上終自在, 而下初有贅生自〈亦觀上註可知〉, 故從雙形爲正理."

98) 『諺文志』, 終聲例. "今俗婦女諺文, 以ㅅ代ㄷ, 殊不知ㅅ未嘗爲終聲, 所以用於聯兩語者也."

99) 『諺文志』, 終聲例.

한글의 사용 사례에서 볼 수 있는 여러 현상을 들어 자신의 주장을 입증하려는 유희의 모습은 『언문지』 곳곳에서 확인된다. 여기에서 『언문지』를 관통하는 특유의 방법론을 생각하게 되는데, 유희는 최석정이 시도했던 것처럼, 상수학의 이론 혹은 특정 논리를 바탕으로 한글의 특성을 이해하려 하지 않았다.[100] 그의 연구는 오히려 추상적 이론과 원리에 기대기보다 경험과 관찰에 기초한 합리적 판단을 중시하며 진행되었다고 평가할 수 있다.

초성, 중성, 종성의 한글의 기본 요소를 자기 방식으로 확정했던 유희는 자신의 구상을 바탕으로 한글을 이용한 문자 생활을 판단하고, 또 그 실제 적용을 바꾸어 갈 수 있다고 생각했던 것으로 여겨진다. 위에서 인용한 자료 ②, ③도 이를 잘 보여주거니와, ㅇ과 ㆁ의 활용에 대한 생각 또한 이점을 잘 드러낸다.

　　현재 婦女들이 사용하는 언문에서 ㅇ는 있으나 ㆁ은 없다. 초성에 ㅇ을 쓰고〈아, 야 등의 글자를 이름〉, 종성에 東·陽의 종성[ㅣ을 쓴다. 초성에 쓰는 ㅇ을, ㆁ을 써야 하는 종성에 쓰는 사실을 지식이 있는 사람이라도 궁구하지 않는다. 이제 종성에 ㅇ을 버리고 ㆁ을 복구하여 쓴다. 그렇게 함으로써 낭랑히 울리는 종성을 드러낸다.[101]

『언문지』 곳곳에서 볼 수 있는 유희의 이러한 인식은, 한글을 사용하는 조선인의 광범위한 문자 생활에서 그의 연구가 일종의 '규범'으로 기능하기를 기대하고 있었던 것은 아닐까 생각하게 된다.[102] 유희의 연구는

---

100) 김석득은 『諺文志』의 성격을 '역철학의 동요'라는 측면에서 파악하였다.(김석득, 앞의 책, 2009, 229쪽) 소옹의 상수학과는 무관하게 연구를 진행했던 정동유, 유희의 개성을 잘 드러낸 시각이라 판단된다.

101) 『諺文志』, 終聲例, "今俗婦女諺文, 有ㅇ而無ㆁ. 以初聲用爲喩母〈謂아야等字〉, 以終聲用爲東陽. 夫喩初之爲東終, 雖智者莫究矣.. 今去ㅇ復ㆁ, 以形太響之終聲.〈ㆁ之爲響, 已論之〉"

이 지점에서 전혀 다른 모습으로 살펴봐야 할 어떤 과제를 보여준다. 필자는 이를 다음과 같은 측면에서 판단한다.

유희는 현재 한글을 사용하는 문자 생활의 주된 주체를, 위 여러 인용문에서 볼 수 있듯, '부녀'로 표기했다. 『언문지』속에서 늘 한글 문장을 사용하는 주체는 '부녀'로 지명되었는데, 또한 오류를 범하는 존재도 '부녀'였다. 유희의 의식에서, 그리고 『언문지』의 논증에서 한글과 '부녀'는 분리되어 있지 않았다. 유희는 '부녀'의 문장에서 나타나는 오류는 그들이 한글의 장점과 원리를 제대로 알지 못하는 데서 일어나는 일이며 역으로 그 오류가 한글의 힘을 잃어버리게 한다고 생각했다.[103]

필자가 보기에, 유희는 여기서 '智者'의 개입이 필요하며, 한글에 대한 제대로 된 규범이 만들어져야 한다고 이해했음이 분명하다.[104] 물론 이는 그만의 주장이 아니라 스승 정동유로부터 이어온 전통이었다. 두 사제는 한글의 원리를 전반적으로 살펴, 제대로 된 틀을 마련하고 이로부터 한글을 쓸 수 있게 하는 것이 자신들의 임무라고 여기고 있었다. 유희의 『언문지』는 일단 '부녀'의 한글 생활에서 나타나는 오류를 넘어설 수 있는 방법을 담은 성과물이었다.

유희의 작업은 여러 층위에서 음미할 수 있는 내용을 지니고 있다.

---

102) 『諺文志』에서 초성, 중성, 종성을 다루면서 제목을 각기 初聲例, 中聲例, 終聲例라고 한 것은 이들 3성에 대한 규범을 세우기 위해서였다고 볼 수 있다. '例'의 사전적 의미는 '규범'을 뜻한다.

103) 이 생각은 정동유가 가진 생각과도 비슷하다. 정동유는 훈민정음이 언문이란 이름으로 부인과 하천민들에게 활용되면서 점점 잘못되게 되었으며, 博雅하다는 선비들 가운데 훈민정음 자모의 의미를 아는 자가 거의 없음을 한탄했다.(『晝永編』권2, "訓民正音, 俗稱諺文, 多爲婦人及下賤所用, 以致輾轉訛誤. 雖世稱博雅之士, 鮮有知正音子母之義者.")

104) 婦女와 智者는 유희의 『諺文志』에서 대비되는 존재로 쓰였다. 이 사례는 다음을 참조할 수 있다. 『諺文志』, 終聲例. "今俗婦女諺文, 有ㅇ而無ㆁ. 以初聲用爲喩母〈謂 아야等字〉, 以終聲用爲東陽. 夫喩初之爲東終, 雖智者莫究矣.. 今去ㅇ復ㆁ, 以形太響之終聲.〈ㆁ之爲響, 已論之〉"

유희가 언급한 '부녀'는 말 그대로 한글을 즐겨 사용하는 '부녀'들이면서, 이 시기 조선에서의 한글 사용자 일반인 하층 서민을 가리키는 표현이었다.[105] '부녀'의 반대에는 남성, 그리고 '士'로 대표되는 상층민이 존재했다. 그런 점에서 '부녀'는 성별로나 신분상으로 하위 존재를 상징하는 표현이었다. 유희가 살았던 18세기 말에서 19세기 초 사회에서 한글 사용자, 한글을 통하여 人文의 세계를 접하며 사는 사람들은 '부녀'만은 아니었다. 그럼에도 유희가 한글 사용자로 늘 부녀를 거론할 때에는, 그의 의식 여부와는 상관없이, 거기에는 한글과 한글 사용자의 사회적 위계가 개재되어 있었다고 할 수 있다. 유희가 거론하듯, 한글은 신분으로나 남녀 성별로나 하위의 계층이 사용하는 문자였다.

유희가 언급한 바, '부녀'의 문자로서의 한글은 조선에서 한글·언문과 한자·한문 사이에 자리 잡고 있던 위계적 관계를 그 속성으로서 지니고 있었다. 한글은 한자·한문과의 위계적 질서 위에서 창제되고 또 사용된 문자였다.[106] 조선후기에 이르러서는 한글이 이제 곧 公用文字로 쓰일 것이라고 불안하게 예감하는[107] 사람이 나올 정도로 한글이 조선 사람의 문자 생활에 차지하는 비중은 커졌다.[108] 그럼에도 조선에서 문자 생활의

---

105) 부인 및 서민으로서 한자를 모르는 사람들이 한글을 사용한다는 홍대용의 발언은 그 단적인 표현이다.(洪大容, 『湛軒書外集』卷1, 與汶軒書, "東國別有諺字〈有其音而無其義, 字不滿二百, 而子母相切, 萬音備焉. 婦人及庶民不識字者幷用諺字, 直以土話爲文. 凡簡札簿書, 契券明暢, 或勝眞文. 雖欠典雅, 其易曉而適用, 未必不爲人文之一助.〉)

106) 조선에서의 문자 생활은 이중언어 체계 내에서 이루어졌다. 그런데 다른 면에서 살피면 이 생활은 한자·한문과 한글·국문의 엄격한 위계성 위에서 유지되었음을 알 수 있다. 조선의 이중언어 체계에 대해서는 이종묵, 앞의 글, 2007 참조.

107) 李奎象, 『韓山世稿』卷23, 一夢稿.

108) 안대회, 「조선 후기 이중 언어 텍스트와 그에 관한 논의들」, 『大東漢文學』 24, 대구: 大東漢文學會, 2006에서는 조선 후기 다수의 저작이 한문과 한글 텍스트로 유통되는 현상을 살피고, 이를 바탕으로 한문을 지배적 공용어로 고착시켜 온 조선의 어문 정책이 점차적으로 균열을 겪고 있음을 드러내는 것으로 파악하였

중심은 한자·한문이었고 그 지위는 변함없이 강고하게 유지되었다. 문자
생활의 중심에 한자·한문이 자리 잡고 있다는 사실은 한자·한문을 사용하
는 계층·계급에 권력이 집중되고, 역으로 사회를 이끌어나가는 힘과
방법이 한자·한문에서 나옴을 의미했다. 한자·한문에 접근하기 힘든
한글 사용자는 말하자면 조선을 움직이는 제반 권력으로부터 소외된,
그 권력의 磁場 밖에 있었던 계층이었다. '부녀'는 그 상징이었다.

이 측면에서 보자면, 유희가 한글을 사용하는 '부녀'의 문자 사용을
주목하고 그로부터 새로운 규범을 만들려 했던 태도는 적어도 다음과
같은 함의를 지니었다고 유추할 수 있다. 이는 우선, 이들 사회적 위계의
하위에 존재하던 계층의 활발한 한글 문자 생활을 전면적으로 긍정하고
끌어안는 행위, 나아가 그들 존재의 하위성이 처한 입지를 깊이 인식하던
행위였다.

이는 동시에, 유희가 한글 사용의 무게 중심을 '부녀'의 계층성에서
해체하여 다른 곳으로 이동시켜야 한다는 의식을 지니고 있었고, 나아가
한자·한문─한글·국문의 位階的 문자 질서를 풀어 그 하위에 있던 한글에
온전한 위치를 부여해야 한다고 생각하고 있었다는 의미이기도 했다.
유희에게서, 한글은 '부녀'만의 문자일 수 없었고, 한자보다 부족한 문자이
지도 않았다. 한글은 한자에 비해 우월한 문자였으므로,[109] 제대로 활용되
어야 했다.

한글은 조선의 문자 생활 구조에서 하위에 위치했고, 그 사용자들도

다.
109) 유희는 한글이 한자보다 우월함을 체용의 양 측면에서 인식하고 있었다. 『諺文志』,
全字例 "諺文雖創於蒙古, 成於我東, 實世間至妙之物. 比之文字, 其精有二. 文字制以六
義, 爲形散亂, 不可以一例推萬狀. 諺文則以中係初, 以終係中, 各有條脈, 縱橫整齊,
婦人孺者, 咸能頓悟. 其變化殆與大易之爻, 錯綜往來, 無不各從其次序, 此體之精也.
文字則古人諧聲之外. 偏旁之加. 漸久漸多. 古人轉注之外. 後來詞客. 任意變讀. 以協其
押韻. 如字彙所引諸詩賦, 令人潛眩, 恒起訟辨. 諺文則若移動全部則已, 欲誤一字之形,
得乎? 欲改一字之音, 得乎? 此用之精也."

사회적 약자·하위 계층이었다. 그러한 위계의 변화를 기대하기에 여건은 녹녹치 않았다. 그 엄혹한 실정은 유희로서는 견디기 힘든 사실이었다. 유희는 한글이 한문보다 더 뛰어난 문자이면서도 천대받는 현실, 그것이 그렇게 되는 이유를 잘 알고 있었다. 쉽게 바뀌지 아니하리라는 사실도 익히 알고 있었다.

　　한자를 이용하여 짓는 귀신같은 문장을 한글로 작성하기는 쉽지 않다. 하지만 지금 사람들이 한자는 높이고 한글은 낮추는[尊文賤諺] 까닭이 그 어찌 한글이 귀신같은 문장을 만들 수 없기 때문이겠는가. (한자와 한글의) 깨우치기 어려움과 쉬움을 가지고, 높이고 낮추니, 가소롭다.110)

　　지금 누군가 내는 소리에 뭐가 하나 부족한 점이 있다고 알아챘다고 해도, 나에게는 그것이 至妙하지 않다. 뭐가 하나 더 있다고 알아챘다고 해도 나에게는 그것이 至妙하지 않다. 다만 한스러운 점은 내가 위태롭다고 크게 소리쳐도 그걸 보고 아는 자가 매우 드물다는 사실이다. 누가 말했던가. 한글은 깨치기 쉬워서 낮추어 대한다고.111)

　유희의 한글 연구는 한글의 우수성을 자각한 위에서, 이 문자가 현실의 위계 질서 속에서 인정되지 못하는 현실을 안타까워하며 이루어졌다. 그는 한글이 그 체계 내에서 구현할 수 있는 최대한의 가능성을 갖추기를 염두에 두고 한글의 자모를 설정했고, 자신의 연구가 한글 문자 생활에 규범적 역할을 할 수 있기를 기대했다. 궁극으로는 한글이 한문의 벽을 뚫고 귀하게 대접받는 때를 유희는 待望했다.112)

---

110) 『諺文志』, 全字例, "但其綴文成章, 不能如文字之神而通之. 然今人之尊文賤諺者, 豈以其不能成章歟. 特以其覺之難易, 尊之賤之, 故可咍爾."
111) 『諺文志』, 全字例, "今於人所呼之聲, 闕其一, 非吾之妙也. 疊其一, 亦非吾之妙也. 但恨余維音曉曉, 見而知之者, 尙尠. 孰謂諺文易悟而可賤也."
112) 『諺文志』, 全字例, "嗚呼, 余爲此書, 秪以待後之子雲而已耶."

『언문지』가 거둔 한글 연구의 개성과 수준을 평가하는 일은 다양한 각도에서 다채롭게 이루어져야 할 것이다. 이 글에서는 다만, 유희가 한자보다 한글이 뛰어나다는 인식 위에서 이 문자가 조선인의 문자 생활의 중심에 놓이기를 바라는 열망으로『언문지』를 작성한 사실을 통하여, 이 책의 성취가 그 어느 연구보다 독보적이었음을 주목하게 된다. 유희가 그럴 수 있었던 데에는 여러 요인이 있겠지만, 훈민정음이 본래 만들어질 때 표방했던 바, 누구라도 익히고 사용할 수 있는 문자 훈민정음을 다시 발견했기 때문일 것이다. 그리고 그러한 발견의 연원은 조선의 國體와 역사 전통을 중시하는, 그의 소론 학통이 지니고 있던 오랜 사고와도 맞닿아 있을 것이다.『언문지』의 방법과 지향은 최석정의 『경세정운』과 크게 구별되었지만, 이 지점에서 살피면, 양자는 그렇게 멀리 떨어져 있지 않았다.

4. 맺음말

17세기 후반 이래 19세기 말에 이르기까지 조선에서는 훈민정음에 대한 연구가 활발하게 일어났다. 이 글에서는 최석정의『경세정운』, 유희의『언문지』분석을 통하여 이 시기 훈민정음 연구가 갖는 의의를 살폈다. 논의된 내용을 정리하면 다음과 같다.

최석정의『경세정운』은 1678년 3월, 정부에서 간행한『禮部韻略』과 맞물리며 편찬되었다. 이 책은 오래전부터 韻書로 활용되었는데, 최석정은 국왕의 명령으로 이 책을 새로 인쇄하는 과정에서 책의 구성을 재편집하고 책의 말미에 훈민정음과 邵雍 聲韻學의 주요 자료를 실었다. 최석정이 이러한 행동을 한 까닭은 분명하지는 않지만, 최석정은『예부운략』이후 국가의 힘을 빌어『경세정운』또한 간행하려 했던 것으로 보인다. 운서인

『예부운략』에서 훈민정음과 소옹 성운학과의 연관성을 선언적으로 드러
내었다면, 『경세정운』으로는 두 자료의 성운학 원리를 본격적으로 분석한
결과를 제시할 수 있을 터였다.

　『경세정운』은 한자음을 한글로 일목요연하게 표기·발음하게 하려는
韻圖로서 기획되었다. 최석정은 훈민정음의 초·중·종성을 소옹의 상수학
원리를 활용하여 재구성하고, 이를 바탕으로 한글로 표기할 수 있는
한자음의 총체를 드러내고자 했다. 이 과정에서 최석정은 15~16세기
한자음 표기를 위하여 사용하던 글자舌音·齒音 표기를 위한를 배제하고
온전히 훈민정음의 자모로만 중국의 한자음을 표기하고자 했다. 소옹의
상수학을 원용하며, 훈민정음을 전면적으로 재구성하고 발견한 성과물이
최석정의 『경세정운』이라고 할 수 있다.

　한자음 표기에서 훈민정음을 전면에 내세운 이 작업은, 훈민정음의
가치를 역사 전면에 다시 불러들이는 의의를 지녔는데, 여기에서 거둔
성취는 조선을 중심에 둔 한자음 이해, 조선을 중심에 둔 성운학의 체계화
라고 할 수 있다. 이러한 노력은 당시 한자음을 재조정해야 한다는 여러
요구에 부응하는 의미를 갖기도 했고, 또한 조선의 정치적 통합·안정을
바라는 사상적 의도와도 연관이 있었다. 이는 17세기 최명길-남구만-최
석정 등 소론계 학통이 견지하고 있던 정치의식 곧 조선의 國體와 역사
전통을 중심에 두고 사유하고 활동했던 현실을 반영한 것이기도 했다.

　최석정이 『경세정운』에서 적용한 훈민정음 이해는 실제 韻書의 편찬
현장에서는 활용되지는 않았던 것으로 보인다. 하지만 그가 가진 관심,
문제의식은 18세기 정제두, 홍양호, 이광사, 정동유 등 소론계의 문자
및 훈민정음 연구로 계승되며 영향을 미쳤다. 유희의 훈민정음에 대한
관심, 연구 활동 또한 그러한 전통과 연결되어 있었다. 그러나 유희와
최석정의 방법과 성과는 여러 면에서 구별되었다.

　유희는 최석정과는 다른 방식, 다른 방향에서 훈민정음을 연구하였다.

유희의 관심은 漢字音을 '바르게 표기할 수 있는' 방법을 찾는데 있지 않았다. 유희는 한글이 인간이 발음하는 소리를 최대치로 표기할 수 있는 체계를 갖추기를 기대하고, 그 체계가 엄격한 규칙으로 구성되어 있음을 밝히고자 했다. 그러한 결과로 유희는 『諺文志』에서 25 字母, 15 形, 7 韻의 초성, 중성, 종성을 최종 확정하고, 이를 가지고 표기할 수 있는 한글의 수를 모두 계산, 全字例에서 제시했다. 이에 따르면 3성을 조합하여 표기할 수 있는 한글의 영역은 광대했다. 이 과정에서 유희는 현실에서의 한글의 실제 사용을 예의 관찰하고, 그 관찰을 바탕으로 한글의 원리를 탐색하였다. 방법상 유희 연구가 가지는 새로움이었다.

『언문지』를 통하여 한글 규범의 탐색과 체계화를 모색하며 유희는 자신의 작업이 '부녀'의 언문에서 나타나는 '오류와 오용'을 교정할 수 있다고 생각했다. 이러한 인식은, 한글이 문자 생활에 널리 이용되면서도 내적인 원리와 체계에 대한 이해도 없이 마구 쓰이는 현실에 대한 통렬한 비판에서 온 것이었다. 이 점에서 유희의 『언문지』는 한글을 올바르게 사용할 수 있는 규범을 담은 책, 규범서의 성격을 지니고 있었다.

한글과 연관한 규범서의 모색은 단지, 올바른 규범의 모색에 한정되는 일은 아니었다. '부녀'의 한글 사용에서 나타나는 오류를 문제 삼는 유희의 의식에는 한글이 '부녀'로 대표되는 하위 계층의 문자로만 사용될 수 없다는 의지가 내재하고 있었다. 한글은 '부녀'뿐만 아니라 상층 지식인, 양반 계층도 상용해야 하는 문자, 조선인 모두가 통용해야 하는 문자였다.

한글이 상층 지식인, 양반 계층이 상용할 수 있는 문자라는 의식을 밑받침하는 힘은, 스승으로부터 얻고 또 자신의 오랜 연구에서 터득한 것이었지만, 한글의 우수성에 대한 그 자신의 확신이었다. 유희는 한글이 한자에 비해 부족한 점은 일부 있지만, 전면적으로 한자를 뛰어넘는 장점을 가진 문자라고 인식했다. 유희는 자신의 연구 위에서, '한자를 존귀하게 여기고 한글은 천대하는[尊文賤諺]' 현실을 용납하지 못했다.

요컨대, 한글이 한자보다 우수한 문자이며, '부녀' 계층의 문자로만 쓰이는 현실을 벗어나야 한다는 유희의 의식은 당시로서는 쉽게 찾기 힘든 면모를 지니고 있었다. 아마도 유희 연구의 역사성을 찾는다면 이점을 주목해야 할 것이다.

유희에게서 한글은 함부로 막 쓰는 글자, 卑賤한 글자가 아니라 至妙한 규칙과 체계를 엄연히 갖춘 문자, 그래서 천대받을 문자가 아니었다. 유희는 한글을 한자보다 더 우월한 문자라 확신했다. 그러한 관념 위에서 작성한 『언문지』는 조선에서 오랫동안 유지되어온 한자·한문 — 한글·국문 이중언어 체계의 위계 질서와는 양립할 수 없는 요소를 담고 있었다. 유희의 사고가 실현되는 시점에서 보자면, 그 질서는 해체되어 있었다. 유희는 자신의 연구 속에서 해체의 논리, 해체의 공간을 꼼꼼하게 마련해 두었다. 『언문지』를 펼쳤을 때 확인할 수 있는 세계의 성격은 그러했다. 어찌 보면, 한글을 중심에 두는 문자 생활을 기대한 유희의 『언문지』는 20세기의 격변기에 이루어지는 한글의 세계를 이미 선취하고도 있었다고 판단할 수 있는 요소를 가득 담고 있었다.

조선의 문자 생활은 한자·한문과 한글·국문 두 요소를 기반으로 이루어졌다. 양자 간에 존재하는 '尊文賤諺'의 위계성은 문자 생활과 사회적 권력의 享受 및 유지 사이의 상관성을 잘 드러내는 징표이거니와, 여기에는 중국과 조선, 양반과 상천민, 남성과 여성, 어른과 어린이 관계에 형성된 정치·사회적 위계 질서 또한 엄격히 반영되어 있었다. 그러한 위계성이 작동하는 양상은 여러 국면에서 확인할 수 있지만, 훈민정음에 대한 연구 또한 이러한 위계성과 얽히며 진행되었던 것으로 보인다.

최석정과 유희는 조선을 중심에 두고 한자를 이해하고 훈민정음을 연구하였다. 중국이 지배력을 행사하는 세계에서, 조선과 훈민정음을 중심에 두고 그 가치를 드러내는 의식을 두 사람은 공유하고 있었다고 할 수 있다. 그것은 중국과의 관계 안에서 확인할 수 있는 정치와 문화의 주체로서의 자기 정체성에 대한 탐구이기도 했다.

그러나 최석정은 한자·한문−한글·국문의 위계적 질서의 재구성 혹은 해체에 대해서는 그다지 깊이 생각하지 않았던 것으로 보인다. 그의 훈민정음 연구는 한자음을 한글로 표기할 수 있는 韻圖의 편찬에 머물렀다. 최석정은 한글 사용 혹은 한글 사용자층에 대해서도 많이 의식하지는 않았다. 유희는 한자보다 한글이 우수함을 확신했고, 한글이 천대받는 현실을 개탄했다. 한글을 사용하는 '부녀'로 대표되는 하위 계층에 대해서도 깊은 관심을 기울였다. 유희의 『언문지』에서 한자−한글의 관계는 현실의 그것과는 충돌하고 있었다. 『언문지』의 희망이 실현되면, 한글을 사용하는 하위 계층의 성장 또한 광범위하게 일어나리라 예상할 수 있다.(이는 역의 과정을 거쳐서도 일어날 수 있는 일일 것이다.)

훈민정음의 연구와 관련하여 최석정과 유희 사이에 일어난 변화는 적지 않았다. 그 변화를 가능하게 한 현실 요인에 대해서는 엄격하게, 다각도로 살펴야 할 것이다. 이 글에서는 두 사람의 연구가 내세웠던 지향을 중심으로 대체적인 모습만 파악했다. 少論 내부의 정치적·사상적 분화, 강화학파의 활동 및 학파 내외의 지식 교류, 그리고 유희 이후 한글 연구의 계승과 변용 등에 대한 진전된 연구는 앞으로의 과제가 될 것이다.

참고문헌

1. 자료

崔錫鼎, 『經世訓民正音圖說』(최석정 저·김지용 해제, 서울: 명문당, 2011)

柳　僖, 『諺文志』(한국학중앙연구원, 『晉州柳氏 西陂柳僖全書Ⅰ』, 서울: 한국학중앙연구원, 2007)

柳　僖, 『諺文志』(서울대학교 규장각한국학연구원, 가람古411.1-Y91e)

柳　僖 지음, 김지홍 옮김, 『언문지』(서울: 커뮤니케이션북스, 2012)

朴性源, 『華東正音通釋』

李奎象, 『韓山世稿』

崔錫鼎, 『明谷集』

鄭齊斗, 『霞谷集』

南九萬, 『藥泉集』

趙　翼, 『浦渚集』

張　維, 『谿谷漫筆』

朴世采, 『南溪正集』

洪良浩, 『耳溪集』

鄭東愈, 『玄同室遺稿』(미국 버클리대 동아시아도서관, 39.101b)

洪大容, 『湛軒書外集』

『禮部韻略』(규장각, 一簀古495.13-J436b)

2. 연구 논저

김석득, 『우리말 연구사』, 서울: 태학사, 2009.

金駿錫, 『朝鮮後期 政治思想史硏究』, 서울: 지식산업사, 2003.

민영규, 『강화학 최후의 광경』, 서울: 우반, 1994.

심소희, 『한자 정음관의 연구』, 서울: 이화여자대학교출판부, 2013.

이상규, 『명곡 최석정의 경세훈민정음』, 서울: 역락, 2018.

정경일, 『한국 운서의 이해』, 서울: 아카넷, 2002.

康寔鎭, 「朝鮮의 韻書 硏究(2)-≪三韻通考≫를 중심으로」, 『人文論叢』 54, 부산: 부산대 인문학연구소, 1999.

姜信沆, 「韓國의 禮部韻略」, 『國語國文學』 49·50, 서울: 국어국문학회, 1970.

김남일, 「≪康節先生皇極經世書東史補編通載≫의 편찬 배경과 황극경세 紀年 체계의 이해」, 『韓國史學史學報』 35, 서울: 한국사학사학회, 2017.

김동준, 「소론계 학자들의 자국어문 연구활동과 양상」, 『민족문학사연구』 35, 서울: 민족문학사연구회. 2007.

김동준, 「崔錫鼎의 語文觀과 文明認識-〈經世正韻五贊〉을 중심으로-」, 『古典文學硏究』 42, 서울: 고전문학연구회, 2012.

김석득, 「經世訓民正音圖說의 易理的構造」, 『동방학지』 13, 서울: 연세대국학연구원, 1972.

김석득, 「실학과 국어학의 전개: 최석정과 신경준과의 학문적 거리」, 『동방학지』 16, 1975.

김슬옹, 「신경준 『운해훈민정음[邸井書]』의 정음 문자관」, 『한말연구』 39, 서울: 한말연구학회, 2016.

김영주, 「소론계 학인의 언어의식 연구(1)-『정음』 연구를 중심으로-」, 『東方漢文學』 27, 서울: 동방한문학회, 2004.

김용흠, 「지천(遲川) 최명길(崔鳴吉)의 정치 활동과 유자(儒者)의 책임의식」, 『白山學報』 52, 서울: 백산학회, 2018.

김윤조, 「한국 漢詩 창작에 있어서 시기별 韻書의 변화 양상에 대한 연구」, 『東洋漢文學硏究』 44, 대구: 동양한문학연구회, 2016.

배윤덕, 「崔錫鼎의 『經世正韻』 硏究」, 『동방학지』 71, 1991.

심경호, 「한국의 韻書와 운서 활용 방식」, 『東亞漢學硏究』 5, 서울: 고려대 한자한문연구소, 2009.

안대회, 「한문학에서의 민족적인 것과 세계적인 것」, 『국문학과 문화』, 서울: 월인, 2001.

안대회, 「조선 후기 이중 언어 텍스트와 그에 관한 논의들」, 『大東漢文學』 24, 대구: 大東漢文學會, 2006.

安秉禧, 「숙종의 訓民正音後序」, 『訓民正音硏究』, 서울: 서울대학교출판문화원, 2007.

이상규, 「여암 신경준의 『邸井書』 분석」, 『어문논총』 62, 대구: 한국문학언어학회, 2014.

이상혁, 「국어학사의 관점에서 바라본 유희의 언어관-『언문지』를 중심으로-」, 『동아시아문화연구』 36, 서울: 한양대동아시아문화연구소, 2002.

이장희, 「≪三韻通考≫의 底本에 대하여」, 『語文學』 80, 서울: 한국어문학회, 2003.

이종묵, 「조선시대 여성과 아동의 한시 향유와 이중언어 체계(Diaglosia)」, 『진단학보』 104, 서울: 진단학회, 2007.

정경일, 「조선시대의 운서 이용 양상」, 『韓國語學』 7, 서울: 한국어학회, 1998.

조성산, 「조선후기 小論系의 東音 인식과 訓民正音 연구」, 『韓國史學報』 36, 서울: 고려사학회, 2009.

한정길, 「조선조 관료 지식인의 양명학관 연구−지천 최명길(遲川 崔鳴吉)의 양명학관을 중심으로」, 『韓國思想史學』 52, 서울: 한국사상사학회, 2016.

제2부
●
한글 운동과 민주주의

한글과 민주주의의 '어울림' 풀이
─역사 사회학의 눈으로─

박 영 신

1. 나의 관심

사회학의 연구 관심이 여러 갈래로 나뉘어있을 뿐만 아니라 같은 관심의 틀 안에서도 서로 갈려 어느 한 가지로 뭉뚱그려 말할 수 없지만, 적어도 사회 변동에 관심을 가진 사회학도에게는 역사와의 대화가 최소한의 조건이다. 변동이란 어느 때에서 다른 어느 때로 움직이는 길 걸음이기에 이를 헤아려 풀이하는 연구라면 역사와 만나야 하고 만나기 마련이다. 더욱이 사회 변동을 의도하지 않은 뜻밖의 우연한 사태로 보기보다는 어떤 뜻을 함께 이루려는 집합 운동의 결과로 풀어보고자 한다면, 역사의 마당에서 벌어지는 삶의 이야기에 다가서 살펴볼 수밖에 없다. 내가 사회 변동의 현상을 사회 운동의 눈으로 살피려는 공부 관심을 품고 찾아가 배운 선생은 이와 같은 연구에 큰 업적을 쌓은 사회학자였다.[1]

---

[1] 1950~1960년대 사회학계에서 가장 뚜렷한 이론의 목소리를 내고 있던 파아슨스 (Talcott Parsosns)의 제자답게, 이들 모두는 이론에 밝은 역사 사회학자였다. 스멜서는 잉글랜드 산업혁명기의 사회 변동 연구로, 벨라는 일본의 근대 변동 연구로 세계 학계에 널리 이름을 떨치고 있었다. 아래의 글 볼 것. 닐 스멜서 지음, 박영신 옮김, 『사회 변동과 사회 운동』, 서울: 경세사, 1981 ; 로버트 벨라

이러한 공부 길에서 나는 '이제'의 우리 사회가 빚어지기까지 어떤 변동의
과정을 밟아왔는지 뜯어보고 싶었다. '이제'를 알기 위하여 '어제'로 돌아가
야 했다. 나는 조선 사회를 괴어온 받침틀이 세찬 도전을 받고 심하게
흔들렸던 19세기 끝자락의 격동기를 출발점으로 삼았다. 적어도 그때부
터 거세게 몰아치기 시작한 변동의 바람과 물결을 알아보아야 한다는
생각에서였다. 이 변동을 풀어보기 위하여 조선 사회의 됨됨이와 그
틀을 들추어내어야 했다.

조선은 온전히 유교에 터한 나라를 세우고자 하여 이의 이념에 따라
모든 삶의 영역을 빈틈없이 짜놓았다. 속속들이 유교 사회였다. 궁극의
가치를 표상하는 유교의 종교 영역과 가족, 훈육, 의례, 습속, 경제, 정치의
세속 영역이 어떻게 짜였는지 이 두 영역 사이의 관계를 더욱 촘촘히
따져보고자 했다. 이를 위해 나는 '용해'라는 개념을 끌어들였다. 종교의
이념 영역과 세속의 현실 영역이 구분되지 않을 정도로 유교가 모든
삶의 영역 구석구석으로 스며들어가 세세하고 정밀하게 다스리고 있었다
는 점을 밝혀볼 수 있었다. 조상에게 제사하는 의례에서 볼 수 있듯이,
이 문화 항목은 예외를 허용치 않는 행동 윤리이었고, 모두가 준행해야
할 훈육의 내용이었다. 이 모두가 떼놓을 수 없게 한 묶음으로 뭉쳐
덩어리를 이루었다. 철저한 유교 국가를 세우려 한 의도가 종교 영역과
세속 영역이 범벅이 되어 구분되지 않는 삶의 짜임새를 낳았다. 그리하여
삶의 어느 영역도 자율성을 행사할 수 있는 여지와 공간을 갖지 못하였다.

지음, 박영신 옮김, 『사회 변동의 상징 구조』, 서울: 삼영사, 1981 ; 그리고 『도쿠가
와 종교: 일본 근대화와 종교 윤리』, 서울: 현상과인식, 1994. 역사와 사회학의
맞물림에 대해서는 스멜서, 위의 글, 특히 54~68쪽, 71~92쪽, 그리고 테다 스카치
폴 엮음, 박영신/이준식/박희 옮김, 『역사 사회학의 방법과 전망』, 서울: 한국사회
학연구소/민영사, 1986 볼 것. 스카치폴의 글모음은 값있고 쓸모도 있으나 뒤르케
임의 역사 사회학을 빼놓은 편향성과 편집성의 오류를 저지르고 말아 이를
바로잡기 위하여, 나의 글(「역사 사회학자 뒤르케임을 아는가?」)을 더하여 우리
글로 옮겨 펴내었다.

어느 영역 어느 수준 어느 삶의 항목을 바꾸려면 유교 자체를 들먹이고
건드릴 수밖에 없었다. 교육 '개혁'은 교육만 떼어내어 바꿀 수 있는
구조가 아니라 유교라는 종교 영역으로 파급되어 유교 자체의 '개혁'을
요구하는 구조였다. 그러므로 조선 사회를 바꾸고자 하는 변동의 시도는
간단할 수 없었고 간단하지 않았다.

그러므로 조선 사회를 떠받치고 길 잡아주는 거대한 유교 체제에
맞설 수 있는 대안의 정당성을 등에 지고 이와 마주하겠다는 대결의
역량을 갖지 않는 한 조선 사회의 변동에 불을 붙일 수 없었다. 물론
생산관계의 변화나 이른바 '민란'과 '반란'이 유교 체제에 무시할 수 없는
압력을 주고 부담을 안겨주었다. 그럼에도 이 모두는 유교 체제에 맞서
대결할 수 있는 대안의 정당성을 확보하고 있지 않았다. 체제의 틀 '안'에서
꿈틀거렸을 따름이었다. 조선의 유교 체제 근본은 흔들리지 않고 유지되
어 왔다. 대안의 정당성을 지고 격변의 동력을 불러일으킨 변혁 운동
세력이 19세기 후반 역사의 지평에 떠올랐다. 동학 운동이 하나이고,
기독교 운동이 다른 하나였다.

나는 이 두 운동에서 조선 사회를 변동의 소용돌이 속으로 몰아넣은
밑바탕의 힘을 보았다. 이 '종교' 운동 때문에 조선 사회를 떠받쳐온
'유교' 체제가 비로소 도전을 받고 격심한 혼란의 수렁에 빠져들었으며,
마침내 체제 위협의 상황에 놓이었다. 이 시대를 깊은 뜻에서 '격동기'라고
규정할 수 있는 이유가 바로 이 점에 있었다. 우리 사회의 변동에 대하여
내가 오래 전에 내놓은 논지이지만 여태 지켜오고 있는 '역사 사회학'의
생각인 만큼2) 이 정도로 적어 아래에서 논할 한글과 민주주의의 이음새에

---

2) 나의 두 글, 「한국 전통 사회의 구조적 인식」, 『延世論叢』 14, 1977, 그리고
「조선 시대 말기의 사회 변동과 사회 운동」, 『현상과인식』 2-1, 1978, 또는 박영신,
『현대 사회의 구조와 이론』, 서울: 일지사, 1978. 이에 이어, 이제까지 이어지고
있는 생각 하나를 덧붙여보면 '효'에 터한 가족주의이다. 정도전이 「조선경국전」
(朝鮮經國典)에서 "대개 임금은 나라에 기대고 나라는 백성에 기대는 것"이라고

대한 논의의 배경으로 삼고자 한다.

2. 문자 생활의 계층화

소리 내어 하는 말과 꼭 같이 쓸 수 있는 글자 훈민정음이 만들어진
해는 1443년이고, 여러 모로 더 살펴본 다음 널리 펴낸 해는 1446년이다.
이제로부터 반천 년도 넘는 575년 전의 일이니 그때의 문자 생활이
어떠했는지 그 실상을 오늘에 와서 그려보기란 쉽지 않다. 하지만 어릴
적부터 여러 번 듣고 읽어 잘 알고 있는 해례본 머리의 글귀를 다시
읽어보면 어림잡아볼 수는 있다. "나랏말이 중국과 달라서, 문자와 더불어
서로 통하지 못하므로, 어리석은 백성이 말하고 싶은 것이 있어도, 제
뜻을 능히 펼 수 없는 이가 많으므로, 내가 이것을 딱하게 여기어, 새로
스물여덟 글자를 만들었으니, 사람들로 하여금 쉽게 익히어, 날로 씀에
편안케 하고자 할 따름이다."3) 이 글을 조금씩 다르게 옮기기는 해도
글의 알맹이는 다르지 않고 매 마찬가지이다.

한 다음 "백성은 나라의 근본이며 임금의 하늘이다"(蓋君依於國 國依於民 民者國之
本 而君之天)고 한 생각을 눈여겨보고, 임금에 대한 '충'의 의무가 절대의 자리에
올라있지 않았다고 생각할 수 있었고, 「불씨잡변」(佛氏雜辨)에서 혈연 중심의
인륜 관계에 터한 '효'의 의무를 우선시했다는 점을 끌어낼 수 있었기 때문이다.
『삼봉집』(三峯集)과 그 밖의 몇몇 유학자의 글에서 우리의 행동 지향성을 특징짓
는 '가족주의'라는 특수주의의 실마리를 찾았다. 박영신, 위의 글, 1977 ; 1978:
149~151쪽 ; 「'친분의 사슬'에 대하여: 나의 역사 사회학 보고」, 『사회이론』 49,
2016 ; Yong-Shin Park, "Heredity in Korean Churches," Shorenstein APARC
Seminar Series, Stanford University, California, 2012.5.4. 나의 공부 관심을 한국
사회학의 역사와 판도에 이어 논한 정수복의 글 「박영신의 성찰적 역사 사회학」,
『한국 사회학의 지성사 4』, 서울: 푸른역사, 2022, 257~363쪽, 특히 286~290쪽.
3) 임용기, 「세종대왕과 훈민정음의 창제」, 『나라사랑』 94, 1997, 73쪽에서 다시
   따옴.

중화사상의 지배를 받은 조선의 문자는 중국 글자 한자였고 한자가 문자 소통의 수단이었다. 양반 지배층 집안의 사내애는 어린 나이에 한자 배우기에 첫발을 들여놓은 다음 평생토록 한자로 쓰인 글을 읽고 한자로 자기 생각을 적었다. 문자 소통의 수단은 지배층이 독차지했고 문자 소통의 망은 지배층의 손아귀에 들어있었다. 문자 수단을 갖지 못한 피지배층은 소통의 망 속에 숫제 들어서지 못하였다. 지배와 피지배 계급의 구조는 다만 생산 수단의 소유 유무로 결정되는 물질의 불평등으로만 볼 수 없는, 문자 수단의 있고 없음으로 가름되는 문화의 불평등으로 제도화되어 있었다.

세종은 바로 이러한 소통 수단의 결핍 상황을 직시하고 소통 수단의 필요를 절감했다. 우리나라 말이 중국과 달라서 일반 백성이 어려운 중국의 한자를 배우지 못하여 "말하고 싶은 것이 있어도" 표현할 수 있는 문자 소통의 수단을 가지고 있지 않아 "제 뜻을 능히 펼 수 없는" 그들의 갑갑함을 미루어 헤아렸다. 그는 생각하는 바를 터놓을 수 없게 꽉 막아둔 소통 문화의 피폐함을 "딱하게" 여겼다. 이들 "어리석은 백성"이 "쉽게 익히어" "편하게" 쓸 수 있는 글자가 있어야 하겠다는 마음에서 글자를 만들었다. 이는 지배 계급의 소통 수단인 한자와는 다른, 피지배 계급을 위한 소통의 수단이었다. 훈민정음은 이제껏 문자 소통의 기회를 갖지 못하여 소통의 망에 들어서지 못하고 그 밖에 머물던 '어리석은' 백성을 위한 글이었다.

지배의 자리에서 다수 피지배 계급을 위해 문자 소통의 수단을 만들어 펼치고자 한 뜻과 일은 참으로 놀라운 역사 사건이 아닐 수 없다. 흔히 말하는 계급의 이해득실 관계에 묶여 지배 계급이 피지배 계급의 소통 능력을 영구히 봉쇄하여 제외시키는 통례의 통치 관행과는 달리, 피지배 계급이 소통의 능력을 펼 수 있도록 문자 수단을 만들어주었기 때문이다. 이는 인간의 품위에 대한 생각을 드러내 보여준다. 일반 백성을 오직 먹고 사는 생산 수단의 소유관계와 이의 개선 수준에서 이해하지 않고, 마음속 생각을 함께 나눌 수 있는 소통 수단의 소유와 이의 활용 수준에서 이해한 특별한 의식 세계이다. 백성의 경제 형편을 딱하게 여겨 '가난'을 없애겠다는 정책도 중요하지만, 세종은 "그보다 못지않게 중요한 것은 무식을 없애는 일"이라고 생각한 것이다. 박종국이 표현하고 있는 대로, 이는 세종의 높은 "애민 정신"이었다.[4] 여기에 내 생각을 덧붙여보면, 맹자의 유항산(有恒産)과 유항심(有恒心), 무항산(無恒産)과 무항심(無恒心)이라는 글귀에 터하여 모든 것을 생업 우선과 생업 일차성을 내세우는[5] 이른바 '민본'의 재구성이고, '민본'의 심화와 극치라고 할 수 있다. 다른 말로, 세종은 인간의 참모습을 '경제 인간'으로 줄이거나 낮추지 않고 '문화 인간'으로 넓히고 높여 백성의 품위를 세워나가고자 하였다.

이러한 마음가짐에서 세종은 힘을 다해 정음을 펼쳤다. 글자를 새로 만드는 일 못지않게 이를 널리 펴는 일도 값있고 요긴했기 때문이다. 중화주의자들이 조정에 진치고 있던 시대 상황을 꿰뚫어본 세종과 세조는 분별없이 서두르지 않았다. 불경 언해를 먼저 펴내어 모든 계층에 두루 퍼져있던 불심에 호소하면서 차분하게 새 글자를 알렸다.[6] 소학, 사서, 삼경과 같은 유교 관련 문헌들의 언해는 좀 더 시간이 지난 다음에 내놓았다.[7] 열의 넘치게 그러나 신중하게 유교의 문헌을 정음으로 옮겨 널리 백성을 가르쳤다. 유교의 교화를 위해서는 쉬운 나라글로 옮겨놓는

---

4) 박종국, 「세종 성왕의 위대한 삼대 정신」, 『나라사랑』 105, 2003.

5) 박영신, 「가치의 비극: '경제주의'와 '민주주의'의 역사 경험」, 『자료집』(한국인문사회과학회 학술대회/주제: 변동 속의 민주주의/2021.6.18/비대면), 또는 『현상과인식』 45-3, 2021. 맹자의 글귀에 대해서는 『孟子集註』, 서울: 명문당, 1979, 1의 30쪽 양혜왕 편 볼 것.

6) 김슬옹, 「불교 관련 한글 문헌의 사회 언어학적 의미: 세종, 세조 때의 불경 언해서를 중심으로」, 『나라사랑』 119, 2010, 288~297쪽.

7) 최봉영, 「유학과 만난 한국말」, 『나라사랑』 119, 2010, 319~332쪽 ; 성낙수, 『국어와 국어학 4』, 서울: 외솔회, 2020, 둘째 매.

일보다 더 확실하고 효험 있는 방책이 있을 수 없기 때문이었다. 이제 일반 백성도 유교의 문헌을 읽을 수 있게 되었다. 그렇게 일반 백성의 글자 정음은 퍼져나갔다. 이는 유교의 이념과 가치를 일반 백성에게 널리 전하여 가르치고자 한 줄기찬 교육 정책이었다.8) 이것이 백성 사랑의 정신이기도 했다. 훈민정음 창제를 애민 사상의 발로라고 풀이하는 논지와 달리, 유교의 가치를 백성에게 전하여 통치의 편의와 강화를 도모하기 위한 지배의 수단으로 풀이하는 논지를 펼 수도 있다. 하지만 앞에 비추었듯이, 유교 이념에 터한 조선의 지배 구조 안에서 애민과 교화는 분리되지 않았고, 이를 위한 합리스런 수단의 동원은 당연한 이치였다. 어린 백성을 위하여 소통의 수단을 장만해주고자 한 일은 모두 유교를 나라의 지배 이념으로 삼은 조선의 체제 유지와 강화를 위하여 체제 '안'에서 이뤄진 경이롭고도 숭고한 공적이었다.9)

이처럼 훈민정음을 만들어 펴낸 일은 의심할 바 없는 장대한 쾌거이다. 문자 소통의 수단을 갖지 못한 백성이 자기를 표현할 수 있도록 길을

---

8) 조성윤, 「외솔과 언어 민족주의: 한문의 세계에서 한글의 세계로」, 『현상과인식』 18-3, 1994, 16~17쪽 ; 최경봉, 「전근대 시기 한글 보급의 동인과 시대적 의미」, 『東方學志』 189, 2019, 209~210쪽. 교화 정책을 상세하게 논한 도현철, 「훈민정음의 창제와 유교 교화의 확대」, 『자료집』(연세대학교 국학연구원 제473회 국학연구발표회/주제: 한글의 사회사-민본에서 민주로, 교화에서 운동으로/2020년 10월 8일 늦은 3:00~5:30/연세대학교 위당관 313호/대면+비대면).

9) 체제 '안'에서 이뤄졌다는 뜻은 체제를 그대로 둔 채 그 '안'의 변화를 꾀했음을 이르는 것으로 체제 자체를 바꾸려는 체제'의' 변화와 대비된다. 이는 사회과학의 분석 개념을 역사 연구에 투입하고자 한 워싱턴대학의 한국사 교수 팔레의 영향을 받은 박정신의 글에서 읽을 수 있다. 그는 중국, 일본, 한국의 지배 계급을 비교 역사의 분석 시각에서 논한 다음 도꾸가와 시대의 변화를 '체제 안/속(within the system)의 변화라는 개념으로 풀이코자 하였다. 박정신, 「도꾸가와 시대의 유교와 산업화」, 『현상과인식』 7-3, 1983. 또는 케네스 비. 파일 지음, 박영신/박정신 옮김, 『근대 일본의 사회사』, 서울: 현상과인식, 1985, "덧붙이는 글 1" 볼 것. 그리고 제임스 팔레 지음, 이훈상 옮김, 『傳統韓國의 政治와 政策』, 서울: 신원문화사, 1993. 볼 것.

열어준 깊은 애민 정신을 담고 있었다. 그리고 유교의 가르침을 쉬운 우리 글로 옮겨 필요한 만큼 익힐 수 있도록 배움의 길을 마련해준 극진한 백성 교화의 뜻을 지니고 있었다. 하지만 한문은 전과 다름없이 지배 계급의 소통 수단으로 중심 문자의 지위를 지키었다. 훈민정음은 피지배 계급의 소통 수단으로 주변 문자의 자리에 놓여 있었다. 조선 후기 훈민정음 연구가 활발하고 이의 우수성이 강조되고 심지어는 그 쓰임의 폭이 크게 늘어났음에도,[10] 그리고 중국의 한자와 우리나라의 글자 사이에 오고감이 있었음에도,[11] 하나는 상층부 지배 계급의 문자로 다른 하나는 하층부 피지배 계급의 글자로 계층화되어 각각의 기능을 수행했다. 조선의 지식층 누구도 지배 세력의 중심 문자와 피지배 세력의 주변 문자로 나뉜 이중 구조에 대하여 밑뿌리의 물음을 던지지 않았다. 우리나라 말이 중국과 '다르다'는 점을 드러내고는 있었지만 누구도 문자 생활의 이중 구조를 깨뜨려야 한다는 생각에는 미치지 않았고, 우리나라 글자를 인민 모두의 소통 수단으로 삼자는 뜻을 드러내 외치지 않았다.

3. 글자 살이의 평등화

글자는 두 날의 칼이다. 글자는 지배 세력이 원하는 바를 널리 전할 수 있는 유용한 수단인가 하면, 피지배 세력의 생각이 생각하는 바를 널리 펼칠 수 있는 유용한 수단이기도 하다. 훈민정음이 퍼지면서 한문으로 된 문헌을 풀어놓은 '언해서'도 나오고, 사회의 모순과 비리, 나아가

---

10) 정호훈, 「조선후기 훈민정음 연구의 사상 맥락과 성과─최석정과 유희를 중심으로」, 『자료집』(연세대학교 국학연구원 제473회 국학연구발표회/주제: 한글의 사회사─민본에서 민주로, 교화에서 운동으로/2020년 10월 8일 늦은 3:00~5:30/연세대학교 위당관 313호/대면+비대면), 특히 33~38쪽.

11) 이상규, 「안동시 훈민정음 해례본 복각의 의의」, 『나라사랑』 126, 2017.

신분제에 의한 차별의 부당함을 들추어 비판한『홍길동전』도 나왔다. 이 뜻은 가볍지 않다. 조선 사회를 바꿔야 한다는 혁파의 소리를 담아내었기 때문이다. 하지만 이 모두는 사회 체제의 틀에 비추어 도리에 어긋나고 상도를 벗어난다는 논리로 사회 문제를 바라보고 비판하였다. 체제의 정당성 자체를 질문하고 그 틀을 돌파하는 대안의 정당성을 내놓지는 않았다. 바꿔 말해, 이들 비판은 유교 질서의 테두리 '안'에서 이뤄졌다. 조선 사회의 짜임새에 긴장을 자아내었을 뿐 체제의 변동을 기획하고 구현해가는 변혁 세력은 되지 못하였다. 유교 체제 '안'에서 몸부림칠 따름이었다.

앞에 적었듯이, 동학 운동과 기독교 운동의 지향성은 색달랐다. 이전의 수많은 비판의 소리와 달리 이 두 운동은 조선의 유교 체제에 맞서는 대안의 정당성 논리와 행동 지향성을 가지고 나타나, 지배의 틀 자체를 문제시하고 도전하였다. 동학은 '천인합일'(天人合一), '인내천'(人乃天), '사인여천'(事人如天)을 교리로 하여 지배층에게 짓밟혀온 인간 일반의 존엄성을 치켜세우며 체제 변혁 운동을 펼쳤다.[12] 기독교 또한 인간 모두가 '하나님의 형상으로 지음 받은' 존재라며 차등과 차별을 일삼아온 체제에 맞서 인간 모두의 존엄성을 들어 올리며 체제의 대안 세력으로 변혁 운동을 벌이었다.[13] 여기까지는 두 종교 운동이 궤를 같이 하였다. 하지만 아래에서 논할 국문에 대한 생각과 국문을 펼치고자 한 윤리 지향성과 실행에서 기독교는 특별났다.

기독교는 신앙의 본바탕이 되는 '성경'을 모두가 읽어야 한다고 가르쳤다. 이는 교회의 전통과 성직자의 권위에서 믿음의 길잡이를 찾은 중세 가톨릭교회와 맞서 교회 체제를 개혁코자 한 종교개혁에서 비롯된 전통이

12) 박영신, 앞의 글, 1978, 161쪽 ; 박영신,「동학 혁명의 과정과 정치-사회적 의미」,『진리·자유』, 1994, 봄.
13) 박영신, 앞의 글, 1978, 162쪽 아래.

었다. 종교개혁은 오랫동안 권위를 내세우며 무차별 전횡을 휘둘러온 가톨릭교회와 그 우두머리 교황의 부패를 폭로하고 비판할 수 있는 근거를 '성경'에서 찾았다. 성경만이 절대의 권위를 행사할 수 있다고 믿었다. 이 성경이 개혁가들의 무기였다. 성경은 막강한 교황과 교회의 체제 권력을 질문하고 도전할 수 있는 힘의 원천이고 권위의 출처였다. 위엄을 보이기 위하여 아무리 화려하게 꾸미고 나타난다고 하더라도 교황의 지시와 명령과 훈계가 성경의 가르침을 우선할 수는 없었다. 개혁가들은 '오직 성경'이라는 신앙의 무기로 교황과 교회의 불의와 타락을 정대하게 비판하고 부정할 수 있었다. 종교개혁의 신앙을 가장 체계 있게 논한 저술로 평가 받는 『기독교 강요』의 머리말에서, 캘빈은 성경이 무엇을 말하고 있는지 그 뜻을 찾는데 도움을 주고자 할 목적으로 썼다고 적어, 성경의 권위를 힘주어 주장하였다.[14] 개신교는 이 종교개혁의 전통에 바탕을 둔 정신에 따라 모두 '성경'에서 궁극의 답을 찾아야 한다고 일깨웠고, 이를 뒷받침하기 위해서는 '성경'을 직접 읽지 않으면 안 된다고 일러주었다.

그리하여 루터와 개혁가들은 사제와 평신도를 차등 짓는 가톨릭교회의 위계질서에 맞서 모두가 동등하다는 '만인 제사장'의 교리와[15] 어울리게 '모두가 제사장처럼' 동등하게 성경에 접근할 수 있어야 한다고 생각했다. 개혁가들은 소수 특권층만이 읽을 수 있던 고전어 성경을 인민 모두가 쉽게 읽을 수 있게 앞다투어 자기 나라 말글로 옮겨내었다. 이는 앞서 학문을 위한 학문의 관심에서 성경을 번역코자 했던 인문주의자들의 의도와는 다른 것이었다.[16] 종교개혁은 그때까지 오로지 소수만이 읽던

---

14) John Calvin, *Institutes of the Christian Religion I*, Louisville: Westminster John Knox Press, 2006, p.6.

15) 말틴 루터 지음, 지원용 옮김, 「독일 크리스찬 귀족에게 보내는 글」(1520), 『종교개혁 3大 논문』, 서울: 컨콜디아사, 2003, 30~31쪽.

16) Euan Cameron, *The European Reformation*, Oxford: Oxford University Press, 1991,

성경을 인민의 글자로 옮겨 '문자' 독점의 아성을 허물어뜨렸다. 루터는 모두가 글을 깨우쳐 성경을 읽을 수 있도록 '의무 교육'을 실시해야 한다는 주장을 펴기도 했다.[17] 그렇게 성경이 일반 인민의 글자로 널리 읽히면서 기독교도 널리 전파되고, 문자 독해력도 높아졌다. 이는 미사와 고해성사와 같은 의례를 중시하는 로마 가톨릭교회와 구별되는 개신교 특유의 정신이 낳은 변동의 결과였다.

　조선 땅에 들어온 개신교도 이러한 정신을 따랐다. 선교사들은 서둘러 성경을 옮겼다.[18] 자국어 존중의 오랜 전통에 따라 누구나 배워 이내 읽을 수 있는 쉬운 국문을 소통의 수단으로 삼아야 했다. 중심 문자라고 해도 한문으로 성경을 옮겨놓을 수는 없었다. 성직자든 평신도든, 양반이든 상민이든, 남자든 여자든 모두가 성경을 읽어야 했기 때문이다. 부녀자들이나 쓰는 '암글'이라며 낮춰 부르면서 무시하고 업신여겼던 주변 문자로 성경을 옮겼다. 이러한 결정을 내리는데 어떤 켕김이나 거북함을 느끼지 않았고 어떤 망설임도 없었다. 남녀노소 상하귀천 할 것 없이 모두 쉽게 읽을 수 있는 글자로 번역해야 한다는 생각은 개신교의 신앙 정신에 비추어 너무도 당연하였다. 1884년부터 성경이 부분별로 옮겨 나오기 시작하다가 1887년에 이르러 신약성경 전체가 번역 출판되었다.[19] 기독교가 '거룩히' 여기는 '성경 말씀'이 오랜 세월 천시 당해 변두리

---

　p.141.

17) Roland H. Bainton, *Here I Stand*, New York: A Meridian Book, 1977, p.262.
18) 만주를 오간 서북 상인들이 1870년대 스코틀랜드 선교사들을 만나 성경 번역에 동참했는가 하면, 일본에 머물고 있던 개화파 인사도 아메리카 선교사를 만나 성경을 번역하였다. 대한성서공회, 『대한성서공회사 I』, 서울: 대한성서공회, 1993, 1~3장. 그리고 박영신, 「기독교와 한글 운동」, 유동식 들, 『기독교와 한국 역사』, 서울: 연세대학교 출판부, 1996, 53~59쪽. 여기서 천주교를 논하지 않는 까닭은 개신교와 달리 '미사'와 같은 제의를 강조할 뿐 성경을 번역하여 널리 읽혀야 한다는 교리를 갖고 있지 않아, 이 글의 논지에 아무런 적절성을 주지 않기 때문이다. 『나라사랑』 119집(2010)에 실린 나채윤, 「개신교와 만난 한글」, 특히 344~348쪽, 그리고 강대인, 「천주교 성경과 전례서의 한글 번역」 볼 것.

로 밀려나 있던 '언문'에 실려 나왔던 것이다. 기독교의 번역 사업은 모두가 읽어야 할 성경에 한정되지 않았다. 함께 부를 찬송가의 노랫말도 국문으로 옮겨놓았다.

개신교 이외에 어떤 종교도 이토록 '경전'의 권위를 내세워 인민 모두가 읽을 수 있는 국문으로 옮기고 이를 읽어야 한다고 가르치지 않았다. 조선의 유교 체제를 질문하고 도전한 동학과 기독교 이 두 운동 가운데서 개신교 운동에 눈길을 돌릴 수밖에 없는 까닭이 이 점에 있다. 개신교의 정신에 따라 '성경'을 국문으로 번역하고 성경을 모두 읽어야 한다고 가르친 신앙 지향성 앞에서, 한문과 국문으로 계층화한 문자 생활의 이중 구조는 더 이상 버티지 못하였다. 문자의 병렬 구조에서 국문 하나로 일원화하고 문자의 신분 구조에서 국문 하나로 평등화하는 탈신분 통합 문자 생활로 나아갈 수 있는 의식의 변화가 일어나기 시작했다. 한 평생 17세기 잉글랜드 시민전쟁을 연구해온 맑스주의 역사가 힐이 종교개혁의 억센 정신을 받아 오래된 삶의 구조를 '거꾸로 뒤엎어버렸다'고 했던 것처럼,[20] 우리나라의 개신교인들도 문자 생활의 구조를 거꾸로 뒤엎어 버렸다. 중심 문자의 자리에 주변 문자를 들여놓았다. 개신교와 국문 운동은 한통속으로 움직였다. 교회는 어른·아이·남자·여자 할 것 없이 모두 성경을 읽을 수 있도록 국문을 깨쳐주는 교육 기관의 구실을 맡았다.

---

19) Lak-Geoon George Paik, *The History of Protestant Missions in Korea, 1832-1910*, Seoul: Yonsei University Press, 1970[1929], pp.148~151.

20) 힐은 '성경'이 평범한 사람들에게 새로운 의식과 활력을 불어넣어 체제에 의하여 길들여진 '세상 보기'의 틀을 뒤엎고 세상 자체를 뒤엎도록 부추기었다고 논증한다. 나아가 지배층에게 무시당해온 변두리의 인민이 지배 질서에 도전한 일이 일찍이 잉글랜드 역사에 없었다고도 한다. Christopher Hill, *The World Turned Upside: Radical Ideas during the English Revolution*, London: Penguin, 1992. 이러한 뜻을 한글과 이어 논한 바 있는 나의 글, 「민주주의의 조건―지배 계급의 문자('漢字')에서 인민의 글자('한글')로―」, 『현상과인식』 44-2. 2020, 특히 34~38쪽을 볼 것.

교회가 날로 성장하면서[21] '언문'에 대한 새로운 마음가짐도 번져나갔고
그 쓰임의 폭도 넓어졌다. 한말 겨레 운동의 요람이자 소굴이었던 상동교
회는 이러한 뜻을 살려 자기 교회의 교인이었던 주시경으로 하여금
청년학원에서 국어강습회를 열도록 했다.[22] 기독교는 새로운 문자 생활
의 선도 세력이었고, 교회는 새로운 문자 생활의 전위 조직이었다.[23]
교회 안팎의 다양한 교육 과정을 통하여 국문의 일반화에 기여한 운동
세력은 단연 개신교였다.[24]

---

21) 19세기 끝자락에서 나타나기 시작한 개신교의 급성장 현상은 흥미로운 주제인
   만큼 이에 대한 분석도 한두 가지가 아니다. 그 가운데서 조선의 '역사 상황'을
   비교 역사학의 눈으로 뜯어본 박정신의 아래 글이 돋보인다. 박정신, 「한국
   개신교 성장에 대한 역사학적 설명」, 『기독교사상』 4, 1989, 또는 박정신, 『근대
   한국과 기독교』, 서울: 민영사, 1997. 그리고 Chung-shin Park, *Protestantism and
   Politics in Korea*, Seattle/London: University of Washington Press, 2003, 1장.
22) 『상동교회백십일년사』, 서울: 1999, 102~105쪽. 이 교육 기관을 통하여 수많은
   후대의 한글학자와 한글 운동가들이 배출되었다는 사실은 널리 알려진 바다.
   국문 깨치기 운동은 지역으로도 뻗혀 '문맹 퇴치'라는 비공식 교육 운동으로
   이어졌다. 이는 개신교의 성장과 함께 교회를 중심으로 번져나갔다. 보기, 김중섭,
   『사회운동의 시대: 일제 침략기 지역 공동체의 역사 사회학』, 서울: 북코리아,
   2012, 179~216쪽. 내 발표문에 대한 토론자로 참여한 이혜령 박사는 이 운동을
   "70~80년대" 교회에서 이루어진 "야학"으로 넓혀 그 의미를 살펴볼 수 있을
   것이라는 가능성을 제시하기도 했다. 이혜령, 「473회 국학연구발표회/2020.
   10. 8/ 2부 토론」, 2쪽.
23) 우리나라 개신교가 '국가 교회'(church)의 전통을 가진 유럽 개신교와 달리 '종파형
   교회'(sect) 전통을 가진 아메리카 개신교의 영향을 받고 있었던 만큼 교회는
   '자립(自立)', '자전(自傳)', '자치(自治)'의 원리를 따랐다. 이는 '시민 조직'의 본래
   모습을 담은 것으로, 나는 '시민' 출현의 역사를 이 점에 이어 풀어보고자 한
   바 있다. 박영신, 「'공공의 공간' 형성과 확장: 한말 조선 사회와 그 이후」, 『사회이
   론』 25, 2004 ; 박영신, 「개신교 정신, 조직, 그리고 시민」, 『사회이론』 52, 2017 ; 박
   영신, 「개신교 윤리와 시민의 출현－한말의 사회 변동과 '네비우스 방법'의 보람
   풀이－」, 『사회이론』 60, 2021, 1~30쪽.
24) 손병희는 5년 동안 일본에 머물면서 메이지 유신 이후의 발전상을 보고 개화파
   인사들과도 교류하였다. 동학의 운동 지향성에서 벗어나 뒤늦게야 '개화'의 길로
   들어서게 된 계기였다. 1906년에 돌아와 '동학'을 '천도교'로 부르도록 하고,
   운동 노선과 전략도 바꾸었다. 포교와 교육에 집중하여 애국 계몽 운동을 펼쳤다.

역사는 위대한 문명에서 길어낸 우물물을 마시며 새로운 활력을 얻는다. 흔히 '기축'(機軸) 또는 '차축'(車軸)이라고 옮기는 '굴대' 문명이[25] 우리 땅으로 들어와 그 물을 마시면서 새로운 역사를 만들고 새로운 역사를 일으켰다. 먼저 들어온 '외래 종교' 불교와 유교가 그 나름의 삶의 뜻과 길을 알리면서 현존 체제를 바꾸었고, 나중에 들어온 '외래 종교' 기독교도 그 나름의 삶의 뜻과 길을 전하면서 현존 체제를 바꾸고자 했다. 그때의 기독교는 이전의 종교와 달리 굴대 문명 특유의 초월 감수성에 충실했다. 거기에 잇대어 현존하는 그 어떤 것도 절대화하지 않고 물음을 던졌다. 유교 질서와 긴장하고 이에 맞섰다. 초월 감수성을 지키기보다는 현존 체제와 완전히 한 뭉치의 덩어리로 '용해'되어 조선의 질서를 떠받들고 있던 유교의 가치와 관행을 있는 그대로 받아들이지 않고 이를 질문할 수 있었다.[26] 그렇게 기독교는 초월 감수성에 존재의 밧줄을

동학이 국문 운동에 대한 관심을 보인 것은 그 이후였다. 손병희, 『準備時代』(서울: 오늘, 2015)[1905], 그리고 박영신, 앞의 글, 1978 ; 1994.

25) 이에 대해서는 여러 글에서 논한바 있기에 여기서는 짧게 그 성격만을 적어둔다. 칼 야스퍼스가 말한 굴대 시대는 기원전 800년에서 200년에 걸쳐 인류 역사의 '굴대'가 된 고대 이스라엘의 예언 종교, 고대 그리스 철학, 인도의 불교, 중국의 유교와 같은 '위대한' 문명이 동시다발로 나타났고, 이 모두는 세속 영역을 절대화하지 않고 그 너머 '초월' 영역에 대한 감수성을 낳아 이 둘 사이의 긴장을 자아냈고, 현존 질서를 비판할 수 있는 능력을 돋우었다. 이 때문에 굴대 시대를 '초월의 시대' 또는 '비판의 시대'라고도 한다. 이에 대한 논의는 철학의 테두리를 넘어 사회학의 연구 관심으로 나타났다. 칼 야스퍼스 지음, 백승균 옮김, 『역사의 기원과 목표』, 서울: 이화여자대학교 출판부, 1986[1949]. 그리고 박영신, 「굴대 시대' 이후의 문명사에 대한 학제간 연구 관심」, 『현상과인식』 38-1/2, 2014 ; 박영신, 「인간의 한계와 굴대 문명의 재귀: 지식 행위를 새김」, 『현상과인식』 41-3, 2017 ; 박영신, 「베버의 그늘 밑에서—'굴대 문명' 관심의 되살림과 그 쓰임—」, 한국인문사회과학회/한국사회이론학회 공동주최, 『자료집』(주제: 베버100주기 학술대회-온라인. 기조발표. 2020.9.5.), 또는 『사회이론』 58, 2020.

26) 선교사들이 병원을 열어 봉사하고 학교를 세워 가르치면서 신중에 신중을 더하여 조심스럽게 선교 활동을 펼쳐 기독교에 대한 적대감을 줄이고자 했지만, 개신교의 신앙 윤리 지향성 자체를 접거나 감출 수는 없었다. 기독교인의 자격은 유교의 습속에서 벗어나는 자기 결단을 전제하였다. 박영신, 「초기 개신교 선교사의

대고 변동의 동력을 자아내며 변혁의 새 기운을 불어넣었다. 조선의 문자 생활을 탈계층화의 길로 이끌어갈 수 있었던 변혁의 힘도 여기서 비롯되었다.

4. 한글과 민주주의 Ⅰ

종교개혁의 역사에 나타났던 것처럼,[27] 조선의 기독교인들도 자신들이 터득한 문자 독해력에 힘입어 자존감을 갖게 되었다. 모든 권위의 정점이자 판단의 잣대가 되는 '성경'을 스스로 읽으면서 더 이상 조선 사회의 체제를 당연시 하지 않았고, 더 이상 조선의 됨됨이를 두둔하지 않았다. 모두가 '하나님의 형상으로 지음 받은' 존재라는 믿음 위에 서서, 조선 사회가 빚어내는 억압 구조를 감지하고 불공평과 불의함을 의식하며 이에 물음을 던졌다. 삶의 항목 어느 것도 빼놓지 않고 모두 샅샅이 규정해놓은 유교의 체제 자체가 질문의 과녁이었다. 축첩과 같은 남존여비의 관습을 질문하고, 양반 중심의 신분 제도를 문제 삼았다. 교회 공동체의 일원이 되기 위해서는 이러한 조선의 '부도덕한' 풍습과 '부당한' 신분 의식을 떨쳐내겠다고 공중 앞에서 선언하고 서약했다.[28] 교회는 조선 사람이 쉽게 그려볼 수 없는 새로운 삶의 가능성을 그려보고 쉽게 따를 수 없는 새로운 삶의 지향성을 따르고자 한 대안의 공동체로 나타났다.

선교 운동 전략」, 『東方學志』 46/47/48, 1985 ; 박정신, 『한국 기독교사 인식』, 서울: 혜안, 2004, 142쪽 아래 ; 마서 헌트리 지음, 차종순 옮김, 『한국 개신교 초기의 선교와 교회 성장』, 서울: 목양사, 1995, 274~292쪽.

27) Steven Ozment, *The Age of Reform 1250-1550*, New Haven: Yale University Press, 1980, p.202 아래.

28) 박영신, 앞의 글, 1978, 169쪽 ; 박정신, 앞의 글, 2004 ; 박정신, 「구한말, 일제 초기의 기독교 신학과 정치-진보적 사회 운동과 민족주의 운동을 중심으로-」, 『현상과인식』 17-1, 1993 ; 헌트리, 앞의 글, 1995.

교인이라면 양반 신분을 가진 자도 이른바 '상놈'과 함께 교회라는 공간에서 공중 예배에 참여하지 않으면 안 되었다. 어느 양반 개종자가 고백했듯이, 신분의 벽을 허물고 '동석'한다는 것이 심히 어색하고 수치스럽게 느껴졌으나 이를 이겨내어야 했고 이겨내었다. 그는 이렇게 자신의 신앙을 고백했다. "그렇습니다. 나는 양반입니다만, 하나님이 한 사람은 양반으로 만들고 다른 한 사람은 상놈으로 만들지 않았습니다. 사람들이 그러한 차별을 만들었습니다. 하나님은 모든 사람을 동등하게 만들었습니다."[29] 기독교인은 성경의 가르침에 터한 믿음에 따라 사람들이 만든 신분 제도의 강고함도 무력화시킬 수 있는 윤리 지향성과 실천 능력을 보여주어야 했다. 더 나아가 조선의 습속과 단절하고 새로운 삶의 습속을 받아들이겠다는 가당찮은 결단을 내리고 이를 실행하고 증명해야 했다. 결코 손쉬운 일이 아니었다. 하지만 이는 스스로 기독교인 됨을 존중하고 높이어 의젓하게 자신을 구별 짓는 새로운 삶에 대한 일종의 사명 의식이었다.

바로 이러한 자존감이 신분에 터한 문자 생활의 습속에서 벗어나 평등한 문자 생활의 습속을 받아들일 수 있도록 마음 문을 열어주었다. 교회 구성원들은 소수 상층부의 문자를 택하지 않고 다수 하층민을 위한 글자로 옮겨진 성경을 읽는 데서 어떤 수치심이나 열등감을 느끼지 않았다. 이 점에서 조선의 기독교인들은 성경을 국문으로 옮겨놓은 선교사들과 한 마음이었다. 이들은 모두 낡은 삶의 습속을 뒤로 하고 새로운 삶의 습속을 만들어야 한다는 믿음으로 더욱 늠름하고 활기찼다. 이는 지배 권력 중심의 소통 문화에 예속되기를 거부하고 모두가 동등하게 참여할 수 있는 백성 중심의 소통 문화를 향한 담대한 발걸음이었고, 지배 문화에 맞서겠다는 당찬 결의의 표현이었다. 교회는 이러한 소통의 문화를 일상화하였다.

---

29) 박영신, 앞의 글, 1978, 163쪽, 닮음 18.

인간관은 문자 의식을 만든다. 중세 유럽이 언어의 미흡함을 '야만'으로
여긴 고대 그리스의 관행을 이어받아, 고전어는 명료하고 간결하며 고상
하고 품위가 있으며 심지어는 명민하다고 높이 보면서 자국어는 너저분하
고 상스럽다며 낮춰보았다.30) 조선 사회도 한자는 격이 높은 도도한
글자이고 국문은 격이 낮은 천한 글자로 여겼다. 위에서 보았듯이, 개신교
는 믿음의 판가름과 길잡이는 성경에서 찾아야 한다는 종교개혁의 정신을
가지고 있었기 때문에 종교 의례를 강조하는 이전의 종교 지향성과
달리 성경을 읽고 배우며 풀이할 수 있는 각자의 역량을 북돋우었다.
그리하여 종교개혁 운동이 일어난 곳에서는 라틴어나 그리스어 그리고
히브리어로 적힌 고전어 성경을 제 나라의 말글로 옮기는 일을 급선무로
여겼다. 우리나라에 온 개신교 선교사들도 꾸물댈 겨를 없이 성경을
조선 사람의 말글로 옮겨놓고자 했다. 그들 또한 천대 받고 무시당하는
상스런 글자라고 하더라도 모두가 쉽게 읽을 수 있는 글을 문자 소통의
수단으로 삼았다. 문명에 뒤지는 '미개함'의 척도는 지배 계급의 문자
독해 능력이 아니라 사람을 존엄한 존재로 받아들여 모두를 평등하게
대해야 한다는 가치 지향성에 달려 있다고 믿었기 때문이다.

그리하여 아무리 한문을 많이 공부하여 한문으로 된 문헌을 읽을
수 있다고 해도 축첩과 같은 남존여비의 생각 틀에 얽매인 자들이라면
'미개'하다고 여겼다. 교회는 이 점에서 단호하였다. 기독교인은 모름지기
오래된 '미개'의 세계에서 벗어나 새로운 '문명'의 세계로 들어서야 한다고
가르쳤다. 교회 구성원은 모두 성경을 읽어야 했고 교회당에 모여 공부해
야 했다. 국문을 소중히 여기는 새로운 의식과 품성을 다졌다. 유럽에서
일어난 변화처럼 우리나라에서도 변화가 일어났다. '천함'에 대한 생각을
바꾸었다. 한문을 '진문'으로 떠받들고 정음을 '언문'이라 부르고 '암글'이

---

30) Keith Thomas, *In Pursuit of Civility: Manners and Civilization in Early Modern England*, Lebanon, New Hampshire: Brandeis University Press, 2018, pp.116~117.

라 여겼던 국문을 귀하고 보배로운 글자로 널리 펼쳤다. 이 과정에서
남다른 자존감을 가진 새로운 유식 층이 나타났다.

　일찍이 이광수도 1917년 『靑春』에 실은 글에서 이 점을 들추어낸 바
있다.[31] 그는 기독교가 우리나라에 기여한 몇 가지 항목을 들어 말하면서
'국문의 보급'을 들어올렸다. "언문도 글이라는 생각을 조선인에게 준
것은 실로 예수교"이고 "귀중한 신구약과 찬송가가 언문으로 번역되매
이에 비로소 언문의 권위가 생기고 또 보급된 것"이고, "조선글과 조선말이
진정한 의미로 고상한 사상을 담는 그릇이 됨은 성경 번역이 시초일
것"이라고 평하였다. 그가 교육을 널리 펼치고 여자의 지위를 높였다는
점을 따로 떼어 적고 있지만 이 모두는 국문을 널리 쓰도록 한 항목에
이어지고, 새로운 인간관을 제시한 개신교의 윤리 지향성에 이어진다.
위에 적었듯이, 불교와 유교 문헌들도 쉽게 읽을 수 있게 정음으로 옮겨졌
다. 하지만 이들 종교가 문자 생활의 이중 구조를 무너뜨리거나 널리
국문을 펼치는 일에 앞장서지는 않았다. 모두가 '하나님의 형상으로
지음 받은' 평등한 존재로 존중되어야 한다는 생각에 버금하는 인간관을
불어넣어주지 않았다. 한글의 사람 최현배가 일러주는 대로, 불경 언해본
이 먼저 나왔음에도 "불교는 한글과의 관계를 발전시키지 못하였다."
기독교는 이들 종교와 달랐다. 기독교는 "'한글 쓰기'의 선구자"였고 교인
들은 한글을 사랑하고 "'한글 쓰기'의 앞장으로 나서는 용기"를 지녔는가
하면, "국어학자의 대다수가 성서와 친한 관계를 가지고" 있었다.[32] 우리
말글 연구는 성경을 국문으로 옮겨놓은 개신교 선교사들이 열어나갔다.
말과 글(한문)이 따로 움직여 큰 혼란을 겪었던 이들 선교사들은 국문을

---

31) 이광수, 「今日 朝鮮의 耶蘇敎會의 恩惠」(1917), 『李光洙全集』 17, 서울: 삼중당,
　　1962, 18쪽.
32) 최현배, 「성서와 한글」(1965), 최현배 지음, 외솔회 엮고 옮김, 『문학·논술·논문
　　전집 1』, 서울: 채륜, 2019, 400쪽.

연구하기 시작했다. 실제로 그들 가운데는 빼어난 '국어' 연구가도 나왔다. 제임스 게일은 1894년에 문법 연구물을 내놓았고 1896년에는 한영사전도 펴내었다. 언더우드는 1890년에 회화 입문서도 내놓았다. 백낙준은 이들 선교사들이 "최초의 한국어 사전 편찬자이자 문법학자"였고 "한국어 연구의 개척자들"이었다는 사실을 일러주기도 했다.[33]

　이처럼 교회 공동체를 중심으로 사회 밑바닥에서 새롭게 국문의 오름세가 나타날 즈음 정부도 국문에 대한 새로운 정책을 펴고 나왔다. 개화파가 근대 문물을 받아들여 나라를 개혁하겠다며 이를 구체화하려던 갑오경장 때였다. 법률과 칙령과 같은 공문서를 국문으로 적겠다고 했다. 국한문혼용을 허용하기는 했으나 우리 역사상 처음으로 국문이 공식 문자로 올라섰다.[34] 하지만 이 정책이 한문을 중심 문자로 받아들이면서 국문을 열등한 글자로 여긴 유교 지식층뿐만 아니라 한문 숭상의 체제 밑에서 살아온 일반 백성에게 얼마나 호응을 얻었는지는 의문이다. 이들은 지배층의 문자와 피지배층의 글자로 이원화되어 있던 체제를 밑뿌리에서 뒤흔들어놓을 수 있는 새로운 가치 의식을 갖고 있지 않았고, 값진 문헌이라면 마땅히 신분의 벽을 뚫고 모두가 읽을 수 있는 글자로 펴 나와야 한다는 문화 의식을 갖고 있지 않았기 때문이다. '한자냐, 국문이냐' 하는 물음은 다만 지식과 정보의 '독점이냐, 공유냐'의 차원에 그치지 않는, '군자(君子)냐, 소인(小人)이냐' 하는 더욱 깊은 차원의 물음에 잇닿아 있었다.

---

33) 제임스 게일 지음, 장문평 옮김, 『코리언 스케치』, 서울: 현암사, 1971[1898], 292쪽 ; Lak-Geoon George Paik, 앞의 글, 1970, pp.248~252. 한글과 기독교의 밀접한 관계와 기독교의 기여를 밝혀둔 글은 수 없이 많다. 보기, 최현배의 글모음 『문학·논술·논문 전집 3』, 서울: 채륜, 2019, 248~253쪽과 375~379쪽에 각각 실린 「한국 기독교와 한글―민족 문화 발전의 선수」(1961)와 「한글의 整理(정리)와 예수교」(1938), 그리고 『문학·논술·논문 전집 1』, 399~401쪽에 실린 「성서와 한글」(1965). 그리고 박영신, 앞의 글(「기독교와 한글 운동」).

34) 조성윤, 앞의 글, 19쪽.

문자 의식은 곧 인간관의 문제이고 윤리의 문제였다. 기독교는 군자든 소인이든 모두 '하나님의 형상으로 창조된' 존엄한 존재이고 평등한 존재라고 이해했기에, 글자에 의한 차등과 차별은 받아들일 수 없었다. 이는 백성 일반을 위한 국문 쪽에 서서 지식과 정보와 교훈에 대한 접근성을 모두에게 활짝 열어두어야 한다는 '민주스런' 가치 지향성과 인간 이해의 문제였다. 앞에 적은 바와 같이 벌써부터 교회는 '자립', '자전', '자치'의 원리에 따라 신분의 칸막이를 걷어내고 구성원 모두 책임 있게 참여하는 자원 조직체였다. 만국통상회의법에 따라 토론의 절차와 과정을 밟아 공동의 뜻을 끌어내고 공중 앞에서 자기를 표현하는 소통의 공동체였다. 모두에게 낯선 '토론회'와 '웅변(대)회'는 빼놓을 수 없는 교회의 행사로 자리 잡아 교회 공동체의 상징물이 되고 있었다. 이러한 뜻에서 교회는 말글의 능력을 키운 '말글' 공동체였고, '시민'을 낳아 기른 시민 조직의 못자리였으며, '시민 정치'의 훈련장이었다.[35]

개신교가 이러한 사회 변혁 운동을 벌이고 있을 때 이에 맞장구를 치고 나온 광대한 움직임이 역사의 무대로 들어섰다. 아래에서 살필 『독립신문』이 펼친 시민 중심의 참여 민주주의 운동이 그것이다.

5. 한글과 민주주의 II

『독립신문』은 갑신정변의 공모자 서재필이 망명지 아메리카 합중국에서 의학 공부를 마친 다음 전문직에서 일하다가 갑오개혁이 진행되고 있을 때 조선 땅으로 돌아와 1896년 4월 7일부터 펴내기 시작한 신문이다. 이에 대해서는 이미 여러 눈으로 살핀 글들이 자못 많다. 나 또한 이런저런

---

35) '정치 훈련(장)'이라는 말은 우리나라 개신교와 정치의 관계를 연구해온 박정신의 표현이다. Chung-shin Park, 앞의 글(2003), pp.123~128.

주제로 글을 써 발표도 했다. 마음에 담아온 공부 관심에 따라 서재필이 나서서 만든 독립협회 지도 세력의 의식 세계 그 밑바탕에 자리한 생각의 얼개를 파헤치고자 한 글을 『東方學志』에 실었고,[36] '독립협회·독립신문 100돌'을 기리고자 하여 『현상과인식』의 이름으로 학술모임을 열었을 때는 서재필이 보여준 개혁 지향성의 변화를 따지고자 한 글을 발표하여 학술지에 싣기도 했다.[37] 이미 발표한 글에 담긴 나의 생각을 여기에 되풀이해서 적을 까닭은 없다. 다만 그는 맺힌 한을 삭이며 조선은 어디로 가야하고, 조선을 위하여 무슨 일을 해야 할 것인지 한시도 잊지 않고 새기고 또 새기면서 갑신정변 때와는 '다른' 생각을 지니게 되었다는 점만은 다시 힘주어 밝혀둘 필요를 느낀다.

　그는 '위로부터의' 개혁을 획책했던 지난날을 되새기며 '아래로부터의' 변혁을 밀고 나아가야 한다는 뜻을 단단히 가다듬었다. 총칼로 권력을 잡고 그 힘으로 나라를 바꾸려했던 지난날의 거사가 얼마나 어리석고 하찮은 짓이었는지 절절히 깨달은 나머지, 그는 백성이 바뀌도록 깨우쳐야 한다는, 오늘날의 말로 '민주 시민' 의식을 길러야 한다는 생각에 미치게 되었다. 정부가 나서서 낡은 법을 없애고 새로운 법을 만들어도

---

36) 박영신, 「독립협회 지도 세력의 상징적 의식 구조」, 『東方學志』 20, 1978. 내가 모교의 문과대학 사회학과에서 가르치기 시작한 다음 얼마 지나지 않아 이 글을 투고했지만 상당 기간의 검토 과정을 거쳐 실릴 수 있었다. 통례의 역사학 쪽 논문과 '다름'에도 이를 받아준 국학연구원 부원장 황원구 선생의 열린 마음을 이제껏 잊지 않고 있다.

37) 박영신, 「'위로부터의 개혁'에서 '아래로부터의 개혁'으로: 서 재필의 운동 전략 변화」, 『현상과인식』 20-1, 1996. 이 학술모임은 1996년 초봄 연세대학교 국학연구원에서 열렸고, 학제간 학술지의 성격에 걸맞게 역사학, 사회학, 언론학, 언어학 쪽 연구자들이 발표자로 참여했으며, 이들의 글은 뒤이어 엮어 나온 이 학술지의 '특집'호에 실렸다. 그리고 내가 제목으로 달지는 않았지만 이 주제와 이어지는 글을 몇 차례 발표한 바 있다. 보기로, 박영신, 「'소명'으로서의 언론: 오늘날의 상황」, 『자료집』(한국사회이론학회/제주대학교 공동/주제: '언론을 통해 위기의 시대 기회를 찾다/2018.10.12./제주 알렌시아 리조트), 또는 『사회이론』 55, 2019.

인민이 이를 받아들이지 않으면 쓸데없다고 했다. 개혁의 의도와 목적이 무엇인지 인민 모두가 훤히 알아야 한다는 생각이었다. 그러기 위해서는 넓은 뜻에서 '교육'이 필요했다. 문명한 나라에서는 인민이 어떤 권리를 누리는지를 알려주어 조선의 인민도 이 권리를 주창할 수 있도록 지배층과 피지배층 모두의 생각 틀을 바꿔놓고자 했다. 더 이상 '위로부터의' 개혁을 꾀하지 않았다. 이러한 개혁의 길을 걷고자 했다면 갑신정변의 동료들이 참여한 갑오경장의 개혁 정부 안으로 들어갔어야 했다. 하지만 그는 정부 바깥에서 일하고자 했다. 백성과 함께 백성을 위해 일하는 '시민 정치'의 길을 열고자 했다. 이 신문에 이어 그가 나서서 세운 독립협회를 이끌며 '토론회'라는 공공의 이야기 터를 열어 '시민 됨'의 뜻을 널리 알리는 한편, 모두가 더불어 소통할 수 있는 '공공 영역'을 만들어 소통 능력을 일깨우고자 했다. 그는 우리 모두가 힘을 모아 함께 가꾸어야 할 참여 민주주의의 길을 트고자 했고 시민 사회를 떠받쳐야 할 참 언론의 본을 보여주고자 했다.38)

이러한 마음을 다진 만큼 신문을 '한자'로 낼 수는 없었다. 그는 철저한 '국문주의자'였다. 한문과 국문 사이 어디쯤에 어정쩡하게 서 있거나

---

38) 공공의 공간이 우리나라에서 어떻게 전개되었는지에 대한 논의는 매우 중요하고 또 흥미롭다. 이 역시 기독교와 『독립신문』/독립협회 운동을 빼두고서는 적절히 이해할 수 없다. Chung-shin Park, 앞의 글, 2004, 123쪽 아래 ; 박영신, 앞의 글, 2004 ; 2019, 6~10쪽 ; 임영빈, 「19세기 말 조선 시대 사회 변동과 집합 의식 변화―'제의 공동체'에서 '담론 공동체'로―」, 『현상과인식』 40-1/2, 2016. 이에 더하여, 기미년 독립운동과 이후의 전개 과정은 이때의 전통과 이어지고 있다고 논한 박영신, 「'민주공화정'의 표상과 공공 미덕―3·1운동 100돌 새김―」, 『자료 집』(한국사회이론학회 '3·1운동 백주년 기념 학술세미나'/주제: 3·1운동으로 돌아본 우리 사회 100년/2019.3.9/국민대학교 북악관 사회과학대학 세미나실), 또는 『사회이론』 56, 2019 ; 박영신, 「'정치'의 바탕과 뻗침―주권재민, 3.1운동, 그리고 공화정―」, 『자료집』(한국인문사회과학회 학술대회/주제: 주권재민 100 년―삼일운동과 대한민국 임시정부 100주년 기림/2019.5.11/배재대학교 역사박 물관), 또는 『현상과인식』 43-3, 2019.

혼란스레 갈팡질팡하며 흔들리지 않았다. 국문과 한자를 뒤섞을 생각도
없었다. 백성 모두가 쉽게 읽을 수 있는 '국문'으로 신문을 펴내었다.
그는 물론 허허한 빈 들에서 국문 신문을 펴낼 생각을 하지 않았다.
위에서 본 것처럼, 교회를 중심으로 신분 질서에 따라 지배 계급의 문자인
한문과 피지배 계급의 글자인 국문 사이에 벽을 치고 갈라놓았던 문자
생활의 계층화 시대가 도전을 받고, 국문을 깨친 사람들이 새롭게 불어나
기 시작할 때였다. 교회가 급성장하면서 국문은 초록 들풀처럼 새로운
원기를 돋우며 널리 퍼져 나갔고 당당한 기품도 보이고 있었다. 자신이
바깥 나라에 머무는 동안 조선의 문자 생활에 큰 변화가 일어나고 있었다
는 점을 곧바로 알아차렸다. 그리고 이를 백분 활용할 수 있다고 내다봤다.
오랜 세월 동안 변두리에 밀려나 있던 국문이 중심부를 향하여 진입하기
시작한 떳떳하고 힘찬 역사의 길에 그도 동참하였다. 힘들이지 않고도
쉽게 배울 수 있는 우리나라 글인 국문이 모두의 소통 수단이 될 수
있고 마땅히 그러해야 한다고 믿었다. 국문 쓰기의 운동 세력과 발맞추어
어엿하게 이들과 함께 역사의 길을 걷고자 했다. 『독립신문』을 순 국문으
로 찍어내었다.[39]

　서재필은 이러한 뜻을 거리낌 하나 없이 핵심을 찔러 『독립신문』
창간호 '논설'에 밝혀두었다. 앞머리에서 이 신문은 "상하귀천을 달리
대접 아니 하고 조선 사람으로만 알고 조선만 위하며 공평이 인민에게
말할 터"라고 적었다. 그리고 이 신문을 통하여 "조선 인민이 소견과
지혜가 진보함을 믿노라"고 했다. 이어 사회 신분에 상관없이 모두가
읽을 수 있게 한문을 쓰지 않고 "다만 국문으로만" 쓰겠다고 했다. 그

---

39) 별시 문과에 장원 급제한 이력이 있지만 그는 당시 누구보다도 국문에 밝았다.
　　국문으로 일기를 쓰기도 했던 윤치호에 견주어보아도, 우리글에 대한 그의
　　이해 수준은 결코 낮지 않고 오히려 높았다. 김인선, 「서 재필과 한글 전용:
　　『독립신문』을 중심으로」, 『현상과인식』 20-1, 1996, 91~97쪽. 그리고 정진석,
　　「서 재필의 글에 나타난 실용적 사상」, 『현상과인식』 20-1, 1996, 81~83쪽.

까닭을 풀어 알리기 위해 길게 자신의 생각을 말하였다. 셈법에 따라 논설 지면의 반, 또는 5분의 4를 이에 바쳤다고 할 수 있다.[40] 그는 국문을 한문에 대립하는 글자로 설정하였다. 이는 백성 일반 쪽에서 세상을 바라보려는 그의 마음속 생각이 밖으로 드러난 것이었다. 그가 자주 쓰는 말로 "상하 귀천"의 신분 관계를 뛰어넘어 "남녀 상하 귀천" 구별 없이 모두가 함께 읽을 수 있도록 하겠다고 했다. 이는 중국 글자인 한문에 매달려온 지배 계급을 본으로 삼지 않고, 신분의 높낮이를 굳혀온 유교 체계를 받아들이지 않겠다는 실로 단호하고도 확실한 '거부'의 뜻이었다. 한 마디로 조선 사회의 질서 자체의 정당성에 대한 도전이었다.[41] 배우기 어려운 한문을 일생 동안 붙들고 사는 탓에 '물정과 학문'을 갖지 못하게 된 상층부 사람들보다 배우기 쉬운 국문을 잘 익혀 '물정과 학문'에 밝은 일반 백성이 차라리 '유식하고 높은 사람이 되는 법'이고, 이제껏 무시당해온 '부인네도 국문을 잘하고 여러 물정과 학문을 배워 소견이 높고 행실이 정직하면' '빈부귀천 아무 상관없이 그 부인이 한문은 잘하고도 다른 것 모르는 귀족 남자보다 높은 사람이 되는 법'이라고 했다. 중화-모화사상과 남존여비 관행이 뿌리내려 습속으로 굳어진 조선의 체제에 대놓고 던진 통렬한 비판이자 이를 뒤엎어버려야 한다는 준엄한 부정의 논리였다.[42]

　어느 누구도 차별을 받지 않고 모두가 동등한 대우를 받으며 정당히 '진보'해갈 수 있는 역사의 길 걸음에 동참하는 이 민주주의의 뜻을 실어

---

40) 박영신, 앞의 글(「민주주의의 조건 - 지배 계급의 문자(漢字)에서 인민의 글자('한글')로 -」), 39~40쪽.

41) 박영신, 앞의 글(「독립협회 지도 세력의 상징적 의식 구조」), 1978.

42) 서재필의 가치 지향성과 그때의 우리나라 기독교가 서로 통하고 비슷했음을 곧장 알아차릴 수 있는 대목이다. 박영신, 위의 글 ; 박영신, 앞의 글(『현대 사회의 구조와 이론』), 168~171쪽. 조직 수준에서도 그러하였다. 독립협회의 지방 조직과 기독교의 관계를 밝히고 있는 박정신, 앞의 글, 2004, 75~94쪽.

널리 펼치려면, 그 전달 수단은 소수만이 배워 익히는 한자가 아니라 모두가 쉽게 배워 익힐 수 있는 국문이어야 했다. 그러므로 신문을 국문으로 낸 것은 지극히 자연스럽고 마땅했다. 백성 '다수'를 어우르는 민주주의라면, 바꿔 말해 '다수 인민'의, '다수 인민'에 의한, '다수 인민'을 위한 다스림을 꿈꾸고 그린다면, 특권 상층부 '소수 지배자'의 '소수 지배자'에 의한 '소수 지배자'를 위한 소통의 수단을 끌어 쓸 수는 없었다. 앞뒤가 맞지 않기 때문이었다. 아메리카의 시민 민주주의를 제대로 체험했던 인물다운 생각이었다. '아래로부터의' 변혁을 분기시키고자 한 뜻을 다진 만큼 기어코 다수의 글자인 국문을 끌어 써야 마땅했다. 그가 『독립신문』을 국문으로 낸 것은 필연한 이치였다. 이러한 서재필의 모습을 새길 때, 프랑스의 계몽주의 사상가 볼테르를 끌어들여 "한국의 볼테르"라고 부르기보다는[43] 그를 아메리카의 민주주의를 두루 살피며 낱낱이 뜯어보고자 한 프랑스의 정치가이자 정치 철학자인 토크빌에 이어보는 것이 더 적절할 수 있다.[44]

아무튼 서재필은 통례의 '개화파' 사람이 아니었다. 동도서기나 부국강병의 수준에 묶인 '수단의 근대'를 뒤쫓지 않고, 인간에 대한 생각과 권력 관계의 틀을 밑뿌리에서 다시 새겨 삶의 지향성 자체를 재구성하려는 '가치의 근대'를 추구하였다.[45] 학교에서 배워 알듯이 독립협회가 뜻을 모아 중국 사신을 맞아 시중하던 모화관의 영은문을 허물고 그 자리에 세운 '독립문'은 이맛돌에 새겨진 말 그대로 '독립'을 내세웠으니 두말할 나위 없는 조선 민족주의의 상징물이었다. 그러나 서재필의 생각은 이 지점에 멈춰있지 않았다. 그는 조선이 '독립'된 나라로 중국이나 일본

43) 이광린, 「徐載弼의 開化思想」, 「東方學志」 18집, 1978.
44) 박영신, 앞의 글(「민주주의의 조건－지배 계급의 문자('漢字')에서 인민의 글자('한글')로－」), 28~30쪽.
45) 박영신, 「근대'의 두 길－우리의 상황－」, 『현상과인식』 40-4, 2016.

나라와 어깨를 나란히 할 정도가 되어야 한다는 하찮은 국가상을 거부하고 그 너머로 나아갔다. 중국의 역사나 메이지 이후의 일본에서도 찾아볼 수 없는 인권과 자유와 평등의 가치를 귀히 여기는 나라, "남녀 상하 귀천"할 것 없이 모두가 동등하게 공공의 일에 적극 참여하는 시민다움이 널리 가꾸어진 나라를 그리며 꿈꾸었다. 이런 까닭으로 그는 독립하여 문명한 나라 사람이 누리는 "시민 됨의 권리와 특권"을 조선의 인민에게 알려주고 스스로 떨쳐 일어나도록 부추겼다.[46] 흔히 말하는 민족주의의 테두리 안에 머물러 있지 않고 이를 넘어서서 백성 스스로 깨우쳐 위품 있는 '시민'이 되어, 공공의 일에 책임 있게 동참하는 민주로운 나라를 세워야 한다고 생각했다. 이러한 뜻을 펴고자 했기에 다수 인민의 글자 '국문'으로 신문을 펴낼 수밖에 없었다.

훈민정음은 다수 백성을 위한 글자였다. 하지만 무엇을 담아내느냐에 따라 이 글자는 체제 유지와 강화의 연모가 될 수도 있고, 체제 비판과 변혁의 연모가 될 수도 있었다. 유교 체제를 지키기 위한 삼강오륜의 특수주의를 담아 널리 백성을 교화했는가 하면, 유교 체제에 물음을 던진 새로운 종교의 보편주의를 담아 대안의 변동 세력을 길러내기도 했다. 서재필은 국문으로 글을 써 더 이상 노예로서의 백성이 아니라 주인으로서의 백성 곧, 시민으로서의 백성이 되어야 한다고 가르쳤다. 그리고 모두가 함께 누려야 할 사람의 권리와 함께 져야 할 공공의 책임이 있다고 일러주었다. 조선이 자주 독립된 나라가 되어 모두가 힘을 모아 시민 참여의 민주스런 나라를 함께 만들어야 한다는 그의 믿음에, 국문은 더할 나위 없이 편하고 이로운 소통의 연모였다.

---

46) 이러한 생각은 그가 귀국한 다음 처음 발표한 글에 나와 있다. Philip Jaisohn, "What Korea Needs Most," *The Korean Repository*, 3, 1896, 또는 Philip Jaisohn, Sun-pyo Hong (ed.), *My Days in Korea and Other Essays*, Seoul: Yonsei University Press, 1999.

6. 되새김

훈민정음은 줄곧 소수 특권 지배층의 중심부에 들지 못한 언저리의 다수 백성을 위한 소통 수단으로 남아 있었다. 가장자리로 내몰림을 당한 이 글자를 삶의 마당 한 가운데로 끌어올려 '모두'가 어울려 소통하는 문자 생활을 만든 변혁 운동의 맨 앞줄에는 개신교가 있었다. 신분에 따라 갈려 있던 문자 생활의 이중성과 계층화를 허물어뜨릴 수 있는 이념과 행동 지향성 그리고 조직의 힘 모두가 개신교에서 나왔다. '남녀노소 상하귀천' 가림 없이 모두가 믿음의 발판이자 잣대인 성경을 직접 읽어야 한다고 가르친 종교개혁의 정신과 특유의 개신교 윤리 그리고, 조직의 뒷받침 때문이었다. 불교와 유교는 이와 견줄만한 정신 전통을 가지고 있지 않았고 이에 버금하는 습속과 윤리를 지니고 있지 않았다. 이 두 종교의 문헌이 오래 전에 국문으로 옮겨졌음에도 신분에 터한 문자의 이중 구조를 깨고 국문을 문자 소통의 수단으로 일반화할 수 있는 이념과 행동 지향성과 조직 활동을 마련해주지 못하였다. 소수의 유리한 조건과 다수의 불리한 조건을 제도화한 신분 체제의 틀을 뒤엎고자 한 새로운 가르침을 국문이 담아 나르기 전까지는 반역과 반란도 다람쥐 쳇바퀴 돌 듯 그 틀 안에서 맴돌 뿐이었다. 한마디로, 문자 생활의 타성에서 벗어나 문화 체제의 변혁을 이끈 운동은 개신교의 정신 유산에 바탕을 두고 있었다.

문자의 탈계층화를 통한 평등한 소통의 관계는 민주로운 사회의 기본 조건이다. 문자의 이중 구조 때문에 소통의 마당에 함께 들어설 수 없다면 민주스런 참여는 불가능하다. 민주주의는 인민 모두의 열린 참여를 전제한다. 민주주의와 '한글'이 만나 어울릴 수밖에 없는 이유이다. 개신교는 불교가 눈여겨보지 않고 유교가 꿈꾸지 않은 소통의 신분 장벽을 무너뜨린 탈신분의 길로 들어서 소통의 평등 문화를 만들었다. 『독립신문』과 독립

협회 운동은 이러한 국문 중심의 소통 문화 세력을 등에 업고 백성이
공공의 일에 당당하게 참여해야 한다는 민주주의 의식을 널리 펼쳤다.
이렇게 새로운 소통의 문화가 이 땅에 나타났다. '한글'이 민주주의를
만나고 민주주의가 '한글'을 만났다. 그리고 함께 어울렸다. 어깨동무하였
다. 굽이친 역사의 골짜기를 함께 걸었다.

일제 강탈기 '한글' 운동은 민족 운동이었다. 나라 글을 부둥켜안고
이를 '목숨처럼' 지키고자 한 한글 사람은 끝까지 왜인에게 무릎 꿇지
않았고 타협하지 않았다. 그리하여 왜인에 의하여 구금당하고 고문당하
였다. 옥살이 하고 옥사했다. 살아남은 자는 해방을 맞아서야 옥에서
풀려날 수 있었다.[47] 하지만 한글 운동은 민주 운동이기도 했다. 『독립신
문』이 따돌림당해온 다수 인민 쪽에 서서 그들의 글자를 소통의 수단으로
삼아 이를 중심 문자로 만들고자 했던 그 뜻을 따라, 한글 사람은 모두가
쉽게 배워 읽을 수 있는 나라말글을 갈고 닦으며 이를 널리 펼쳐 칸막이
없이 모두가 소통할 수 있는 세상을 만들고자 하여 온 힘 다해 싸웠다.
해방된 나라, 새 나라는 소통 수단의 일반화 위에 터 잡고 있어야 한다고
굳게 다짐했다. 한글 쓰기의 주창자들은 평등주의의 선각자였고 민주주
의의 신봉자였다.

드디어 소통 수단의 소유관계는 바뀌었다. 소수 지배 계급이 독점하던
소통 수단은 피지배 계급의 소통 수단에 눌려 더 이상 힘을 쓸 수 없게
되었다. 중심 문자 한자의 자리에 변두리의 글자 한글이 들어섰다. 신분
사회가 민주 사회로 바뀌었다. 깊고 높은 지식과 얕고 낮은 지식 사이의
경계 짓기는 어찌할 수 없다며 걸핏하면 '사자성어'를 입에 올리고 아무렇

---

47) 외솔 최현배가 이러한 '한글 사람됨'을 상징하고 대변했다. 김석득, 『외솔 최현배
   학문과 사상』, 서울: 연세대학교출판부, 2000 ; 이준식, 「외솔과 조선어학회의
   한글 운동」, 『현상과인식』 18-3, 1994 ; 박영신, 「조선어학회가 겪은 '수난' 사건의
   역사 사회학」, 『애산학보』 32, 2006.

지도 않게 밖에서 들어온 말들을 마구 늘어놓는 자기 과시의 짓거리가 아직도 남아 있다. 또한 일제 강탈기의 공부 버릇에 익숙하여 이를 고집해 온 자들을 새김 없이 좇으려는 집단 권력의 난폭함이 어쭙잖은 지식인 무리 안팎에서 서성거리고 있다. 하지만 이는 말끔히 씻어내야 할 지난 시대의 찌꺼기일 따름이다. 민주주의는 '다수'쪽에 서는 소통의 겸허를 요구한다. 한글 쓰기는 이 겸허의 실행이다.

그러므로 한글은 한갓 종이쪽의 글자가 아니다. 이 '글자'는 역사-사회 변동의 받침대였고 힘이었다. 신분 체제를 무너뜨린 평등 생각의 들것이 었고 민주주의의 뜻을 실어 나른 사회-정치 운동의 수레였다. 한글을 어느 학문 분과에 맡기거나 어느 전공의 연구 주제로 줄일 수 없는 까닭이다. 꺾이고 잘린 이 땅의 역사와 운명을 함께 해온 이 '한글' 이야기 는[48] 학문과 학문이 만나 두고두고 함께 나눠야 할 모두의 생각거리이다.

내가 다니며 공부하고 가르쳤던 대학은 한글 연구의 본고장이었다. 우리말글을 없애기 위하여 가지가지 비열한 탄압책을 다 썼던 일제 강탈 세력에 맞서 한글을 갈고 닦으며 이를 지켜온 '겨레 말글'의 사람들이 거닐던 생각의 터이고, 한글('조선말')을 값있게 여겨 이를 처음으로 입시 과목에 넣은 겨레의 큰 배움터이며,[49] 야비한 일제의 표적이 되어 온갖

---

48) 이 땅이 두 동강으로 갈라져 제가끔 펼친 말글 정책에 대해서는 이준식, 「한글 운동의 사회사: 주시경, 김두봉, 최현배의 만남을 중심으로」, 『자료집』(연세대학 교 국학연구원 제473회 국학연구발표회/주제: 한글의 사회사—민본에서 민주로, 교화에서 운동으로/2020년 10월 8일 늦은 3:00~5:30/연세대학교 위당관 313호/대 면+비대면), 그리고 이준식, 「최현배와 김두봉—언어의 분단을 막은 두 한글학 자」, 『역사비평』 82, 2008 볼 것. 아울러, 박영신, 「사회 사상가로서의 외솔 최현배」, 『東洋學』 85, 1994, 그리고 박영신, 『겨레 학문의 선구자 외솔과 한결의 사상』, 서울: 연세대학교 출판부, 2002 볼 것.

49) 최현배, 「조선 사람은 조선말을 얼마나 아는가?」(1932), 최현배 지음, 외솔회 엮고 옮김, 『문학·논술·논문 전집 2』, 서울: 채륜, 2019.

고초를 다 겪은 겨레 사람들의 일터였다.50) 그런가 하면, 인습과 관행에 끊임없이 물음을 던지는 '민주스런 [삶의] 교육' 정신을 값지게 여겨 이에 대한 관심을 불러일으킨 삶의 터전이기도 했다.51) 그러므로 이 대학은 거대한 권력 체제에 맞선 남다른 민학의 역사 이야기를 간직한 기억의 땅이다. 이 글은 이 전통을 새기며 적어본 생각 한 조각이다.

참고문헌

강대인, 「천주교 성경과 전례서의 한글 번역」, 『나라사랑』 119, 2010.

김석득, 『외솔 최현배 학문과 사상』, 서울: 연세대학교 출판부, 2000.

김슬옹, 「불교 관련 한글 문헌의 사회 언어학적 의미: 세종, 세조 때의 불경 언해서를 중심으로」, 『나라사랑』 119, 2010.

김인선, 「서 재필과 한글 전용: 『독립신문』을 중심으로」, 『현상과인식』 20-1, 1996.

김중섭, 『사회운동의 시대: 일제 침략기 지역 공동체의 역사 사회학』, 서울: 북코리아, 2012.

나채윤, 「개신교와 만난 한글」, 『나라사랑』 119, 2010.

대한성서공회, 『대한성서공회사 I』, 서울: 대한성서공회, 1993.

도현철, 「훈민정음의 창제와 유교 교화의 확대」, 『자료집』(연세대학교 국학연구원 제473회 국학연구발표회/주제: 한글의 사회사-민본에서 민주로, 교화에서 운동으로/2020년 10월 8일 늦은 3:00~5:30/연세대학교 위당관 313호/대면＋비대면).

『孟子集註』, 서울: 명문당, 1979.

박영신, 「한국 전통 사회의 구조적 인식」, 『延世論叢』 14, 1977.

박영신, 「조선 시대 말기의 사회 변동과 사회 운동」, 『현상과인식』 2-1, 1978.

---

50) 박영신, 앞의 글, 2002.

51) James Earnest Fisher, *Democracy and Mission Education in Korea*, Seoul: Yonsei University Press, 1970[1928].

박영신, 「독립협회 지도 세력의 상징적 의식 구조」, 『東方學志』 20, 1978.

박영신, 「초기 개신교 선교사의 선교 운동 전략」, 『東方學志』 46/47/48, 1985.

박영신, 「동학 혁명의 과정과 정치-사회적 의미」, 『진리·자유』, 1994 봄.

박영신, 「사회 사상가로서의 외솔 최현배」, 『東洋學』 85, 1994.

박영신, 「'위로부터의 개혁'에서 '아래로부터의 개혁'으로: 서 재필의 운동 전략 변화」, 『현상과인식』 20-1, 1996.

박영신, 「기독교와 한글 운동」, 유 동식 들, 『기독교와 한국 역사』, 서울: 연세대학교 출판부, 1996.

박영신, 『겨레 학문의 선구자 외솔과 한결의 사상』, 서울: 연세대학교 출판부, 2002.

박영신, 「'공공의 공간' 형성과 확장: 한말 조선 사회와 그 이후」, 『사회이론』 25, 2004.

박영신, 「조선어학회가 겪은 '수난' 사건의 역사 사회학」, 『애산학보』 32, 2006.

박영신, 「'굴대 시대' 이후의 문명사에 대한 학제간 연구 관심」, 『현상과인식』 38-1/2, 2014.

박영신, 「'친분의 사슬'에 대하여: 나의 역사 사회학 보고」, 『사회이론』 49, 2016.

박영신, 「'근대'의 두 길－우리의 상황－」, 『현상과인식』 40-4, 2016.

박영신, 「개신교 정신, 조직, 그리고 시민」, 『사회이론』 52, 2017.

박영신, 「인간의 한계와 굴대 문명의 재귀: 지식 행위를 새김」, 『현상과인식』 41-3, 2017.

박영신, 「'소명'으로서의 언론: 오늘날의 상황」, 『자료집』(한국사회이론학회/제주대학교 공동/주제: 언론을 통해 위기의 시대 기회를 찾다/2018.10.12./제주 알렌시아 리조트), 또는 『사회이론』, 55, 2019.

박영신, 「'민주공화정'의 표상과 공공 미덕－3·1운동 100돌 새김－」, 『자료집』(한국사회이론학회 3·1운동 백주년 기념 학술세미나/주제: 3·1운동으로 돌아본 우리 사회 100년/2019.3.9/국민대학교 북악관 사회과학대학 세미나실), 또는 『사회이론』 56, 2019.

박영신, 「'정치'의 바탕과 뻗침－주권재민, 3.1운동, 그리고 공화정－」, 『자료집』(한국인문사회과학회 학술대회/주제: 주권재민 100년－삼일운동과 대한민국 임시정부 100주년 기림－/ 2019.5.11/배재대학교 역사박물관), 또는 『현상과인식』 43-3. 2019.

박영신, 「민주주의의 조건－지배 계급의 문자('漢字')에서 인민의 글자('한글')로

−」, 『현상과인식』 44-2, 2020.

박영신, 「베버의 그늘 밑에서−'굴대 문명' 관심의 되살림과 그 쓰임−」, 『자료집』
　　　(한국인문사회과학회/한국사회이론학회 공동주최/주제: 베버100주기
　　　학술대회/기조발표/2020.9.5/비대면), 또는 『사회이론』 58. 2020.

박영신, 「가치의 비극: '경제주의'와 '민주주의'의 역사 경험」, 『자료집』(한국인문
　　　사회과학회 학술대회/주제: 변동 속의 민주주의/2021.6.18/비대면), 또는
　　　『현상과인식』 45-3, 2021.

박영신, 「개신교 윤리와 시민의 출현−한말의 사회 변동과 '네비우스 방법'의
　　　보람 풀이−」, 『사회이론』 60, 2021.

박정신, 「도꾸가와 시대의 유교와 산업화」, 『현상과인식』 7-3, 1983.

박정신, 「한국 개신교 성장에 대한 역사학적 설명」, 『기독교사상』 4, 1989.

박정신, 「구한말, 일제 초기의 기독교 신학과 정치−진보적 사회 운동과 민족주의
　　　운동을 중심으로−」, 『현상과인식』 17-1, 1993.

박정신, 『근대 한국과 기독교』, 서울: 민영사, 1997.

박정신, 『한국 기독교사 연구』, 서울: 혜안, 2004.

박종국, 「세종 성왕의 위대한 삼대 정신」, 『나라사랑』 105, 2003.

『상동교회백십일년사』, 서울: 1999,

성낙수, 『국어와 국어학 4』, 서울: 외솔회, 2020.

손병희, 『準備時代』, 서울: 오늘, 2015[1905].

이광린, 「徐載弼의 開化思想」, 『東方學志』 18, 1978.

이광수, 「今日 朝鮮의 耶蘇敎會의 恩惠」(1917), 『李光洙全集』 17, 서울: 삼중당,
　　　1962.

이상규, 「안동시 훈민정음 해례본 복각의 의의」, 『나라사랑』 126, 2017.

이준식, 「외솔과 조선어학회의 한글 운동」, 『현상과인식』 18-3, 1994.

이준식, 「최현배와 김두봉−언어의 분단을 막은 두 한글학자」, 『역사비평』 82,
　　　2008.

이준식, 「한글 운동의 사회사: 주시경, 김두봉, 최현배의 만남을 중심으로」, 『자료
　　　집』(연세대학교 국학연구원 제473회 국학연구발표회/주제: 한글의 사회
　　　사−민본에서 민주로, 교화에서 운동으로/2020년 10월 8일 늦은 3:00-
　　　5:30/연세대학교 위당관 313호/대면＋비대면).

이혜령, 「473회 국학연구발표회/2020. 10. 8/ 2부 토론」.

임영빈, 「19세기 말 조선 시대 사회 변동과 집합 의식 변화−'제의 공동체'에서

'담론 공동체'로ㅡ」, 『현상과인식』 40-1/2, 2016.

임용기, 「세종대왕과 훈민정음의 창제」, 『나라사랑』 94집, 1997.

정도전, 『三峯集』(한국의 사상대전집 6), 동화출판공사, 1972.

정수복, 「박영신의 성찰적 역사사회학」, 『한국 사회학의 지성사 4』, 서울: 푸른역사, 2022.

정진석, 「서 재필의 글에 나타난 실용적 사상」, 『현상과인식』 20-1, 1996.

정호훈, 「조선후기 훈민정음 연구의 사상 맥락과 성과ㅡ최석정과 유희를 중심으로」, 『자료집』(연세대학교 국학연구원 제473회 국학연구발표회/주제: 한글의 사회사ㅡ민본에서 민주로, 교화에서 운동으로/2020년 10월 8일 늦은 3:00~5:30/연세대학교 위당관 313호/대면＋비대면).

조성윤, 「외솔과 언어 민족주의: 한문의 세계에서 한글의 세계로」, 『현상과인식』 18-3, 1994.

최경봉, 「전근대 시기 한글 보급의 동인과 시대적 의미」, 『東方學志』 189, 2019.

최봉영, 「유학과 만난 한국말」, 『나라사랑』 119, 2010.

최현배, 「조선 사람은 조선말을 얼마나 아는가?」(1932), 최현배 지음, 외솔회 엮고 옮김, 『문학·논술·논문 전집 2』, 서울: 채륜, 2019.

최현배, 「한글의 整理(정리)와 예수교」(1938), 최현배, 외솔회 엮고 옮김, 『문학·논술·논문 전집 3』, 서울: 채륜, 2019.

최현배, 「한국 기독교와 한글ㅡ민족 문화 발전의 선수」(1961), 최현배 지음, 외솔회 엮고 옮김, 『문학·논술·논문 전집 3』, 서울: 채륜, 2019.

최현배, 「성서와 한글」(1965), 최현배 지음, 외솔회 엮고 옮김, 『문학·논술·논문 전집 1』, 서울: 채륜, 2019.

닐 스멜서 지음, 박영신 옮김, 『사회 변동과 사회 운동』, 서울: 세경사, 1981.

로버트 벨라 지음, 박영신 옮김, 『사회 변동의 상징 구조』, 서울: 삼영사, 1981.

로버트 벨라 지음, 박영신 옮김, 『도쿠가와 종교: 일본 근대화와 종교 윤리』, 서울: 현상과인식, 1994.

마서 헌트리 지음, 차 종순 옮김, 『한국 개신교 초기의 선교와 교회 성장』, 서울: 목양사, 1995.

말틴 루터 지음, 지원용 옮김, 「독일 크리스찬 귀족에게 보내는 글」(1520), 『종교개혁 3大 논문』, 서울: 컨콜디아사, 2003.

제임스 게일 지음, 장문평 옮김, 『코리언 스케치』, 서울: 현암사, 1971[1898].

제임스 팔레 지음, 이훈상 옮김, 『傳統韓國의 政治와 政策』, 서울: 신원문화사, 1993.

칼 야스퍼스, 백승균 옮김, 『역사의 기원과 목표』, 서울: 이화여자대학교 출판부, 1986[1949].

케네스 비. 파일 지음, 박영신/박정신 옮김, 『근대 일본의 사회사』, 서울: 현상과인식, 1985.

테다 스카치폴 편, 박영신/이준식/박희 옮김, 『역사 사회학의 방법과 전망』, 서울: 한국사회학연구소/민영사, 1986.

Roland H. Bainton, *Here I Stand*, New York: A Meridian Book, 1977.

John Calvin, *Institutes of the Christian Religion I*, Louisville: Westminster John Knox Press, 2006.

Euan Cameron, *The European Reformation*, Oxford: Oxford University Press, 1991.

James Earnest Fisher, *Democracy and Mission Education in Korea*, Seoul: Yonsei University Press, 1970[1928].

Christopher Hill, *The World Turned Upside: Radical Ideas during the English Revolution*, London: Penguin, 1992.

Philip Jaisohn (서재필), "What Korea Needs Most," *The Korean Repository*, 3, 1896, 또는 Philip Jaisohn, Sun-pyo Hong (ed.), *My Days in Korea and Other Essays*, Seoul: Yonsei University Press, 1999.

Steven Ozment, *The Age of Reform 1250-1550*, New Haven: Yale University Press, 1980.

Lak-Geoon George Paik, *The History of Protestant Missions in Korea, 1832-1910*, Seoul: Yonsei University Press, 1970[1929].

Chung-shin Park, *Protestantism and Politics in Korea*, Seattle/London: University of Washington Press, 2003.

Yong-Shin Park, "Heredity in Korean Churches," Shorenstein APARC Seminar Series, Stanford University, California, 2012.5.4.

Keith Thomas, *In Pursuit of Civility: Manners and Civilization in Early Modern England*, Lebanon, New Hampshire: Brandeis University Press, 2018.

식민 지배 체제의 극복과 민족 통합의 관점에서 본 한글 운동의 사회사

이 준 식

1. 머리말

먼저 밝혀 둘 일이 있다. 나는 민족 운동사를 전공한 사회사 연구자이다. 최근에는 일제 강점기 민족 운동이 지금 우리 민족의 최대 과제인 남북의 평화 통일 또는 평화 공존과 떼려야 뗄 수 없는 관계라는 사실을 이야기하는 데 관심을 갖고 있다.

민족 운동사를 처음 공부할 때 일제 강점기 독립 운동가들이 스스로 남긴 기록 가운데 우리 말글을 지키려는 노력이 들어가 있는 것이 꽤 많이 있는 것을 보고는 놀랐던 기억이 지금도 또렷하다. 중국 상하이에서, 미국 로스앤젤레스에서, 일본 도쿄에서, 러시아 블라디보스토크에서 어려운 여건을 무릅쓰고 한문에 한글을 섞어 쓰거나 한글만 써서 펴낸 신문과 잡지를 볼 때마다 울컥해지고는 했다.

지금은 한국 사람들이 관광지로 많이 찾는 중국 타이항산 자락에는 윤세주와 진광화라는, 조선의용대 두 투사의 초장지가 남아 있다. 타이항산의 항일 세력을 소탕하려던 일제에 맞서 싸우다가 전사한 두 사람을 기리기 위해 중국 사람들이 첫 묘소를 쓴 곳이다. 꽤 큰 두 묘소의 아랫부분에는 한결같이 '조선 민족 영령'을 가로 풀어쓰기한 'ㅈㅗㅅㅓㄴㅁㅣㄴㅈㅗ ㄱㅕㅇㄴㅕㅇ'이 새겨져 있었다. 민족 운동에서 한글이 어떤 뜻을 갖는지를 보여주는 상징이라고 여겨졌다.

근대 이후 우리 민족의 과제는 근대로의 이행 과정에서 겪은 식민 지배 체제를 극복하는 것, 그리고 해방 이후에는 분단 체제를 해체하고 민족의 재통합을 이루는 것으로 집약된다. 이 두 가지 과제와 관련해 한글은 무엇보다 중요한 의미를 갖는다.

흔히 민족이란 '공통의 언어, 지역, 경제 생활 및 공통의 문화로 표현되는 심리 상태를 토대로 역사적으로 형성된 공동체'로 규정된다. 민족은 불변의 사회적 실체가 아니다. 역사적으로 특정한 시기 곧 근대에만 나타났다. 이는 민족이 근대 민족 국가에 관련될 때만 하나의 실체가 된다는 것을 의미한다. 이와 관련해 언어는 근대 민족의 형성, 근대 민족 국가의 성립에 빠뜨릴 수 없는 요소가 된다. 언어는 민족이 형성되고 그 동질성을 유지해 나가는 데 기초가 된다는 사실 때문에 근대 이후 일정한 정치적 힘을 가져 왔고 국가, 종교와 함께 민족 공동체 형성에서 가장 큰 역할을 해 왔다. 이는 우리에게만 해당하는 이야기가 아니라 세계적 추세였다.

일제 강점기 한글 운동은 우리 민족의 언어인 한글을 정리하고 널리 보급함으로써 민족의 정체성을 확립하려고 했다. 그리고 일제의 민족 말살에 항거하고 민족 언어를 보존하려 했기 때문에 그 자체로서 민족 운동의 의미를 가졌다. 해방과 동시에 등장한 분단 체제 아래 한글은 남북 모두에서 국가의 언어가 되었다. 이러한 의미에서 지금은 한글 운동이라는 말 자체가 무색할 정도로 한글을 쓰는 것이 일상화되었지만 한글 운동의 큰 뜻은 그대로 이어지고 있다. 75년도 더 지난 분단 체제에서 지금도 우리 민족이 민족으로서의 동질성을 유지하는 데 관건이 된 것 가운데 하나가 바로 한글이라는 공통의 언어이기 때문이다.

이 글은 근대 이후 한글 운동의 역사적 의미를 식민 지배 체제의 극복과 민족의 통합이라는 한국 근·현대사의 핵심 과제와 관련해 정리하려는 것이다. 특히 한글 운동을 처음 시작한 주시경과 그의 두 제자 김두봉과 최현배에 논의의 초점을 맞추려고 한다.

논의의 출발점은 현재 우리 민족의 언어 생활이 한글 중심이라는 데 있다. 19세기 말까지만 해도 우리 민족의 언어 생활은 한자와 한글이라는 두 개의 언어에 바탕을 두고 있었다. 말하자면 이중 표기 체계를 갖고 있었던 것이다. 그 가운데 한글은 상말이라는 뜻의 '언문(諺文)'이라고 불린 데서도 알 수 있듯이 지배층의 언어가 아니라 피지배층(지배층의 여성까지 포함)의 언어였다. 나라의 공식 언어는 한글이 아니라 한문이었다. 19세기 말까지 우리 민족은 '한자의 세계'에 살고 있었다.

그런데 21세기 현재 우리는 '한자의 세계'가 아니라 '한글의 세계'에 살고 있다. 주시경, 김두봉, 최현배를 周時經, 金枓奉, 崔鉉培가 아니라 주시경, 김두봉, 최현배로 쓰는 세계에 살고 있는 것이다. '한자의 세계'에서 '한글의 세계'로의 전환은 단지 표기법의 변화뿐만 아니라 세로쓰기에서 가로쓰기의 변화까지 포함하는 것이다. 지금도 한자를 쓰지 않으면 큰일이 나는 것처럼 생각하는 사람들이 없는 것은 아니다. 그렇지만 이미 현실로 굳어진 '한글의 세계'를 다시 '한자의 세계'로 되돌리는 것은 가능하지 않다.

중요한 것은 '한자의 세계'에서 '한글의 세계'로의 전환이 하루아침에 일어나지 않았다는 사실이다. 말과 글의 일치, 한글 전용, 한글 가로쓰기를 핵심으로 언어 생활의 혁명적 변화를 처음 주장한 것은 19세기 말의 주시경이었다. 그리고 주시경에 의해 시작된 한글 혁명의 움직임을 현실로 만든 것은 그의 제자인 김두봉과 최현배였다. 해외에서 독립 운동을 벌이다가 해방 이후 남북 분단이 가시화된 상황에서 김두봉은 평양행을 선택했다. 반면에 조선어학회 사건으로 함흥에서 옥고를 치루고 있던 최현배는 해방 이후 서울로 돌아가는 길을 선택했다. 그리고 북쪽의 김두봉과 남쪽의 최현배는 한동안 각각 남북의 언어정책을 총괄하면서 스승이 남긴 한글 혁명의 뜻을 실행에 옮겨나갔다.

2. 2022년에 되돌아보는 한글 운동

주시경, 김두봉, 최현배가 이끈 한글 혁명의 의미는 오래 전에 같은 한자 문화권이라고 불리던 한국, 중국, 일본의 언어 상황을 비교하면 분명히 드러난다. 중국이야 당연히 한자만 써 왔고 지금도 쓰고 있다. 반면에 한국과 일본은 한글과 가나라는 독자적인 언어를 갖고 있다. 그리고 한 세기 전만 해도 한국과 일본 모두 한자에 한글 또는 가나를 섞어 쓰는 이중 표기 체제였다. 그렇지만 지금은 상황이 달라졌다. 일본이 여전히 이중 표기 체제를 버리지 못한 데 비해 한국(북한을 포함)은 이중 표기 체제에서 벗어났기 때문이다.

대한민국 정부 수립 직후인 1948년 10월 법률 제6호로 '한글 전용에 관한 법률'이 공포되었다.[1] 이 법에 따라 한글 전용이라는 원칙이 공문서, 교과서에서 관철되기 시작했다. 2005년에는 '국어 기본법'이 제정되어 "공공 기관 등은 공문서를 일반 국민이 알기 쉬운 용어와 문장으로 써야 하며, 어문 규범에 맞추어 한글로 작성하여야 한다"는 한글 전용의 원칙을 다시 한번 분명히 했다.

한글 전용의 원칙에 따라 공문서가 한글로 쓰이게 된 것은 다른 부문의 언어 생활에도 큰 영향을 미쳤다. 초·중·고등 학교의 교과서가 한글로 쓰였으며 신문과 잡지 같은 활자 매체도 점차 한글 전용의 원칙을 따를

---

1) 흔히 한글 전용법이라고 불리는 이 법의 내용은 간단했다. "대한민국의 공문서는 한글로 쓴다. 얼마 동안 필요할 때에는 한자를 병용할 수 있다"는 것이었다.

수밖에 없게 되었다. 실제로 한글 전용의 원칙을 앞장서서 반대하던 일부 신문도 1990년대 이후에는 한글 가로쓰기를 채택하고 있다. 많은 사람이 이용하는 인터넷은 더더욱 한글 가로쓰기 원칙에 충실하다.

언어 혁명에 실패한 일본과는 달리 한국에서는 20세기에 들어서 한글의 세계로의 혁명적 전환이 일어난 셈이다. 그리고 한자의 세계에서 한글의 세계로의 언어 혁명은 단지 한반도의 남쪽에서만 일어난 것이 아니었다는 사실도 중요하다. 실제로 1948년 분단 정부가 수립되기 전에 한자 폐기와 한글 전용이라는, 언어 생활의 중요한 원칙이 남북 모두에서 이미 확립된 바 있었다. 그리고 나중에는 한글 가로쓰기도 실현되었다.

여기서 남북 모두에서 주시경이 주창한 한글 혁명이 마치 '2인 3각'처럼 진행되었다는 사실을 다시 강조할 필요가 있다. 한글 혁명은 한글의 정리, 보급을 통해 언중으로서의 민족의 언어 생활을 민족 국가 수립과 연결시키려고 했다. 그런데 남북 분단 상황에서 민족 국가 수립은 반쪽의 일이 되고 말았다. 한글 혁명은 완성되지 않은 것이다.

혹시라도 북한 사람을 만나 본 적이 있는 사람이라면 누구라도 수긍하겠지만 북한 사람과 의사소통을 하는 데 특별한 문제는 없다. 물론 북한 사람들이 사용하는 몇몇 단어가 생경하기는 하다. 그러나 북한 사람이 하는 말을 이해하는 데 큰 걸림돌이 되지는 않는다. 글도 마찬가지다. 북한에서 나온 글을 읽는 데 따로 사전이 필요할 정도는 아니다. 가장 중요한 이유는 한글 전용의 가로쓰기로 쓰였기 때문이다.

남북의 언어 생활에 큰 차이가 있는 것은 아니다. 2018년에 온 국민이 지켜보는 가운데 이루어진 몇 차례의 남북 정상회담이 이를 잘 보여준다. 정상회담을 통해 북한 최고 지도자의 육성이 처음으로 남쪽 국민들에게 생방송으로 전해졌는데 그의 말을 아예 못 알아듣는다는 남쪽 국민은 없었다. 2018년 9월 19일 '9월 평양 공동 선언'을 발표하는 기자 회견장에서의 김정은의 발언은 200자 원고지로 10쪽 가량의 긴 내용이다. 그 가운데는

'북남, 조선 반도, 용용히, 높뛰는' 등 남쪽 국민에게는 어색한 단어가 몇 개 포함되어 있지만 이해하는 데 걸림돌이 될 정도는 아니다.

그렇다면 2018년 4월 판문점 회담과 9월 평양 회담에서의 김정은 발언을 통해 남북의 언어생활이 '생각만큼' 크게 다르지 않다는 사실이 그대로 드러났다고 여겨도 좋을 것이다. 여기서 '생각만큼'이라는 점을 강조한 데는 이유가 있다.

언제부터인가 우리는 분단체제가 고착된 뒤 남북 사이에 상당한 정도로 이질화가 진행되었다는 이야기를 하고는 했다. 정치 체제가 다르다는 사실이 이질화의 첫 번째 측면으로 꼽힌다. 한국에서는 자본주의 시장 경제가 성스러운 것으로 여겨지지만 북한은 아직도 사회주의 통제 경제를 따르고 있다. 사회 문화 분야에서도 이질적인 측면이 많이 드러난다. 역사의 경우 우리는 1945년 8월 15일의 광복 이후 현대가 시작되었다고 보는 경향이 강하지만 북한에서는 1926년을 현대의 기점으로 보고 있다. 남북의 언어 생활도 이질화되었다든지 더 나아가 주체 언어 이론에 입각한 북한의 말글이 '정통' 한글 맞춤법 통일안에서 크게 벗어났다는 이야기가 많이 나왔다.

그러나 생방송으로 진행된 두 차례 남북 정상 회담에서 그대로 드러났듯이 실제로는 남북 언어 생활의 차이가 '생각만큼' 크지는 않다. 당연히 의문이 든다. 분단 체제가 70년 이상 지속되는 상황에서 말글의 이질화가 다른 부문에 비해 크지 않은 이유는 무엇일까? 일제 강점기 한글 운동의 만남에서 그 답을 찾을 수 있다. 주시경에서 김두봉과 최현배로 이어지는 언어 민족주의, 그리고 세 사람이 함께 추구한 말과 글의 일치, 한글 전용, 가로쓰기, 형태주의 문법 이론이라는 공통의 요소가 남북 언어의 차이를 줄인 요인이다.

3. 주시경 학파의 태동

민족 운동으로서의 한글 운동은 19세기 말 계몽 운동의 일환으로 시작되었다. 이 시기 한국 사회의 당면 과제는 제국주의의 침략에 맞서 자주적인 근대 민족 국가를 만드는 것이었다. 이와 관련해 민족의 언어인 한글이 갖는 중요성에 주목해 처음으로 한글 운동의 깃발을 든 것은 주시경이었다. 이 시기 그와의 만남을 통해 한글의 중요성을 인식하게 된 일군의 청년들 곧 김두봉, 신명균, 권덕규, 최현배, 정열모, 김윤경 등이 이후 한글 운동의 핵심을 이루게 된다는 점에서 주시경은 한글 운동의 출발점이라고 할 수 있다.

주시경은 민족의 언어인 한글을 살리는 것이야말로 나라와 민족의 위기를 이기는 지름길이라는 생각을 갖고 있었다. 이러한 주시경의 생각을 '언어 민족주의'로 부를 수 있을 것이다.[2] 주시경은 말글이 독립의 얼(性)이라고 보았다. 그에 따르면 나라의 성쇠는 말글의 성쇠에 달려 있었다.[3] 주시경에게 배우거나 같이 활동하면서 민족의 말글을 지키고 살리는 것이야말로 국권을 회복하고 나라의 독립을 유지하는 데 가장 중요한 일이라고 생각한 사람들이 주시경을 중심으로 모이게 되었다. '말-글-얼 일체'의 사상, '말글의 힘'의 철학을 바탕으로 한글 전용, 한글 가로(풀어)쓰기를 주장하고 어휘 형태소의 기본형 곧 낱말의 원형을 고정해 표기하는 형태주의 원칙에 따라 한글의 연구와 보급에 이바지하려고 한 사람들을 주시경 학파라고 할 수 있다.[4]

---

2) 주시경의 언어 민족주의에 대해서는 신용하, 「주시경의 애국계몽사상」, 『한국근대사회사상사연구』, 일지사, 1987을 볼 것.

3) 주시경, 『국어문법』, 1910, 1~2쪽.

4) 원래 '주시경파'라는 말이 널리 퍼져 있었다. 최현배, 『한글의 바른 길』, 조선어학회, 1937, 45쪽. 그러나 '파'라는 말이 주는, 다소는 부정적인 의미를 감안할 때 주시경 학파라는 말이 더 어울린다고 여겨진다. 주시경 학파라는 생각은

주시경은 순 한글 신문인『독립신문』의 편집에 적극 관여하는 한편
각종 학교와 강습회에서의 교육 활동을 통해 한글을 연구하고 보급하는
데 앞장섰다. 또한『독립신문』에서 같이 일하던 사람들과 함께 한글
사용의 방법을 연구하기 위해 최초의 한글 연구 모임인 국문동식회(國文同
式會)를 조직했으며, 1907년에는 최초의 한글 교육 기관인 하기국어강습
소를 개설했다. 이어 1908년에는 강습소 졸업생들을 중심으로 국어연구
학회(國語硏究學會)를 조직했고, 1909년에는 국어연구학회 산하에 국어강
습소를 개설했다.5)

그러나 우리 사회가 일제의 식민지로 전락하고 만 1910년 이후 주시경
의 한글 운동에는 커다란 위기가 닥쳐왔다. 주시경은 한글을 대한제국의
나랏말글 곧 '국어'로 만들겠다는 꿈을 갖고 있었는데 강제병합은 '국어'의
존재 자체를 불가능하게 만들었기 때문이다.

강제 병합을 계기로 주시경이 추진하던 한글 운동은 객관적으로 좌절될
처지에 놓였다. 그렇지만 한글 운동을 통해 근대 민족 국가의 건설에
이바지하겠다는 주시경의 소망 자체는 흔들리지 않았다. 주시경의 제자
인 최현배에 따르면 "건지려던 나라가 이미 없어지기는 하였으나, 그
백성인 내 겨레가 아직 여전히 남아 있으니 … 이미 엎어진 큰 집을
미래에 다시 세우는 것이 더 깊고 먼 스승(주시경-글쓴이)의 포부였으며,
더 간절하고 질긴 스승의 의지"6)였다는 것이다. 주시경은 일제의 식민
지배 아래에서도 민족 국가 건설이라는 기존의 목표를 포기하기보다는
거기에 독립을 위한 기반의 구축이라는 새로운 목표를 추가하는 것으로

김석득, 「근·현대의 국어(학) 정신사」,『한글』, 272, 2006에서 따온 것이다.
5) 20세기 초반 한글 운동의 전개 과정에 대해서는 고영근, 「개화기의 국어연구단체
와 국문보급활동」,『한국학보』30, 1983 ; 김민수, 「조선어학회의 창립과 그 연혁」,
『주시경학보』5, 1992 등을 볼 것.
6) 최현배, 「나의 존경하는 교육자 주 시경 스승」,『나라건지는 교육』, 정음사,
1963, 159~160쪽.

위기에 대처하려고 했다.

주시경은 1911년에 국어연구학회를 조선언문회(朝鮮言文會 곧 배달말글몯음)로 개편하는 동시에 국어강습소도 조선어강습원으로 개편해 처음으로 중등과 학생을 모집했다. 다시 1912년에는 조선어강습원에 고등과를 설치하고, 1913년에는 배달말글몯음의 이름을 한글모로 바꾸었다.

국문동식회, 국어연구학회, 조선언문회, 국어강습소, 조선어강습원을 통해 주시경은 자신의 뜻을 따르는 여러 제자를 만날 수 있었다. 그 가운데 가장 돋보이는 제자는 김두봉과 최현배이다. 1913년 3월 2일 배달말글몯음(나중에 한글모로 이름이 바뀜)의 조선어강습원 고등과 수료식이 있었다. 강사인 주시경으로부터 졸업증서를 받은 졸업생 33명 가운데 동래 출신의 김두봉(1889년생)과 울산 출신의 최현배(1894년생)가 특히 눈에 띈다. 나이는 김두봉이 다섯 살 많았지만 같은 경상남도 출신이라는 이유로 둘은 절친한 사이였다. 최현배가 주시경의 한글 강습에 처음 나가게 된 것도 김두봉이 권했기 때문이었다.[7] 이보다 앞서 주시경이 자신의 가르침을 받은 제자들을 중심으로 만든 국어연구학회 산하 강습소의 2회 졸업생(1911) 명단에도 김두봉과 최현배의 이름이 함께 적혀 있다. 두 사람이 1910년 강습소에 같이 입학했고 그 뒤 4년 정도 주시경 문하에서 같이 한글을 공부했음을 알 수 있다. 이 기간에 두 사람은 나란히 주시경의 제자로서 문법 이론과 언어 민족주의를 배우게 되었다.

1910년에 시작된 주시경과 두 제자(김두봉, 최현배)의 만남은 한글 운동의 역사 더 나아가서는 한글 운동이 궁극적으로 지향한 한글 혁명의 역사에서 더없이 중요한 의미를 갖는다. 스승과 제자가 만난 기간은

---

7) 최현배, 「주시경 선생과 나」, 『한글의 투쟁』, 1954. 최현배에 따르면 "나는 김○○ (김두봉-글쓴이)님을 따라 일요일마다 박동에 있는 보성중학교에서 열리는 조선어강습원에 다니었다"고 한다.

기껏해야 5년에 지나지 않지만 이 5년의 만남을 통해 현재 우리 민족이 누리고 있는 '한글의 세계'로의 일대 전환이 이루어지는 바탕이 마련되었기 때문이다.

주시경 학파의 활동은 좁은 의미의 한글 운동에 국한되지 않았다. 한글 운동을 다른 차원의 민족 운동과 결합시키려고 한 것이다. 주시경은 한글학자이자 한글 운동가로 알려져 있다.[8] 그러나 당대 사람들의 생각은 달랐다. 주시경이 죽은 뒤 10여 년이 지나 간행된 『한글』 5호(1927)에는 "선생(주시경-글쓴이)은 가세 빈곤하여 갖은 고역을 하시면서도 학문 연구와 국사 경륜에 염염불태(炎炎不怠)하시었다"는 대목이 나온다.[9] 이 글을 쓴 이는 주시경 학파의 한 성원이었을 것이다. 그런데 그가 주시경의 행적을 '학문 연구'와 '국사 경륜'으로 구분한 것이 흥미롭다. 주시경이 전념했다는 국사 경륜이란 구체적으로 무엇이었을까? 그동안 잘 알려지지 않았던 주시경 학파의 몇 가지 활동에서 그 답을 찾을 수 있다.

일제의 탄압으로 정치적 성격을 띤 결사의 활동이 사실상 금지되고 있던 1909년 대동청년단(일부 자료에는 대동청년당)이라는 비밀 결사가 만들어졌다.[10] 초대 단장은 나중에 조선어강습원의 원장이 되는 남형우였다. 단원 가운데는 경상도 출신이 많았다. 1907년에 출범한 비밀 결사 신민회가 영남 지역에서는 거의 조직을 꾸리지 못했다는 점을 감안할 때 사실상 신민회 계열의 경상도 출신들이 항일 운동을 위해 만든 조직이었던 것으로 보인다. 실제로 남형우, 김동삼, 박중화, 신백우, 신채호 등은 대동청년단원이자 신민회원이었다. 그런데 주시경의 제자인 김두봉

---

8) 김민수, 「주시경의 업적」, 『국어학』 1, 1962, 25쪽.

9) 「주시경 선생 약력과 진영」, 『한글』 5, 1927, 1쪽.

10) 대동청년단에 대해서는 권대웅, 「대동청년단 연구」, 『수촌 박영석교수 화갑기념 한민족독립운동사논총』, 1992 등을 볼 것.

도 이 단체에 참가했다. 남형우, 김두봉 외에도 나중에 조선어학회의
중추 역할을 하게 되는 이극로. 그리고 조선어학회 활동의 재정 후원자가
된 이우식, 윤병호 등도 대동청년단원이었다. 따라서 황해도 출신인
주시경의 이름은 보이지 않지만 주시경 학파가 대동청년단과 밀접한
관련을 맺고 있었음을 알 수 있다.

강제병합 1년 뒤인 1911년 9월을 전후해서는 주시경, 남형우를 비롯한
배달말글몯음 회원 다수가 대종교에 입교했다. 나철이 대종교를 만든
목적은 단군을 내세워 민족혼을 일깨우는 데 있었다. 주시경의 제자인
김두봉과 최현배도 대종교에 입교했다. 김두봉은 나철이 일제에 항거하
다가 끝내 뜻을 이룰 수 없어 1916년 음력 8월 4일 황해도 구월산 삼성사에
서 자결할 때 수행할 정도로 대종교 안에서 비중 있는 역할을 수행했다.[11]
최현배도 경성고등보통학교에 재학 중이던 1912년 무렵 담임인 다카하시
(高橋亨: 나중에 경성제국대학 철학 교수)가 말리는데도 몰래 다니면서
경전을 손수 베껴 읽을 정도로 대종교에 빠져 있었다.[12]

1915년 무렵 경성고등보통학교에 부설된 교원양성소 학생들과 경성고
등보통학교 학생들을 중심으로 조선식산장려계라는 비밀 모임이 꾸려졌
다.[13] 모임은 조선의 경제적 자립을 표방했다. 조선에서 만들어진 옷감을
입는 것으로 겨레의 힘을 길러 식민지 경제의 예속에서 벗어나자는
것이었다. 회원은 130여 명이었는데 김두봉도 협의원으로 활동했다.
이 모임에는 김두봉뿐만 아니라 배달말글모듬 회원들이 대거 가입했다.
조선어강습원 원감인 윤창식이 총무를 맡았고 남형우도 협의원이 되었
다. 장지영 등은 일반 회원으로 참가했다.

이상의 활동보다 더 극적인 일은 일제 강점 이후 한글 교육이 점차

---

11) 독립운동사편찬위원회 엮음, 『독립운동사 제8권 문화투쟁사』, 1976, 760~761쪽.
12) 최근학, 「외솔 최현배 선생님의 전기」, 『나라사랑』 1, 1971, 151쪽.
13) 慶尙北道警察部, 『高等警察要史』, 1934, 260쪽.

어려워지는 상황에서 주시경이 해외 망명을 계획하고 있었다는 사실이다. 미처 망명을 실행에 옮기기 전에 주시경이 죽었기 때문에 그가 망명 이후 어떠한 활동을 벌이려고 했는지에 대해서는 알 수 없다. 그렇지만 국내에서 연구와 교육을 통한 한글 운동에 주력하던 것과는 다른 모습으로 민족 운동을 계속하려고 했다는 것만은 분명해 보인다. 이와 관련해 눈길을 끄는 사실이 있다.

한국 사회주의 운동이 해외에서 먼저 시작되었으며 초기 사회주의 운동의 역사에서 상해파와 이르쿠츠크파가 서로 맞서고 있었다는 사실은 많이 알려져 있다. 두 파가 맞선 데는 이유가 있었다. 조선 혁명을 바라보는 시각 자체가 달랐던 것이다. 그런데 주시경 학파는 상해파와 깊이 관련되어 있었다.[14]

상해파와 이르쿠츠크파 사이의 대립 과정에서 배달모듬이라는 조직이 여러 차례 거론되었다. 1921년 12월 상해파의 전신 가운데 하나인 사회혁명당 출신이자 상해파의 간부이던 홍도는 상해파의 전신인 사회혁명당의 기원을 설명하면서 "사회혁명당의 역사를 대략 말하면 1911년에 고려 국어학자 주시경 등의 발기로 배달모듬이라는 단체가 일어났는데, 그 종지는 고려에 정치 혁명을 실현하며 풍속 개량과 기타 여러 가지 문명 사업이었다"[15]고 주장했다. 그리고 배달모듬은 1915년 이후 일본에서 결성된 신아동맹당(또는 신아동맹단)의 한국 지부 역할을 했다는 사실도 언급했다. "1915년에 일본 동경에서 고려, 중국, 안남 등 각국 유학생들이 신아동맹단을 조직했는데 그 종지는 일본 제국주의 타파와 서로 도움과 민족 평등과 및 국제 평등 여러 가지인데, 고려 배달모듬은 이 신아동맹단의 지부로 행사하였"다는 것이다.[16] 홍도는 신아동맹당과 사회혁명당에

---

14) 이 사실을 처음으로 밝힌 글로 임경석, 「20세기 초 국제질서의 재편과 한국 신지식층의 대응」, 『대동문화연구』 43, 2003을 볼 것.
15) 『붉은군사』 2, 1921년 12월 24일, 5쪽.

직접 참여한 이였다. 홍도의 말이 맞다면 배달모듬은 신아동맹당 조선지
부를 거쳐 사회혁명당으로, 그리고 다시 상해파 고려공산당으로 이어졌
다는 이야기가 된다.

상해파만 이러한 주장을 편 것이 아니다. 이르쿠츠크파의 간부이던
김철훈은 코민테른에 낸 한 보고서에서 "소위 박진순 일파당의 기근(基根)
된다는 배달모듬(사회 혁명주의 단체)"에 대해 언급했다.[17] 여기서 거론
된 박진순은 상해파의 핵심 인물 가운데 한 사람이었다. 따라서 김철훈이
경쟁 세력인 상해파의 국내 간부와 배달모듬을 이어서 파악하고 있었음을
알 수 있다. 이러한 주장을 편 사람은 또 있다. 역시 이르쿠츠크파의
지도자로 코민테른 파견 대표이기도 한 한명세는 코민테른 집행위원회에
제출한 1921년 11월 16일자 보고서에서 상해파 고려공산당의 조직 기반
가운데 하나가 서울의 비밀 단체 사회혁명당인데 이 단체의 전신은
민족 단체 배달모듬(ПяДармодум-러시아어 발음으로는 빠다르모듬)이
라고 언급했다.[18]

결국 초기 사회주의 운동을 대표하는 두 파가 모두 상해파의 뿌리로
'배달모듬(또는 배달모둠)'을 지목한 셈이다. 여기서 배달모듬은 배달말
글몯음을 가리키는 것으로 보인다. 배달말글몯음은 어쨌든 조직이 공개
된 합법 단체였다. 그리고 활동의 영역도 말글의 연구와 보급에 있었다.
그런데 주시경 학파의 성원 가운데 일부는 분명히 이와는 다른 차원의
민족 운동을 지향하고 있었다. 주시경이 그러했고 김두봉이 그러했다.
이들이 배달말글몯음이라는 합법 단체 안에 비밀 결사를 만들었을 가능성
이 크다고 생각된다.

---

16) 위의 글.
17) 고려공산당 중앙간부 위원장 김철훈, 「박진순 일파에 대한 보고-제3국제공산당
동양비서부에」(1921년 12월 27일), 2쪽.
18) 고려공산당 대표 한명세, 「코민테른 집행위원회 상임간부회 앞 보고」(원문은
러시아어), 10~12쪽.

구체적으로 배달모듬의 성원이 누구였는지를 보여주는 자료는 없다. 주시경과 밀접한 관련을 맺고 있던 사람들 가운데 일부였을 것으로 추정될 뿐이다. 이를테면 1910~1914년 사이에 조선어강습원을 통해 형성된 한 무리의 사람들 가운데 주시경을 따라 대종교에 들어갈 정도로 주시경과 가까이 있던 사람들이나 한글 운동 이외의 다른 분야 민족운동에 적극 참여하면서 '혁명적 민족주의'의 성향을 보인 사람들이 배달모듬의 성원이었을 것이다.

4. 일제 강점기 김두봉과 최현배의 활동

1) 김두봉의 해외 망명

1914년 주시경이 죽은 뒤 그의 학문과 정신을 잇는 수제자로 간주된 이는 김두봉이었다. 실제로 김두봉은 주시경이 살아 있을 때 사전 만드는 일을 같이 했으며, 『조선말본』(1916)을 지어 주시경 문법을 체계화했다. 주시경을 이어 조선어강습원 고등과 강사가 된 것도 김두봉이었다. 김두봉은 3·1운동이 일어나자 시위에 가담했다. 그리고 경찰의 체포를 피해 한 달 동안 피신하다가 1919년 4월 망명의 길에 올랐다.

김두봉은 상하이에 도착한 뒤 대한민국임시정부에서 활동했다. 그러나 곧 임시의정원 의원에서 해임되자 대한민국임시정부에는 더 이상 관여하지 않게 된다. 당시 상하이에서 사회주의 정당에 관여하고 있던 여운형에 따르면, 김두봉이 상해파 고려공산당의 전신인 한인공산당에 가입한 바 있었다고 한다.[19] 한인공산당은 이동휘 등이 만든 한인사회당

---

19) 반병률, 「성재 이동휘 일대기」, 범우사, 1998, 265~266쪽.

이 1920년에 이름을 바꾼 것이다. 따라서 1920년 무렵 김두봉이 상해파와 일정하게 관련되어 있었음을 알 수 있다. 1920년대 초에 김두봉이 상해파의 자금을 받아 사전 편찬 작업을 했다는 김철수의 증언[20]도 이러한 정황을 뒷받침한다.

다만 김두봉과 상해파의 관계는 그리 오래 지속되지 않았다. 주시경 사후 늘 간직하고 있던 사전 편찬에 대한 염원이 그를 조직 활동에서 멀어지게 했을 것이다. 실제로 1920년대에 김두봉은 사전 편찬을 위해 "말을 고르고 말을 다듬고 하는 것"을 "생활의 전부"로 삼고 있었다.[21] 그리고 이를 위해 먼저 한 일이 『조선말본』을 고쳐 『깁더 조선말본』(1922년)으로 낸 것이었다.

이 책의 표지는 한글 가로 풀어쓰기 형식으로 되어 있다. 표지뿐만 아니라 본문에서도 가로 풀어쓰기는 이루어지고 있다. 한글 가로 풀어쓰기는 주시경에 의해 1908년 처음으로 논의되었다. 주시경은 죽기 직전에 쓴 마지막 저서 『말의 소리』[22] 마지막 한 쪽에서 가로 풀어쓰기를 시험적으로 선보인 적이 있었다.[23] 김두봉은 망명지 상하이에서 스승의 뜻을 이어 한글 가로 풀어쓰기를 시도한 것이다.

그러나 상하이에서 사전 발간을 포함해 한글 운동을 계속하는 것은 결코 쉬운 일이 아니었다. 김두봉은 1920년대 말부터 다른 길을 걷게 된다. 직접 항일 투쟁에 참여한 것이다. 1929년에 한국독립당 비서장이 되었으며 만주사변 이후에는 좌우 연합전선에 적극 참여해 한국대일전선통일동맹, 조선민족혁명당의 간부로 활동했다.

---

20) 김철수, 앞의 글, 10~11쪽..

21) 김광주, 「상해시절회상기 상」, 『세대』, 1965년 12월호, 256~257쪽.

22) 주시경, 『말의 소리』, 신문관, 1914.

23) 주시경의 가로쓰기 주장을 '모아쓰기'로 바꾸어보면 다음과 같다. "글의 가장 좋은 것은 그 가장 잘 다듬은 말을 적은 것이오 또 이를 가로 쓰는 것이니라. 가로 글은 쓰기와 보기와 박기에 가장 좋으니라."

조선의용대

　1939년 민족혁명당원들을 중심으로 조선의용대가 출범하고 1941년에
는 산시(山西)성에서 화북조선청년연합회와 그 군사 조직인 조선의용대
화북지대가 창설되었다. 김두봉은 당시 항일 투쟁의 최전선이던 연안으
로 가는 길을 선택했다. 1942년 7월 10일 화북조선청년연합회가 화북조선
독립동맹(아래에서는 독립동맹)으로, 조선의용대 화북지대가 조선의용
군 화북지대로 개편될 때 김두봉은 독립동맹 주석으로 선출되었다. 아울
러 독립동맹 산하의 조선혁명군정학교 교장을 겸했다. 해방 공간에서
연안파라고 불리는 정치 세력의 최고 지도자가 된 것이다.

　무장 투쟁의 가운데서도 한글에 대한 사랑만은 계속되었다. 독립동맹
의 주석이자 조선혁명군정학교 교장으로 김두봉은 기회가 있을 때면
이 세상에서 가장 아름다운 말이 한글이라는 것을 강조하면서 민족의
긍지와 자부심을 북돋워 주려고 노력했다는 김학철의 회고[24]가 이를
잘 보여준다. 김두봉이 깊이 관여하고 있던 조선의용대와 조선의용군의
활동에서 한글 가로 풀어쓰기의 흔적이 자주 보인 것도 이와 무관하지
않다고 여겨진다. 위의 사진이 대표적인 보기이다. 이것은 조선의용대

---

24) 김학철, 「동포작가 김학철의 연변통신 6」, 『전망』, 1990년 9월호.

창립 당시의 기념 사진인데 깃발 위에 조선의용대를 'ㅈㅗㅅㅓㄴㅡㅣㅛㅇㄷㅐ'로 가로 풀어쓰기한 것이 분명히 보인다. 조선의용대가 조선민족혁명당과 밀접한 관계를 갖고 있었다는 점에서 볼 때 김두봉의 영향임을 짐작하기란 어려운 일이 아니다.

2) 최현배의 한글 운동

주시경이 죽었을 때 동래에 머물고 있던 최현배는 멀리서 한글의 체계화와 대중적 보급을 통해 민족의 독립을 도모한다는 스승의 유지를 잇는다는 결의를 다진 것으로 보인다. 그러나 해외 망명의 길을 선택한 김두봉과는 달리 최현배는 국내에서 활동하는 길을 선택했다.

최현배는 1915년 히로시마고등사범학교로 유학을 떠났다. 1919년에 귀국해 잠깐 보통학교 교사로 근무하다가 1922년에 다시 일본으로 가서 히로시마고등사범학교 연구과를 거쳐 교토제국대학 철학과를 1925년에 졸업하고 1년 동안 대학원에서 공부한 다음 1926년 4월 연희전문학교 교수로 부임했다. 유학 중에도 방학 기간에는 귀국해 교토유학생학우회 주최의 지방 순회 강연회에서 "우리 말과 글에 대하여"라는 제목으로 강연을 하는[25] 등 한글 운동에 대한 관심을 이어 나갔다. 최현배는 이때의 강연 내용을 『동아일보』에 연재했는데[26] 무엇보다도 가로쓰기를 주장한 것이 눈길을 끈다. 가로쓰기에 대한 강조는 이후에도 계속되었다.[27] 그리고 1926년 무렵에는 『우리말본 첫째매 소리갈』의 초고를 완성했다.[28]

---

25) 「한글에 한평생 외솔 최현배」, 『나라사랑』 75, 1990, 15쪽.

26) 최현배, 「우리말과 글에 대하여」, 『동아일보』, 1922년 8월 29일~9월 23일.

27) 최현배, 「우리글의 가로쓰기에 대하여」, 『조선일보』, 1926년 11월 18일, 19일 ; 「한글 가로쓰기의 이론과 실제」, 『한글』 5권 2~5호, 1937.

28) 최현배, 『우리말본 첫째매 소리갈』, 연희전문출판부, 1929, 머리말.

최현배는 김두봉이 없는 상황에서 주시경의 후계자라는 상징성을 갖고 있었다. 일본 유학을 통해 한글 연구의 체계화를 위한 훈련을 쌓고 새로운 학문을 배운 전문 지식인이기도 했다. 1926년 『동아일보』에 9월 25일부터 12월 26일까지 연재된 「조선 민족 갱생의 도」[29]를 통해 지식인 사회의 주목을 받은 뒤에는 주시경 학파의 새로운 지도자 역할을 하게 되었다.

특히 활동이 두드러진 분야는 한글 운동의 이론화였다. 최현배는 일제 강점기 한글 운동의 최고 이론가였다. 그는 주시경을 이어받아 언어의 규범성을 강조하고 한자 폐지와 한글 쓰기를 제창했다. 이와 관련해 주목되는 것이 1929년에 펴낸 『조선 민족 갱생의 도』이다. 이 책은 원래 1926년 『동아일보』에 연재한 것을 책으로 다시 낸 것인데 1926년만 해도 온통 한자와 한자말 투성이였지만 1929년에는 한자를 쓰지 않으려는 의지를 뚜렷이 드러냈다.[30] 따라서 불과 3년 사이에 한글 쓰기의 뜻이 확고해졌음을 알 수 있다.

아울러 한글 운동을 다른 민족 운동과 관련시키는 작업도 했다. 최현배는 바야흐로 '민중의 시대'가 열린 이상 모든 민족이 깨어나야 독립을 쟁취할 수 있다고 보았다. 이는 결국 한글 운동을 포함한 민족 운동이 궁극적으로 민중을 지향해야 한다는 것을 의미했다. 최현배가 한글의 정리와 통일 작업을 벌이면서 소수 특권층 중심의 언어 문화를 비판하면서 민중이 쓰기 쉬워야 한다는 원칙을 강조한 것도 이와 무관하지 않았다.

최현배가 돌아온 뒤 그의 유학 도중 주시경 제자들이 한글모의 후신으로 만든 조선어연구회는 본격적인 한글 운동 단체로 개편되었다. 1929년

---

29) 이 글은 1930년에 같은 제목의 단행본으로 출간되어 많은 사람들에게 읽혔다. 동아일보 사장인 송진우는 "온 조선의 유심 인사들이 동서남북에서 (「조선 민족 갱생의 도」에 대해—글쓴이) 큰 충격과 감명과 찬동을 표하였다"고 한다. 최현배, 앞의 글, 1973, 170쪽.

30) 허웅, 앞의 책, 102~103쪽.

10월에는 사전편찬위원회를 조직했고, 1930년 12월에는 한글 맞춤법 제정, 표준말 사정, 외래어 표기법 작성에 착수했다. 이와 같이 한글 운동을 전개하는 데 필요한 기초를 쌓아가던 조선어연구회는 1931년 1월 조선어학회로 개편되었다.

개편 이후 조선어학회의 활동은 더욱 활발해졌다. 1930년대 초는 한글 운동의 전성기였다. 최현배를 비롯한 회원들은 한글 보급 운동을 활발하게 벌였다. 1933년 10월에는 맞춤법 통일 작업을 마무리해 '한글 마춤법 통일안'(이하 맞춤법 통일안)으로 발표했다. 이어 1934년 6월 '외래어 표기법 통일안'을 확정하고 1936년 10월 '사정한 조선어 표준말 모음'을 발표했다. 이로써 한글의 정리와 통일이라는 과제가 일단락되었다. 조선 어학회의 이러한 활동은 당시 이념적 지향의 차이를 뛰어넘어 각계각층의 지지를 받았다. 언론계, 교육계, 종교계가 조선어학회의 활동을 지지했으며, 심지어 사회주의 지식인들도 조선어학회에서 추진하고 있던 한글 운동의 '부르주아적 진보성'을 인정하고 있었다.[31]

최현배 등의 노력에 의해 일제 강점기 언어 생활에는 변화의 조짐이 나타나고 있었다. 1920년대 이후 창간된 여러 언론 매체가 이전보다 훨씬 한문의 비중이 줄어든 국한문 혼용체를 사용한 것이 이를 잘 보여준다. 국한문 혼용의 세로쓰기라는 과도기적인 현상이 나타나고는 있었지만 이미 한자의 세계를 고집하는 것은 불가능하게 되었다. 더욱이 일제 강점 말기에는 조선어학회 사건(1942년)이 일어났다. 이 사건으로 이윤재, 한징이 옥사하고 최현배 등은 해방이 될 때까지 옥중에 갇혀 있었다. 이 사실만으로도 해방 이후 최현배와 조선어학회는 한글 운동의 역사적 정당성을 확보할 수 있었다.

---

31) 이준식, 앞의 글, 1996.

5. 한글 운동을 이은 해방 이후 남북의 언어 정책

1) 김두봉과 북한의 언어 정책

김두봉은 남쪽 출신이었지만 해방 뒤 남이 아니라 북으로 가는 길을 선택했다. 그리고 연안파의 지도자로서 김일성에 이은 북한 정권의 2인자가 되었다. 주시경의 후계자에 정권의 2인자라는 위상이 더해지면서 김두봉은 자연스럽게 북한 언어 정책의 중심이 되었다. 1946년에 설립된 김일성종합대학의 초대 총장이 되어 이 대학이 개설한 조선어학 강좌는 물론이고 1947년 8월 같은 대학 안에 설치된 조선어문연구회에 큰 영향력을 행사할 수 있었을 것이다.

김두봉의 북행을 통해 주시경에서 김두봉으로 이어지는 흐름이 북한의 언어학과 언어 정책의 주류가 되었다. 북한 정권 수립 이전만 해도 북한에서는 조선어학회가 마련한 '맞춤법 통일안'이 그대로 통용될 정도였다.

1948년에는 조선어문연구회가 중심이 되어 '조선어 신철자법'을 제정했는데 이는 조선어학회의 맞춤법 통일안을 바탕으로 한 것이었다. 이미 남북에 분단 정부가 수립된 뒤이지만 남쪽의 맞춤법을 기본적으로 인정한 배후에는 김두봉이라는 존재가 자리를 잡고 있었다. 실제로 김두봉이 실각하기 이전에 나온 북한의 조선어학 관련 글에는 김두봉의 '지도'를 지적하는 것이 많다.

조선어학 강좌와 조선어문연구회가 중점적으로 추진한, 한자 폐지와 글자 개혁을 전제로 하는 신철자법의 제정은 김일성의 노선에 따라 김두봉의 '지도' 아래 진행되었다는 것이 당시 북한의 공식적인 입장이었다.[32] 김두봉이 처음부터 북한의 언어 정책에 조선어학회의 방침을 받아

---

32) 신구현, 「조선어문의 통일과 발전 사업에 있어서 우리들 조선어문 학자의 당면과업」, 『조선어연구』, 1949년 12월호.

들인다는 생각을 갖고 있었기 때문에 신철자법에도 남쪽의 맞춤법이
적용될 수 있었을 것이다. 실제로 1947년 초까지도 김두봉은 조선어학회
의 맞춤법 통일안을 높게 평가했다. 큰 흐름에서는 그것이 자신의 생각과
별로 다른 점이 없다고 보았다. 다만 조선어학회의 맞춤법 통일안이
좀 더 철저한 형태주의 원칙을 지키지 않은 데 대한 아쉬움을 드러냈다.

김두봉은 1948년 10월 최고인민회의 상임 위원장으로 취임했다. 그러
면서 김두봉을 대신해 북한의 조선어학계를 이끌 인물이 필요했다. 이때
김두봉의 제자라고 세간에 알려진 이극로가 월북했다. 1948년 4월 평양에
서 열린 남북 연석회의에 참석했다가 그대로 북에 남은 것이다.

이극로는 일제 강점기에 이미 최현배와 더불어 조선어학회의 한글
운동에서 쌍벽을 이루고 있었다.[33] 한글 운동을 조직화하고 필요한 경비
를 마련하는 일을 주도한 것은 이극로였다. 최현배는 한글 운동의 이론적
토대를 마련하는 일을 주도했다. 두 사람이 해방 뒤 정치 노선을 둘러싸고
일시적으로 갈등하는 일도 있었다.[34] 그렇지만 이극로도 최현배도 한글
운동에 대한 상대방의 진정성에 대해서만은 인정하고 있었다.

이극로의 월북 이후 조선어학계의 중심은 김두봉에서 이극로로 이전했
다. 월북 지식인인 이만규는 언어의 통일 문제에 대해 "(조선)어문연구회
가 연구 실천하는 국문학상 과업도 이것이 남북을 통일하는 기초와
전형이 될 것"[35]이라고 밝힘으로써 연구회의 목적이 남북 언어의 통일에
있음을 분명히 한 데 특별히 주목할 필요가 있을 것이다.

신철자법이 제정됨으로써 남북은 일단 서로 다른 맞춤법 체계를 갖추었
지만, 그 내용을 들여다보면 차이보다는 공통점이 두드러진다. 가장

---

33) 이극로에 대해서는 이극로, 『고투 40년』, 범우, 2008 ; 박용규, 『북으로 간 한글운
    동가 이극로 평전』, 차송, 2005 ; 이극로박사 기념사업회 편, 『이극로의 우리말글
    연구와 민족운동』, 선인, 2010 등을 볼 것.
34) 최호연, 『조선어학회, 청진동 시절 상』, 진명문화사, 1992, 34~35쪽.
35) 조선어문연구회, 「국문 연구 단체의 연혁」, 『조선어 연구』, 창간호(1949), 10쪽.

두드러진 차이는 신철자법이 규칙성을 중시해 한자어 표기에서 두음 법칙을 인정하지 않고 자모의 이름도 'ㄱ, ㄴ, ㄷ' 등을 '기윽, 니은, 디읃' 등으로 하고 'ㄲ' 등의 이름을 '끼윾' 등으로 해 김두봉의 『깁더 조선말본』을 따랐다는 것이다. 이밖에도 합성어의 표기에서 사이시옷이 아니라 사이 표를 사용하고 형태론적 어음 교체에 사용되는 '6자모'를 새로 도입했다는 차이가 있었다. 그렇지만 나머지는 맞춤법 통일안과 다를 바가 없었다. 모두 형태주의 원칙을 따랐기 때문이다. 그리고 1954년 신철자법을 개정 한 '조선어 철자법'(이하 철자법)에서도 김두봉의 형태주의 문법은 기본적 으로 유지되었다.[36]

지금까지 주로 맞춤법의 문제를 살펴보았지만 신철자법이나 철자법에 는 기본 전제가 깔려 있다. 그것은 한글로만 언어 생활을 영위해야 하고 그것도 가로쓰기를 해야 한다는 것이다. 북한의 신문과 교과서를 보면 점차 한글 쓰기가 강화되어 1949년 이후에는 일부 특수한 경우를 제외하고 는 전면적으로 한글 쓰기가 시행되고 있었음이 확인된다. 신철자법의 제정이 중요한 계기가 되었을 것이다. 김두봉이 궁극적으로 지향한 가로 풀어쓰기의 시도도 부분적으로 있었던 것이 확인된다. 『조선어연구』 표지를 보면 제일 위에 조선어연구를 가로로 풀어쓴 뒤 그 밑에 모아쓰기 로 제목을 달고 삼가 드림을 다시 가로로 풀어쓴 것을 알 수 있다.[37]

2) 최현배와 남한의 언어 정책

조선어학회 사건으로 함흥 감옥에 갇혀 있던 최현배는 출옥하자마자 원래 활동의 근거지였던 서울행을 선택했다. 그리고 가장 먼저 한 일은

---

36) 철자법은 김두봉 문법에 정열모 문법이 덧붙여진 것이라는 분석도 있다. 고영근, 앞의 책, 1999, 35~36쪽.
37) 가로쓰기의 경우 1950년대에 들어서면서 전면적으로 실시된 것으로 보인다.

8월 20일 조선어학회를 재건한 것이었다. 그로부터 한 달 뒤인 9월 21일 그는 미군정청 학무국 편수과장에 취임했다. 편수과장은 교과서 발간을 책임지고 있던 자리였다. 최현배에 이어 10월 1일에는 주시경 학파의 오랜 동지인 장지영이 편수관으로 임명되었다. 장지영 외에 역시 조선어학회의 동지인 이병기도 편수관이 되었다. 세 사람이 편수과에 들어감으로써 조선어학회의 이론이 언어 정책의 기초가 되었다. 1946년 2월 학무국 편수과는 문교부 편수국으로 바뀌었다. 국장은 최현배, 부국장은 장지영이었다. 여기에 최현배는 조선교육심의회의 교과서 분과의 책임을 맡아 교과서에 한글 가로쓰기가 채택되는 데도 주도적인 역할을 했다.

그런 가운데 최현배가 추진한 한글 가로쓰기와 가로 풀어쓰기가 논란거리가 되었다. 사실 가로 풀어쓰기는 주시경 이래 주시경 학파가 오랫동안 추진해온 글자 개혁의 마지막 과제였다. 그런데 조윤제, 이숭녕 등 경성제국대학 출신 학자들이 가로 풀어쓰기는 물론이고 가로쓰기에 반대하고 나섰다.[38] 이에 1945년 12월 조선교육심의회는 가로 풀어쓰기가 이상적이기는 하나 당장 실시하기가 어려우므로 묶어 쓰되 가로쓰기만을 허용하기로 결정했다. 가로 풀어쓰기에 제동이 걸린 것이다. 그러나 가로쓰기 자체는 미군정청에 의해 채택됨으로써 세로쓰기에서 가로쓰기로의 전환이 이루어지게 되었다.

미군정의 교육 관료로서 한글 전용과 한글 가로쓰기를 정착시키는 데 성공한 최현배는 남한 단독정부가 수립될 때도 이러한 언어 정책이 지속되도록 노력했다. 그 결과 1948년 10월 9일 '한글 전용에 관한 법률'이 공포되었다. 이 법에 따라 공문서는 한글로 작성하는 것을 원칙으로 삼게 되었다. 공문서를 한글로 쓰기로 했다는 것은 혁명적인 변화였다. 대한제국 시기부터 주시경 등이 추진하던 한글의 세계로의 전환이 이제

---

38) 고영근, 앞의 책, 12쪽.

국가에 의해 공인된 것이다.

최현배는 1948년 9월 편수국장을 사직했다. 그리고 1949년 9월 조선어학회의 이름을 한글학회로 바꾸고 이사장에 취임했다. 그런데 최현배가 편수국장 자리에서 물러난 지 얼마 되지 않은 1949년 7월 문교부가 문법 용어로 "당분간 한 개념에 대하여 순수한 우리말로 된 것과 한자용으로 된 것의 두 가지"를 쓰기로 결정했다. 최현배는 자칫하면 한글 전용이 깨질지도 모른다는 위기의식을 느꼈을 것이다. 그래서 1951년 1월 다시 문교부 편수국장에 취임함으로써 국가 권력의 끈을 놓지 않는 길을 택했다.

그러나 다시 시작한 교육 관료 생활도 그리 오래가지는 못했다. 한글 간소화 파동이 일어난 것이다. 원래 한글주의자였던 이승만 대통령은 맞춤법에 관해서는 형태주의를 바탕으로 한 맞춤법 통일안보다 그 이전의 표음주의 맞춤법, 곧 낱말을 소리가 나는 대로 적는 맞춤법을 선호했다. 이에 우선 정부 기관에 구식 맞춤법을 사용하라는 훈령을 보내고 1954년 3월에 한글 간소화안을 발표했다. 이 안은 문화계의 강한 반발에 부딪혀 결국 보류되었다.

이 파동의 와중인 1954년 1월 최현배는 편수국장을 그만두었다. 이승만의 한글 간소화 방침을 저지하는 데는 성공했지만 언어 정책에서의 주도권은 현저하게 약화되었다. 국가 기구를 통해 언어 정책의 주도권을 잡았지만 역으로 국가 기구와의 연계가 끊어지는 순간 최현배의 위상은 달라질 수밖에 없었다. 이는 다시 한글 운동의 정당성을 한글학회가 독점하는 것이 더 이상 불가능해졌음을 의미하는 것이기도 했다.

3) 남북에서의 언어 정책의 변환

해방 공간에서부터 단독정부 수립 직후까지 남북에서 언어 혁명은 성공적으로 진행되었다. 그러나 1950년대 이후 상황이 바뀌기 시작했다. 다소 시기와 정도의 차이는 있지만 언어 혁명의 주역 두 사람이 모두 언어 정책의 뒷전으로 밀려난 것이다.

그것을 먼저 겪은 것은 최현배였다. 교육 관료에서 물러난 뒤 최현배는 아직 한글학회를 중심으로 활동했다. 그러나 한글학회는 민간 단체에 지나지 않았다. 한글 간소화 파동 이후 현실 언어 정책에 대한 최현배의 영향력은 현저하게 약화되었다. 한글 간소화 파동 당시 문제 해결을 위임받았던 학술원은 한글학회를 논의의 주체에서 빼버렸다. 그만큼 최현배의 힘은 줄어든 것이다.

해방 이후 상당 기간 언어 정책에 절대적인 영향력을 행사해온 한글학회는 언어 정책에서 배제되기 시작했다. 대표적인 보기가 1963년 7월 문교부에 의해 제정된 학교 문법 통일안이었다. 문교부는 문법 용어로 한글 용어와 한자 용어를 같이 쓰기로 한 1949년의 결정을 바꾸어 한자 용어만을 쓰기로 결정했다. 쉽게 이야기해 최현배가 주장한 '이름씨'가 아니라 이희승이 주장한 '명사'가 채택된 것이다. 이로써 문법 파동이 시작되었다. 그 핵심에는 한글 전용의 문제, 곧 '명사'냐 '이름씨'냐, '문법' 이냐 '말본'이냐의 선택의 문제가 놓여 있었다. 명사와 문법을 지지한 '문법파'는 한글 전용 반대론자들이었다. 이름씨와 말본을 견지한 '말본파' 는 한글 전용론자들이었다.

이제 한글 전용 반대론자들의 목소리가 더 높아질 수밖에 없었다. 한글 전용 반대를 내건 학회가 만들어지고 한글 전용론에 반대하는 담론이 생산되었다. 그 중심에는 1984년에 설립된 국어연구소와 그 후신 으로 1991년에 출범한 국립국어연구원이 자리를 잡고 있다. 국어연구소 는 "이희승을 따르던 사람들로 한자 혼용에 앞장 선 사람들"[39]에 의해

---

39) 『동아일보』, 1983년 5월 20일.

설립이 추진된 기구였다. 이들은 국어를 둘러싼 여러 정책이 민간 주도가
아니라 정부 주도에 의해 실행되어야 한다고 주장했다. 이는 결국 한글학
회의 영향력을 배제하겠다는 뜻이었다. 이후 언어 정책의 방향은 실제로
이들의 의도대로 이루어졌다. 국어연구소가 중심이 되어 1989년 반세기
가까이 통용되어오던 맞춤법 통일안 대신에 새로 제정한 '한글 맞춤법'이
오늘날 국정 맞춤법으로 통용되고 있으며 한글학회가 편찬한 사전이
있음에도 불구하고 1999년에는 국립국어연구원의 이름으로 『표준국어대
사전』이 따로 만들어졌다. 이제 한글학회는 하나의 민간 단체로 주변화된
것이다.[40]

　김두봉의 경우는 최현배보다 더 비참했다. 1956년 3월의 종파 사건,
곧 연안파의 최창익 등이 김일성을 공격한 사건으로 김두봉은 1957년
9월 최고인민회의 상임 위원장에서 쫓겨났으며 같은 해 12월에는 조선로
동당에서도 쫓겨났다. 그리고 다음 해 3월 김일성에 의해 '반당 종파
분자'로 지목됨으로써 완전히 몰락했다.

　김두봉이 숙청되자 북한 언어학계는 일제히 김두봉 이론을 바탕으로
한 글자 개혁의 비판에 나섰다. 그런데 비판의 초점은 이른바 '6자모
이론'에만 국한되었다. 북한의 언어 생활 자체가 김두봉 이론에 바탕을
두고 꾸려진 상황에서 언어 정책의 특성상 김두봉 이론을 모두 부정할
수는 없었기에 그 가운데서도 가장 이질적인 부분에 비판이 집중된
것으로 보인다. 실제로 김두봉 이론의 나머지 중요한 측면(가로쓰기,
한글 쓰기, 한자어의 경우 두음법칙을 인정하지 않는 것 등)은 그대로
지속되었다.

　1964년 1월과 1966년 5월 두 차례의 언어 관련 교시를 통해 김일성이
'새로운' 언어 정책의 기조를 제시했다. 문화어라는 이름 아래 평양말을

---

40) 김영환, 「한글 사랑 운동의 역사적 성격과 그 앞날」, 『한글』 276, 2007.

새로운 표준어로 한다는 것이 핵심이었다. 이후 북한의 언어 정책은 주체 이론을 바탕으로 하게 되었다. 이후 김두봉의 업적은 공식적으로 계속 부정되고 있다.

6. 한글을 통한 민족 재통합

주시경은 오늘 우리가 누리는 한글의 세계를 만드는 데 가장 크게 기여한 한글 혁명가였다. 그러나 말과 글의 일치, 한글 전용, 가로(풀어)쓰기, 형태주의 문법 이론을 핵심으로 하는 주시경의 한글 혁명은 제대로 시작도 하기 전에 강제 병합과 주시경의 죽음으로 위기를 맞게 되었다. 주시경이 남긴 한글 혁명의 뜻을 이어받아 실제로 한글 혁명을 실행에 옮겨나간 것은 제자인 김두봉과 최현배였다.

주시경, 김두봉, 최현배가 만난 1910년과 1914년 사이의 5년은 한글 운동 더 나아가 우리 민족의 언어 생활에 중요한 의미를 갖는다. 5년 남짓의 짧은 만남을 통해 만들어진 스승과 제자의 한글 사랑이 오늘날의 한글 전용, 가로쓰기로 이어졌기 때문이다. 식민 모국인 일본에서도 이루어지지 않았던 언어 혁명이 식민지 조선에서 싹이 터 해방 공간에서 꽃을 피울 수 있었다.

세 사람의 만남은 민족 재통합을 눈앞에 둔 2019년에 더 뜻깊게 다가온다. 최근 있었던 몇 차례의 남북 정상 회담에서 분명히 드러났듯이 남북의 언어 생활에는 큰 차이가 없다. 차이가 있다면 북한이 한자어의 두음법칙을 인정하지 않는다든지 띄어쓰기의 범위가 조금 다르다든지 남쪽에서는 잘 쓰지 않는 생경한 어휘를 쓴다든지 하는 정도이다. 남북의 언어가 결정적으로 다른 것은 아니다. 분단 체제가 들어선 지 70년 이상이 되었는데도 남북의 언어가 크게 다르지 않은 것은 모두 주시경에서 김두봉과 최현배로 이어지는 주시경 학파의 공이다.

얼마 전부터 한국 학계에도 탈근대(post-modern)의 바람이 거세게 불어왔다. 탈근대를 이야기하는 사람들은 동시에 탈민족을 주장한다. 민족이라는 상상의 공동체가 사실은 민족에 포섭되지 않는 사람들을 배제하는 논리로 작용했다는 점에서 민족이라는 단어 자체를 거부하는 극단적인 사람들도 있다. 그러나 싫든 좋든 민족을 부정할 수는 없다. 더욱이 근대로의 이행 과정에서 다른 민족의 식민 지배를 받았고 해방 이후에는 우리의 의지와는 상관없이 만들어진 분단 체제로 인해 70년 이상을 분단의 고통 아래 신음했고 그 고통으로부터 벗어나기 위해서는 민족의 재통합을 이루어야만 하는 우리로서는 민족을 포기할 수 없다.

민족의 언어로서의 한글은 그래서 중요하다. 한 세기도 더 전에 민족 국가 수립을 위한 나랏말글로 한글에 눈길을 돌린 주시경, 그리고 스승인 주시경의 뜻을 이어받아 한글을 나랏말글로 만드는 데 이바지한 김두봉과 최현배 등이 펼친 한글 운동은 민족 재통합을 앞둔 오늘날 역사적으로 다시 평가받아 마땅하다.

근대계몽기 '국문론'의 양상과
새로운 주체 형성의 문제에 대하여

김 병 문

1. '언외(言外)의 의미(意味)가 없다면 어찌 귀(貴)하다 하리오?'

1898년 9월 5일 『황성신문』의 창간호는 이 신문이 왜 국문과 한문을 함께 쓰는지를 「사설」을 통해 설명하고 있다. 단군과 기자(箕子)의 시기를 거쳐 신라와 고려를 단숨에 뛰어넘고는 조선의 태조와 세종, 그리고 당대에 이르기까지 문자와 서적, 학문의 상황을 개괄한 후, 결국 '기자 성인이 내려주신 문자와 선왕께서 창조하신 문자를 병행하라는 대황제 폐하의 조서를 따르고자 한다'는 것이 이 사설의 결론이다.[1] 여기서 물론 '기자의 문자'는 한문을 가리키고 '선왕이 창조한 문자'란 '국문'이다. 주나라 무왕에 의해 조선에 봉해졌다는 기자가 가지고 온 한문이 세종이 창제한 '국문'과 더불어 '자주 독립하는 기초를 확정'하는 일에 관여한다는 것이 이 글의 논리인데. 당시의 한문 식자층을 의식한 발언이라고 보아야

---

[1] "箕聖의 遺傳ᄒ신 文字와 先王의 創造ᄒ신 文字로 並行코져ᄒ샤 公私文牒을 國漢文으로 混用ᄒ라신 勅敎를 下ᄒ시니 … 本社에셔도 新聞을 擴張ᄒᄂ디몬져 國漢文을 交用ᄒᄂ거슨 專혀 大皇帝陛下의 聖勅을 式遵ᄒᄂ 本意오" 「社說」, 『황성신문』, 1898.9.5.

할 것이다. 물론 이는 남녀 상하귀천이 모두 보게 하려고 '언문'으로만
쓴다는『독립신문』창간호의 논설과는 분명하게 대비되는 지점이다.
그러나『황성신문』이 '가자 성인이 전하여 주신' 한문에만 집착했던 것은
결코 아니다. 20여 일 후인 1898년 9월 28일『황성신문』에 실린 기사
「국문한문론」은 그 얼마 전 지석영이나 주시경이 썼던 '국문론'과 같이
국문을 적극적으로 옹호하는 글이었기 때문이다.

　　이「국문한문론」은 '국문'의 가치를 논하는 당대의 수많은 '국문론'2)들
처럼 세상의 문자에는 두 가지 종류가 있다는 설명으로부터 시작한다.
즉, 세계 각국에서 현재 행하고 있는 '문법'이 대개 두 가지인데, 하나는
청국에서 사용하는 한문 같은 '상형문자'이고 다른 하나는 동양의 반절자
와 서구 각국에서 사용하는 로마자와 같은 '발음문자'라는 것이다. 우선
이 기사가 염두에 두고 있는 '문법'의 '문'이 현재적 관점의 '문법'이 전제하
는 것과는 사뭇 다르다는 점이 이채롭거니와 이에 대해서는 뒤에서
재론하기로 한다. 문자의 종류를 들며 사용한 '상형문자'와 '발음문자'라는
용어도 각각 현재의 '표의문자'와 '표음문자'에 해당한다고 할 것이다.
'반절자'란 한자의 한 음절을 '초성'과 '중성+종성'으로 나누어 표시한
한자 문화권의 전통적인 음운 표시 방식인 반절법을 염두에 둔 것일
수도 있겠으나 이어지는 문맥을 고려하면 여기서는 '국문'을 가리키는
것임을 알 수 있다. 물론 중요한 것은 이러한 용어상의 문제가 아니라
'상형문자'와 '발음문자'에 대한 가치 평가에 있을 것이다. '상형문자'의
대표 선수로 불려나온 한문은 '사물을 형용하는 도식'이므로 그 음과
뜻을 환히 깨우치기 어렵지만, 반절자와 로마자는 '말의 음을 번역하는
도식'이므로 글자의 음이 곧 언어가 되기 때문에 이해하기가 매우 쉽다는

---

　　2) 근대계몽기에는 '한글'이라는 명칭이 사용되기 이전이므로 이 글에서는 '국문'이
　　　라는 표현을 쓰기로 한다. 또 이 시기에 이루어졌던 '국문'에 관한 논의를 통칭하여
　　　'국문론'이라 부르기로 한다.

것이다. 더 나아가 우리의 반절자가 천하 각국의 글자 중에서 제일 쉽고
간략하며 따라서 '천하의 공론'이 우리의 반절자를 '문단의 맹주'로 삼게
될 것이라는 주장에까지 이른다.[3]

그런데 마치 『황성신문』의 창간호가 '기자 성인'을 운운하며 한문 식자
층을 고려한 발언을 하였듯이 이 기사 역시 그러한 전통적 지식인들의
목소리를 무작정 외면하지는 않는다. 즉 "한문은 중원의 성인께서 창제하
신 고로 언외(言外)의 의미를 형용하고 있으니, 어렵지 않다면 문장이
어찌 귀하다고 할 수 있으리오. 발음문자는 규각의 아녀자들과 사소한
이익을 추구하는 장사치의 천박하고 비루한 습관이니 어찌 글[文]이라고
쳐주겠는가."[4]라고 발음문자의 우월성에 대해 반박하는 이가 있을 수
있음을 인정한다. '발음문자'는 단순히 말의 음을 '번역'하는 글자이므로
쉽고 간략하여 편리하다는 주장에 대해 문자가 언어를 넘어서는 그
어떤 심오한 뜻, 즉 '언외의 의미'를 지니고 있을 때라야 비로소 그것을
문자라 할 만하다는 반박이다. 그러나 이 「국문한문론」의 필자는 이러한
가상의 반박에 대해 부패한 유학자[腐儒]의 짧은 생각이며 사람을 미혹하
는 말에 불과하다며 단호히 배격한다. 즉 묵으로 쓴 글자 따위에 어찌
'언외의 의미'가 있겠냐며, '언외의 의미'가 있다면 그것은 글자 때문이
아니라 이미 '언어의 본지(本旨)'에 함축된 무엇인가가 있기 때문이라며
일갈한다. '언외의 의미' 역시 언어에 귀속되는 것이지 문자와는 아무런

---

3) "漢文은 事物을 形容ㅎ는 圖式이니 義와 音이 通曉ㅎ기 甚難흠이 聰明人이 아니면
學問에 絶念ㅎ고 才子라야 十許年에 略通ㅎ고 平生을 從事ㅎ야 行文者ㅣ 不過幾個
요. 反切字 羅馬字는 語音을 飜譯ㅎ는 圖式이니 字音이 곳 言語인 故로 解會ㅎ기
甚易ㅎ야 男女智愚를 勿論ㅎ고 一二年이면 學이 成ㅎ는 中에 反切字는 더욱 至易ㅎ
야 … 天下公論이 반다시 大韓反切로 文壇盟主를 定ㅎ리라 ㅎ노라." 「國文漢文論」,
『황성신문』, 1898.9.28.
4) "漢文은 中土聖人의 所製신 故로 言外意를 形容ㅎ고 難치 아니면 文章이 何足貴오.
發音文字는 閨閣女子와 末利商賈의 淺陋흔 俗套라 엇지 文이라 具數하리오..",
위의 글.

관련이 없다는 것이다. 문자는 언어를 단순히 반영하는 종속물일 뿐 그 자체에는 언어를 넘어서는 그 어떤 고상하거나 심오한 의미도 있을 수 없다는 것이 바로 「국문한문론」의 필자의 입장인 것이다.

사실 문헌학(philology)을 넘어서는 근대언어학의 성립 역시 언어를 문자로부터 날카롭게 구별하고, 문자에 대한 언어의 우위를 확실히 하면서부터라고 할 수 있을 것이다. 소쉬르가 『일반언어학강의』(1916)에서 힘주어 강조하고 있는 것 중에 하나 역시 문자에 현혹되지 말라, 문자를 보면서도 그 이면에 있는 언어, 즉 소리에 주목하라는 것이었다. 일찍이 19세기 중반의 슐라이허가 문헌학자들을 가리켜 그들이 하는 일이 정원사가 정원의 식물을 가꾸는 일에 가깝다고 한다면, 언어학자는 겉으로 드러난 식물의 외양 이면에 숨어 존재하는 자연법칙을 발견하는 식물학자에 비견될 수 있다고 한 것 역시 언어란 글로 씌여진 것을 가능하게 하는 본질이라는 인식이 있었기 때문이다.[5] 문자란 언어의 반영물이자 그것을 드러내는 도구에 불과하다는 입장에 선다면, 황성신문의 「국문한문론」의 필자가 지적한 바와 같이 문자에서 언어를 넘어서는 그 무엇, 즉 '언외의 의미'를 찾고자 하는 일은 문자의 본질을 잘못 파악한 것에 지나지 않을 것이다. 그러나 근대 언어학이 성립하는 과정에서부터 비로소 문자와 언어를 날카롭게 구분하고 문자를 언어의 반영물이자 종속물로 바라보기 시작했다는 사실은 그러한 관념이 그 어떤 보편적인 인식이라기보다는 근대적인 시각의 반영임을 암시한다. 특히 동아시아의 전통 사회에서 문(文)이란 '문이재도(文以載道)'라는 개념에서 알 수 있듯이 단순한 언어, 소리의 반영물이라기보다는 그것을 초월하는 그 무엇, 즉 '도(道)'와 연관되어 있는 것으로 여겨져 왔다는 것을 상기할 필요가 있다.

이 글에서는 근대계몽기에 있었던 국문 관련 논의들에서 문자가 언어의

---

5) 가자마 기요주, 김지환 옮김, 『19세기 언어학사』, 박이정, 2000, 121~122쪽.

반영물이자 종속물이라는 시각이 형성되는 과정을 분석해 보고 그러한 논의가 가지는 시대적 의미를 특히 근대적 주체의 형성이라는 측면에서 살펴보기로 한다. 또한 국문에 관한 논의 가운데에는 1906년 무렵이 되면 문자의 문제를 넘어서 문장의 문제에 예민하게 반응하는 글들이 나타나게 되는데, 전통적인 고전 한문 문장 구조를 탈피해 우리말 문장 구조에 맞는 글쓰기 양식에 대한 논의가 의미하는 바 역시 새로운 주체의 구성이라는 관점에서 해석해 보고자 한다.

2. '언외(言外)의 의미(意味)'란 무엇인가?

「국문한문론」의 필자가 언급한 '언외의 의미'란 과연 무엇을 말하는 것일까? 문자는 언어의 반영물일 뿐이라는 입장에 대해 언어적 의미를 초과하는 그 무엇을 담지하지 못한다면 그런 것 따위를 어찌 문자라고 할 수 있겠는가라고 반박하는 측에서 생각하는, 언어를 초과하여 문자만이 가지고 있다는 그 언외의 의미란 과연 무엇일까? 물론 「국문한문론」의 필자는 비록 그와 같은 입장이 있을 수 있음을 인정하고는 있으나 그런 주장을 단호히 배격하고 있으므로 언어적 의미를 초과하는 문자만의 고유한 의미가 무엇인지에 대한 힌트를 얻기는 어렵다. 그에 대한 답을 얻기 위해서는 당연히 국문 사용을 권장하는 글이 아니라 한문을 옹호하는 글을 참조해야 할 것이다. 예컨대 『대동학회월보』에 실린 글 「논한문국문(論漢文國文)」에서 여규형은 자신이 붓을 든 까닭이 우매하고 미혹된 자들이 망령되고 어두운 논의로 사람들을 오도하는 시절에 겸양만 하고 있을 수 없기 때문이라며 "문(文)이라 하는 것은 도(道)가 말로 드러나는 것이다. … 도(道)는 혼자 행해질 수 없고 반드시 문(文)을 기다려서 전해진다."고 역설한다. 즉 '문과 '도'의 관계는 마치 사람에게 가장 중요한 것이 마음이지만, 그것이 이목구비와 같은 외형적인 형체로 드러나지 않으면 아예 사람 자체가 있을 수 없는 것과 같다는 것이다. 복희씨가 '서계(書契)'를 만들고 창힐이 '자(字)'를 지었으며, 우(虞) 하(夏) 상(商) 주(周) 시절에는 '서(書)'가 있어 공자 이래로 언행에 대한 기록이 끊이지 않았으니 이를 총괄하여 '문(文)'이라 하며 그러한 까닭에 "문(文)은 즉 도(道)와 같으며 도(道)는 즉 문(文)과 같다"는 게 여규형의 생각이다.[6] '도'를 알려면 '문'을 보아야 하고 '문'을 보면 '도'를 알 수 있다는 것이다.

사실 서구적 전통에서의 문헌학이든, 아니면 한자의 형(形), 음(音), 의(意)를 탐구하는 동아시아의 소학(小學)에서든 전통적으로는 '성스러운 고전/경전'의 정확한 뜻을 파악하는 것이 주된 목적이었고 그 과정에서 해당 텍스트가 전제하는 언어가 실제로 어떻게 발화되었는가 하는 점은 하등의 관심사가 아니었다. 여규형이 이 글에서 주장하는 바도 '문'을 실제 언어와의 관계에서 바라보는 것이 아니라, '요-순-우-탕-문-무-주-공'으로 면면히 이어지는 '도통(道統)'을 우리가 알 수 있는 것이 바로 '문'이 있었기 때문이며 따라서 '문'은 바로 그러한 관점에서 평가해야 한다는 것이다. 이러한 이유 때문에 그 '문'에는 우리가 생각하는 일반적인 의미의 문자가 아니라 일종의 부호를 의미하는 '서계(書契)', 더 나아가서는 팔괘나 육십사괘 같은 것 역시 포함될 수가 있는 것인데, 물론 부호나 괘(卦) 같은 것들은 언어와 무관한 것들이다. "오늘날 한문을 폐지하고자 하는 것은 공자의 도를 폐지하고자 하는 것과 같다. … 공자의 도를 폐하고자 하는 것은 부자군신의 윤리도 폐하는 것과 같으니, 이를 일러 난신이요, 반역자라 해도 가할 것이다."[7]라는 여규형의 결론은 문자를 언어의 반영

---

6) "文者道之形於言者也 … 道不能徒行必待文而傳 如人之歸重於心 而廢耳目口鼻之形於外 則不可以爲人也 伏羲造書契 史皇造字 虞夏商周有書 孔子以下 莫不有言行之紀撮而言之曰文也 文卽道也 道卽文也" 여규형, 「論漢文國文」, 『대동학회월보』 1호, 1908.2.25.

7) "今之欲廢漢文者 欲廢孔子之道者也 … 欲廢孔子之道 則與廢父子君臣之倫同焉 卽謂之

물이자 종속물로만 보고 언어를 초과하는 어떠한 의미도 문자에는 없다고
보는 관점과는 도저히 화해하기가 어려운 지점을 명확하게 보여주고
있다.

물론 이러한 시각은 '문이재도(文以載道)'라는 동아시아의 전통적인
관념에 입각한 것이다. 그러한 점을 잘 보여주는 글이 같은 잡지에 실린
정교의 「漢文과 國文의 判別」인데, 여기서 그는 "도(道)를 싣고 있는 것이
문(文)이요 문(文)은 또한 도(道)가 머무는 곳"[8]이라는 표현을 쓰고 있다.
사실 정교의 이 글은 세종이 만든 '국문'과 한문이 서로 표리 관계에
있으며 이 둘이 '나라의 근본을 이루는 글'이라고 본다는 점에서 '국문'의
가치를 적극적으로 인정하는 편이다. 그러나 한문이 부패하여 폐지하여
야 한다는 주장에 대해서는 우리의 '예악(禮樂), 형정(刑政)'과 '위의(威儀),
절도(節度)'가 모두 한문에서 비롯된 것이라며 한자 폐지론을 적극적으로
반박하는데 '예악, 형정, 위의, 절도' 등을 한문과 연결시키는 이러한
논리 역시 '문이재도(文以載道)'라는 인식의 한 표현이라고 할 수 있겠다.
그런데 이와 같이 '문'과 '도'를 결부 짓는 것은 사실 훈민정음 창제자들의
시각과도 일치하는 것이다. 즉 『훈민정음』의 「제자해」는 첫 문장에서부터
"천지의 도는 오직 음양오행뿐이다."라며 글자 역시 이 천지의 도, 즉
음양의 이치를 벗어날 수 없다는 인식을 보이고 있다. "정음을 만든
것도 억지로 노력해서 비로소 찾아낸 것이 아니라 다만 그 이치에 따랐을
뿐이다. 세상의 이치가 둘이 아닌 즉 어찌 하늘과 땅과 귀신이 그 글자의
운용을 함께 하지 않겠는가?"[9]라는 것인데 이에 따르면 문자는 단지

亂臣逆子可也" 여규형, 위의 글.

8) "載道者爲之文, 文亦道之所寄"정교, 「漢文과 國文의 判別」, 『대동학회월보』 4호,
   1908.5.25.

9) "天地之道 一陰陽五行而已 … 凡有生類在天地之間者 捨陰陽而何之 故人之聲音 皆有陰
   陽之理 顧人不察耳 今正音之作 初非智營而力索 但因其聲音而極其理而已 理旣不二
   則何得不與天地鬼神同其用也." 『훈민정음』 「제자해」 1a-b.

언어의 반영물이거나 종속물이 아니라 그것을 뛰어넘는 무엇, 즉 '천지의 도'와 밀접히 관계를 맺고 있는 것이 된다. 그리하여 오음(五音: 牙舌脣齒喉)을 나타내는 글자가 단지 소리에만 대응되는 것이 아니라 오행은 물론이고, 방위, 계절, 색깔, 그리고 오상(五常: 仁, 禮, 信, 義, 智)과 오장(五臟: 肝, 心, 脾, 肺, 腎)에 이르기까지 빈틈없이 대응되니, '하늘과 땅, 그리고 귀신이' 글자의 운용을 함께 한다는 것은 바로 이를 두고 하는 말일 터이다.

근대계몽기 '국문론'의 저자들이 맞서야 했던 것은 바로 문자에 대한 이러한 전통적인 인식이었다. 주시경은 한자에 무슨 조화라도 붙은 줄 아는지 왜 그렇게 한자에 집착하는지 알 수 없다고 한탄했지만,[10] 글자에는 귀신이 곡할 조화(造化)가 있다는 혹은 그래야 한다는 것이 전통적인 문자관이었던 것이다.[11] 이에 대해 국문의 사용을 주장했던 이들이 내세웠던 가장 큰 무기는 앞서 언급한 바와 같이 문자는 단지 언어, 그것도 말소리의 반영일 뿐이라는 논리였다. 그리고 그러한 논리의 배경에는 당대의 다소 폭력적이라고도 할 수 있을 이분법적 문명론이 자리잡고 있었다. 예를 들어 앞에서 언급한 황성신문의 「국문한문론」이 그러한데, 앞서도 살펴본 바와 같이 이 글은 문자의 종류를 '상형문자'와 '발음문자'로 나누고 전자는 '사물을 형용하는 도식'이라서 배우기 어렵지만 후자는 '말의 음을 번역하는 도식'이므로 습득에 매우 유리함을 지적한 다음 그 글자를 사용하는 지역의 발전 정도를 논한다. 즉 '상형문자'를 사용하는 세계는 왜 몽매하고 '발음문자'를 사용하는 세계가 개명한 까닭은 무엇이냐며 그것은 바로 문자의 어렵고 쉬움에 따라 지식의 우열이 나타나고

---

10) 주시경, 「국문론」, 『독립신문』, 1897.4.22~24..

11) 실제로 『회남자(淮南子)』에는 "옛날에 창힐이 문자를 만드니 하늘은 곡식을 떨어뜨리고 귀신은 밤에 곡을 했다.(昔者蒼頡作書 而天雨粟 鬼夜哭)"라는 창힐의 한자 창제 설화가 실려 있다.

그것이 국력의 강약으로 이어지기 때문이라는 것이다.12)

'서양−문명−로마자−발음문자'와 '동양−몽매−한자−상형문자'라
는 이분법 속에서 '국문'의 가치를 확인하고자 하는 전략은 사실 정도의
차이는 있을지언정 당시의 '국문론'들이 대체로 공유하고 있는 것이었다
고 하겠다. 그리고 이 두 계열을 가르는 가장 결정적인 요소는 바로
소리이다. '발음문자'가 쉬운 것은 다름 아니라 그것이 소리와만 관계를
맺고 있기 때문이고, '상형문자'가 어려운 것은 그것이 소리가 아니라
사물을 반영하고 있기 때문이므로 이 둘의 우열을 가르는 요소는 소리와의
관계일 수밖에 없었던 것이다. 그렇기 때문에 '국문론'의 관심은 어떻게
하면 '국문'이 소리를 더 잘 반영할 것인가에 모아질 수밖에 없는데 예컨대
지석영은 우리나라의 '국문'이 천대 받는 것은 어음을 분명히 기록할
수 없기 때문이라고 하면서 그 이유를 음의 높낮이를 표현할 방도가
없다는 점에서 찾고 있다. 그리고는『훈민정음』에서처럼 상성과 거성에
점을 하나나 둘을 찍어 이를 구별해야 한다고 주장하는데, 그렇게 하면
국문으로만 썼을 때는 구별되지 않는 '동(東)'과 '동(動)' 같은 것이 비로소
구별될 수 있다는 것이다.13) 물론 더 이상 높낮이가 운소로서 기능하지
못하던 당시의 상황을 고려하면 지석영의 주장은 현실적으로는 큰 효용이
없는 것이었지만, 당시의 '국문론'이 소리의 문제에 얼마나 민감했는지를
보여주는 사례라 할 것이다. 이밖에도 'ㆍ'가 나타내는 소리는 과연 무엇인
지, 그것이 'ㅏ'와는 어떻게 다른지 하는 문제는 근대계몽기 '국문론'이
풀고자 했던 난제 가운데 하나였으며 '뎨국' 같은 표기에서 보이는 구개음
화의 문제 역시 주요 관심사 가운데 하나였다. '국문'은 '국어'의 소리를

12) "大抵 象形字를 用ᄒᆞᄂᆞᆫ 世界ᄂᆞᆫ 何故蒙昧ᄒᆞ고 發音字를 用ᄒᆞᄂᆞᆫ 世界ᄂᆞᆫ 何故開明ᄒᆞᆫ고,
   必是文字難易를 因ᄒᆞ야 人民의 知識優劣이 生ᄒᆞ며 知識優劣을 由ᄒᆞ야 國勢强弱이
   現ᄒᆞᄂᆞ니 此ᄂᆞᆫ 目前實驗이라. 聖人이 復起사도 此言은 밧구지 못ᄒᆞ시리라 ᄒᆞ노라."
   「國文漢文論」,『황성신문』, 1898.9.28.
13) 지석영,「국문론」,『대조선독립협회보』, 1896.12.30.

있는 그대로 반영하는 '그림자'이자 '사진' 같은 존재라는 주시경의 언급은 당시 '국문론'이 어떠한 맥락에서 논의되고 있었는지를 여실히 보여준다고 하겠다.[14]

그런데 소리와만 관계를 맺고 그래서 그 소리를 될 수 있는 대로 정확히 반영해야 하는 '국문'은 바로 그러한 이유 때문에 또 다른 중요한 문제와 결부되어 있었다. 즉, 온갖 전통적인 가치와 철학적 관념들이 공고히 결합된, 따라서 기득(旣得)의 권력이 있지 않고는 접근을 쉽게 허락하지 않는 한문에 비해 '국문'은 그 앞에 서면 남녀와 노소, 빈부와 귀천이 무의미해져 버리는 저 도저한 평등의 가치를 실현할 수 있었던 것이다. 그것은 물론 말할 것도 없이 '국문'이 다른 무엇과도 관련을 맺지 않고 오로지 소리와만 관련을 맺고 있기 때문이었다. 그리고 '국문'의 그러한 성격은 그에 대한 논의가 전통사회와는 구별되는 새로운 주체를 호출할 수 있는 이유가 된다.[15]

3. '국문론'과 근대적 주체의 형성이라는 문제

1897년 주시경은 『독립신문』에 두 편의 '국문론'을 발표한다. 한편은 4월 22일과 24일에(47, 48호), 다른 한편은 9월 25일과 28일에(134, 135호)에 실렸는데, 두 편 모두 제목은 '국문론'이다. 크게 보아 전자가 '왜 국문을 써야 하는가'에 관한 것이라면, 후자는 그렇다면 '국문을 어떻게 써야 하는가' 하는 부분을 다루고 있다. 배재학당 재학 중에 '주상호'라는

---

14) "國文은 國語의 影子요 寫眞이라." 주시경, 『國語文典音學』, 박문서관, 1908, 60쪽.
15) 알튀세르는 이데올로기가 개인을 '호출'하여 주체로 구성한다고 보고, 그런 역할을 수행하는 종교, 학교, 가족, 법률, 정치 제도들을 이데올로기적 국가장치라고 설명하고 있다. 루이 알튀세르, 김동수 옮김, 「이데올로기와 이데올로기적 국가장치」, 『아미엥에서의 주장』, 솔, 1991, 118~119쪽.

이름으로 발표된 이 두 편의 글은 공적인 매체에 처음으로 실린 주시경의 글이기도 한데, 당시 '국문'을 다루는 대부분의 글들이 대체로 '왜', 그리고 '어떻게'라는 이 두 가지 주제에 초점을 맞추고 있었다는 점에서 처음부터 주시경이 '국문론'의 핵심에 진입했다고도 할 수 있겠다. 특히 '어떻게'에 해당하는 부분을 다룬 두 번째 「국문론」에서 주시경이 가장 힘주어 강조하는 것이 '문법, 말의 법식'을 알고 글을 써야 한다는 점인데, 이는 이후 주시경의 독특한 표기 이론을 예비하는 것이기도 하다는 점에서 주목할 만하다. 그가 글을 쓰기 위해서 반드시 알고 있어야 한다고 하는 '문법'은 "죠션 말의 경계를 궁구 ᄒ고 공부 ᄒ여 젹이 분셕ᄒᆫ" 것인데 예를 들어 '이거시'나 '이것시'로 적지 않고, '이것-이'에서와 같이 말의 단위를 분명히 구별하여 그 경계를 명확히 하는 것을 뜻한다. 지금의 용어로 표현하면 실사와 허사를 명확히 구별하여 표기해야 한다는 것인데, 비록 이 글에서는 다루어지고 있지 않지만16) 결국 이러한 방식을 용언에까지 확대 적용하면, ('붓터/붓허'가 아니라) '붙-어', ('죳코/조코'가 아니라) '좋-고'와 같은 주시경 특유의, 그러나 당시로서는 매우 낯선 표기가 도출될 수밖에 없는 것이다.17) 이밖에도 사전을 잘 만들어야 한다든지18), 또는 한자음만으로는 조선말이 되지 않으면 쓰지 말아야 한다든지, 세로쓰기가 아니라 가로쓰기를 해야 한다든지 하는 주장들 역시 그의 이후 활동과 상당히

---

16) 주시경이 이 글에서 든 예는 위의 '이것이'를 포함해 다음과 같이 모두 체언과 조사의 결합형이다. "(墨 먹으로) 홀것을 머그로 ᄒ지 말고 (手 손에) 홀것을 소네 ᄒ지 말고 (足 발은) 홀것을 바른 ᄒ지 말고 (心 맘이) 홀것을 마미 ᄒ지 말고 (筆 붓에) 홀것을 부세 ᄒ지 말것이니 이런 말의 경계들을 다 올케 차자 써야 ᄒ겟고" 주시경, 「국문론」, 『독립신문』, 1897.9.28.

17) 주시경이 이러한 표기 방식을 명확히 제시하기 시작하는 것은 『국문문법』(1905)에서부터이다.

18) 이때 주시경이 사용한 용어는 '사전'이나 '자전'이 아니라 '옥편'인데 특히 그 음을 정확히 표시해야 한다면서 지석영이 『대조선독립협회보』에 발표한 「국문론」에서 주장한 대로 글자 옆에 점을 찍어 음의 높낮이를 구별해야 한다고 주장한다.

겹치는 부분들이라 할 수 있을 것이다.

그런데 우리가 여기서 더 주목하고자 하는 글은 '왜 국문을 써야 하는가'를 다룬 4월의 첫 번째 「국문론」이다. 9월에 발표된 「국문론」이 그의 이후 이론과 활동을 엿볼 수 있는 글이라면 첫 번째 「국문론」은 그가 왜 진력을 다해 '국문'을 연구했는가, 거기에 그치지 않고 혼신의 힘을 기울여 사회활동에 나선 이유는 무엇인지를 추측해 볼 수 있는 글이기 때문이다. 1897년 4월 22일자 『독립신문』에 실린 주시경의 이 「국문론」의 전반부에는 이 시기 대부분의 '국문론'들이 그러하듯이 글자의 종류를 가르고 그것의 우열을 논한다. 『황성신문』에서 '발음문자'라고 했던 것을 주시경은 "말ㅎ는 음ᄃᆡ로 일을 긔록ㅎ야 표ㅎ는 글ᄌ", '상형문자'라고 했던 것은 "무슴 말은 무슴 표라고 그려놋는 글ᄌ"라 하고 이 중에 '음대로 기록하는 글자'가 너 낫다고 단정 짓는데 그 이유는 이런 글자라야 말한 것을 소리대로 기록하면 바로 글이 되고 또 그 글을 소리내어 읽으면 그대로 말이 될 수 있기 때문이다.[19] 일종의 언문일치(言文一致)의 문제를 제기한 것이라 하겠는데 여기서도 역시 글자의 우열을 가르는 데는 '소리'의 문제가 중요한 기준이 된다. '음대로 기록하는 글자'가 우월한 두 번째 이유는 습득의 용이함 때문인데, 이때에도 '소리'는 중요한 역할을 한다. 즉 '음대로 기록하는 글자'는 자모음의 개수만큼만 만들면 되니 그 글자의 숫자가 수십 개에 불과하고 따라서 배우기가 지극히 쉬운 데 비해, '그려놓는 글자'는 말마다 사물마다 그에 해당하는 글자를 모두 만들어야 하기 때문에 그 수가 자연히 많아질 수밖에 없고 글자가 많다

---

19) "말ㅎ는거슬 표로 모하 긔록ㅎ여 놋는거시나 표로 모하 긔록ㅎ여 노흔거슬 입으로 닑는거시나 말에마디와 토가 분명 ㅎ고 서로음이 쪽ᄀᆺㅎ야 이거시 참 글ᄌ요 무슴 말은 무슴 표라고 그려 놋는거는 그 표에 움작이는 토나 형용 ㅎ는 토나 ᄯᅩ 다른 여러 가지 토들이 업고 ᄯᅩ 음이 말ㅎ는것과 ᄀᆺ치 못ㅎ니 이거슨 쪽 그림이라고 일홈ㅎ여야 올코 글ᄌ라 ㅎ는거슨 아죠 아니될 말이라" 주시경, 「국문론」, 『독립신문』, 1897.4.22.

보니 이들을 구별하기 위해 또 획이 번다해지며 이런 까닭에 온전히
배우기가 지극히 어렵다는 것이다.

　대체로 당시의 '국문론'들이 어느 것이 습득에 용이한가를 묻고 이를
글자의 우열, 그리고 심지어 문명의 정도에까지 곧장 연결 짓고 있다는
점에서, 왜 습득에 용이한지를 논리적으로 설명했다는 사실을 제외한다
면, 주시경의 이 글 역시 크게 보면 일반적인 '국문론'의 틀을 벗어나지
않고 있다고 하겠다. 그러나 사실 '습득의 용이성'만으로 문자의 우열을
결정한다는 것은 그러한 판단을 가능하게 하는 특정한 세계관을 전제하지
않고는 가능하지 않은 논리이다. 예컨대 아무리 쉽게 배울 수 있다고
하더라도 그 글자가 소리만을 반영한다고 하면, 그 글자를 배운 사람이
글자만 가지고 새롭게 알 수 있는 사실은 (낱낱의 개별 글자가 어떤
소리를 대신하는 표시라는 것 외에는) 아무것도 없다. 그러나 어떤 글자
자체가 세상의 온갖 사물이나 일을 표시하는 것이라면 그 글자를 배운
사람은 비록 배우는 과정이 험난하고 지난할지라도 글자를 배우는 것만으
로도 세상의 지식을 얻게 된다. 실지로 동아시아에서 전통적인 공부
자체가 '글공부'로 표현되었으며 그것은 대체로 경전을 해득하는 훈련으
로부터 시작되었으며 이는 곧 세상의 이치, 즉 '도(道)'를 깨닫는 과정이었
다. 그러나 근대계몽기의 '국문론'이 전제하는 세계관은 이와는 전혀
다른 것이었다. 그리고 그러한 점을 적극적이고도 노골적으로 드러낸다
는 점에서 주시경의 이 「국문론」이 여타의 '국문론'들과 구별되는 면이
있다.

　예컨대 4월 24일로 이어진 「국문론」의 후반부에서 주시경은 '한문만
공부하느라 일생을 허비하고 있으니 어느 겨를에 직업상 일을 배우고,
또 어느 겨를에 일신 보전할 직업을 이루겠냐며 참으로 가련하고도
분하다'며 통탄하고 있다.[20] 여기서 주시경이 힘주어 강조하는 것은
개개인이 '직업'을 가지라는 것이다. 그리고 '직업'을 갖기 위해서는 그에

필요한 지식을 배워야 하는데, 그 지식을 배우기 위한 도구로서 '국문'이 적합하다는 것이다. 이는 물론 '글공부=경전공부=세상의 이치 터득=입신양명'이라는 세계관과는 판이한 것으로서 '글자공부 → 지식 습득 → 직업 획득 → 경제생활'이라는 온전히 근대적인 세계관을 전제로 하고 있는 것이다. 문자의 종류가 문명의 우열로 곧장 연결되던 비약의 문제에 대해서도 주시경은 나름의 답변을 준비하고 있었다. 한문 공부하느라 시간을 허비하지 말고 정치나 내무, 외무, 재정, 법률, 항해, 위생, 상경제 등을 공부하여 직업을 하나씩 정하고 각자가 착실히 자기의 맡은 일을 하다 보면 개인이 부자가 되고 그러면 자연히 우리나라가 문명 부강하여진 다는 것이다.[21] 개개인이 자신의 살길을 찾아 열심히 노력하여 경제 활동을 하다 보면 자연히 나라가 문명하게 된다는 논리인데[22], 우리가 주목해야 할 점은 그렇다면 주시경의 이 「국문론」이 궁극적으로 말하고자 하는 바가 무엇인가 하는 문제이다. 물론 '국문을 쓰자'는 것이 이 글이 일차적으로 주장하는 바이다. 그러나 '국문'을 통해 읽고 쓰는 능력을

---

20) "글ᄌᆞᆫ 빅호기도 이러케 어렵고 더딘딕 … 어느 결을에 즉업상 일을 빅화 ᄀᆞ지고 ᄯᅩ 어느 결을에 즉업을 실상으로 ᄒᆞ야 볼ᄂᆞᆫ지 틈이 잇슬가 만무ᄒᆞᆫ 일이로다 … 두번 오지 아니 ᄒᆞᄂᆞᆫ 청년을 다 허비 ᄒᆞ야 바리고 삼 ᄉᆞ십 디경에 이르도록 ᄌᆞ긔 일신 보존ᄒᆞᆯ 즉업도 이루지 못ᄒᆞ고 어느 쌔나 빅호랴 ᄒᆞ나뇨 엇지 가련 ᄒᆞ고도 분ᄒᆞ지 아니 ᄒᆞ리오" 주시경, 「국문론」, 『독립신문』, 1897.4.24.
21) "그림 글ᄌᆞ를 공부 ᄒᆞᄂᆞᆫ 대신의 정치 쇽에 의회원 공부나 ᄂᆞᄆᆞ 공부나 외무 공부나 ᄌᆡ졍 공부나 법률 공부나 수륙군 공부나 항해 공부나 위ᄉᆡᆼ 상경계학 공부나 … ᄯᅩ 기외의 각싴 사업상 공부들을 ᄒᆞ면 엇지 십여년 동안에 이 여러가지 공부 속에서 아모 사름이라도 쓸문ᄒᆞᆫ 즉업의 ᄒᆞᆫᄀᆞ지ᄂᆞᆫ 잘 졸업ᄒᆞᆯ 터이니 그후에 각기 ᄌᆞ긔의 즉분을 착실히 직혀 사름마다 부ᄌᆞ가 되고 학문이 널려지면 그졔야 바야흐로 우리 나라가 문명 부강ᄒᆞ야질터이라" 주시경, 위의 글..
22) 주시경이 자율적 경제의 영역을 사회 구성의 중요한 일면으로 파악하고 있다는 사실을 확인할 수 있는데, 사회에 관한 근대적인 관념이 성립하는 데는 정치의 영역과 구별되는 경제라는 독자적 영역을 발견해 내는 것이 필수적이었다는 논의가 있다. 찰스 테일러, 이상길 옮김, 『근대의 사회적 상상』, 이음, 2010, 119쪽 참조.

획득해야 하는 이유는 그것이 바로 직업을 가지고 돈을 벌며 경제생활을 하는 근대적 생활인이 되기 위한 가장 기초적이고 필수적인 요소이기 때문이다. 그렇게 볼 때 주시경이 이 「국문론」에서 조선의 백성들에게 궁극적으로 전하고자 한 바는 '근대인으로 거듭나라'는 것일 수 있다.

그러한 점은 예컨대 "전국 이천만 동포의 가명을 변혁흠을 일으키고, 문명흔 새 공긔를 바다 새 나라 빅성이 되게 ᄒ고자"[23] 한다는 『가뎡잡지』에 주시경이 발표한 글들을 보더라도 확인되는 사실이다. 1906년 1월에서 1908년 8월까지 발간된 이 잡지에 주시경은 거의 모든 호에서 빠짐없이 글을 싣고 있는데[24], '백화강화'라는 난에서 '국문'에 관한 당시로서는 수준 높은 이론과 주장을 펼치는 동시에 '논설, 평론, 위생' 등의 난에서는 '천지와 인사에 불합리한 풍속과 습성을 고쳐야 한다'[25]며 새 시대의 새로운 백성, 즉 근대적이고 합리적인 주체로 거듭날 것을 줄기차게 강조하고 있다. 각종 미신적인 금기나 관행들을 멀리하고[26] 비위생적인 생활태도를 버릴 것[27], 그리고 자식들을 일찍 결혼시키지 말며 말을 함부로 내뱉지 말고[28], 심지어 일을 마치고 집으로 돌아와서는 온 집안

---

23) 신채호, 「싀희 츅사」, 『가뎡잡지』 2-1호, 1908.1.

24) 대체로 각 호마다 주시경의 글이 평균 4~5편씩 실려 있는데 1906년 9월에 발간된 1-4호에는 심지어 8편의 글이 실렸다. 『가뎡잡지』의 성격 및 서지사항에 대해서는 김병문, 『언어적 근대의 기획』, 소명출판, 2013, 143~147쪽 참조..

25) 주시경, 「흉을 드러내기 싫어만 하는 일」, 『가뎡잡지』 1-4호, 1906.9. 아래에서 언급하는 『가뎡잡지』에 실린 주시경의 글에 대해서는 편의상 제목과 권 호수만을 밝히기로 한다. 1권은 7호(1907년 1월)를 제외하고는 모두 1906년 발행이고 2권은 1908년 발행이다. 현재까지 필자가 확인한 바로는 주시경이 이 잡지에 실은 글은 모두 45편에 이르는데, 이들의 내용 및 목록은 김병문, 위의 책, 2013, 148~153쪽 참조.

26) 「모르는 원슈」 1-2호, 「녀인들을 조흔 놀이로 인도흘 일」 1-5호, 「무당 멸흘일」 1-3호.

27) 「물독을 자조 가실 일」 1-2호, 「대동강 물지게」 1-4호, 「숫불의 해」 1-6, 「걸네의 위틱」 2-1호.

28) 「일즉이 혼인ᄒᄂ 폐」 1-4, 「말의 폐단」 1-4.

식구가 모여 아름다운 노래를 부르며 마음을 기쁘게 하라29)는 등의
어찌 보면 자질구레하고 사소한 문제들을 끊임없이 지적한다. 그러나
이러한 글들에서 주시경이 말하고자 하는 바가 조선의 백성들로 하여금
비합리적인 과거의 습속을 버리고 근대적인 생활양식의 새로운 주체로
거듭나게 하는 데 있음은 의심의 여지가 없을 터인데, 『가뎡잡지』의
매호마다 단 한 번도 빠지지 않고 실린 '국문'에 관한 글들 역시 이러한
전체적인 맥락 속에서 그 의미를 파악해야 함은 물론일 것이다.

　사실 '왜 국문을 왜 써야 하는가' 하는 문제를 다룬 당대의 글들은
대부분 이와 같은 근대적인 주체의 문제와 다양한 방식으로 연관을
맺고 있었다고 해야 할 것이다. 그 유명한 『독립신문』 창간호의 「논설」에
서 밝힌 '언문/국문' 사용의 이유는 남녀와 상하와 귀천이 모두 이 신문을
보게 하기 위함이라는 것인데, 이는 한문과는 달리 '국문' 앞에 서면
남녀와 상하와 빈부와 귀천이 모두 무의미해져 버린다는, 다시 말해
'국문'이 필연적으로 평등한 주체를 상정하게 한다는 점을 알려주고 있다.
물론 '국문'은 한문으로 상징되는 동아시아의 전통적인 정치 질서로부터
의 탈피를 의미하기도 하였는데, 예컨대 이기는 「일부벽파(一斧劈破)」라
는 글에서 구학문의 문제로 '사대주의, 한문습관, 문호구별'을 들고 이를
'독립, 국문, 평등'으로 깨부수어야 한다고 강조하고 있는데, 이때의 '국문'
은 사대주의와 불평등의 문제를 해결하고 민족적 자각과 평등 의식을
고취할 주요한 매개로 인식되고 있는 것이다.30)

　흥미로운 점은 1905년이 넘어가기 전에는 민족주의적 시각으로 '국문'
의 문제에 접근하는 경우가 많지 않다는 사실이다. 주시경의 경우에도
말과 글의 문제를 직접적으로 국가나 민족의 문제와 연결시키는 것은

---

29) 「풍악과 노래」 1-5.
30) 이기, 「一斧劈破」, 『호남학보』 1, 1908.6.25 ; 이기, 「續一斧劈破」, 『호남학보』 2,
　　1908.7.25.

1907년에 발표한 「국어와 국문의 필요」에서부터이다. 위에서 본 독립신문의 '국문론'에서는 글자의 우열을 나누고 소리글자인 '국문'이 지식획득과 그로 인한 경제생활에 얼마나 유리한 것인지를 구구히 설명해야 했다. 그러나 이 「국어와 국문의 필요」에 오면 한 나라에 고유한 말과 글이 있다는 것은 그 나라가 자주국이 될 수 있는 징표라면서 말과 글을 국가의 자주 독립과 그대로 연결시키게 되는데, 이는 이전에는 보이지 않던 면모이다.[31] 그리고 그러한 경향은 국문연구소에 제출한 보고서인 「국문연구안」(1907~1908)이나 「국문연구」(1909)[32], 『국어문법』(1910)의 서문 등에서 더욱 더 강해져 우리가 아는 '어문민족주의자'로서의 주시경[33]의 면모를 여실히 드러내게 되는 것이다. 즉 '특정 구역에 일정한 종류의 사람들이 모여 살며 그들만의 말을 통해 천연적으로 사회와 국가를 이루니, 그 구역이 독립의 기(基)요, 그 사람들이 독립의 체(體)며, 그 언어가 독립의 성(性)이라'는 것이다.[34] 그리고 이 시기,

---

31) "흔 나라에 특별흔 말과 글이 잇는 거슨 곳 그 나라가 이 셰샹에 텬연으로 흔목 즈쥬국되는 표요 그 말과 그 글을 쓰는 인민은 곳 그 나라에 쇽ᄒ여 흔 단톄되는 표라 그럼으로 남의 나라흘 쎅앗고져 ᄒ는 쟈ㅣ 그 말과 글을 업시ᄒ고 제 말과 제 글을 ᄀᄅ치려 ᄒ며 그 나라흘 직히고져 ᄒ는 쟈는 제 말과 제 글을 유지ᄒ여 발달코져 ᄒ는 것은 고금텬하 사긔에 만히 나타난 바라." 주시경, 「국어와 국문의 필요」, 『서우』 2호, 1907.

32) 「국문연구안」은 회의가 진행될 때마다 사안 별로 제출했던 것이고, 「국문연구」는 연구소의 최종안인 「국문연구의정안」에 첨부한 보고서이다. 이러한 글들에서 주시경은 '장백산의 신령스럽고 밝은 정신과 온량화평한 동서남 삼면해의 기운을 받은 인종이 태고에서부터 내려오는 이러한 특성으로 인해 자연스럽게 발음하여 이곳에서 통용되는 언어를 이루었다.'(『국문연구안』(32a)며 일정한 지역, 거기에 사는 사람, 그들이 사용하는 말이 자연적이면서도 필연적인 관계에 있다는 인식을 보이는데 이는 주시경이 '국어'를 민족적 견지에서 설명하며 등장하는 새로운 논리이다. 이에 대해서는 김병문(2013), 앞의 책, 158~171쪽 참조.

33) 이병근, 「1.주시경」, 김완진외, 『국어연구의 발자취 I』, 서울대학교 출판부, 1985.

34) "宇宙 自然의 理로 地球가 成하매 其面이 水陸으로 分하고 水面은 江海山岳沙漠으로 各區域을 界하고 人種도 此를 隨하여 區區不同하며 그 言語도 各異하니 此는 天이 其城을 各設하여 一境의 地에 一種의 人을 産하고 一種의 人에 一種의 言을

즉 말과 글의 문제가 국가나 민족의 문제에 직접적으로 연결되는 시기의
'국문론'에는 또 하나의 중요한 특성이 발견되는데, 그것은 '국문'에 관한
글들이 문자의 문제를 넘어서 문장의 문제에 관심을 갖기 시작했다는
것이다.

4. 문장의 발견과 균질적 주체의 형성이라는 문제

근대계몽기 '국문론'의 주된 관심사는 물론 '국문'이고, 주로 문자의
문제를 다루고 있다. 그러나 대략 1905~1906년 이후의 글들에서는 문자가
아니라 문장의 문제에 관심을 갖는 글들이 등장하게 된다. 예컨대 신채호
는 「文法을 宜統一」이라는 글에서 한문에는 한문의 문법이 있고, 영문에는
영문의 문법이 있으며 또 각국의 모든 나라에 제각금의 문법이 있지만
지금 한국의 '국한자교용문(國漢字交用文)'에는 그 법이 없다며 '문법의
통일'을 주장하고 있다.[35] 신채호가 말하는 이때의 '문법'은 지금 우리가
사용하는 '문법'과는 물론 앞에서 본 「국문한문론」의 저자가 '세상에는
두 가지 문법이 있는데 하나는 상형문자이고 다른 하나는 발음문자'라면
언급한 '문법'과도 일정한 차이가 있는 것으로 보인다. 즉 신채호에 따르면
국문과 한문을 함께 사용하자는 의견이 일어나 지난 십여 년간 신문
잡지에서 그런 방식으로 글을 써왔지만, 어떤 것은 한문 문법에 국문토만

發하게 함이라 是以로 天이 命한 性을 從하여 其域에 其種이 居하기 宜하며 其種이
其言을 言하기 適하며 天然의 社會로 國家를 成하여 獨立이 各定하니 其域은
獨立의 基요 其種은 獨立의 體요 其言은 獨立의 性이라." 주시경, 『국어문법』,
박문서관, 1910의 「序」.

35) "漢文은 漢文文法이 有ᄒ며 英文은 英文文法이 有ᄒ고 其他 俄法德伊等文이 莫不其文
法이 自有ᄒ니 目今世界現行各文에 엇지 無法의 文이 是有ᄒ리오 마ᄂ 然이나
今韓國의 國漢字交用文은 尙且其法이 無ᄒ도다." 신채호, 「文法을 宜統一」, 『기호흥
학회월보』 5호, 1908.12.25.

더하는 것도 있으며, 어떤 것은 국문의 문세(文勢)로 진행하다가 돌연 한문 문법을 쓰는 것이 있다며 '學而時習之면 不亦悅乎아' 같은 것이 전자의 예라면 '學ᄒ야 此를 時習ᄒ면 不亦悅乎' 같은 것이 후자의 예이라는 것이다.[36] 이는 물론 국한혼용문 중에는 고전한문의 문장구조를 그대로 유지하는 것과 그것에서 탈피하여 우리말 어순에 입각한 글쓰기가 이루어진 것들이 뒤섞여 있다는 표현에 다름 아닐 것이다. 그리고 그러한 식의 글쓰기 방식을 바로 '문법'이라고 부르고 있는 것이다. 신채호가 비판한 '문법의 불통일'은 그러나 신채호 자신이 쓴 바로 이 글의 첫 문장 "漢文은 漢文文法이 有ᄒ며 英文은 英文文法이 有ᄒ고 其他 俄法德伊等文이 莫不其文法이 自有ᄒ니" 같은 부분에서도 그대로 드러난다. '한문에는 한문 문법이 있고 영문에는 영문 문법이 있다'는 데에까지는 그 구조 자체가 우리말 어순에 들어맞는 것이지만, '俄法德伊' 등의 '문'에 대한 부분에서는 '莫不其文法이 自有'와 같이 전형적인 한문 문장구조에서 나타나는 표현이 사용되고 있는 것이다.

비록 '문법'이 통일되어 있지 않았음을 자신의 글쓰기를 통해 의도치 않게 보여준 셈이 되었으나, 그럼에도 불구하고 신채호가 '문법 통일'을 일대 급무로 보고 이를 통해 '학생의 정신을 통일하고 국민 교육에 나서야 함'을 강조한 사실은 변함이 없을 것이다.[37] 물론 이때의 '문법 통일'이란 글쓰기 양식의 통일을 의미하는 것이고 그것은 바로 한문식 문장구조로부터의 탈피를 전제하는 것이라고 하겠다. 그런데 이와 같이 문장의 문제에

---

36) "國漢字交用의 議가 起ᄒ야 十餘年來 新聞 雜誌에 此道를 遵用흠이 已久ᄒ나 然ᄒ나 其 文法을 觀ᄒ건딩 或 漢文文法에 國文吐만 加ᄒᄂ 者도 有ᄒ며 (一) 或 國文文勢로 下ᄒ다가 突然히 漢文文法을 用ᄒ고 (二) 或 漢文文勢로 下ᄒ다가 突然히 國文文法을 用ᄒᄂ 者도 有ᄒ야 譬컨딩 「學而時習之不亦悅乎」 一句를 譯흠에 或曰 「學而時習之면 不亦悅乎아」ᄒ니 此ᄂ 壹에 屬ᄒ 者오 或曰 「學ᄒ야 此를 時習ᄒ면 不亦悅乎」ᄒ니 此ᄂ 二에 屬ᄒ 者라." 신채호, 위의 글.

37) "今日에 文法統一이 卽亦一大急務라 此를 統一ᄒ여야 學生의 精神을 統一ᄒ며 國民의 智識을 普啓홀지어늘" 신채호, 위의 글.

예민하게 반응한 이들 가운데에는 이른바 한자 훈독식 표기를 새로운
글쓰기 방법으로 제시하는 이들이 있었다.[38] 예를 들어 이능화는 「국문일
정법의견서(國文一定法意見書)」에서 말 그대로 국문을 일정하게 쓰는 법에
대해 의견을 제출하는데, 여기서 그는 아래의 네 가지 글쓰기 양식을
나열하고 이 가운데 식자층과 일반인이 함께 읽을 수 있는 네 번째
방식을 '국문의 일정법(一定法)'으로 제시한다. 즉 세 번째가 당시 통용되는
'국한문 혼용법'인데 식자가 아닌 '속인(俗人)'은 끝내 읽을 수가 없는데
비해 네 번째 방식은 이 둘이 다 읽을 만하다는 것이다. 그런데 이 표기는
예컨대 '之間'을 '스이', '之中'을 '가운듸', '唯'를 '오직', '人'을 '사람'으로
읽도록 표시하였다는 점에서 한자 훈독식 표기라고 할 수 있을 것이다.

一　天地之間萬物之中唯人最貴
二　텬디스이 만물가운듸 오직 스람이 가장 귀ᄒ니
三　天地之間萬物之中에 唯人이 最貴ᄒ니
四　天地^{텬디}之間^{스이} 萬物^{만물}之中^{가운듸}에 唯^{오직}人^{사람}이 最^{가장}貴^귀ᄒ니

이능화는 네 번째의 훈독식 표기에 대해 "어찌 가나를 한자에 붙여
쓰는 예를 본받아 언문일치에 힘쓰고 식자층과 일반인이 함께 읽는
방식을 취하지 않으리오?"[39]라며 일본의 사례를 모방한 것임을 숨기지

---

38) 이 '한자 훈독식 표기'에 대해 기존에는 대개 일본식 표기의 모방이라는 이유로
매우 부정적으로 평가했으나, 근래에는 오히려 이러한 표기 방식이 '순한글
문장'을 궁극적인 목표로 삼고 있었다는 점을 지적하는 등 종래와는 다른 평가가
이루어지고 있는 상황이라 하겠다. 김영민, 「근대계몽기 문체 연구─유길준을
중심으로」, 『동방학지』 148, 2009 ; 김영민, 「『만세보』와 부속국문체연구」, 연세
대 근대한국학연구소 편, 『한일 근대어문학 연구의 쟁점』, 소명출판, 2013 ; 김병
문, 「근대계몽기 한자 훈독식 표기에 대한 연구」, 『동방학지』 165, 2014 등
참조.
39) "何不效附書假名之例ᄒ야 務使言文一致ᄒ야 雅俗共讀乎아", 이능화, 「國文一定法意
見書」, 『황성신문』, 1906.6.1.

않고 있다. 그런데 여기서 주목하고자 하는 바는 그러한 점보다는 이러한 글쓰기 방식이 문장의 문제를 예민하게 고려하는 과정에서 나온 결과라는 사실이다. 예컨대 '한문과 국문을 함께 쓰는 방식에 대해 남의 나라 글자[他國文]를 사용하는 것이라며 부끄럽게 여길 이유가 없다. 그것을 이용해서 우리나라의 문장[我國之文]을 적을 수 있으면 그만이기 때문이라'[40]는 이능화의 언급은 이미 글자가 아니라 언어, 그 중에서 문장의 층위를 인식하고 있었음을 보여주고 있다. '文'은 사실 '문자'로도, '문장'으로도 해석할 수 있는 글자이다. 그러나 근대계몽기 '국문론'에서는 이들이 변별되지 않은 상태에서 대개 '문자'의 의미로 사용되었다. 이는 '국문'도 '한문'도 마찬가지였다. 그러나 이렇게 문장을 예민하게 의식하는 글들에서는 이 문자의 문제와 문장의 문제는 구별되지 않을 수가 없었다. 유길준이 「소학교육에 대(對)ᄒᆞᄂᆞᆫ 의견」에서 '한문은 전폐하되 한자는 폐할 수 없다'고 주장한 것 역시 문자의 문제와는 구별되는 문장의 문제를 예민하게 의식하고 있었기 때문일 것이다. 이 글에서 유길준은 소학교육의 가장 큰 과제는 '국문전주(國文專主), 한문전폐(漢文全廢)'라며 소학교과서는 '한문'은 일절 쓰지 말고 '국문'으로만 편찬해야 함을 주장한다. 그러나 이때의 '국문전주'가 교과서에 한글만을 쓰자는 것도 아니고, '한문전폐' 역시 한자를 전혀 쓰지 말자는 것을 의미하지도 않는다. 이때의 '한문'은 한문 문장을 의미하고 '국문'은 그러한 한문식 문장구조에서 탈피한 우리말 문장을 뜻하는 것이다. 그리고 그 방법으로 유길준 역시 한자 훈독식 표기를 제안하고 있다. 한자를 훈독하는 방법을 사용하면 비록 외양으로는 한자가 보이지만, 실제 그것은 '국문'을 적는 데 사용하는 부속품일 뿐이라는 것이다.[41]

---

40) "若以借用他國文爲可恥則不然ᄒᆞ니 唯在利用以成我國之文耳라", 이능화, 위의 글.
41) "然則小學教科書의 編纂은 國文을 專主ᄒᆞᆷ이 可ᄒᆞᆫ가 曰然ᄒᆞ다. 然則漢字ᄂᆞᆫ 不用ᄒᆞᆷ이 可ᄒᆞᆫ가. 曰否라. 漢字를 焉可廢리오. 漢文은 廢호딕 漢字ᄂᆞᆫ 可廢치 못ᄒᆞ나니라.

흥미로운 점은 이 글에서 유길준은 앞서 본 대부분의 '국문론'과는 달리 문자의 종류가 아니라 언어의 종류를 나누고 있다는 점이다. 즉 '착절어(錯節語)'와 '직절어(直節語)'라는 용어를 사용해 영어나 중국어식 문장구조[錯節體法]와 우리말이나 일본어의 문장구조[直節體法]가 다름을 지적하는데, 국한 혼용문에서 한자를 음독할 때에는 (중국어나 영어식의) '착절체법'을 피하기 위해 힘껏 노력해야 하는 반면에 훈독을 하면 자연히 그러한 문제가 해결된다는 것이다. 유길준이 이 글에서 훈독식 표기 방식을 구체적으로 설명하지는 않았지만, 예컨대 '讀此一編意見書(ᄒ니) 則…' 같은 것이 '착절체법'에 의한 문장이라면 '此 一編 意見書를 讀ᄒ민'는 '직절체법'에 의한 것이되 한자를 모두 음독한 것이라면, '此^이 一編 意見書를 讀^읽으민' 같은 문장이 바로 훈독을 이용하여 '직절체법'으로 쓴 것이라 하겠다. 이때 특히 '讀'을 '독'으로 음독하면 첫 번째의 '착절체법'과 두 번째의 '직절체법'이 모두 가능하고 따라서 '착절체법'이 되지 않도록 힘껏 노력해야 하는 반면, 이 '讀'을 '읽-'으로 훈독하게 되면 저절로 우리말 어순에 맞는 '직절체법'의 문장을 이루게 된다는 것이 바로 유길준의 주장이었던 것이다. 소학 교과서에는 '한문'을 전폐하고 오로지 '국문'만을 쓰도록 하자면서도 결국 그 외형적 형태가 국한 혼용문일 수 있었던 이유는 이와 같이 그가 문자가 아니라 문장의 문제를 우선시했기 때문이다. 물론 『만세보』 등에서의 실험에도 불구하고 이 한자 훈독식 표기가 받아들여지지 않은 것은 이러한 형태의 문장이 즉각적으로 일본의 후리가나 표기를 연상시킨다는 것 외에도 활자의 문제 등이 있었을 것이다. 그러나 이러한 글쓰기 양식은 아래와 같이 20년대까지도 우리 문장을

… 漢字를 連綴ᄒ야 句讀을 成ᄒ 然後에 始可曰文이니 字字別用ᄒ이 豈可曰漢文이리오. 且夫吾人이 漢字를 借用ᄒ이 已久ᄒ야 其同化ᄒ 習慣이 國語의 一部를 成ᄒ야시니 苟其訓讀ᄒ는 法을 用ᄒ 則其形이 雖曰漢字이나 卽吾國文의 附屬品이며 補助物이라." 유길준, 「小學校育에 對ᄒᄂ 意見」, 『황성신문』, 1908.6.10.

어떻게 쓸 것인가 하는 문제를 다루는 경우에는 종종 언급되곤 했다는
점에서 결코 가벼이 여길 부분은 아니라고 생각된다.

> 余나는 南山에 往가서 花꽃을 切찜어서 來오았다42)
> 學배우어서 時때로 習익히면 亦또한 悅즐겁지 不아니하냐43)

  지금은 '정확한 한국어 문장'이라는 개념이 너무나 당연하고 자연스럽
게 받아들여지지만, 여러 가지 형식의 글쓰기 실험이 시도되던 근대계몽
기에는 그러한 것의 존재 자체가 의심스러운 매우 낯선 개념이었을
가능성이 크다. 따라서 위에서 언급한 문장의 문제에 예민하게 반응하여
새로운 문장 쓰기의 전범을 개척하려 한 노력들은 그 자체로 한국어
문장의 발견이라고 할 만한 중요한 시도들이었음에 틀림없을 것이다.
문법 이론의 측면에서도 주시경 같은 이는 이 시기 언어 단위의 분석에서
문장 차원의 문제를 중요하게 고려하기 시작했으며 결국에는 '짬듬갈'이
라는 이름으로 '국어' 문장의 구조를 시각화하여 제시하기에 이른다.44)
문자의 문제에서 출발했으나 결코 거기에 머무를 수 없었기에 문장
차원의 글쓰기 방식을 고민하기에 이르렀던, '한국어 문장의 발견'이라고
할 만한 이러한 시도들이 가지는 의미는 과연 무엇일까? 특히 주체의
문제와 관련하여 한국어 문장의 발견이라는 문제를 주목해 본다면, 신채
호가 언급했던 '문법의 통일'은 하나의 문법을 공유하는 균질적 집단을
호출하는 기능을 했다고 볼 수 있을 것이다. '정확한 한국어 문장'이라는
개념 자체가 없었던 시절에 고전 한문의 문장 구조에서 탈피한 우리말
어순에 입각한 문장 쓰기를 시도하는 자체가 그러한 한국어 통사구조를

---

42) 김희상, 「諺文綴字法 改正案에 就하야(下)」, 『매일신보』, 1921.4.17.
43) 김윤경, 「조선말과 글의 바루잡을 것」, 『동광』 5호, 1926.
44) 주시경의 '짬듬갈'의 내용과 그 의미에 대해서는 김병문, 앞의 책, 2013, 232~245쪽
   참조.

공유하는 일정한 언어공동체를 전제로 하기 때문이다.

언어적 근대의 관점에서 요청되는 균질적 단일언어 사회는 그러나 실제 발화의 상황에서는 다양한 변이와 변종으로 인해 사실상 도달하기가 지극히 어려운 하나의 이상일 뿐이다. 발화자의 연령이나 성별, 출신 지역이나 계층에 따라 달라지는 무수한 변이나 변종을 우리는 너무도 쉽게 도처에서 확인할 수 있기 때문이다. 그러나 이른바 문어(文語), 글쓰기의 영역에 들어가는 순간 그러한 수많은 변이와 변종은 자취를 감추고 표준형이라는 단 하나의 변종만이 지배하는 전일적인 세계와 맞닥뜨리게 된다. 물론 이때의 문어는 이른바 언문일치가 이루어진 그러한 문어이다. 실제 세계에서는 도달할 수 없는 이상에 불과한 균질적 단일언어 사회가 문어의 세계에서는 이미 실현된 그 무엇인 것이다. 그리고 그러한 세계에서야 비로소 하나의 언어공동체를 배경으로 하는 균질적인 주체가 가정될 수 있는 것이다. 물론 문어 세계에서 펼쳐지는 균질적 단일언어 사회를 구축하기 위해서는 어휘의 통일과 같은 여러 작업이 필요하지만, 그에 앞서 예컨대 모든 한국어 화자가 공유하는 '자연스러운/정확한 한국어 문장'의 발견이 필수적으로 선행되지 않으면 안 될 것이다. 즉, 근대계몽기 '국문론'의 막바지에 발견되는 문장에 대한 예민한 감각과 그에 입각한 다양한 글쓰기 양식의 실험은 고전 한문의 문장 구조에 익숙한 지배 계층을 중세적 지평에서 분리해 내서 단일한 한국어 문법을 공유하는 그리하여 계층과 지역적 차이를 뛰어넘는 균질적인 집단을 구축하는 데 중요한 역할을 했다는 것이다.

5. 결론을 대신하여

'어떤' 문자를 쓸 것이냐 하는 문제에서 출발한 '국문론'은 문자의 우열을
나누고 그 우열의 기준이었던 소리의 문제에 집중하는 과정에서 '어떻게'
쓸 것이냐의 문제로 나아갔다. 그런데 이 어떻게 쓸 것이냐의 문제가
단순히 문자의 문제에 국한되는 것이 아니라 문장, 그리고 언어의 문제와
밀접하게 연결되어 있다는 자각에 이른다. 1910년이 가까워질수록 새로
운 글쓰기 양식의 실험이나 문법서의 기술 같은 일들이 본격적으로
이루어지는 것은 그러한 사정을 잘 보여주는 현상일 것이다. 그리고
여기에 한 가지 더 지적할 사항은 '국어'라는 용어가 본격적으로 사용되기
시작하는 것도 이와 때를 같이 한다는 사실이다.[45] 문자의 층위를 위주로
전개되던 '국문론'이 소리를 매개로 하여 언어의 문제로 나아가는 과정에
서 '국어'가 논의의 초점으로 되는 것은 어찌 보면 당연한 수순일 수
있겠다. 그리고 이는 공교롭게도 말과 글의 문제가 아무런 매개 없이
직접적으로 국가의 자주와 독립의 문제와 바로 연결되는 시기이기도
하다.

앞서 언급했듯이 초기 '국문론'에서는 민족주의적 시각이 그리 크게
두드러지지 않는다. 오히려 소리글자가 일종의 세계 표준이라는 논리가
'국문'의 가치를 판단하는 데 보다 더 중요하게 작용했다. 그리고 이때의
'국문론'이 호출하는 주체는 중세적 가치와 결별한, 그리하여 합리적인
생활습속을 영유하는 근대적 생활인이었다. 이에 비해 한국어 문장의
발견이라고 할 만한 여러 노력들은 단일한 한국어 문법을 공유하는

---

45) 1905년 이전에 '국어'라는 용어가 전혀 사용되지 않은 것은 아니나(이에 대해서는
홍종선, 「근대 전환기 선진 지식인의 국문 국어의 인식과 실천 양상」, 『한국어학』
81, 2018 참조) 신문이나 잡지 등에서 '국어'가 본격적으로 논의의 대상이 되기
시작한 것은 1906년 이후라고 해야 할 것이다.

균질적인 언어공동체를 인식하는 데 중요한 역할을 했을 수 있다. 말과 글이 국가의 자주 독립과 직접적으로 연결되고 '국어'가 본격적인 논의의 대상으로 부각되었던 것 역시 이즈음의 무렵이다. 이연숙은 '네이션'이라는 정치공동체와 '하나의 언어'를 말하는 언어공동체라는 이중의 상상이 중첩될 때 "상상임신"에 의하여 '국어'라는 자식이 태어난다고 하였거니와,[46] '국어'의 본격적인 등장은 그에 걸맞은 균질적 언어공동체에 대한 의식이 전제되지 않으면 불가능했을 수 있다.[47] 근대계몽기의 '국문론'의 전개 양상을 '국문' 혹은 '국어'의 문제로서만이 아니라 새로운 주체의 형성이라는 시각에서 재검토해야 하는 이유가 바로 여기에 있다고 하겠다.

참고문헌

지석영, 「국문론」, 『대조선독립협회보』, 1896.12.30.
주시경, 「국문론」, 『독립신문』, 1897.4.22.~24.
주시경, 「국문론」, 『독립신문』, 1897.9.25~28.
「社說」, 『황성신문』, 1898.9.5.
「國文漢文論」, 『황성신문』, 1898.9.28.
이능화, 「國文一定法意見書」, 『황성신문』, 1906.6.2.
주시경, 「국어와 국문의 필요」, 『서우』 2호, 1907.
신채호, 「시히츅사」, 『가명잡지』 2-1호, 1908.1.

46) 이연숙, 고영진·임경화 옮김, 『국어라는 사상』, 소명출판, 2006, 17쪽.
47) 이러한 균질적 언어공동체는 앞서 언급한 바와 같이 지역과 계층, 연령과 성별 등에 따른 변이가 나타나는 실제 발화에서는 실체 없는 가상이라고 할 수 있으나, 그러한 변이가 사라지는 문어(文語)의 세계는 우리에게 '하나의 언어'를 사용하는 균질적 언어공동체를 의심할 수 없는 실체로 느끼게 해 준다. 물론 이러한 문어의 세계는 근대 국민국가 특유의 언어 규범화가 강력하게 작동하는 곳이라는 점을 지적할 필요가 있겠다.

여규형, 「論漢文國文」, 『대동학회월보』 1호, 1908.2.25.

정 교, 「漢文과 國文의 判別」, 『대동학회월보』 4호, 1908.5.25.

유길준, 「小學校育에 對ᄒᆞᄂᆞᆫ 意見」, 『황성신문』, 1908.6.10.

이 기, 「一斧劈破」, 『호남학보』 1, 1908.6.25.

이 기, 「續一斧劈破」, 『호남학보』 2, 1908.7.25.

신채호, 「文法을 宜統一」, 『기호흥학회월보』 5호, 1908.12.25.

주시경, 『국어문법』, 박문서관, 1910.

김희상, 「諺文綴字法 改正案에 就ᄒᆞ야(下)」, 『매일신보』, 1921.4.17.

김윤경, 「조선말과 글의 바루잡을 것」, 『동광』 5호, 1926.

가자마 기요주, 김지환 옮김, 『19세기 언어학사』, 박이정, 2000.

김병문, 『언어적 근대의 기획』, 소명출판, 2013.

김병문, 「근대계몽기 한자 훈독식 표기에 대한 연구」, 『동방학지』 165, 2014.

김영민, 「근대계몽기 문체 연구 - 유길준을 중심으로」, 『동방학지』 148, 2009.

김영민, 「『만세보』와 부속국문체연구」, 연세대 근대한국학연구소 편, 『한일 근대 어문학 연구의 쟁점』, 소명출판, 2013.

루이 알튀세르, 김동수 옮김, 「이데올로기와 이데올로기적 국가장치」, 『아미엥에 서의 주장』, 솔, 1991.

이병근, 「1. 주시경」, 김완진 외, 『국어연구의 발자취(Ⅰ), 서울대학교 출판부, 1985.

이연숙, 고영진·임경화 옮김, 『국어라는 사상』, 소명출판, 2006.

찰스 테일러, 이상길 옮김, 『근대의 사회적 상상』, 이음, 2010.

홍종선, 「근대 전환기 선진 지식인의 국문 국어의 인식과 실천 양상」, 『한국어학』 81, 2018.

제3부

한글 표기의 실천과 문화사

유희 『物名考』에 수록된 한글대응어의 가치[*]

박 부 자

1. 서론

유희의 『物名考』가 그 시작은 '중국의 물명을 고증하여 바로 잡고, 한자와 한문을 이해하는 데 도움을 주고자 시작되었다'[1]고 할 수 있을지 모르나 『物名考』의 진정한 가치는 우리의 것을 실증하여 제시한 한글대응어에 있다고 할 수 있다. '우리의 것에 대한 특별한 관심의 발로'[2]가 바로 유희가 『物名考』를 저술하면서 우리 물명을 고증하여 한글로 표기한 국어 어휘(혹은 구)를 통해 드러나기 때문이다. 『物名考』 수록 한글대응어

---

* 이 글은 2017년 대한민국 교육부와 한국학중앙연구원(한국학진흥사업단)의 한국학 분야 토대연구지원사업의 지원을 받아 수행된 연구(AKS-2017-KFR-125001)로 필자가 공동연구원으로 참여하여 2014~2015년에 걸쳐 진행되었던 "물명고 역해 연구"(연구책임자: 황문환)의 연구 결과물과 2017년에 시작된 "조선 후기 물명 집성과 DB 구축"(연구책임자: 황문환)에서 진행된 물명에 대한 확장기술 결과물은 이 글을 작성하는 데 있어 매우 많은 참조가 되었다. 이와 같은 기초 작업이 없었다면 이 글을 구성하는 것은 어려웠을 것이다. 귀한 연구자료를 제공해 주신 연구책임자께 감사의 말씀을 드린다.

1) 洪允杓, 「柳僖의 『物名攷』」, 『10월의 문화인물』, 국립국어원, 2000a, 47쪽.
2) 洪允杓, 「十八, 九世紀의 한글 註釋本 類書에 대하여—특히 '物名考' 類에 대하여—」, 『周時經學報』 1, 탑출판사, 1988, 111~129쪽.

에 반영된 '우리의 것'은 19세기 국어 어휘는 물론이고, 어휘를 통해 확인할 수 있는 19세기 조선의 생태, 민속 등 다양한 측면을 포함한다. 이와 같은 옛 시대의 자연이나 문화에 접근하는 가장 빠른 길은 언어를 통해 접근하는 것이며 그 언어 중에서 특히 어휘를 통해서 접근하는 것3)이기 때문에 본고에서는 『物名考』에 수록된 한글대응어의 개별 어휘사나 어휘의 의미 체계 등에 집중하기보다 국어사적 가치, 생태사적 가치, 민속사적 가치로 나누어 『物名考』 수록 한글대응어를 살펴볼 것이다. 특히 생태사적 가치와 민속사적 가치를 살펴보는 데 있어서는 생태사와 민속사의 관점에서 접근해 보아야 할 한글대응어를 살펴보는 데에 집중하고자 한다.

2. 국어사적 가치

유희의 『物名考』는 국어 어휘 연구의 귀중한 자료를 제공하여 준다는 점에서 크게 주목 받아온 저서이다.4) 그만큼 유희의 『物名考』가 지닌 국어사적 가치는 더 이상 말할 필요가 없을 정도이다. 다만 본고에서는 이전 연구들에서 명시적으로 언급되지 않았던 두 가지 특징에 주목하여 유희 『物名考』에 수록된 한글대응어의 국어사적 가치를 살펴보고자 한다.

먼저 『物名考』 수록 한글대응어의 국어사적 가치를 다시 되짚어 보기 위해 현존하는 이본에 대해 간단히 소개하면 〈표 1〉과 같다. 현재 알려진 『物名考』의 이본은 총 5종이다.

---

3) 洪允杓, 「『物名考』에 대한 고찰」, 『震檀學報』 118, 震檀學會, 2013, 198쪽에서는 문화에 접근하는 가장 빠른 길이 어휘라는 점을 지적한 바 있다.
4) 洪允杓, 「柳僖의 『物名攷』」, 『語文研究』 28-4, 韓國語文敎育研究會, 2000b, 278쪽.

〈표 1〉 『物名考』 이본 목록5)

이본 목록	약호	소장관계	영인
구 鮎貝房之進 소장본6)	日本	일본의 고 高橋亨 소장본7)	『조선학보』 16~20집(1960~61) 『物譜·物名考』(景文社 1975)
서울대학교 규장각한국학연구원 (가람문고) 소장본	嘉本		—
국립중앙도서관 소장본	國本		—
구 鄭良秀 소장본	鄭本	현재 한국학중앙연구원 장서각 소장	『柳僖의 生涯와 國語學 資料集』 부록(韓國語文敎育硏究會 2000)
유희 후손 소장본8)	藏本	현재 한국학중앙연구원 장서각 소장	『晋州柳氏 西陂柳僖全書Ⅰ』 (韓國學資料叢書 38, 2007)

藏本을 제외한 이본 4종에 대해서는 洪允杓의 연구9)와 전광현의 연구10)
에서 언급된 바 있고, 이후 유희의 후손가에 전하다가 한국학중앙연구원

---

5) 〈표 1〉에 제시한 이본들의 약칭은 황문환, 「『物名考』 해제」, 『"유희의 『物名考』
  연구와 색인 편찬" 연구결과발표회 자료집』, 한국학중앙연구원, 2020, 3쪽을
  따른 것이다.

6) 이 이본은 '조선학보본'이라 지칭하기도 하였다(白承昌, 「『物名考』類에 대한 國語
  學的 硏究─어휘 분류와 조어법을 중심으로─」, 檀國大學校 大學院 國語國文學科
  國語學專攻 博士學位論文, 2009, 18쪽).

7) 高橋亨은 현재 생존하지 않는데 高橋亨이 소장했던 『物名考』는 현재 그 이후의
  행방을 알기 어렵다. 이에 본고에서는 '고 高橋亨 소장본'으로 제시하였다.

8) 유희 후손가 소장본은 황문환, 「『物名考』 해제」, 『晋州柳氏 西陂柳僖全書Ⅰ』, 韓國學
  資料叢書 38, 韓國學中央硏究院, 2007의 해제를 붙여 2007년 영인되면서 공개된
  이후 연구에 활용하여 언급된 것은 홍윤표, 「『物名考』에 대한 고찰」, 『震檀學報』
  118, 震檀學會, 2013에 이르러서이다. 이때 '유희 후손가 소장본(현재 한국학중앙
  연구원 소장)'이라고 언급하였고 오보라, 「西陂 柳僖 『物名考』의 체계 및 의의
  재탐색」, 『大東漢文學』 58, 대동한문학회, 2019 등에서도 '유희 후손가 소장본'이라
  명명하였다. "장서각소장 한글필사본자료 역주연구─유희(柳僖) 『물명고(物名
  考)』 역해(주관: 한국학중앙연구원)"와 2020년 "유희(柳僖) 『물명고(物名考)』 연구
  와 색인(索引) 편찬(주관: 한국학중앙연구원)"에서 역해의 저본으로 삼았다.

9) 洪允杓, 「柳僖의 『物名攷』」, 『語文硏究』 28-4, 韓國語文敎育硏究會, 2000b, 289~295
  쪽.

10) 전광현, 「『물명류고』의 이본과 국어학적 특징에 대한 관견」, 『새국어생활』 10-3,
  국립국어연구원, 2000, 43~62쪽.

에 기탁된 藏본은 2007년 황문환[11]의 해제를 붙여 한국학중앙연구원에서 영인하면서 학계에 알려지고 소개되었다.

그간 국어사 자료의 이본에 대한 연구는 이본 간의 선후를 밝히거나 정본을 확립하고, 이본간에 나타나는 언어 변화의 차이를 보여주는 데에 집중되어 왔다. 국어사 자료의 이본들이 동일한 내용의 자료에 반영된 언어가 여러 시대에 걸쳐 나타남으로써 국어의 변화를 직접적으로 보여주기 때문에 국어의 변화를 밝히는 데에 기여하는 바가 많은 것으로 여겨졌기 때문이다. 『物名考』 이본 5종은 여타의 이본에서 확인할 수 있는 통시적 차이를 반영할 뿐 아니라 공시적 차이도 보여준다는 점에서 그 가치를 되짚어볼 필요가 있다.[12]

『物名考』는 19세기 전반기에 편찬되었을 것으로 추정되고 있다. 金敏洙[13]에서는 유희가 丹陽 峽中에 寓居하던 11년간(1809~1819)을 『物名考』의 저술 시기로 본 바 있고, 高橋亨[14]에서는 순조 때 지어졌다고 하였으며,

---

11) 황문환, 「『物名考』 해제」, 『晋州柳氏 西陂柳僖全書 I』, 韓國學資料叢書 38, 韓國學中央研究院, 2007.

12) 현재 『物名考』 이본 5종의 한글대응어를 대조한 연구는 진행된 바 없다. 전광현, 「『물명류고』의 이본과 국어학적 특징에 대한 관견」, 『새국어생활』 10-3, 국립국어연구원, 2000에서 鄭본을 제외한 이본 4종의 한글대응어 중 47개를 대비하여 표로 제시한 것이 전부이다. 2014년, 2015년에 걸쳐 진행되었던 "장서각소장 한글필사본자료 역주연구-유희(柳僖)『물명고(物名考)』 역해(주관: 한국학중앙연구원)"와 2020년 "유희(柳僖)『물명고(物名考)』 연구와 색인(索引) 편찬(주관: 한국학중앙연구원)"을 통해 이본 5종의 대비가 이루어졌으며 그 결과물이 2022년에 간행될 예정이다. 이들 과제를 진행하는 과정에서 필자가 2020년 11월 "유희의 『物名考』 연구와 색인 편찬 연구결과발표회"에서 "유희 『物名攷』에 수록된 한글대응어의 특징"이라는 제목 아래 이본 5종의 한글대응어를 대비하여 소략하게 다룬 바 있다. 본장의 일부는 앞서 언급한 연구과제와 박부자, 「유희『物名攷』에 수록된 한글대응어의 특징」, 『"유희의 『物名考』 연구와 색인 편찬" 연구결과발표회 자료집』, 한국학중앙연구원, 2020, 65~80쪽에 기초하고 있으며 이후 이본 5종의 한글대응어를 다룬 후속연구를 발표할 예정이다.

13) 金敏洙, 「柳僖 선생의 生涯와 學問」, 『語文研究』 28-4, 韓國語文教育研究會, 2000, 253쪽.

洪允杓[15])와 심경호[16])에서는 유희가 『諺文志』(1824)를 엮을 무렵인 1820년 대로 보기도 하였다. 최근 오보라[17])는 유희의 물명류 저술이 『시물명고』 →『유록』→『物名考』순으로 발전되어 갔다고 하면서 『시물명고』가 1811년을 전후하여 편찬되었고, 『유록』중 가장 나중에 저술된 것으로 보이는 「만물류」가 1822년 이후에 저술된 것으로 보았다. 이러한 저술들을 통해 집적된 물명 고증을 체계적으로 정리한 것이 『物名考』라고 하였으므로 이러한 논의에 의한다면 그 편찬시기는 1820년대를 앞설 수 없는 것으로 보인다.[18])

현존하는 이본 5종은 모두 원본이 아닌 전사본으로 추정되고 있는데,[19])

---

14) 高橋亨, 「物名考解説」, 『朝鮮學報』 16, 朝鮮學會, 1960, 409~414쪽.

15) 洪允杓, 「『物名考』에 대한 고찰」, 『震檀學報』 118, 震檀學會, 2013, 170쪽.

16) 심경호, 「柳僖 物名考의 注文과 按語에 대한 일고찰」, 『조선시대 물명 연구의 현황과 과제』(한국학중앙연구원 전통한국학연구센터 2014년도 제3차 국내학술회의 자료집), 2014, 42쪽.

17) 오보라, 「西陂 柳僖 『物名考』의 체계 및 의의 재탐색」, 『大東漢文學』 58, 대동한문학회, 2019, 262~265쪽.

18) 황문환·박부자, 「물명3서의 선후 및 상관관계」, 한국학중앙연구원 어문생활사연구소, 조선후기 물명 집성과 DB구축사업 제2차 국내학술회의자료집 『조선후기 물명서와 물명연구』, 2022, 9~42쪽에서는 『물명고』에 수록된 '枳枸'조에서 유희가 자신을 '儆'으로 지칭한 것을 근거로 『물명고』가 1825년 이전에 이루어졌을 것으로 파악한 바 있다.

19) 申景澈, 「物名考의 語彙 考察」, 『韓國言語文學』 25, 한국언어문학회, 1987은 연구대상으로 삼은 嘉本이 "시종 정성 들여 쓴 똑같은 필체로써 유희의 자필본으로 생각된다"고 하였으나 洪允杓, 앞의 글, 2000b는 國本을 저본으로 하여 전사한 것이 嘉本일 것이며, 鄭本은 유희의 후손으로부터 빌려 전사한 것이기 때문에 원본에 가장 가까울 것으로 보인다고 하였다. 이후 황문환, 「『物名考』 해제」, 『"유희의 『物名考』 연구와 색인 편찬" 연구결과발표회 자료집』, 한국학중앙연구원, 2020. 4~5쪽에서 "鄭本이 水族 부분 10장 분량이 누락된 사실"이 지적되었고, "역해 과정에서 교감한 결과에 따르면, 나머지 이본 중에서 '藏본'이 '鄭본'과 가장 유사한 특징을 보인다"고 하면서 '鄭본'이 '藏본'을 다시 전사한 것일 가능성이 높다고 하였다. 그러나 '藏본'에서도 체재나 誤脫字를 비롯하여 곳곳에서 잘못된 부분이 산견되어 '藏본' 역시 원본이 아니라 유희의 후손 집안에서 후대에 필사한 것일 가능성이 높다는 사실을 지적하고 있다.

편찬시기가 곧 현존하는 이본5종의 전사시기를 말해 주는 것은 아니다. 그러나 이본 4종을 언급한 홍윤표[20])에서 한글대응어에서 표기상의 차이가 보이는데 한글 표기 사이에 차이가 심하지 않다고 하였고[21]) 그간 몇몇 이본에 나타난 한글대응어를 대상으로 국어학적 특징을 살핀 연구들에서도 대체로 19세기 자료로 다루고 있다.

이에 이본 5종의 한글대응어는 19세기라는 공통된 시기의 언어 특징을 반영하고 있다고 볼 수 있다. 그 일례로 19세기에 보이는 음운현상 중 'ㅅ' 뒤에서 반모음 'ㅣ'가 탈락하는 현상, 즉 '샤, 셔, 쇼, 슈 〉 사, 서, 소, 수'의 변화를 언급할 수 있겠다. 역사적으로 'ㅅ'과 반모음 'ㅣ'계 상향이 중모음의 연쇄에서 반모음 'ㅣ'가 탈락하는데 이 과정에서 반모음 'ㅣ'와 관련된 혼기가 나타난다. 이러한 혼기가 광범위하게 나타나기 시작하는 것은 19세기 문헌부터로 알려져 있다. 〈표 2〉에서 살펴볼 수 있는 것처럼, '샤, 셔, 쇼, 슈 〉 사, 서, 소, 수'의 변화는 비율에 다소 차이가 있기는 하지만, 이본 5종에서 모두 변화가 진행 중인 양상을 보인다.

〈표 2〉 이본에 따른 'ㅅ' 뒤 변화형('y'탈락형)과 과도교정형('y'추가형) 혼기 양상

	藏본	鄭본	日본	嘉본	國본
원형유지	30	17	38	44	41
변화형	13(22.0%)	19(37.2%)	8(13.5%)	9(15.2%)	12(20.3%)
과도교정형	16(27.1%)	15(29.4%)	13(22.0%)	6(10.1%)	6(10.1%)
총	59	51[22])	59	59	59

---

20) 洪允杓, 「柳僖의 『物名攷』」, 『語文研究』 28-4, 韓國語文教育研究會, 2000, 289쪽.
21) 洪允杓, 앞의 글, 2000b, 289쪽에서는 이본 간에 표기상의 차이도 심하지 않다고 하였지만 이는 좀더 면밀히 살펴볼 필요가 있다. 박부자, 앞의 글, 2020에서 지적했듯이, 이본 간에 통시적 차이를 보이는 경우도 존재하고 뒤에서 언급할 것처럼 형태구성상의 차이도 보이기 때문이다. 그럼에도 불구하고 박부자, 앞의 글, 2000을 참조할 때, 이본 5종에서 반영하는 후대형의 언어현상 중 19세기 말을 넘어서는 양상은 보이지 않는 듯하다.
22) 鄭본은 이중 결락되어 있는 부분의 한글대응어가 8개 포함되어 이를 제외하였다.

(1) 가. 변화형('y'탈락형): 16세기 '슈박'

　　　　西瓜 [子有紅有黑 **수박**] 〈물명고[23] 곤: 5b〉

　　나. 과도교정형('y'추가형): 15세기 '송이'

　　　　㖨 [**숑이**] 〈물명고 곤: 25a〉

　이와 같이 『物名考』 이본 5종은 모두 19세기의 언어 현상을 반영하고 있는 것으로, 동일 시기에 간행된 이본이라고 할 수 있다. 동일 시기의 이본에서는 통시적 차이 이외에 공시적 차이도 확인할 수 있는데 특히 어휘에서는 그 공시적 차이가 방언적 차이, 개인 언어의 차이 등의 요소로 다양하게 나타날 수 있다. 공시적 차이를 보이는 예를 구체적으로 살펴보면 아래와 같다.

(2) 가. 造化鳥 [小鳥 頭有勝 春夏飛鳴 直上而下 **죵달이**] 〈물명고 건: 4a〉

　　나. 獒 [狗四尺 能曉人意 **호박개**] 〈물명고 건: 14b〉

　　다. 螢蟆 [在樹上 小而靑 **쳥개고리**] 〈물명고 건: 33b〉

　　라. 地楡 [初生布地 獨莖直高三四尺 對生 葉似楡葉而細長 有鋸齒 七月開花紫黑色 按其葉 有甛瓜氣 **슈박나물**] 〈물명고 곤: 17b〉

〈표 3〉『物名考』 이본 5종에서 형태 구성의 차이를 보이는 예[24]

	藏본	鄭본	日본	嘉본	國본
造化鳥	죵달이	죵달이	죵달이	죵달새	죵달새
獒	호박개	호박개	호박개	호박이	호박이
螢蟆	쳥개고리	쳥개고리	쳥머구리	쳥머구리	쳥머구리
地楡	슈박나물	슈박나물	슈박나물	외ᄂ물	외ᄂ물

　(2가)의 '造化鳥'는 藏본, 鄭본, 日본에서는 '죵달'과 접미사 '-이'가 결합한

---

23) 아래 제시하는 원문은 이본 표시를 별도로 하지 않았으나 '藏본'을 대상으로 한 것이다. 이하 이본 표시를 하지 않은 경우는 모두 동일하다.

24) 여기에 제시한 음영은 공시적 차이의 부류를 같이하는 묶음을 대비하여 보인 것이다.

'죵달이'로, 嘉본과 國본에서는 '죵달'에 명사 '새'가 결합한 '죵달새'로 나타났다. 이전의 문헌 자료에서는 '造化 舊釋 죵다리 〈역어유해(1690) 하: 27b)'와 같이 '죵달이'와 관련된 형태인 '죵다리'만 확인된다. 현재는 방언의 차이로 남아 있다. (2나)의 '楑'는 藏본, 鄭본, 日본에서는 '호박'과 '개'가 결합한 '호박개'로, 嘉본과 國본에서는 '호박'에 접미사 '-이'가 결합한 '호박이'로 나타났다.25) (2다)의 '螫蟆'는 藏본, 鄭본에서는 '쳥개고리'로, 日본, 嘉본, 國본에서는 '쳥머구리'로 나타났다. '개구리'의 선대형인 '개고리'와 '머구리'는 '蛙 揶 개고리 와 〈신증유합(1576) 상:15b), 螫 머구리 경 蛙 머구리 와 〈훈몽자회(1527) 상: 11b)'에서 볼 수 있는 바와 같이 모두 16세기부터 확인된다. 『物名考』의 각 이본에서도 '개구리'와 '머구리'가 함께 나타난다.26) 현재는 '개구리'와 '머구리'가 방언의 차이로 남아 있다. (2라)의 '地楡'는 '슈박나물, 외ᄂᆞ물'에 대응되어 나타난다. 한자표제어 '地楡'는 전통적으로 '외ᄂᆞ믈'에 대응되어 나타나지만, '슈박나물'과 '외ᄂᆞ물'은 동의어 관계에 있다고 볼 수 있다. '슈박나물'은 이전 시기의

---

25) 이때 '호박'이 무엇인지는 명확하지 않다. 다만 "크다"의 의미와 관련하여 결합된 요소로 추정된다. '말벌'도 '왕벌' 이외에 '호박벌'이라고도 하는데 이때 '호박'과 같은 것으로 여겨진다.

26) 아래 표에서 볼 수 있듯이 단독형과 '밥'이 결합한 경우에는 이본 5종에서 모두 '머구리, 머구리밥'으로 나타난 반면, '논, 물'이 결합한 경우에는 모든 이본에서 '논개고리/논ㄱ고리, 물개고리'로 '개고리'가 결합한 형태로 나타난다. 즉 이본 5종에서 모두 '개고리'와 '머구리'가 공존하는데 '쳥개고리, 쳥머구리'를 제외한 다른 한글대응어들은 각각 동일 형태로 나타나는 것이다. 다만 '螫蟆'의 경우에만 이본에 따라 '쳥개고리, 쳥머구리'로 차이를 보이는데 그 이유는 정확히 알기 어렵다.

	藏본	鄭본	日본	嘉본	國본
聒子	논개고리	논개고리	논개고리	논H)고리	논H)고리
蝦蟆	물개고리	물개고리	물개고리	물개고리	물개고리
耿黽	찰머구리	찰머구리	찰머구리	찰머구리	찰머구리
揶	머구리	머구리	머구리	머구리	머구리
浮萍	머구리밥	머구리밥	머구리밥	머구리밥	머구리밥

문헌 자료에서 확인되지 않으나 현대국어의 '수박풀'로 이어지고 '외느물'
은 현대국어의 '외나물'로 이어지는데, 현대국어에서 '수박풀, 오이풀,
외나물'은 유의어로 처리되고 있다.[27] 현대국어에 존재하는 '수박'계와
'외'계의 이칭 관계가 19세기『物名考』를 통해서도 확인되는 것이다.

　이와 같이 공시적 차이를 보여주는 이본이 존재하는 자료라는 것은
국어사, 특히 어휘사에서는 매우 중요한 사실이다. 이 공시적 차이는
지역적 차이일 수도 있고 전사자 개인 언어의 차이일 수도 있다.[28] 그
차이가 무엇에 의한 것인지 명확히 밝히는 것은 쉽지 않으나 현대국어에서
확인되는 공시적 차이가 19세기 국어의 어휘에서도 존재한다는 것을
『物名考』의 한글대응어가 실증적으로 보여준다고 할 수 있다.

　여기서 한 가지 더 언급할 것은『物名考』수록 한글대응어의 규모이다.
그간의 연구들에서 언급해 온 것처럼,『才物譜』는『物名考』보다 그 수록
어휘 표제어가 더 방대하여 '天地人' 三才에 '物'을 아우르는 백과사전적
성격을 띤다.[29] 즉『才物譜』가『物名考』보다 어휘의 수록 범위가 훨씬
방대하다. 그러나 동일 분류에 수록된 한글대응어의 수는『物名考』가

---

27) 『표준국어대사전』에서는 표제어 '수박풀'의 유의어로 '오이풀'을 제시하고 표제
　어 '오이풀'의 유의어로 '수박풀'과 '외나물'을 제시했다.『고려대 한국어사전』에서
　는 표제어 '수박풀'의 유의어로 '오이풀, 외나물'을 제시했다.『한국민족문화대백
　과사전』에서도 '오이풀'의 이칭으로 '수박풀'과『物名攷』의 '슈박나물'을 제시하고
　있다.

28) 물론 국어사 자료의 이본 중 공시적 차이를 보여주는 이본이 전혀 없었던 것은
　아니다. 대표적인 것이『병학지남』이본이다.『병학지남』의 이본은 대부분 18세
　기에 간행되었는데, 高成翊,「언해문의 내용과 표기를 근거로 한『兵學指南』의
　서지적 계통 분석」,『진단학보』125, 진단학회, 2015, 121~161쪽에서는『병학지
　남』이본을 대비하여 언해문의 내용에는 변화가 없으나 방언의 영향과 원간본의
　표기를 유지하려는 태도의 차이, 선호하는 표기 방식의 차이로 인해 언어적
　다양성이 드러나고 있다고 하였다.『物名考』이본 5종에서도 이러한 영향이
　반영되었을 것으로 추정된다.

29) 愼重珍,「사전학적 관점에서 본『物名攷』와『才物譜』의 영향 관계」,『震檀學普』
　120, 震檀學會, 2014, 109쪽.

단연 독보적이라 할 수 있다. 이는 말 관련 한글대응어의 수록 양상만 비교해 보아도 확연히 드러난다. 『物名考』에서는 말의 종류에 대해 한글대 응어를 54개 제시하고 있으나 『才物譜』에서는 30개, 『廣才物譜』에서는 31개뿐이다.

〈물명고 건: 9a~b〉 (말 종류 54개)[30]

驄[총이] 騏[철청총이] 驒[년전총이] 騟[그은총이] 騅[먹총이] 騆[돗총이] 驪[가라] 驖[청가라] 駂[담가라] 盜驪[돗가라] 雒[표가라] 騽[류거헐] 黃 고라] 騧[공고라] 騂[졀다] 騜騮驈[부졀다] 騢[구렁졀다] 驃[표졀다] 駠[가리 온] 駓[빅셜총이] 銀褐馬[셜아마] 駿[찬간쟈] 達[실간쟈] 駉[쇼틱셩] 粉觜馬 [거흘믈] 線臉馬[쟘불믈] 騂[함오] 花馬[월아] 驈[쌍챵월아] 騋[삿흰말] 騳 [한박월아] 豹臀馬[구불쟈혈 或曰황부루] 駁[도화잠불] 駇[류부루 或云월 아] 騵[젹부루] 騜[황부루 或云 싀고라] 騅[청부루] 環眼[골희눈] 魚[쌍골희] 瞯[외골희] 驈[시오등] 龍頭馬[롱두마] 駏[양귀] 駝[양텰] 〔馬+占〕[쳔짐말] 〔馬+竁〕馬[진믈] 光當馬[덜넝이는 믈] 劣馬[가리는 믈] 老實馬[용호 믈] 點馬[좃는 믈] 摺人馬[사람 도도는 믈] 癩馬[비로먹은 믈] 駬馬[길마업슨 믈]

〈재물보(4책본) 4: 12a-b〉 (말 종류 30개)

騰馬[암내 낸믈][31] 騂[졀다] 騟[뉴마] 紫騟[즈류] 栗色馬[구렁졀다] 紅紗馬 [부루마] 騟[뉴거흘] 驪[가라믈] 驒[포도졈] 騅[먹총] 盜驪[돗가라] 駂[담가 라] 騟[청부루] 雒[츄마] 銀褐馬[셜아믈] 白顚[쇼틱셩] 駿[간쟈] 粉觜馬[거흘 믈] 線臉馬[쟘불믈] 豹臀馬[구불쟈합] 魚[쌍골희] 瞯[외골희] 環眼馬[골희 눈] 驈[새오등] 龍頭馬[롱두마] 駏[양귀] 癩馬[비로먹은 믈] 摺人馬[사롬 도 도는 믈] 光當馬[덜넝이는 믈] 點馬[좃는 믈]

---

30) 아래 밑줄 그은 예는 『才物譜』, 『廣才物譜』에는 나타나지 않고, 『物名考』에만 수록된 어휘를 표시한 것이다.

31) 『物名考』에서는 '騰馬'에 대해 '암내 내다'의 동사구로 제시하고 있어 말 종류에서는 제외하였다.

〈광재물보 4: 42a-43a〉 (말 종류 31개)

騰馬[암닉내는 말] 驔[포도졈] 騉[쳥부류] 𩣡[먹춍] 驪[가리] 騅[담가리] 盜驪[돗가리] 騵[류거흘] 騜[젹다마] 栗色馬[구렁젹다] 銀褐馬[셜아마] 白顚 [소틱셩] 紛嘴馬[거흘마] 線臉馬[잠불마] 騚[간자] 騢[쌍챵어레] 豹臀馬[구 불즛알] 駁[류부류] 騩[쳥부류] 騅[추마] 環眼馬[골희눈] 魚[쌍골희] 𩥇[외골 희] 驦[시오등] 龍頭馬[농두마] 光當馬[덜넝이는 말] 劣馬[가리는 말] 老實馬 [용흔 말] 点馬[좃는 말] 癩馬[비로먹은 말] 驏馬[길마업슨 말]

뱀이나 벌 관련 어휘에서도 이러한 양상을 확인할 수 있다. 『才物譜』(4책 본)에서는 뱀 관련 어휘가 '바얌, 구렁이, 독샤, 산몽아, 굿바얌, 무좌슈, 이슴' 등 7개 제시되었는데 『才物譜』(8권본)에서 '느굴이, 뉼묵이, 가톨리바 얌'이 추가되고 '독샤'는 사라져서 총 9개가 되었다. 『才物譜』(8권본)의 양상이 『廣才物譜』에도 거의 그대로 이어져 뱀 관련 어휘가 총 9개 제시되 는데, 다만 '殺母蛇'의 한글대응어가 '살모샤'로 바뀌었을 뿐이다. 반면, 『物名考』에서는 『才物譜』(4책본)와 비교하면 '능굴이, 율목이, 가티독샤, 오샤, 가톨이독샤'가, 『才物譜』(8권본)나 『廣才物譜』와 비교하면 '가티독샤, 오샤'가 추가되어 총 11개를 제시하고 있다.[32]

〈물명고 건: 22b~23a〉 (뱀 종류 11개)

蛇[바얌] 黃頷蛇[구렁이] 赤鏈[능굴이] 斑蛇[율목이] 殺母蛇[가티독샤] 烏蛇 [오샤] 蚖[가톨이독샤] 土桃蛇[굿바얌] 水蛇[무좌슈] 蝚[이슴] 白花蛇[산몽 애]

〈재물보(4책본) 4: 40a~b〉 (뱀 종류 7개)

蛇[바얌] 黃頷蛇[구렁이] 蝮蛇[독샤] 殺母蛇[산몽아] 土桃蛇[굿바얌] 水蛇[무 좌슈] 蝚[이슴]

---

32) 『物名考』에서는 한자표제어 '蝮蛇'에 대해 한글대응어를 제시하지 않았다.

〈재물보(8권본) 7: 22a〉 <u>(뱀 종류 9개)</u>

蛇[바얌] 黃頷蛇[구령이] 赤棟蛇[느굴이] 斑蛇[뇽묵이] 殺母蛇[산모아] 蚖
[가톨리바얌] 土桃蛇[굿바얌] 水蛇[무좌슈] 鱗蛇[이슴]

〈광재물보 4: 22a~23a〉 <u>(뱀 종류 9개)</u>

蛇[비얌] 黃頷蛇[구렁이] 赤棟蛇[능구렁이] 斑蛇[뇽목이] 殺母蛇[살모샤]
蚖[가토리비얌] 土桃蛇[굿비얌] 水蛇[무좌슈] 鱗蛇[이슴]

벌 관련 어휘도 『物名考』에서는 총 17개가 제시되었으나 『才物譜』(4책
본)에서는 13개, 『才物譜』(8권본)는 14개, 『廣才物譜』에서는 15개로 『物名考
』가 가장 많은 어휘를 제시하고 있다.33)

<u>〈물명고 건: 28a~b〉 (벌 관련 어휘 17개)</u>

蜂[벌] 蜜蜂[쑬벌] 蜂王[쟝슈벌] <u>相蜂[암벌]</u> 蜂竇[벌통] <u>蜂臺[수텽이]</u> 蜂房[벌
의 딥] 蜜脾[꿀개] 蠟[밀] 蜜[꿀] 崖蜜[셕쳥] 土蜂[물 벌] 大黃蜂[왕통이] 木蜂
[바돌이] 蠮螉[나나벌] 蚍蠮[쟈즈히] ※ 紫膠[즈공] 〈물명고 건: 28b〉

〈재물보(4책본) 4: 34b~35a〉 (벌 관련 어휘 13개)

蜂[벌] 蜜蜂[쑬벌] 紫膠[즈공] 蜂王[쟝슈벌] 蜂竇[벌통] 蜂房[벌의 집] 蜜脾[쑬
개] 蠟[밀] 土蜂[왕벌] 大黃蜂[말벌] 蠮螉[나나벌] ※ 蚍蠮[자즈이] 〈재물보(4
책본) 4: 38b〉, 蜜[쑬] 〈재물보(4책본) 3: 25a〉

〈재물보(8권본) 7: 21b〉 (벌 관련 어휘 14개)

蜂[벌] 蜜蜂[쑬벌] 紫膠[즈공] 蜂王[쟝슈벌] 蜂竇[벌통] 蜂房[벌의 집] 蜜脾[쑬

---

33) 이중 '紫膠[즈공]'을 『物名考』에서는 '昆蟲' 중 '白蠟蟲' 아래 제시했으나 『才物譜』(4책
본, 8권본)과 『廣才物譜』에서는 '蜜蜂[쑬벌]' 아래 제시하고 있어 분류에 차이를
보인다. 또 '蜜[쑬]'도 『物名考』에서는 '昆蟲' 중 벌과 관련된 어휘에 제시하였지만,
『才物譜』(4책본, 8권본)과 『廣才物譜』에서는 모두 음식에 제시하고 있어 분류에
차이를 보인다. '紫膠[즈공]', '蜜[쑬]'처럼 분류에 차이는 있으나 어느 한쪽에서라도
관련 어휘로 제시한 경우는 모두 제시하여 관련 어휘로 비교하였다.

H)] 蠟[밀] 土蜂[왕벌] 木蜂[바ᄃ리] 大黃蜂[물벌] 蠮螉[나날벌] ※ 尺蠖[자ᄌ이]〈재물보(8권본) 7: 40a〉, 蜜[쓸]〈재물보(8권본) 3: 25a〉

〈광재물보 4: 49a(虫卵1)〉(벌 관련 어휘 15개)
蜂[벌] 蜜蜂[쓸벌] 紫膠[ᄌ공] 蜂王[쟝슈벌] 蜂窠[벌통] 蜂房[벌의 집] 蜜脾[쓸
H)] 蠟[밀] 土蜂[왕벌] 大黃蜂[말벌] 木蜂[바ᄃ리] 蠮螉[나날벌] ※ 尺蠖[ᄌ벌
네]〈광재물보 4: 52a(虫卵,虫化4)〉, 蜜[쓸]〈광재물보 2: 27a(飮食3a)〉,
石蜜[셕쳥]〈광재물보 2: 27a(飮食3a)〉[34]

소항목에서의 이런 작은 차이가 대상을 확장하면 더 큰 차이로 나타난
다. 『物名考』의 분류를 중심으로 『才物譜』(4책본, 8권본), 『廣才物譜』의
분류명이 동일하고 포함 대상이 동일한 분류를 중심으로 한글대응어의
수를 비교하여 표로 제시하면 아래와 같다.[35] 아래 표 중 『物名考』에서는
'介蟲'에 '龜'류, '蛇'류, '蟹'류, '鰕'류, '蚌'류, '海螺'류 등이 포함되어 있는
반면, 『才物譜』(4책본)와 『廣才物譜』에는 '蛇'류가 '昆蟲'에 제시되어 있다.
정확한 비교를 위해 『物名考』에 맞추어 『才物譜』와 『廣才物譜』에서 '昆蟲'에
제시된 '蛇'류를 '介蟲'에 더하여 제시하고, 아래 소괄호 안에 '蛇'류의 수를
제시하였다.

〈표 4〉 물명 3서 수록 한글대응어를 제시한 표제어 수[36]

		물명고(藏본)	재물보(4책본)	광재물보
羽蟲		119	95	112
獸		236	185	231
水族	鱗蟲	100	89	90
	介蟲	47	28 ('蛇'류 7)	39 ('蛇'류 9)
昆蟲		137	92	100

---

34)『廣才物譜』에서는 음식에서 한자표제어 '石蜜'에 '셕쳥'을 제시하고 있다.
35) 홍윤표, 앞의 글, 1998, 485쪽 ; 홍윤표, 앞의 글, 2000b, 291쪽에서 『物名考』와
『才物譜』의 목차를 대조하여 제시한 것에 따른 것이다.

〈표 4〉에서 볼 수 있는 것처럼 '羽蟲'에 수록된 한글대응어는 『物名考』가 119개로 가장 많다. 또 『物名考』의 '物有情類-獸'는 『才物譜』의 '毛蟲譜', 『廣才物譜』의 '獸類'와 그 대상이 대체로 일치하는데 역시 『物名考』의 한글대응어가 236개로 가장 많다. '水族'의 경우도 『物名考』, 『廣才物譜』, 『才物譜』의 순으로 한글대응어를 수록하고 있다. 『廣才物譜』에 와서 동일 부류에 속하는 한글대응어의 수가 『才物譜』보다 증가한 것을 확인할 수 있지만, 그래도 여전히 『物名考』에는 미치지 못한다. 이와 같은 내용에서 알 수 있듯이 『物名考』 수록 한글대응어의 수가 표제항의 수나 어휘 수록 범위에서 가장 방대하다고 알려진 『才物譜』, 『廣才物譜』보다 많다는 사실을 확인할 수 있다. 이는 『物名考』가 다른 자료에 비해 동일 부류의 우리말 물명어휘를 매우 촘촘하게 수록하고 있다는 것을 의미한다.

3. 생태사적[37] 가치

김민수[38]는 『物名考』 수록 한글대응어의 특징을 "시대상을 반영"하고 있다는 표현으로 적시하면서 "교통에 널리 이용되던 말의 종류, 토종으로 분포된 개의 종류, 멸종되지 않은 토종 곡식은 다 오늘 실물을 보기 불가능하다는 생각"이라고 언급한 바 있다. '시대상을 반영'하고 있다는 것을 본고에서는 크게 생태사와 민속사 두 측면으로 나누어 볼 수 있다고

---

36) 이는 "조선 후기 물명 집성과 DB 구축" 사업팀(연구책임자: 황문환)에서 목록화한 "물명3서 표제어 비교"표를 기초로 필자가 보완한 것이다. "물명3서 표제어 비교" 표 작성에 애써준 박꽃새미 선생(한국학중앙연구원 박사과정 수료)과 귀중한 자료를 제공해 주신 연구책임자께 감사의 말씀을 올린다.

37) '생태사'는 지구에 사는 모든 생명체의 역사로 볼 수 있다(고태우, 「한국 근대 생태환경사 연구의 동향과 과제」, 『생태환경과역사』 2, 한국생태환경사학회, 2016, 34쪽). 본고에서는 이 중 동식물과 관련된 것에 집중하여 다룰 것이다.

38) 金敏洙, 앞의 글, 2000, 253쪽.

본다. 이중 본장에서 다룰 생태사는 『物名考』에 수록된 동식물명의 한글대응어를 통해 19세기 조선의 생명체, 특히 동식물의 역사에 집중되어 있다. 이 또한 국어사적 관점에 기초한 것이기 때문에 생태사를 본격적으로 다룬다기보다 생태사의 관점에서 접근해 보아야 할 동식물명을 살펴보는 데에 집중하고자 한다.

먼저, 『物名考』 수록 한글대응어 중에는 『物名考』를 통해서만 그 존재가 확인되는 동식물명이 적지 않다. 특히 '야생의' 것과 관련된 식물은 대체로 우리땅에 자생하는 것이어서 그 가치가 남다른데, 다른 자료에서는 그 존재를 확인할 수 없고 『物名考』 한글대응어를 통해서만 19세기 우리 땅에 서식했음을 확인할 수 있는 식물이다. 보통 접두사 '기/개-, 돌-, 들-, 산-, 뫼-, 새-' 등이 결합한 물명이 대체로 이에 속하는데39) 『物名考』에서만 확인되는 야생 식물 중 한두 예를 제시하면 아래와 같다.

> 茖葱 [山·原·平地皆有 開白花 結子如小葱頭 以此 人或疑是돌닉 然郭氏曰
>   茖山葱細莖大葉 則定非돌닉也 乃今江邊之**돌파**] 〈물명고 건: 41b〉
> 白蘘 [莖葉俱不紫 人家種作菜茹 **돌쌔**] 〈물명고 건: 44b〉
> 野胡麻 [**범의쌔** (중략) 以**범의쌔**定論 (이하 생략)] 〈물명고 건: 44b〉

---

39) 『物名考』 수록 한글대응어 중 '야생의' 것과 관련된 식물명을 제시하면 아래와 같다.
【'돌-'이 결합한 어휘(8개)】 石蠶[돌벌에]〈건:34a〉, 蘽[돌피]〈건:36b〉, 雀麥[돌귀오리]〈건:37b〉, 茖葱[돌파]〈건:41b〉, 野蓿[돌ㅊ죠기]〈건:44b〉, 白蘘[돌쌔]〈건:44b〉, 爵牀[돌노약이]〈건:45b〉, 佛甲草[돌나물]〈곤:19a〉
【'기/개-'가 결합한 어휘(5개)】 猫兒刺[기동빅]〈곤:28b〉, 蒲柳[개버들]〈곤:30a〉, 萍蓬草[개년]〈곤:23b〉, 番山丹[개날이]〈곤:17a〉, 紫菊[개구화]〈곤:10b〉
【'산-' 혹은 '뫼-'가 결합한 어휘(7개)】 山丹[산날이]〈곤:17a〉, 野菊[산구화]〈곤:10b〉, 栭栗[산유자]〈곤:37a〉, 郁李[산민ㅈ]〈곤:34b〉, 石芥[산갓]〈곤:08b〉, 薄菜[산갓]〈곤:08b〉, 旱茄子[뫼가디]〈곤:18a〉
【'새-'가 결합한 어휘(3개)】 蝼[새누에]〈건: 27b〉, 牡茅[새쥐]〈건:38a〉, 野菉豆[새녹두]〈건:47b〉, 野菱[새마름]〈곤:24a〉
【그외】 野胡麻[범의쌔] 〈건: 44b〉

野菱 [最小 而四角刺人者 **새마름**] 〈물명고 곤: 24a〉

'돌파'는 '茖葱'을 설명하면서 나온 것인데 유희는 '곽박(郭璞)이 이르기를 '茖은 山葱(이니, 줄기가 가늘고 잎이 크다'[40]고 하였으니, 결코 '달래'가 아니다. 이는 곧 요즈음 강변의 '돌파'라고 하였다. 『才物譜』에서는 '들늬'라고 제시해 놓았는데 달래가 아니라 강변의 '돌파'라고 유희 자신의 견해를 피력한 것이다. 그런데 '돌파'는 현대국어 사전에도 올라 있지 않고 다른 자료에서도 확인되지 않는다.[41] '돌쌔'는 '白蕂'에 제시한 한글대응어이다. 『物名考』에서는 '白蕂'에 대해 '줄기와 잎이 모두 자색(紫色)이 아니라'고 하면서 '돌쌔'라고 하였다. '돌쌔'는 현대국어 사전에도 올라 있지 않고 다른 자료에서도 확인되지 않는다.[42] '범의쌔'는 '野胡麻'에 제시된 한글대응어로, 한자표제항의 '野'에서도 짐작할 수 있듯이 이 또한 야생의 깨로 짐작된다. 『物名考』에서 '胡麻'를 '거믄쌔'라 하였으므로(胡麻[子黑 거믄쌔] 〈물명고 건: 44b〉) '野胡麻'를 『우리말큰사전』(한글학회 지음)에서 '야생의 검은깨'로 풀이한 것이 이해되는 면이 있다. 그러나 이 '범의쌔' 또한 현대국어에서 그 흔적을 찾을 수 없고 다른 자료에서도 확인되지 않아 야생의 검은깨라면, '胡麻'에 대응된 '거믄쌔'와는 어떻게 다른지 현재는 어떻게 남아 있는지 살펴볼 필요가 있어 보인다. '새마름'은 '野菱에 제시된

---

40) 현대어역은 황문환 외, "물명고 역해(건)" 연구과제 결과물, 2014와 황문환 외, "물명고 역해(곤)" 연구과제 결과물, 2015를 따른 것이다. 이하 모두 동일하다.

41) 이본 중 嘉본과 國본에서는 '골파'로 나타나기도 한다. '골파'는 현대국어에 그대로 '골파'로 남아 있는데 현대국어의 '골파'와 이곳의 '돌파'가 같은 것인지는 좀더 살펴볼 필요가 있다. 김형태 옮김, 『물명고(상)』, 소명출판, 2019a, 360쪽에서는 현대어역을 '골파'로 제시했으나 國본을 저본으로 하였기 때문으로 보인다. 현대 국어에서는 한자어 '산총(山葱)'이 표제어로 올라 있고 유의어로 '산마늘'이 제시되어 있다.

42) 김형태 옮김, 『물명고(상)』, 소명출판, 2019a, 386쪽에서는 현대어역을 '들깨'라고 하였으나 國본에서도 한글대응어가 '돌쌔'로 나타나고 있어 이를 '들깨'로 옮긴 근거는 명확하지 않다.

한글대응어로, '야생의' 혹은 '야생에서 자란 작은'의 의미를 더하는 접두사 '새-'와 '마름'이 결합한 것이다.43) '새마름' 또한 현대국어에 이어지는 것을 확인할 수 없다. 『物名考』의 이 예를 들고 『이조어사전』(유창돈 지음)에서는 '납가새'라고 풀이한 반면, 『우리말큰사전』(한글학회 지음) 에서는 '마름의 한가지'라고만 풀이한 것은 '새마름'의 실물이 정확히 무엇인지 명확하지 않음을 단적으로 드러낸다 하겠다.44) 이러한 식물들 은 19세기 조선의 생태를 이루고 있었던 것이 분명한데 현재 사라졌거나 무엇에 해당하는지 정확히 찾지 못한 것이다.

동물의 경우에도 이러한 예가 적지 않다. 김중빈45)은 19세기 초의 수산물 어휘를 연구하면서 『物名考』를 언급하였는데 『物名考』에 수록된 수산물 어휘 중 '死語로 보이는 어휘'로 '시욹디, 주토고기, 관음빗쑵, 오월잡이, 오싴쟈개, 잠죠기, 여흘티, 난셰씌ᄂ리,46) 왜진주, 빗쑵쟈개, 배틀죠개' 등 11개를 언급하였다.47) 이들 중에는 앞선 시기 자료에서

43) 황문환 외, "물명고 역해(곤)" 연구과제 결과물, 2015.
44) '납가새'와 '새마름'이 이칭 관계일 가능성도 배제할 수 없다. 이들이 이칭 관계에 있음을 분명히 하는 것 또한 그 실물이 무엇인지가 밝혀져야 가능한 것이므로 이 또한 생태사의 연구가 이루어져야 한다고 생각된다.
45) 김중빈, 「魚譜類에 나타난 19C초의 수산물 어휘 연구-『兹山魚譜』(1814), 『蘭湖魚牧志』(1820), 『物名考』(1824?)의 수록 어휘를 중심으로-」, 공주대학교 교육대학원 국어교육전공 석사학위논문, 2004.
46) 김중빈, 위의 책, 2004, 36쪽에서는 '난셰씌ᄂ리'를 합쳐 하나의 물명으로 보았으나 이는 잘못이다. '난셰'는 "알을 가진 싱어. 경기 지방의 방언"(『고려대한국어사전』) 을 뜻하는 현대국어의 '난서'를 뜻하고, '씌ᄂ리'는 정문기, 『韓國魚圖譜』, 일지사, 1977과 김형태, 앞의 책, 2019a, 171쪽에서는 현재의 '싱어'라 하였고, 박구병, 「웅어」, 『한국민족문화대백과사전』, 한국학중앙연구원, 1995는 어형상 '까나리' 에 가깝다고 하였다. 『物名考』의 '씌나리'가 '싱어'인지 '까나리'인지는 확인이 더 필요할 것으로 보인다. 이 또한 생태사에서 살펴볼 부분이 아닌가 한다.
47) 김중빈, 위의 책, 2004는 日本을 대상으로 한 것인데, '잠죠기'는 다른 이본에서 '춤죠개(藏本), 춤죠기(嘉本, 國本)'로 나타나고 있다. 따라서 '잠죠기'를 오기로 보아야 할 것이다. '춤죠개'는 현대국어의 '참조개'로 이어진다.

확인되거나 짐작되는 것들이 존재하지만, 『物名考』에만 나타나서 더 이상 의 추적이 쉽지 않은 경우도 있다.

> 朱肉魚[出東海 大如牛馬 其力甚大 旣出陸地 猶可騎行數十步 然以一絲之緡 釣出之
>   性良故也 肉色如染朱 **주토고기**] 〈물명고 건: 22a〉
> 江黃[形亦類人 海邊漁者 取其牝者 畜之池中 以時淫之 疑東俗所謂 **시욹디**] 〈물명
>   고 건: 18a〉

'鱗蟲'에 제시된 '주토고기'는 현대국어에 이어지는 형태가 확인되지 않는다. 『才物譜』나 『廣才物譜』에는 한자표제어 '朱肉魚'뿐 아니라 '주토고 기'와 관련된 한글대응어가 수록되어 있지 않다. 『이조어사전』(유창돈 지음)에서 위의 예를 들고 '주토고기'에 대해 '고기 이름'이라고만 풀이하고 있는 것에서 '주토고기'의 실체를 파악하는 것이 쉽지 않았음을 단적으로 보여준다. '시욹디' 또한 관련된 어형이 다른 자료에서 확인되지 않으며 『才物譜』나 『廣才物譜』에도 수록되어 있지 않다. 『이조어사전』(유창돈 지음)에서는 『物名考』의 이 예를 들고 '복어'라 풀이하였으나 그 근거를 알 수 없다.[48] 『우리말 큰사전』(한글학회 지음)에서는 여기의 '시욹디'를 '海豚 시육지 〈물보 상: 13〉'를 참조하여 '돌고래'로 풀이하기도 하였으나 유희는 협주에서 '모습이 또한 사람과 닮았는데, 바닷가 어부들이 그 암컷을 잡아 연못 속에서 기르면서 때때로 음란한 짓을 하였다'라고 하였으므로 『物名考』의 협주와 맞지 않는다.

또 앞에서 언급한 말의 종류에서는 『物名考』에만 나타나거나 『物名考』에서부터 나타나는 한글대응어가 다수 존재한다.[49]

---

48) 김형태 옮김, 『물명고(상)』, 소명출판, 2019a, 158쪽에서도 '시욹디'를 현대국어 '복어'로 옮겨 놓았는데, 이는 『이조어사전』을 참조한 결과로 추측된다.

49) 이는 『廣才物譜』를 염두에 둔 것이다. 박부자, 「한글물명을 통해 본 물명서의 상관관계-『才物譜』, 『物名考』, 『廣才物譜』를 중심으로-」, "조선 후기 물명 집성

〈물명고 건: 9a-b〉 (말 종류 54개 중 유일예 17개)
驄[총이] 騏[철쳥총이] 驒[년견총이] 騩[그은총이] 驨[먹총이] 騝[돗총이]
驪[가라] 驖[청가라] 騢[담가라] 盜驪[돗가라] 雒[표가라] 騽[류거헐] 黃[황
고라] 騧[공고라] 駩[결다] 驊騮[부졀다] 驦[구렁졀다] 騂[표졀다] 駱[가리
온] 駁[빅셜총이] 銀褐馬[셜아마] 駝[찬간쟈] 達[실간쟈] 駒[쇼틱셩] 粉觜馬
[거흘믈] 線臉馬[쟘불믈] 騲[함오] 花馬[월아] 驈[쌍챵월아] 驥[삿흰말] 驊
[한박월아] 豹臀馬[구불쟈릭 或曰황부루] 駓[도화잠불] 駏[류부루 或云월
아] 騥[젹부루] 騜[황부루 或云 싀고라] 駐[청부루] 環眼[골희눈] 魚[쌍골희]
瞷[외골희] 驃[싀오등] 龍頭馬[룡두마] 騜[양귀] 駄[양텈] {馬+占}[쳔쥐말]
{馬+竄}馬[진믈] 光當馬[덜넝이는 믈] 劣馬[가리는 믈] 老實馬[용혼 믈]
點馬[좃는 믈] 攦人馬[사람 도도는 믈] 癩馬[비로먹은 믈] 騢馬[길마업슨
믈]

이외에 지금도 우리 주위에서 자주 보는 곤충류 중 현대국어에서
확인할 수 없고 『物名考』에만 나타나는 예를 제시하면 아래와 같다.

호려[小而黃者 숑화잔즈리]胡離·螇蚸·江雞[소] 〈물명고 건: 29b〉
당조[身具五采 頭有花冠 而早鳴 듀발마양이] 蜋蜩·蝘·蚙·蛉蚨·冠蟬·蟬花·
胡蟬·蟧蛦[소] 〈물명고 건: 30b〉

가을이 되면 주위에서 흔히 보는 곤충 중 하나가 잠자리이다. 『物名考』에
는 '잠자리'에 해당하는 한자표제어 '蜻蜓' 부분에 '잔즈리, 메밀잔즈리,
숑화잔즈리, 텬동잔즈리, 쳥벌에 亦名물숑티' 등을 제시하고 있다. 이들은

___

과 DB 구축 연구 사업" 학술대회 『조선 후기 물명 3서에 대한 기본적 고찰』,
한국학중앙연구원 어문생활사연구소, 2021에서 언급한 바 있지만 『廣才物譜』의
한글대응어는 『才物譜』(4책본, 8권본)를 따른 경우도 있고 『物名考』를 따른 경우도
있다. 특히 『物名考』에만 나타나는 한글대응어가 『廣才物譜』에도 나타나는 것은
『物名考』를 따른 것이므로 이는 『物名考』에만 나타나는 한글대응어와 거의 대등한
가치를 갖는다고 할 수 있다.

모두 잠자리 종류인데 이중 '숑화잔ᄌ리'는 현대국어에서 찾기 어렵고
이전 시기의 다른 자료에서도 확인되지 않는다.[50] 그 해설에 '잠자리
중 조금 작으면서 노랗다'고 하였으니 '숑화(松花)'는 잠자리의 색을 의미하
는 것으로 추정될 뿐이다.[51] '듀발마얌이'는 蟪蛄에 제시된 한글대응어인
데 '몸에 5가지 채색을 띠었고 머리에 화관(花冠)이 있으며, 일찍 운다'고
하였다. '듀발'이 무엇을 의미하는지도 명확하지 않으며 그 실체도 파악되
지 않는다.

이와 같이 『物名考』의 한글대응어는 19세기에 실재했던 조선의 생태를
반영하는데, 실재했던 동식물의 존재를 확인하고 그 실체를 확인하는
데에 『物名考』의 한글대응어가 중요한 위치에 있다고 할 수 있다. 특히
야생의 식물명이나 『物名考』 유일예의 동물명, 앞선 견해를 논증하여
한글대응어를 제시한 것 등은 단순히 『才物譜』와 같은 앞선 자료를 답습한
것이 아니라 유희가 고증을 거쳐 제시한 한글대응어이기 때문에 더욱
그러하다. 해당 한자표제어에 대응되는 우리의 동식물명을 한글로 표기
함으로써 동식물명의 실체 찾기에서 한자물명으로 찾아지지 않는, 혹은
한자물명으로 인해 혼란이 생기는 실체에 대해 메타언어적 기능을 하는
한글물명이 19세기에 실재했던 조선의 생태를 반영하는 실체에 좀더
다가갈 수 있도록 해 줄 것이기 때문이다.

---

50) 『才物譜』와 『廣才物譜』에서는 '狐黎'에 대해 한글대응어가 제시되어 있지 않다.
51) 황문환 외, "물명고 역해(건)" 연구과제 결과물, 2014. 정종수, 『잠자리 나들이
    도감-우리나라에서 사는 잠자리 96종』, 보리, 2017에서는 우리나라에서 사는
    잠자리 96종을 소개하고 있는데 여기에도 '숑화잠자리'와 관련된 명칭은 보이지
    않는다. 다만 노란색과 관련된 잠자리로 '노란배측범잠자리, 노란측범잠자리,
    밑노란잠자리, 노란잔산잠자리, 노란잠자리, 진노란잠자리, 노란허리잠자리'가
    보이는데 이중 해당하는 것이 있는지 검토가 필요하다.

4. 민속사적 가치

앞에서 언급한 것처럼 『物名考』 수록 한글대응어는 어휘에 나타난 시대상을 반영하고 있다. '시대상' 중 『物名考』의 한글대응어를 통해 살펴볼 수 있는 또 다른 측면은 바로 19세기 조선의 민속이다. 물론 『物名考』는 일종의 語彙 分類集이기 때문에 각 물명이 쓰인 맥락 정보를 제공하지 못하는 한계를 지니고 있기는 하지만, 관련 부류의 어휘가 한데 모여 있고 해당 부류의 어휘를 가장 많이 수록하고 있는 자료 중 하나라는 점에서[52] 19세기 조선의 민속을 추적하는 데에 반드시 살펴보아야 할 자료로 생각된다. 다만, 생태사적 가치를 언급한 3장에서와 마찬가지로, 이들 한글대응어를 통해 민속사를 본격적으로 다룬다기보다 민속사의 관점에서 접근해 보아야 할 한글대응어를 중심으로 살펴보는 데에 집중하고자 한다.

먼저 『物名考』 수록 한글대응어 중 어업, 양잠, 매사냥, 대장, 불, 물을 끌어올리는 도구 등 대표적인 몇 가지를 제시하면 아래와 같다. 어업 관련 한글대응어로는 '物有情類' 아래 '水族'을 수록하면서 제시된 어구 관련 한글대응어와 '物不情類' 아래 '海'에 제시된 조수 관련 어휘가 있다. 양잠 관련 한글대응어는 '物有情類' 아래 '昆蟲' 중 하나로 '蠶'을 수록하면서 제시된 것이다. 여기에는 누에를 치는 행위나 도구, 그 이후 연결되는 실을 뽑는 과정, 그 실로 직조한 직물 등과 관련된 일련의 어휘가 수록되었

---

52) 曺禎我, 「언간 자료에 나타나는 생활 물명의 어휘사적 연구」, 한국학중앙연구원 한국학대학원 국어학 전공 박사학위 논문, 2016은 언간에 나타난 일상생활과 관련된 물명을 '생활물명'으로 명명하면서 다룬 바 있다. 이때의 생활물명은 주로 의식주에 해당하는데 『物名考』에서 생활상을 반영하는 한글대응어는 이와 같은 '생활물명'과는 다소 거리가 있다. 또 언간이 생활물명을 보여주는 대표적인 문헌이기는 하지만 특정 어휘에 집중되어 있는 경향이 있어 생활물명 전반을 보여주지는 못한다.

다. 매 사냥 관련 한글대응어는 '物有情類' 아래 '羽蟲' 중 '鷹'을 수록하면서 제시된 것으로, 매의 종류뿐 아니라 매 사냥과 관련된 행위나 도구 관련 어휘가 보인다.

【어업 관련 한글대응어】 (26개)

網[그믈] 紀[벼리 겐 줄이라] 網瓢兒[그물 버굿] 網脚兒[그물톳] 罛[불그물] 圍網[후리그물] 袖網[통그물] 撈網[반도] 擭網[활지] 楚王[조왕이] 筍[통발] 倒鬚[통발거스럼이] 笊籠[가리] 箸箵[조릭之類] 籍[삼틱之類] 鋼叉[작살] 梁[살] 槮[고기깃 주다] 釣[낙시] 鉤[낙시갈고리] 逆鋩[낙시미늘] 釣竿[낙시대] 緡[낙시줄] 釣瓢子[낙시찌] 餌[밋기] 腰舟[허리박] 〈물명고 건: 17a-b〉

小汛[무쉬] 上岸[흔물 두물부텀] 大起[한스리] 下岸[아홉물 열물부텀] 〈물명고 곤: 57a〉

【양잠 관련 한글대응어】

蠶[누에] 三眠[한잠] 上草[섭희 올니다] 繭[고티] 蛹[본독이] 蛾[나븨] 蠶薄[누에발] 槵[누에섭] 抽絲[실 혀다] 繰車[쟈이] 緞[실 무다] 幌[실 닉이다] 扣絲[실 어우르다] 纇[실민듭] 絲團子[실바대] 雪綿[풀쇼음] 蛾口[나븨 나온 고티] 上岸[혈 제 실 안니 나셔 건디니] 繭衣[고티허물] 砧落[풀쇼올 탈 대] 錦[비단] 蠶室[누에방] 野蠶[비단고티] 蟓[새누에] 柘蠶[구디누에] 蚖[쑥누에] 雔由[야견亽] 〈물명고 건: 27a-b〉

【매 사냥 관련 한글대응어】

鷹[매] 窩雛鷹[익두매] 籠鷹[수진매] 秋鷹[보라매] 鷹絛[매쏭] 魖[개암 도로다] 蹲鷹[매 안티다] 叫頭[매 겻다] 抓物[매 츠다] 韝[버렁] 鷹鐺[매방올] 鷹墊板[단쟝고] 飄翎[쌔깃] 梔[도래] 絛[젹갓] 五皮[스츔] 角鷹[죠골이] 茅鴟[말쏭더휘기] 花鴇[결푸역이] 〈물명고 건: 6a〉

이외에 '物不動類' 아래 '金'부에 대장 관련 한글대응어도 수록되었다. 아래와 같이 총 19개가 확인된다. 대장 관련 어휘가 한 자리에 집적된 것은 19세기 물명서에 와서 나타나는 양상인데, 특히 『物名考』에 관련 어휘 수가 가장 많고 새롭게 확인되는 어휘도 있다.53) 이 가운데 '드딀풀무' 는 한자표제어 '北踏風爐'에 대응된 것으로, 특별한 설명 없이 '드딀풀무'만 제시해 놓았다. '北踏風爐' 자체가 『才物譜』(4책본, 8권본)에서 모두 보이지 않던 표제어이고 '드딀풀무'도 이전 시기 자료에서는 보이지 않다가 『物名考』에서만 확인된다. 현대국어의 '디딜풀무(발로 디디어 바람을 내는 풀무〈표준〉)'로 이어지는 것이지만, 그것의 실제 쓰임이나 형태 등과 관련해서는 명확한 것이 없다.

【대장 관련 한글대응어】(19개)

風匣爐[골풀무] 北踏風爐[드딀풀무] 放砂爐[연사 불니난 풀무] 鞴[허풍손이]54) 火罐子[도관] 型[겁푸집] 鏺[모로] 鎚[맛티] 鋤頭([쇠몽동이] 老鸛槌[쟝도리] 鑷[집게] 鸛鉗[치 긴 집게]55) 鐵銼[줄] 鉛[요고쇠] 法琅[파란]

---

53) 『才物譜』(4책본, 8권본)와 『廣才物譜』에서는 '대장 관련 한글대응어'가 다음과 같이 제시되어 있다.
【재물보(4책본, 장서각본) 人-雜術-商賈-冶匠: 대장 관련 한글대응어(8개)】
冶匠[대야장], 鎚[마치], 鉛[요고쇠], 鑷, 鸛鉗 쇠[집게], 鑪[풀무], [風匣爐골풀무], 放砂爐[쇠 불니는 풀무], 火罐子[쇠 노기는 도관]〈하: 78〉
【재물보(8권본, 국도본) 人-雜術-商賈-冶匠: 대장 관련 한글대응어(13개)】
鋤頭[쇠몽동이], 鸛鉗[집게], 鐵銼[줄], 鎚[마치], 鏺[모로], 鎚[마치], 鉛[요고쇠], 鑷[집게], 鑪[풀무], 風匣爐[골풀무], 放砂爐[쇠 부리는 풀무], 鞴[허풍손이], 火罐子[쇠 노기는 도관]〈4: 25a〉
【광재물보 民業一-冶匠: 대장 관련 한글대응어(11개)】
쇠몽동이[鋤頭], 집게[鸛鉗], 줄[銕銼], 모루[鏺], 마치[鑽·鎚], 요구쇠[鉛], 풀무[鑪], 골풀무[風匣鑪], 쇠 불니는 풀무[拉風箱·放砂鑪], 허풍손이[鞴] 쇠 노기는 도간이[橐籥·火罐子]
54) '허풍손이'도 이전 시기 자료에서는 보이지 않다가 19세기에 와서야 확인되는 어휘이다. 필자가 찾아본 바로는 『才物譜』(8책본)에서 처음 보이고 이것이 『物名考』, 『廣才物譜』에 계승된 것으로 추정된다.
55) 한자표제어 '鑷, 鸛鉗'는 『才物譜』(4책본, 8권본)에서는 특별히 구분을 두지 않고 '집게'로만 제시하였고, 『廣才物譜』에서는 한자표제항 '鑷'를 삭제했다. 『物名考』에서는 '집게, 치 긴 집게'로 그 형태에 차이가 있는 것으로 분리하여 제시했다.

起花[긔화노히] 鑿花[쟝식의죠이] 鍱[셥삭임] 鐼[재임질] 〈물명고 곤: 49b〉

'物不靜類' 아래 '火'부에 제시된 어휘로는 다음과 같은 한글대응어가 나타난다. 여기에는 불을 다루는 도구나 장소, 화구(火具) 등이 제시되어 있는데, 이중 '나묘'와 '구을등'은 『物名考』에서 처음 확인되는 어휘이다.

【불 관련 한글대응어】(31개)
炭[등걸불]56) 烟頭子[닝괄이] 柴[따힐 나모] 火絨草[불살오개] 竈杖[부짓대] 燭[나묘] 庭燎[홰] 蠟燭[밀쵸] 燭臺[쵸대] 燭籠[쵸롱] 燈[등잔불] 炷[심지] 玉膽瓶[불옂] 燈炧[불똥] 撚子[룡디] 揉紙[룡디 부븨다] 鐵樹[등경] 圭[도도개] 燈籠[등롱] 滾燈[구을등] 爐[화로] 竈[부억아궁이] 廚[부억간] 竈瓴[부억니마] 竈突[굴독] 爨[헛부억] 山燒[묏불] 野燒[들불] 燹燼[불깃] 火刀[부쇠] 灰淋紙[부쇠깃] 〈물명고 곤: 52b-53a〉

'燭'에 대해 '땅에 있는 것은 '炬(거)'라 하고, 손에 있는 것은 '燭(촉)'이라 한다'고 하면서 한글대응어 '나묘'를 제시하고 있다. '나묘'는 이전 시기의 자료에서도 『才物譜』나 『廣才物譜』 등 다른 물명서에서도 확인되지 않는다. 이덕희57)는 이곳의 '나묘'를 현대국어의 '촛불'에 대응시켰으나 현대국어 '나조반, 나좃대'의 '나조'와 관련된 것으로 볼 수 있다.58) '滾燈'에

『物名考』의 이러한 구분이 단순히 형태상의 차이였는지 용도의 차이까지 있었는 지는 더 살펴볼 필요가 있을 듯하다. 『物名考』에서 이와 같이 더 세분하여 제시한 것도 해당 도구의 역사를 살피는 측면에서는 눈 여겨 보아야 할 것으로 보인다.

56) 藏本에서는 표제어 '炭'에 협주로 '燒木등걸末灰불'이라 제시되었으나 다른 이본에 모두 '燒木末灰 등걸불'로 나타나 전사 과정에서 일어난 실수로 추정된다(황문환 외, "물명고 역해(곤)" 연구과제 결과물, 2015). 이에 본고에서는 이를 바로 잡아 '등걸불'로 제시하였다.

57) 이덕희, 「근대 국어 물명 어휘집 연구-사전적 분류와 어휘 체계를 중심으로-」, 부경대학교 대학원 국어국문학과 박사학위논문, 2007, 262쪽.

58) 황문환 외, "물명고 역해(곤)" 연구과제 결과물, 2015. 『표준국어대사전』에서는

대응된 한글대응어 '구을등'은 형태나 용도를 짐작하기 어렵다. 현대국어에 이어지는 형태도 확인하기 어렵고 다른 자료에서도 확인할 수 없다.

> 燭[在地曰炬 在手曰燭 <u>나됴</u>] (중략) 滾燈[<u>구을등</u>] 〈물명고 곤: 52b〉

마지막으로 '物不情類' 아래 '渠'부에는 물을 끌어올리는 도구로 아래 어휘를 제시하고 있다. 이중 '슈명통'은 무엇인지 정확히 알기 어려운 물건 중 하나이다. 『物名考』에서도 별다른 설명 없이 '渴烏'에 대해 한글대응어 '슈명통'을 제시하고 있고 『才物譜』나 『廣才物譜』 등 다른 자료에서도 관련된 어형을 찾기 어렵다. 『物名考』의 다른 이본(日본, 嘉본, 國본)에서는 '슈명롱'으로 나타나고 있어[59] 정확한 명칭에 '슈명롱'이 아닌가 의심되기도 한다.[60]

【물을 끌어 올리는 도구 관련 한글대응어】
　　筧[대홈] 梘[나모홈] 渴烏[<u>슈명통</u>] 桔槹[룡드레] 水車[무자의] 〈물명고 곤: 55a〉

이상에서 살펴본 한글대응어는 『物名考』에 수록된 것이 유일예이거나 『物名考』에서부터 확인되는 것들이다. 유희가 고증을 통해 『物名考』를

'나죳대'에 대해 '납채(納采) 때 신부 집에서 불을 켜는 물건'으로 풀이되어 있으나 구성상 '나조+ㅅ+대'의 결합으로 분석될 수 있고 '대'는 '촛대'의 '대'처럼 "꽂아 놓는 기구"이므로 이와 같은 풀이는 재고의 여지가 있다.

59) 황문환 외, "물명고 역해(곤)" 연구과제 결과물, 2015.

60) '슈명통' 혹은 '슈명롱'이 현대국어 '수명대'가 아닌지 의심된다. '수명대'는 "석축에 물구멍을 내는 데 쓰는 대통 〈표준〉"인데 이러한 풀이를 참고한다면 물명 또한 藏본에서 확인되는 '슈명통'이 정확할 가능성이 높다. 한자물명 渴烏에 대해서는 '옛날에 물을 받는 용도로 사용하던 굽은 통의 이름'(〈한국고전번역DB〉)이라는 해설이 있는데 이것이 곧 한글대응어의 '슈명통'인지는 좀더 살펴보아야 한다.

편찬한 만큼 당시 실재했던 물건들이었을 것이나 이들의 역사에 대해서는 제대로 다루어진 바 없는 듯하다. 다른 자료에서 한글로 표기된 물명이 확인되지 않아 명칭이나 실물의 존재가 명확하지 않았지만, 『物名考』의 한글대응어를 통해 드러난 실물의 역사를 민속사의 관점에서 접근해 볼 필요가 있어 보인다.

5. 결론

본고는 유희의 『物名考』 수록 한글대응어에 대해 국어사적 가치, 생태사적 가치, 민속사적 가치로 나누어 살펴본 것이다. 국어사적 가치에서는 『物名考』의 이본들이 물명의 공시적 차이를 보여주는 자료이며, 동일 부류의 물명에 있어 수록 어휘가 가장 방대하고 촘촘하게 수록되어 있다는 점을 언급하였다. 생태사적 가치에서는 『物名考』 수록 한글대응어 중 야생식물이나 어류명, 곤충명의 구체적인 예를 통해 생태사의 관점에서 접근해 보아야 할 동식물명을 살펴보았다. 민속사적 가치에서는 어업, 양잠, 매사냥, 대장, 불, 물을 끌어올리는 도구 등 당시 조선의 민속을 살펴볼 수 있는 부류의 어휘가 『物名考』에 수록되어 있음을 지적하고 민속사의 관점에서 접근해 보아야 할 한글대응어를 살펴보았다.

이상에서 살펴본 『物名考』 수록 한글대응어가 더욱 빛나는 것은 바로 유희라는 지식층의 한글 사용과 밀접히 관련된다고 할 수 있다. 유희가 『物名考』를 작성하면서 어류를 실측하거나 직접 조사가 이루어진 사례는 찾기 어렵고 조선보다는 중국 측의 문헌 고증과 편집에 집중하였기 때문에 『物名考』 유형의 유서를 저술하는 과정은 조선 특유의 지식 체계를 구축하는 과정보다도 중국 중심의 지식과 문화를 조선에 보급하고 재생산하는 과정이었다.[61] 그리고 이런 과정은 한자를 사용한 집필을 통해 이루어졌다. 그럼에도 불구하고, 앞에서 제시한 한글대응어를 통해 알수 있듯이 유희가 『物名考』를 저술하면서 우리 물명을 고증하여 한글로 표기하였고, 그 결과 동일 부류에서의 한글대응어의 규모가 단연 독보적일 뿐 아니라 독자적인 한글대응어가 수록될 수 있었던 것 또한 부정할수 없다. 유희의 입장에서는 한글대응어가 한자물명을 이해하기 위한수단이었을지 모르나, 지금에 와서 평가해 보면, 『物名考』에서 유희의 고증이 빛난 것은 한자물명보다 한글대응어로 제시한 우리의 물명에 있었다고 할 수 있다. 그리고 그 결과는 한글을 통해 조선의 지식과 문화를 전승하는 데에 기여했다고 볼 수 있지 않을까 한다.

참고문헌

高成翊, 「언해문의 내용과 표기를 근거로 한 『兵學指南』의 서지적 계통 분석」, 『진단학보』 125, 진단학회, 2015.

고태우, 「한국 근대 생태환경사 연구의 동향과 과제」, 『생태환경과역사』 2, 한국생태환경사학회, 2016.

國學振興研究事業推進委員會 編, 『晋州柳氏西陂柳僖全書Ⅰ』(韓國學資料叢書 38), 성남: 韓國學中央研究院, 2007.

金根洙, 「「物名考」와 「物譜」 解題」, 『圖協月報』 11-8, 韓國圖書館協會, 1970.

金根洙, 「「物名考」와 「物譜」 解題」, 『物名考·物譜』, 景文社, 1975.

金根洙, 「柳僖 著 物名考」, 『韓國學』 2, 永信아카데미 韓國學研究所, 1974.

김대식, 「『물명류고』의 생물학적 연구: 물고기 이름 분류를 중심으로」, 『새국어생활』 10-3, 국립국어연구원, 2000.

김무림, 『(개정판) 한국어 어원 사전』, 지식과 교양, 2015.

---

61) 조영준, 「유희의 『물명고』에 기재된 척도의 기재 유형과 실체」, "조선 후기 물명 집성과 DB 구축 연구 사업" 학술대회 『조선 후기 물명 3서에 대한 기본적 고찰』, 한국학중앙연구원 어문생활사연구소, 2021, 143~160쪽.

김민수 편, 『우리말 語源辭典』, 태학사, 1997.

金敏洙, 「柳僖 선생의 生涯와 學問」, 『語文硏究』 28-4, 韓國語文敎育硏究會, 2000.

金敏洙, 「柳僖 선생의 生涯와 學問」, 『10월의 문화인물』, 국립국어원, 2000.

김익수, 『민물고기도감』, 보리, 2014.

김종원, 『한국식물생태보감 1: 주변에서 늘 만나는 식물』, 자연과 생태, 2013.

김종원, 『한국식물생태보감 2: 풀밭에 사는 식물』, 자연과 생태, 2016

김중빈, 「'魚譜類'에 나타난 19C초의 수산물 어휘 연구-『玆山魚譜』(1814), 『蘭湖魚
       牧志』(1820), 『物名考』(1824?)의 수록 어휘를 중심으로-」, 공주대학교
       교육대학원 국어교육전공 석사학위논문, 2004.

김중빈, 「魚譜類에 나타난 19C초의 수산물 어휘연구-『玆山魚譜』(1814), 『蘭湖魚
       牧志』(1820), 『物名考』(1824?)의 수록 어휘를 중심으로-」, 『한어문교육』
       12, 2004.

김형태 옮김, 『물명고(상)』, 소명출판, 2019a.

김형태 옮김, 『물명고(하)』, 소명출판, 2019b.

梁姸嬉, 「物名類攷에 관한 고찰-語彙, 音韻과 文字表記를 中心으로-」, 서울大學校
       大學院 國語敎育科 碩士學位論文, 1976.

劉昌惇, 『語彙史 硏究』, 三友社, 1975.

劉昌惇, 『李朝語辭典』, 延世大出版部, 1964/1985.

李基文, 『國語 語彙史 硏究』, 東亞出版社, 1991.

명정구, 『바닷물고기도감』, 보리, 2013.

문금현, 「物名攷」, 『奎章閣所藏語文學資料-語學篇 解說-』, 서울: 서울大學校奎章
       閣, 2001.

박경하, 「조선후기 類書類에 나타난 향촌사회 자료의 성격」, 『역사민속학』 33,
       한국역사민속학회, 2010.

박구병, 「웅어」, 『한국민족문화대백과사전』, 한국학중앙연구원, 1995.

박부자, 「유희 『物名考』에 수록된 한글대응어의 특징」, "유희의 『物名考』 연구와
       색인 편찬" 연구결과발표회 자료집』, 한국학중앙연구원, 2020.

박부자, 「한글물명을 통해 본 물명서의 상관관계-『才物譜』, 『物名考』, 『廣才物譜』
       를 중심으로-」, "조선 후기 물명 집성과 DB 구축 연구 사업" 학술대회
       『조선 후기 물명 3서에 대한 기본적 고찰』, 한국학중앙연구원 어문생활사
       연구소, 2021.

박호석·안승모, 『한국의 농기구』, 어문각, 2001.

배도식, 「한국의 대장간」, 『한국민속학』 26, 한국민속학회, 1994.

白承昌, 「『物名考』類에 대한 國語學的 硏究-어휘 분류와 조어법을 중심으로-」, 檀國大學校 大學院 國語國文學科 國語學專攻 博士學位論文, 2009.

서영대, 「조선후기 類書類에 나타난 민속종교 자료」, 『역사민속학』 33, 한국역사민속학회, 2010.

申景澈, 「「物名考」의 動物名 語彙考」, 『論文集』 3, 尙志大學倂設實業專門大學, 1984.

申景澈, 「「物名考」의 無生物名 語彙考」, 『論文集』 5, 尙志大學倂設實業專門大學, 1986.

申景澈, 「「物名考」의 植物名 語彙考」, 『羨鳥堂 金炯基 先生 八耋紀念國語學論叢』, 創學社, 1985.

申景澈, 「物名考의 語彙 考察」, 『韓國言語文學』 25, 한국언어문학회, 1987.

신성철, 「『어제백행원(언해)』 이본 간의 국어학적 고찰: 장서각 소장 금속활자본 『어제백행원(언해)』과 필사본『어제백행원』을 중심으로」, 『藏書閣』 22, 한국학중앙연구원 장서각, 2009.

신종근 외, 『내수면 어구어법 도감』, 국립수산과학원 중앙내수면연구소, 2018.

신중진, 「곡물명 수록 어휘 자료집의 계보와 그 어휘 목록 분석을 위한 기초 연구」, 『동아시아 문화연구』 54, 한양대학교 동아시아문화연구소, 2013.

愼重珍, 「사전학적 관점에서 본 『物名攷』와 『才物譜』의 영향 관계」, 『震檀學普』 120, 震檀學會, 2014.

沈慶昊, 「朝鮮後期 漢字語彙分類集에 관하여」, 『朝鮮後期 漢字語彙 檢索辭典』, 韓國精神文化硏究院, 1997.

심경호, 「한국 類書의 종류와 발달」, 『민족문화연구』 47, 고려대학교 민족문화연구원, 2007.

심경호, 「柳僖 『物名考』의 注文과 按語에 대한 일 고찰」, 『조선시대 물명 구의 현황과 과제』(한국학중앙연구원 전통한국학연구센터 2014년도 제3차 국내학술회의 자료집), 2014.

오보라, 「西陂 柳僖 『物名考』의 체계 및 의의 재탐색」, 『大東漢文學』 58, 대동한문학회, 2019.

윤향림, 「물명어휘집의 계통과 어휘 연구」, 안동대학교 대학원 국어국문학과 박사학위논문, 2018.

이건식, 「朝鮮 時代 文獻 資料에 나타난 말의 部分 毛色 名稱 借用語의 起源에

대하여」, 『國語學』 64, 2012.

이건식, 「朝鮮 前期 文獻 資料에 나타나는 魚類名 表記에 대한 硏究」, 『국어학』 55, 국어학회, 2009.

이덕희, 「근대 국어 물명 어휘집 연구-사전적 분류와 어휘 체계를 중심으로-」, 부경대학교 대학원 국어국문학과 박사학위논문, 2007.

이병근, 『어휘사』, 태학사, 2004.

이봉일·김미경, 「매와 매사냥의 역사와 어휘 연구」, 『비평문학』 65, 2017.

장충덕, 「국어 식물 어휘의 통시적 연구」, 충북대대학원 국어학 전공 박사학위 논문, 2007.

전광현, 「『물명류고』의 이본과 국어학적 특징에 대한 관견」, 『새국어생활』 10-3, 국립국어연구원, 2000.

鄭良婉·洪允杓·沈慶昊·金乾坤, 『朝鮮後期漢字語彙檢索辭典-物名考·廣才物譜-』, 성남: 韓國精神文化硏究院, 1997.

정문기, 『韓國魚圖譜』, 일지사, 1977.

정종수, 『잠자리 나들이 도감-우리나라에서 사는 잠자리 96종』, 보리, 2017.

조영준, 「『物名考』(유희)의 분류 체계에 관한 시론」, 한국학중앙연구원 '『物名考』 역해' 공동연구과제 결과발표회 발표문, 2016.

조영준, 「유희의 『물명고』에 기재된 척도의 기재 유형과 실체」, "조선 후기 물명 집성과 DB 구축 연구 사업" 학술대회 『조선 후기 물명 3서에 대한 기본적 고찰』, 한국학중앙연구원 어문생활사연구소, 2021.

趙載潤, 「『物名類攷』의 硏究-表記와 音韻을 中心으로-」, 高麗大學校 大學院 碩士學 位論文, 1978.

曺禎我, 「언간 자료에 나타나는 생활 물명의 어휘사적 연구」, 한국학중앙연구원 한국학대학원 국어학 전공 박사학위 논문, 2016.

조항범, 『국어 어원론』, 도서출판 개신, 2009.

조항범, 『국어 어원론 개정판』, 충북대학교출판부, 2014.

주경미, 「한국대장장이의 역사와 현대적 의미」, 『역사와경계』 78, 부산경남사학 회, 2011.

최기철, 『민물고기를 찾아서』, 한길사, 1991.

최기철, 『우리가 정말 알아야 할 민물고기 백 가지』, 현암사, 1994.

편성철, 「20세기 전반기 한강 내수면 그물어업연구-그물의 종류와 사용법을 중심으로-」, 『비교민속학』 70, 9-32, 2019.

韓國語文教育研究會·韓國語文會, 『柳僖의 生涯와 國語學 資料集』, 韓國語文教育研究會 第136回 學術研究 發表會, 2000.

한글학회 편, 『우리말큰사전』, 어문각.

洪允杓, 「十八, 九世紀의 한글 註釋本 類書에 대하여-특히 '物名考' 類에 대하여-」, 『周時經學報』 1, 탑출판사, 1988.

洪允杓, 「物名攷」, 『한국민족문화대백과사전』 8, 한국정신문화연구원, 1989.

洪允杓, 「柳僖의 『物名攷』」, 『10월의 문화인물』, 국립국어원, 2000a.

洪允杓, 「柳僖의 『物名攷』」, 『語文研究』 28-4, 韓國語文教育研究會, 2000b.

洪允杓, 「『物名考』에 대한 고찰」, 『震檀學報』 118, 震檀學會, 2013.

홍윤표, 「물명의 연구 방법과 과제」, 『한국어사연구』 4, 국어사연구회, 2018.

황문환, 「『物名考』 해제」, 『晋州柳氏 西陂柳僖全書 Ⅰ』, 韓國學資料叢書 38, 韓國學中央研究院, 2007.

황문환 외, "물명고 역해(건)" 연구과제 결과물, 2014.

황문환 외, "물명고 역해(곤)" 연구과제 결과물, 2015.

황문환 외, "조선 후기 물명 집성과 DB 구축" 확장기술, 2019.

황문환, 「柳僖의 才物譜 비판을 통해 본 『物名考』의 차별성: 1807년 「柳僖가 李晩永에게 보낸 편지를 중심으로」, 『韓國實學研究』 32, 韓國實學學會, 2016.

황문환, 「『物名考』 해제」, 『"유희의 『物名考』 연구와 색인 편찬" 연구결과발표회 자료집』, 한국학중앙연구원, 2020.

황문환·김정민, 「『才物譜』의 이본 계열과 선후 관계」, "조선 후기 물명 집성과 DB 구축 연구 사업" 학술대회 『조선 후기 물명 3서에 대한 기본적 고찰』, 한국학중앙연구원 어문생활사연구소, 2021.

황문환·박부자, 「물명3서의 선후 및 상관관계」, 한국학중앙연구원 어문생활사연구소, "조선후기 물명 집성과 DB 구축사업" 제2차 국내학술회의자료집 『조선후기 물명서와 물명연구』, 2022.

高橋亨, 「物名考解說」, 『朝鮮學報』 16, 朝鮮學會, 1960.

"아학편(兒學編)" 영단어 발음의
한글 표기에 관한 소고*

이 석 재

1. 서론

"아학편(兒學編)"은 다산 정약용이 강진 유배 시절(정확한 편찬년도에 관한 확인은 어려우나 1804년(순조 4)으로 추정)에 편찬한 아동용 한자 학습서이다.[1] 정약용의 아학편은 2권에 걸쳐 2000자의 한자를 제시하고 각각의 한자어 밑에 당시 우리 한글 표기로 의미(訓)와 음(音)을 제시하였다. 이 아학편은 첫 편찬 후 약 100년 후인 융희 2년 1908년에 송촌 지석영에 의해 1권 1책으로 새롭게 편찬되어 간행되었는데, 이 과정에서

---

* 본 논문은 연세대학교 학술연구비의 지원으로 이루어진 것임.

1) 다산 정약용의 아학편 간행 연도에 관해 (재)다산문화재단의 설명: "정약용의 현손(玄孫) 정규영(丁奎英, 1872~1927)이 편찬한 『사암선생연보(俟菴先生年譜)』 (1921)에는 "순조 4년 갑자년(1804), 공이 43세 되던 봄 「아학편훈의」를 완성하셨다.[純祖四年甲子, 公四十三歲春, 兒學編訓義成. (凡二千文)]"라고 기재되어 있다. 이 기록에 의하면 「아학편훈의(兒學編訓義)」가 1804년 봄에 완성되었다고 기록되어 있지만, 실제로 지금까지 확인된 「아학편」의 필사본 이본들은 모두 권수제나 표지 서명이 "아학편(兒學編)"으로 되어 있다. 따라서 현재로서는 「아학편」이 정확하게 언제 편찬되었는지는 알 수 없다. 다만 정약용이 강진에 있었을 때 편찬한 것으로 추정된다."(http://tasan.or.kr/tasan/writings/writings2_cn02.asp)

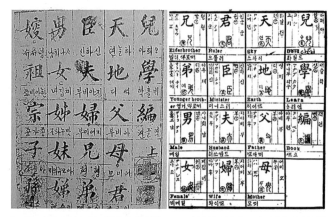

〈그림 1〉 정약용 편 아학편 (좌측) vs. 지석영·전용규 편 아학편 (우측)

지석영은 중국어의 각 한자어와 이에 대하여 당시의 한글 표기 체제(대한
국문(大韓國文))로 국어의 의미와 해당 한자음(漢字音) 소리를 제시하였고,
아울러 같은 한자어에 해당하는 일본어와 일본어로의 한자음을 표시하고,
각 한자어 아래에 대응하는 영어 단어를 영문 알파펫으로 제시하고
해당 영어 단어의 발음을 당시 한글 표기 체제에 따라 표기하였다(〈그림
1〉 우측 참조).[2] 결국 지석영의 아학편은 4개 언어(중국어, 국어, 일본어,
영어)의 어휘 대응관계를 보여주는 조선말 근대초 시기의 어린이를 위한
4중 언어 사전이다.

　이 지석영 편(編) 아학편의 서지 정보 말에는 저작자가 정약용으로,
주석 겸 발행자로 지석영이라고 나와 있으나, 지석영은 본인이 편찬한
아학편 서문에서 전용규의 역의(譯義) 능력을 높이 평가하고 실제 전용규

---

2) 여기서 당시의 한글 체제 또는 한글 표기라 함은 20세기초 (1933년 '한글맞춤법통
　일안' 이전에 국문 표기 방식이 혼돈을 겪고 있던 때에) 지석영에 의한 '新訂國文
　(1905)'과 아학편 서문과 함께 제시된 대한국문(大韓國文)에서 밝힌 표기 체제를
　일컫는다. 아울러 본 논문에서 시기를 명시하지 않고 한글 체제, 한글 표기,
　국문 표기, 국문이라 함은 이때의 한글 표기를 뜻한다. 한편 〈그림 1〉은 이준환
　(2014a, p.251)으로부터 따왔음을 밝힌다.

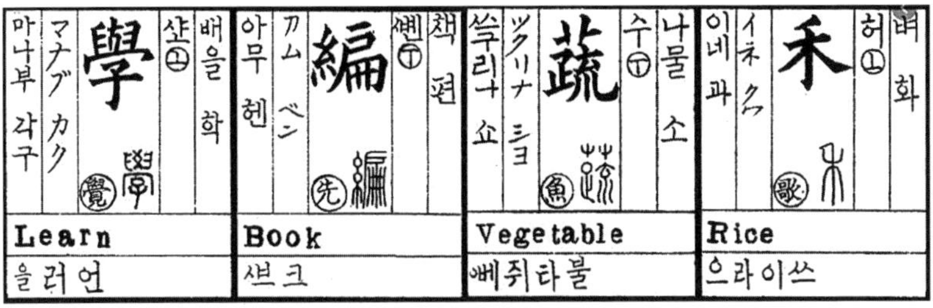

〈그림 2〉 지석영·전용규 편 아학편 확대(한자어 '學', '編', '蔬', '禾')3)

로 하여금 중국어에 대하여 국어·일본어·영어의 주석을 붙이게 하여 간행한 내력을 적었기에 현재 본 지석영 아학편의 편찬자는 지석영과 전용규 2인으로 알려져 있다(〈그림 2〉는 지석영·전용규 아학편의 확대 예).4)

본 논문과 관련하여 지석영·전용규의 아학편은 〈그림 2〉에서 볼 수 있듯이 각 한자어를 상단 가운데 두고 하단에 해당 영어 단어를 알파벳(영문자)으로 제시하고 그 아래에 영어 단어의 발음을 당시 한글로 제시하고 있다. 지석영·전용규의 아학편에 대한 설명은 (재)다산문화재단의 웹페이지에 아래처럼 자세히 기술되어 있다.

(1) 지석영 편집본은 지석영(池錫永, 1855~1935)이 정약용의 「아학편」에 주석을 달고 한국어, 중국어, 영어, 일본어를 대조한 책으로 1908년(隆熙 2) 3월에 만들고 용산 인쇄국에서 인쇄하여 광학서포(廣學書舖)와 대동서시(大東書市)에서 간행한 책이다. 이 책은 1권 1책의 석판본(石版本)으로 국판 양장본이다. 이 책도 4행 4자본으로 규장각본과 같다. 정약용의 「아학편」을 바탕으로 그 당시 중국어와 일어, 영어 등에 능통한 전용규(?~?)로 하여금 한(漢)·일·영문의 주석을 붙이게 하여

---

3) 〈그림2〉 인터넷 출처: https://m.post.naver.com/viewer/postView.nhn?volume No=12398150&memberNo=33108656

4) 지석영과 전용규의 관계 및 전용규에 관한 간략한 소개는 이준환(2014a)을 참조하기 바란다.

석판으로 간행한 것이다. 본문에는 각 한자마다 우측에 국어 훈음과
한음(漢音), 좌측에 일어 훈음, 아래에 영어를 붙여 국어와 중국어,
일어, 영어를 대조하면서 배울 수 있도록 편집한 책이다. 특히 훈과
음은 당시의 한자음과 훈의 연구에 필요한 자료이다. 한자의 고저음을
표시하고 있어 더욱 유익하다.

(http://tasan.or.kr/tasan/writings/writings2_cn02.asp)

지석영·전용규의 아학편에 나타나는 외래어 영어와 한글 표기와의
언어간 대응 관계는 정승철(1999), 한성우(2009, 2010), 그리고 이준환
(2013, 2014a, 2014b)에 의해 본격적으로 연구가 진행되었으며, 본 논문은
이중 특히 이준환(2014a) 연구의 영어 자음 음소별 20세기 초 한글 표기의
자세한 분류적 기록에 힘입은 바 크다. 본 논문의 주된 내용으로는 지석영·
전용규의 아학편을 바탕으로 해서 여기에 등장하는 영어 단어들의 발음이
당시(약 110년 전) 한글 체제로 어떻게 표기되었나를 자음을 중심으로
실제 예들과 함께 제시하고, 이를 통하여 20세기 초 영어 문자와 발음이
한국인에 의해 어떻게 받아들여졌는지를 살펴보고 음성·음운론적으로
흥미롭고 논의할 만한 사항을 발제하는데 있다.[5]

2. 영어 문자의 한글 표기 기본 체제

1) 대한국문(大韓國文)의 표기 원칙

지석영·전용규의 아학편에서는 민병석의 서문과 지석영 본인의 서문

---

5) 본 논문의 조사 대상이 되는 지석영·전용규의 아학편은 송사랑(2018, 펴낸곳:
베리북)의 『조선시대 영어교재 아학편』(2018)에 나와 있으므로 이를 바탕으로
한다.

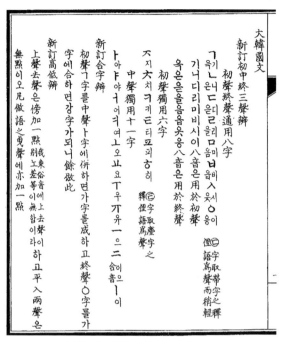

〈그림 3〉 대한국문(大韓國文) 예시

바로 다음에 '대한국문(大韓國文)'이라는 제목으로 아학편의 한글 표기 원칙이 제시되어 있다. 이에 따르면 자음으로 초성과 종성에 공히 사용될 수 있는 문자는 'ㄱ, ㄴ, ㄷ, ㄹ, ㅁ, ㅂ, ㅅ, ㅇ'의 8자이고, 초성에서 단독으로 사용될 수 있는 문자는 'ㅈ, ㅊ, ㅋ, ㅌ, ㅍ, ㅎ'으로 6자임을 밝히고 있다. 또한 아학편 대한국문에서는 중성 위치에 단독으로 쓰일 수 있는 모음 11자를 제시하였고, 그밖에 초, 중, 종성 합자(合字)에 관한 사항, 자음과 모음의 고저(高低) 및 사이시옷과 관련된 연음(聯音)에 관련된 규정을 제시하였다.6)

---

6) 『조선시대 영어교재 아학편』(송사랑편, 2018)의 해당 부분 해제에 따르면 아학편의 대한국문은 "1905년 7월 지석영이 상소하여 공포된 대한제국의 국문개혁안인 신정국문(新訂國文)의 내용을 요약한 것으로, (중략) '훈민정음' 예의본(例義本)과

2) 영어 문자 및 발음의 표기 원칙

아학편의 '영국문(英國文)'에서는 영어 알파벳이 인쇄체와 필기체의
대문자와 소문자로 모두 제시되어 있고[인쇄체 대문자(大正), 인쇄체
소문자(小正), 필기체 대문자(大草), 필기체 소문자(小草)], 각 알파벳 자체
의 이름과 알파벳에 '대응'하는 한글 자모 표기가 제시되어 있다(영문
알파벳에 대응하는 한글의 제시는 한문대조(韓文對照)란에 나와 있다).
그리고 하나의 영문 알파벳이 다른 음가를 갖는 경우는 변음(變音)으로
제시되어 있으며, 여기에 중성대조(中聲對照)와 양자합음(兩字合音)으로
이중자(二重字, digraph)까지 제시되어 있다.

영어 단어 문자(영문 알파벳)에 대한 한글로서의 표기는 문자와 해당
발음을 모두 고려하여 표기한 것으로 보인다. 특히 영국문에서는 3항목의
부연 설명을 통해 첫째, 영어 '발음'을 한글로 표기하기 어려운 경우
합용병서 등(특히, 국어에 없는 마찰음의 표기를 위해 'ㅇ'계 합용병서를
고안하여)을 통해 이를 표기하려는 노력이 있었으며["英音을 國文으로
難形한 字난 傍加圈標하니 ᄋᆖ아여의 類"('ᄋᆖ아여'는 'father')], 둘째, 영어에서
하이픈 처리에 관한 부연 설명이 있었으며, 셋째로, 영어를 국문으로
표기시 영어의 소리와 최대 유사하도록 표기하면서 동시에 한글의 표기
체제를 지키려는 노력으로 영어의 한글 표기에 있어 삽입 모음 문자등을
상대적으로 가늘고 작게 표시하고 이를 아주 약하게 발음하라고 기술함으
로써["英字를 國文으로 繙繹한 中 特히 細小한 字난 該音을 有若無하게 做聲하
난 標] 한글의 음절 중심 표기를 지키면서 동시에 세부적인 발음 안내까지
제시하였다.

아학편에서는 영국문(英國文)의 제시 직후 곧바로 본문으로 들어가

홍계희(洪啓禧)의 '삼운성휘(三韻聲彙)' 범례, 박성원(朴性源)의 '화동정음통석운
고(華東正音通釋韻考)' 범례 등을 참고하여 적었다"라고 되어 있다.

앞서 〈그림 2〉에서 제시된 바와 같이 한 개의 박스 내에 각 한자어에 대한 국어, 일본어로서의 훈과 한자음을 제시하고, 해당 알파벳으로 제시된 영어 단어의 발음 표기를 한글로 주고 한 면당 4행 4자본으로 16개의 한자어를 박스에 넣어 제시하는 형식으로 구성되어 있다.(아래 〈그림 5〉와 〈그림 6〉 참조)

아래는 영어 문자(英國文)를 한글(國文)로 표기하는 데 바탕이 된 표이다.

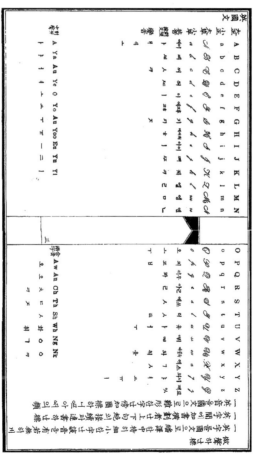

〈그림 4〉 영국문(英國文) 예시 (실제 2쪽 분량)

다음 〈그림 5〉와 〈그림 6〉은 실제 아학편의 본문 시작 첫 면과 표기 양상을 잘 관찰할 수 예시들을 많이 포함한 한 개의 면에서 가지고 왔다.

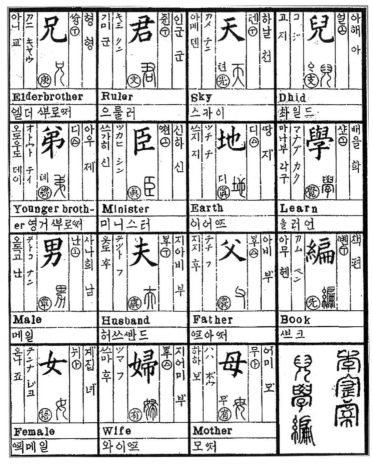

〈그림 5〉 아학편 예시 (본문 첫면)

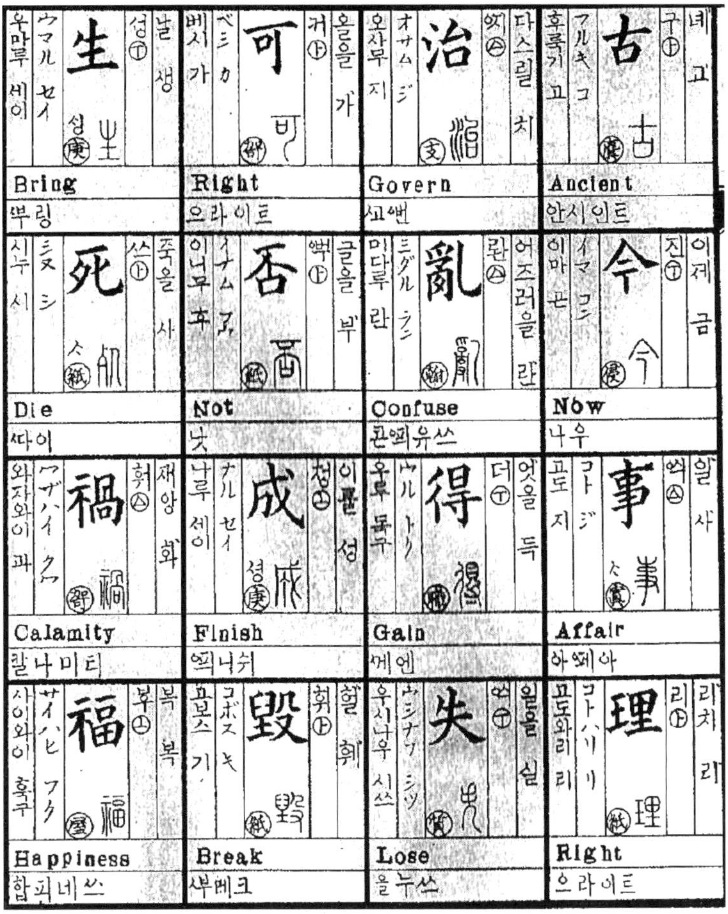

〈그림 6〉[7] 아학편 예시 (본문 48면 중)

---

7) 아학편에서 영어 단어의 철자 제시가 잘못된 것이 상당히 존재한다 (띄어쓰기 오류 포함(띄어쓰기는 한글 표기에서 컴마로 표시). 몇몇 예시는 다음과 같다: Dhid, Eldersister, Butock, Nasturium, Pickledpnlse, Ancident, Scentherb, Bambooshoot, Blaek panio, Padale, Youngerbr's wife, oach, breack, sightly, Preciousstone, Largeoord, Togather, Eearth, Leathershoe, Driedmeat, Pomegrnate, Earthenjar, Kneescover, Typoon, Cnttlefish, Hundrad, Byeyellowtree 등 … 이외 다수.

3) 자료 구축

본 논문에서는 영단어의 발음에 대응하는 국문 표기 양상을 조사하기 위하여 아학편 본문 전체에 포함된 총 2003개 한자어를 "한자어-해당 어휘 영문 표기-한글 발음 표기"의 순서로(예: "編-Book-쓰크") 컴퓨터 화일화(엑셀화일) 작업을 하였다(〈그림 7〉 참조). 이를 바탕으로 영문 알파벳이나 영어의 음절 단위, 혹은 단어 단위로 컴퓨터 프로그램 내에 찾기 기능으로 알파벳이나 특정 문자 연결의 발음이 어떻게 한글로 옮겨져서 아학편에 표기되었는지를 아학편 영국문의 한(韓)문대조 대응 표를 확인하며 영단어 발음의 한글 표기 데이터베이스를 구축하였다.[8]

兒	Dhid	촤일드	姊	Eldersister	엘더, 씨스터
學	Learn	을러언	妹	Youngersister	영거, 씨스터
編	Book	쓰크	娣	Youngerbr's wife	영거, 쑤로더쓰, 와이믜
天	Sky	스카이	嫂	Elder-br's wife	엘더, 쑤로더쓰, 와이믜
地	Eearth	이어쯔	祖	Ancestor	안씨스터
父	Father	믜아여	宗	Ancestor	안씨스터
母	Mother	모여	子	Son	썬
君	Ruler	으룰러	孫	Grandson	그란드썬
臣	Minister	미니스터	姪	Nephew	니푸유
夫	Husband	허쓰쌘드	姑	Aunt	안트
婦	Wife	와이믜	甥	Nephew	니푸유
兄	Elderbrother	엘더쑤로여	舅	Uncle	엉클
弟	Youngerbrother	영거쑤로여	姨	Aunt	안트
男	Male	메일	姬	Brother-in-law	쑤로여, 인, 로우
女	Female	옄메일	婿	Son-in-law	썬, 인, 로우
			媳	Daughter-in-law	쏘우터, 인, 로우

〈그림 7〉 "한자어-해당 어휘 영문 표기-한글 발음 표기" 엑셀화일 예시

---

8) 자료 구축 과정에서 철자, 띄어쓰기, 불필요한 컴마 삽입 등의 오류 표기는 그대로 옮기었다. 작업을 수행한 연세대학교 교육대학원 김은혜원생에게 감사의 마음을 전한다.

다음 절에서는 영문 단어 내 알파벳 및 개별음의 발음과 아학편의 한글 표기와의 대응 관계를 자음을 중심으로 실예를 찾아 제시하며 아학편에서 제시된 대응표를 점검하고, 음성·음운론적인 면을 논한다.

3. 영어 자음의 한글(국문) 표기

1) 영어 파열음의 국문 표기

본 장에서는 영어 유무성 파열음과 국문 표기의 대응관계를 살펴보고자 한다. 아래는 아학편의 영국문(英國文) (상기 〈그림 4〉) 중에서 파열음만을 끄집어내어 이들을 영문 알파벳의 발음 대비 한글 표기의 양상을 보여주는 표이다.

(2) 영어 파열음의 한문대조(韓文對照) 및 변음 표기 요약표

		알파벳	한글(韓文對照)	실예	변음(變音)	실예
파열음	무성 (voiceless)	p	ㅍ	(3a)	ㅂ	(3b)
		t	ㅅ	(3c)	ㅌ	(3d)
		k	ㅋ	(3e)	·	·
	유성 (voiced)	b	ㅄ	(3f)	·	·
		d	ㅆ	(3g)	·	·
		g	ㅺ	(3h)	ㅈ	(3i)

(3) 실예

a. p-ㅍ: people-피오필, perch-퍼취, plot-플노트, pregnant-프레그난트, stop-스토푸, pear-페아, hemp-힘푸, parrot-파로트, paper-페퍼, explan-엑쓰플넨, open-오픤, …

b. p-ㅂ: creepers-크립퍼, soup-숩푸, topple-톱플, map-맙푸, cupboard-컵푸섀아드, …

c. t-ㅅ: extinction-엑쓰팅크선, affirmation-아뗘마선, annotation-안노타순, exclamation-엑쓰클나마쉰, …

d. t-ㅌ: tear-테아, attack-아타크, tell-텔, barter-쌔터, totter-토터, rot-으로트, empty-엠푸티, rest-으레스트, anxiety-앙크싸이티, disappoint-씨쓰아포인트, honest-오테스트, appetite-아피타이트, teach-티이취, …

e. k-ㅋ: kill-킬, kind-카인드, bank-쌩크, basket-쌔스케트, cake-케크, quickly-퀴클니, monkey-멍키, skin-스킨, smoke-스목크, broken-쌰록킨, brook-쌰룩크, prick-푸릭크, garlic-깔릭크, …

f. b-ㅄ: boy-쏘이, elbow-엘쏘우, bone-쏜, bridge-쌰릿쥐, barley-쌀네이, beg-쎄그, obedient-옵쎄디엔트, elderbrother-엘더쌰로뗘, behind-쎄하인드, rainbow-으랜쏘우, butterfly-쌔터쁠나이, birthday-쌔쓰데이, …

g. d-ㅼ: document-쏙큐맨트, dry-쓰라이, different-씨뗘랜트, decide-씨싸이드, dye-싸이, dish-씨쉬, duck-썩크, door-쏘아, dish-씨쉬, dismiss-씨쓰미쓰, double-써블, ditch-씻취, dragonfly-쓰랙썬쁠나이, …

h. g-ㅺ: go-쏘우, dancing girl-싼씽썰, together-투쎄뗘, forgive-뽀씨쁘, guest-써스트, gull-썰, maggot-막써트, venegar-뻬네싸, regard: 으레싸드, wildgoose-와일드, 쑤쓰, gauze-싸우쓰, gutter-써터, gum-썸, …

I. g-ㅈ: orange-오란쥐, pledge-플네쥐, diligent-씰니잰트, ridge-으릿쥐, manage-마나쥐, danger-쏀쥐, village-쀨레이쥐, vegetable-쀄쥐타불, …

첫 번째로 논의할 바는 영문 알파벳 ‘t’에 대응하는 아학편의 한문대조(韓文對照)와 변형(變形)에 해당하는 문자가 뒤바뀌어 잘못 기술된 것이 아닌지에 대한 의구심이다. 이러한 의구심에 대한 이유로는 영어 무성파열음의 기본 음가는 음절 초성에서 기식성(aspiration)을 갖는 파열음으로 소리남이 원칙이고 이러한 소리가 다름아닌 ‘ㅌ’ 문자로 표현되기 때문이고, 또한 영어에서 ‘t’ 문자가 ‘ㅅ’ 소리로 나는 경우는 구개음화를 겪은 제한된 환경에서만 일어난 것으로서 실제 아학편의 예에서도 ‘t’가 ‘ㅅ’으로 표기된 경우는 주로 '~tion' 꼴에서 't'를 'ㅅ'으로 적고 있기 때문이다.[9] 그래서 본고에서는 아학편의 't'에 대응하는 한문대조와 변형이 뒤바뀌어 잘못 기술되었다는 점을 우선 발제하는 바이다.

두 번째 논의점으로는 어떤 사유로 영어의 유성파열음 문자('b, d, g') 모두가 일괄적으로 'ㅅ'계 합용병서('ㅄ, ㅼ, ㅺ')로 표기되었느냐 하는 점이다. 특히 평음 계통 'ㅂ, ㄷ, ㄱ'가 음절 초성 문자로 사용 가능하였음에도 불구하고 평음 문자 대신 이렇듯 'ㅅ'계 합용병서로 표기되었다는 사실은 당시 영어 초성 위치의 'b, d, g'의 유성성(voicing)을 감지하고 한국어 평음이 갖고 있지 않은 유성성을 표시하는 방법으로 'ㅅ'계 합용병서를 사용하지 않았을까 하는 추측도 해볼 수 있지만, 실상 이러한 추측은 그렇지 않을 가능성이 매우 농후하다. 왜냐하면 영어 자체에서도 유성파열음은 초성 위치나 종성 위치에서 무성음화를 겪어 유성성의 특징이 사라질 수 있기 때문이고, 아학편 자체 내에서도 영어 유성파열음 문자 'b, d, g'는 'ㅅ'계 합용병서가 아닌 평음 계통의 'ㅂ, ㄷ, ㄱ'로 사용된 예들이 다수 발견 때문이다.

(4) 유성파열음 'b, d, g'의 'ㅂ, ㄷ, ㄱ' 표기
a. b가 ㅂ로 표기된 예: able-에블, abundant-아번댄트, remember-으레멤버, obeisance-오비쌴쓰, disobey-찌쏘비이, table-테불, vegetable-예쥐타불, …
b. d가 ㄷ로 표기된 예: wide-와이드, tide-타이드, window-윈도우, bound-쌔운드, stupid-스터피드, kidney-키드니, trade-트레드, pound-파운드, …

---

9) 영어 't' 소리가 '~tion' 꼴이 아닌 위치에서 'ㅅ'으로 표기된 예로 'not-낫'이 보이나 이는 국어의 종성 위치에서 비파열 치경폐쇄음이 'ㅅ'으로 쓰임이 적용된 것으로 보인다. 한편 자음의 음소별 총괄적 예시 및 이에 대한 논의는 이준환(2014a)에 자세히 나와 있음을 밝히며, 아학편에서 모음의 장단 표기 및 극히 제한적으로 쓰인 예는 본 논문에서 제외한다.

c. g가 ㄱ로 표기된 예: agree-아그리, bag-빼그, pig-픽그, eagle-ignorant-
익그노란트, frog-쁘로그, pod-포드, …

(4) 예들이 보여주는 바는 'ㅅ'계 합용병서 대신에 평음 'ㅂ, ㄷ, ㄱ'가
사용되는 경우가 주로 유성음과 유성음 사이 위치라는 점이고, 이러한
유성음과 유성음 사이 위치는 실제 자음의 유성성이 유지되기에 우호적인
환경이고 심지어 무성음이 유성음화되는 최적의 환경이다. 따라서 단순
히 부호적 성격을 띠고 유성음의 표시로 ㅅ계 합용병서가 사용된 것이
아니며, 본 논문은 (주로 영단어 맨 앞이나 강세 음절 초성 위치에서)
'b, d, g'가 'ㅅ'계 합용병서로 표기된 사유는 주로 해당 위치에서 영어의
'b, d, g'가 한국인에게 된소리(경음)로 들리고, 된소리로 들리는 것을
된소리로 표현하기 위하여 'ㅅ'계 합용병서를 사용한 것으로 본다. 실제
많은 연구들은 19세기 말에서 20세기 초 근대 국어에서 된소리가 합용병서
로 표기되었음을 밝히고 있다.(아래에서 직접 인용)

> "이와 같이 15세기에 복잡했던 된소리 표기는 근대 국어 시기에는
> 혼란이 더욱 심해졌다. 그것은 된소리가 음운 체계상에서 변별적
> 기능을 갖추어 가는 과정이기도 하거니와, 그것을 표기하는 문자
> 체계도 일률적이지 못하였기 때문으로 보인다. 여하튼 문헌상으로는
> 15세기 후반기 이후부터 'ㅆ'을 제외한 각자병서가 나타나지 않았고,
> 결국 된소리는 합용병서로 표기되다가 18-9세기에 이르러 'ㅅㄱ, ㅅㄷ,
> ㅅㅂ, ㅅㅈ'과 'ㅄ'으로 일반화되었다. 특히 이러한 경향을 바탕으로 ㅅ계
> 합용병서의 'ㅅ'을 된시옷이라 부르기도 했는데, 이것은 ㅅ계 합용병서
> 의 'ㅅ'이 독립된 음가를 지니지 않고 단순히 된소리를 표기하는
> 부호로 인식하였음을 의미하는 것으로 볼 수 있다."(우형식, 2014)

> "된소리 표기는 혼란이 많았다. 'ㅅㄱ, ㅅㄷ, ㅅㅂ, ㅅㅈ'과 같이 왼쪽에 'ㅅ'(된시
> 옷)을 덧붙인 ㅅ계 합용 병서, 'ㅂㄱ, ㅂㄷ, ㅂㅅ, ㅂㅈ'과 같이 'ㅂ'을 덧붙인

ㅂ계 합용 병서가 일반적이었으나 그 이외에서 현대 맞춤법과 동일한 'ㄲ, ㄸ, ㅃ, ㅆ, ㅉ(각자 병서)도 볼 수 있다."(https://ko.wikipedia.org/ 근대_한국어)

"1921년에 조선어 연구회라는 이름으로 발족되고 1931년에 이름을 바꾼 조선어 학회는 1930년 12월 13일의 총회에서 한글 맞춤법 통일안 작성을 결의하였다. (중략) 된소리의 표기에서 한글파는 각자 병서 (ㄲ)를, 정음파는 ㅅ계 합용 병서(ㅺ)를 주장하였다. 결과적으로 통일 안에는 대부분 한글파의 주장이 관철되었다."(https://ko.wikipedia. org/wiki/한글_맞춤법_통일안)

아학편에서 보이는 영어 파열음 국문 표기 관련해서 마지막으로 밝힐 점은 파열음의 국문으로서의 대조 표기시 영문에서 해당 파열음의 음절 위치가 고려되었다는 점인데, 가장 두드러진 점은 종성 위치에 저해음이 올 경우(특히, 어말 위치), 이 종성 저해음 다음에 모음을 삽입한 꼴로 국문으로 표기되어 영어의 종성이 국어에서는 초성으로 표기된다는 점이다 (양순음 다음에는 대부분 'ㅜ'가 그외 조음위치를 갖는 저해음 다음에는 'ㅡ'가 삽입됨).[10) 아래 예들 (5a)와 (5b)를 보면 이점이 분명히

---

10) 본문에서 '모음삽입'으로 언급하였고, 영문의 국문 표기상에도 모음 음가를 지닌 'ㅜ'나 'ㅡ'가 들어간 형태로 표기되었다. 그러나 이 부분과 관련하여 아학지 서문 이후 영국문(英國文) 표에서 부연으로 "英字를 國文으로 繙繹한 中 特히 細小한 字난 該音을 有若無하게 做聲하난 標"라고 표기상의 특징을 기술한 바 (… 작고 가는 문자는 해당 음가를 있으면서 없는 듯 (有若無) 소리를 내라), 이 부연 부분이 삽입된 모음에 적용된 것으로 보인다. 실제 아학지에서는 삽입모 음 중 일부 표기는 다른 모음보다 작고 가늘게 표기되어 있으며(우측 각주 예 참조), 이는 영어에서 어말 폐쇄음의 파열(release)과 관련이 있는 것으로 생각되며, 파열된 폐쇄음의 파열 부분을 일반 모음과는 달리 표현하고자 '세소(細 小)한' 모음으로 표기한 것으로 해석될 수 있다.(우측 각주 그림에서 좌측서부터 네크(Neck)의 'ㅋ', 쭛트(Foot)의 'ㅌ', 쪽그(Fog)의 'ㄱ', 을레읶크(Lake)의 '을'과 'ㅋ'가 상대적으로 '세소하게' 표기되어 있다.('을'의 세소화는 본문 3장 3)에서 논함)

드러난다.

(5) 모음 삽입[11]

5a. '一' 삽입: fight-빠이트, delight-띨나이트, mud-머드, kite-카이트, pit-피트, ride-으라이드, hide-하이드, egg-에그, …

5b. 'ㅜ' 삽입: map-맙푸, paragraph-파라그라푸, napkin-을나푸킨, …

5c. 양음절 표기: dog-떡그, fog-뽁그, stop-스톱푸, ignorant-익그노란트, robe-으롭쌔, robber-으롭쌔, tribe-트라입부, flap-쁠납푸, grub-그럽부, web-윕쌔, ….

(5c)는 영어의 어말 'g'나 'b'가 선행 음절의 종성으로 표기되면서 동시에 후행 음절의 초성으로도 표기되어 결국 두번 표기되는 예를 보여주는데, 이는 표기에 그치는 것이 아니라 실제 발음에 있어서도 음절 말 종성 다음에 모음을 삽입함과 동시에 원래 종성이었던 폐쇄음을 종성으로 발음하면서 후행 모음이 구성하는 음절의 초성으로도 발음하여 소위 양음절화(ambisyllabic)된 긴자음(geminate)으로 발음되었다는 것을 암시한다. 아울러 이러한 양음절화된 긴 자음으로의 표기 및 발음은 영어에서 종성 위치에 있는 'p'나 'k'에도 해당되어 'p'는 'ㅂㅍ'으로 'k'는 'ㄱㅋ'으로 표기되기도 하였으며 ((3)의 예에서 creepers-크립퍼, soup-숩푸, topple-톱플, map-맙푸, smoke-스목크, broken-쁘록킨, brook-쌕룩크, prick-푸릭

| Neck | Foot | Fog | Lake |
| 네크 | 푸트 | 뽁그 | 올레익크 |

11) 'nb-으립'처럼 모음 삽입 없이 표기되는 경우도 있으나, 이러한 예는 극히 제한적이다.

크, garlic-깔릭크, 등), 이는 유무성 구분 없이 영어의 양순폐쇄음과 연구개
폐쇄음이 모음 사이에 있게 될 때 이를 선행 모음이 구성하는 음절의
종성으로도 발음하면서 동시에 이 조음을 길게 이어 후행 모음이 구성하는
음절의 초성으로도 발음하여 음절간 경계를 분명히 하면서 궁극적으로
긴 자음으로 발음되었음을 보여준다 하겠다.[12)

2) 영어 마찰음과 파찰음의 국문 표기

영어의 마찰음에 해당하는 영문자 알파벳은 대표적으로 'f, v, th, s,
z, sh, h' 등을 들 수 있으며, 아학편 영국문 한(韓)문대조에서 보이는
이러한 영어 마찰음 문자에 대응하는 한글 문자 표기는 아래 표로 정리될
수 있다.

(6) 영어 마찰음과 파찰음의 한글 표기 요약표[13)

		알파벳	한글(韓文對照)	실례
마찰음	무성 (voiceless)	f	ㅇㅍ	(7a)
		th ([θ])	ㅇㅈ	(7b)
		s, -ce	ㅅ, ㅆ	(7c)
		sh	ㅅ	(7d)
	유성	v	ㅇㅃ	(7e)

---

12) 이와 반해 치경폐쇄음인 't'나 'd'는 양음절화된 긴 자음에 해당되는 예가 보이지
   않는다. 즉, fight-퐈이트, delight-띌나이트, mud-머드, kite-카이트, pit-피트, ride-
   으라이드 등의 예에서처럼 영어의 종성 't'나 'd'는 모음 삽입 후 그 삽입된
   모음의 초성 위치로만 표기 및 발음된다.

13) 아학편 영국문-국문 대조표에서는 마찰음과 파찰음에 대해서 변음이 제시되지
   않아 파열음 표에서와는 다르게 변음이 제시되지 않음. 한편, 아학편의 실제
   영국문-국문 대조표에는 영국문 'f'에 대한 한(韓)문대조 한글 표기가 ㅉㅍ로, 'z'에
   대한 한(韓)문대조 한글 표기는 ㅇㅅ으로 제시되어 있으나, 실제 아학편 본문에서는
   사용되지 않아 여기 표에서는 'f'와 'z'에 대응하며 실제 사용된 국어 문자를
   제시한다. 그리고 'th, sh'는 아학편에서 兩者合音(digraph)으로 제시되었음을
   밝힌다.

		th ([ð])	ㅇㅈ	(7f)
	(voiced)	z	ㅆ	(7g)
		s, zu ([ʒ])		(7h)
파찰음	무성	ch	ㅊ	(7i)
	유성	j, -dge	ㅉ, ㅈ	(7j)

(7) 실예

a. f-ㅍ: wife-와이쁘, fort-뽀트, wolf-우울쁘, female-쀡메일, fan-뺀, 을내 쁘트, fever-쀡얘, finish-쁘니쉬, follow-뽈노우, five-빠이쁘, face-쀄이쓰, afternoon-아쁘터눈, chief-취쁘, fox-뽁쓰, …

b. th-ㅇㅈ: thick-쯱크, broth-쌰로쯔, faithful-쀄쯔뿔, thin-쩐, earth-이어쯔, teeth-테쯔, cloth-클노쯔, nothing-너쩽, mouth-마우쯔, breath-쌰레쯔, throw-쯔로우, through-쯔로우, birthday-쌔쯔데이, wealth-웨일쯔, length-을넹그쯔, thread-쯔레드, thing-쩽그, …

c. s-ㅅ: swim-스윔, small-스말, smoke-스목크, breast-쌰레스트, dust-써스트, snail-스네일, spider-스피여, spoon-스푼, sparrow-스파로우, spring-스푸링, sprinkle-스프링클, minister-미니스터, stew-스투우, mast-마스트, stocking-스톡킹, stop-스톱푸, straight-스트레트, store-스토아, grasp-그라쓰푸, rest-으레스트, stupid-스터피드, chopstick-춉푸스티크, stick-스틱크, screen-스크렌, soft-쏘푸트, adjust-아드저스트, essential-엣센쉘, …

   s-ㅆ: silk-씰크, send-쌘드, saddle-싸들, sickness-씩크네쓰, side-싸이드, sediment-쎄디맨트, sister-씨스터, see-씨이, series-써리스, son-썬, sound-싸운드, solitary-쏠니타리, sour-싸우어, sell-쎌, assemble-아쎔블, sedan-쎄단, lightness-을나이트네쓰, chess-취쓰, disappoint-찌쓰아포인트, restore-으레쓰토아, floss-쁠노쓰, sauce-쏘오쓰, district-찌쓰트릭트, hardness-하드네쓰, happiness-합피네쓰, price-프라이쓰, ice-아이쓰, lace-을너이쓰,, …

d. sh-ㅅ: discussion-디쓰커션, fishery-쀡쉬리, wash-워쉬, finish-쁘니쉬, shake-쉐크, …

   sh-ㅆ: shoot-쑤트, intonation-인톤나쑨, shuttle-쒺틀, shoestring-쑤우

스트링, …

e. v-얘: vegetable-예쥐타불, village-쀌레이쥐, vessel-예샐, vomit-얜미트, valley-앨니, divine-찌얘아인, fever-역얘, vigilant-쀡쥘난트, five-퐈이 앤, servant-써앤트, cover-코얘, even-이앤, move-모얜, evening-이 앤잉, love-을너얜, have-해얜, silver-씰얘, advance-아드앤쓰, favor-퐈얘, cave-케이얘, virginity-얘쥐니티, stove-스토얜, receive-으레씨얜, virtuous-얘튜어쓰, evil-이앨, give-씨얜, …

f. th-ㅇㅈ: within-위앤, wither-위여, together-투쎄여, that-얫, father-ㅇㄸ아여, mother-모여, worthy-우워여, the-ㅇㄸ, elderbrother-엘더쌱로여, …

g. z-ㅅ: raisin-으래신, season-씨슨, ease-이스, …

z-ㅆ: hazelnut-헤이쓸너트, lazy-을네이쓰, sneeze-스네쓰, freeze-ㅇㄸ레 쓰, drizzly-쯔리쓸니, gaze-쎄이쓰, ….

h. s, zu-ㅅ: provision-푸로얜션, azure-아쉬, …

i. ch-ㅊ: cheek-취크, perch-퍼취, chess-취쓰, chopstick-쵭푸스티크, chief-취ㅇㄸ, chestnut-취스트너트, rich-으리취, torch-토취, chamber -챰버, charity-촤리티, teach-티이취, change-촨쥐, cherry-취리, chair-췌아, …

j. j-ㅉ: jump-쩜푸, jaw-쪼우, junk-썽크, injure-인쮜, jealous-쩨엘너쓰, joy-쪼이, enjoy-엔쪼이, jar-짜아, …

dg-ㅈ: adjust-아드저스트, majestic-마제쓰틱크, joint-조인트, ridge-으 릿쥐, hedge-헷쥐, ridge-으릿쥐, bridge-쌱릿쥐, edge-이쥐, lodging-을롯징, pledge-플네쥐, knowledge-노울넷쥐, …

국어는 영어 대비 마찰음 부류가 확연히 적은 언어이며, 이러한 이유로 영어의 마찰음에 해당하는 국어의 문자가 극히 제한적이다.('s-ㅅ, ㅆ', 'h-ㅎ'만 가능) 그리하여 아학편에서는 영어의 마찰음을 표기하기 위한 방편으로 병서를 고안하여 사용하였다. 여기서 병서라 함은 실제 당시 국어에서 사용하던 병서는 아니었으며, 조음 위치가 가까운 파열음이나 파찰음 문자 좌측 옆에 'ㅇ'자를 붙이어 마찰음을 표기하였다 (본고에서는 이를 'ㅇ'계 합용병서라 칭함). 이러한 표기 방침에 따라 영어의 순치마찰음에 해당하는 문자 'f'는 ㅹ로, 'v'는 ㅸ로, 영문자 'th'로 표기되는 치간마찰음은 ㅥ로 표기되었다. 영어의 's'나 'sh'는 한글 'ㅅ, ㅆ'로, 'z'도 실제로 'ㅅ, ㅆ'로, 유성 치경구개마찰음([ʒ])은 'ㅅ, ㅆ, ㅈ'으로 표기되었다 (영어의 유성치경마찰음 'z'는 'ㅿ'로 표기된다고 아학편 한(韓)문대조에 나와 있으나 실제로 사용된 예는 검색되지 않았다). 한편 파찰음의 경우 무성파찰음은 'ch'는 'ㅊ'로, 유성파찰음 'j'나 '~dge'는 'ㅈ'이나 'ㅅ'계 합용병서 'ㅉ'으로 표기되었다.[14]

아울러 영단어 종성 위치에 마찰음이나 파찰음이 올 경우 예외 없이 모음삽입이 일어남을 관찰할 수 있다. 이는 파열음이 종성 위치에 올 때와 마찬가지이나, 차이가 있다면 파열음은 양순음 다음에 'ㅜ'가 삽입되는 경우가 다수였으나, 마찰음이나 파찰음 다음에는 같은 양순계통의 소리라 해도 'ㅡ' 삽입이 주를 이루며 치경마찰음 이후에도 'ㅡ' 삽입이 일어난다.(wife-와이쁘, wolf-우울쁘, chief-취쁘, love-을너쁘, have-해쁘, mouth-마우쯔, breath-쁘레쯔, freeze-쁘레쓰, hardness-하드네쓰, happiness-합피네쓰, price-프라이쓰, ice-아이쓰) 반면에 치경구개 마찰음이나 파찰음 이후에는 주로 원순모음 계통의 'ㅟ' 삽입이 관찰되는 바, 이는 원순성(roundedness)을 지닌 영어의 치경구개 마찰음이나 파찰음이 국어 표기에서 삽입되는 모음에 영향을 끼친 것으로서 매우 정확한 청취 관찰에 바탕을 두었다고 판단된다.(wash-워쉬, finish-쁘니쉬, rich-으리취, torch-토취, ridge-으릿쥐, bridge-쁘릿쥐, edge-이쥐, 등)

---

14) 영어 마찰음에 대한 이(異)표기가 보이는 예들도 있다. i) 'f' 소리가 ㅍ로 표기된 예: nephew-니푸유, pheasant-픽산트, soft-쏘푸트 (이는 소리보다 문자에 바탕을 둔 한글 표기로 보임), ii) 'v' 소리가 'ㅂ'으로 표기된 예: oven-아우분, view-뷰유, navel-네블, iii) 무성 'th'가 ㅥ로 나타나는 예: thick-ㅥ크, thunder-ㅥ더, thistle-ㅥ쓸, path-파ㅥ, throat-ㅥ로트, iv) 유성 'th'가 ㅥ로 나타나는 경우 예: brother-쁘로뎌, feather-ㅖ뎌 등등.

한가지 특이 사항으로 아학편에서는 'f'와 'v'의 구분을 제외하고는 영어 마찰음의 유무성 구분이 한글로 표기될 때 소멸되어 무성 'th'(thick-떡크, thin-띤, earth-이어쓰)와 유성 'th'(that-앳, father-쁘아여, mother-모여) 모두 ㅆ로 표기되고, 's'와 'z'의 유무성 한글 표기 구분도 사라져 's'와 'z'가 모두 'ㅆ'으로 표기되는 경향이 강하다는 점이고(silk-씰크, disappoint-씨쓰아포인트, price-프라이쓰, hazelnut-헤이쓸너트, lazy-을네이쓰, sneeze-스네쓰, freeze-쁘레쓰,), 이에 더하여 영어 치경구개마찰음의 유무성 구분도 사라져 한글 표기에서 모두 'ㅅ'으로 나타나는 경우가 많다.(wash-워쉬, finish-쁘니쉬, provision-푸로앤션, azure-아쉬)

아학편의 마찰음 영문-국문 대조 표기에서 나타나는 한 가지 놀랄 만한 사항은 영어의 같은 's'라 하더라도 's'가 단독으로 초성 위치에 있을 때(silk-씰크, send-쌘드, saddle-싸들)와 초성 자음군의 첫소리로 있을 때(smoke-스목크, snail-스네일, spider-스피떠, spoon-스푼, stupid-스터피드, screen-스크렌, 등), 전자는 'ㅆ'로 후자는 'ㅆ'로 일관되게 구분되어 표기된다는 점이다.(후자에서는 당연히 모음삽입이 일어난다) 이와 같은 구분 표기는 영어 소리의 면밀한 관찰이 있은 후에나 가능한 것으로서, 초성에 단독으로 있는 's'는 된소리('ㅆ')로 인식되고, 국문표기 'ㅆ'은 'ㅅ'계 각자병서의 예로서 병서가 된소리 표기를 위해 사용된 것을 확인시켜 준다.

3) 영어 공명 자음의 한글(國文) 표기

본 절에서는 영어 공명 자음의 발음이 아학편의 한글(國文)화 체제에 따라 어떻게 표기되는지를 살펴볼 것이다.

공명 자음 중에 'm'과 'n'은 음절 위치와 상관없이 변형도 갖지 않으면서 현대 로마자표기법에서처럼 각기 'ㅁ'과 'ㄴ'으로 대응되므로 논외로

하고, 아래에서는 유음 'r'과 'l'이 들어간 영단어의 한글 표기에 대하여
고찰한다.

아래는 아학편의 'r, l'에 대한 한문대조(韓文對照) 표와 실예이다.

(8) 영어 유음의 한글 표기

		알파벳	한글(韓文對照)	실예
공명 자음, 유음	유성	r	ㄹ	(9a), (9b), (9c)
(liquids)	(voiced)	l	ㄹ	(9d), (9e)

(9) 실예

a. r-탈락: sister-씨스터, thunder-떤더, meteor-메테어, acorn-에콘,
    spider-스피여, perch-퍼취, degree-씨그리, board-뽄아드, mourning-
    모언잉, year-이어, tear-테아, fever-쀅애, barter-빠터, order-오더,
    pretty-푸리티, mother-모여, copper-콥퍼, butterfly-빼터쁠나이,
    birthday-빼쯔데이, colour-컬너, force-뽀쓰, inferior-인쪄러, cry-크라
    이, sincere-씬써아, minister-미니스터, servant-써앤트, chamber-참버,
    paper-페퍼, …

b. r-ㄹ: breast-쁘레스트, bright-부라이트, pregnant-프레그난트, crate-크
    레트, green-그렌, arrow-아로우, friendship-쁘라인드쉽푸, scratch-스
    크라취, prick-푸릭크, sacrifice-색크리쐐이쓰, throw-쯔로우, strain-스
    트렌, general-쩨너랄, barbarian-빨베란, orange-오란쥐, history-히쓰
    토리, carry-캬리, …

c. r-'으' 삽입: red-으레드, room-우룸, rice-으라이쓰, raise-으레쓰,
    region-으레전, regard-으레까드, rely-으렐나이, raft-으라쁘트, retire-
    으레타이아, revolve-으레볼쁙, right-으라이트, return-으레튄,
    rainbow-으랜뽀우, raisin-으래신, road-으로드, root-으루트, ride-으라
    이드, run-으런, regulate-으레귤네트, receive-으레씨쁙, river-으리쀄,
    respectful-으레쑤팩트쁠, remember-으레멤버, reel-으렐,[15](예외:

---

romantic-로만틱크), …

d. l-ㄹ: hill-힐, kill-킬, tell-텔, old-올드, eggplant-에그플난트, fowl-f f f f f f,
wolf-우울으, snail-스네일, female-f f메일, temple-템플, wall-우올,
saddle-싸들, silk-씰크, pickle-픽클, bubble-쌔블, village-f f레이쥐,
garlic-f f릭크, hazelnet-헤이쓸너트, swallow-스왈로우, explain-엑쓰
플넨, …

e. l-'을' 삽입: look-을룩크, love-을노f f, left-을내f f트, learn-을러언, lack-
을레이크, lettuce-을레터쓰, law-을노우, lightness-을나이트네쓰,
follow-f f노우, diligent-f f니잰트, lightning-을라히트닝, flame-f f레
임, fly-f f나이, boiler-보일너, rely-으렐나이, sleeve-f f니f f, ugly-아글
니, loin-을로인, quickly-퀴클니, ladder-을나더, lace-을너이쓰,
intelligent-인텔니잰트, loosen-을누슨, lazy-을네이쓰, leg-올레그,
leek-을레크, letter-을네터, …

유음의 한글 표기와 관련하여 보이는 가장 두드러진 특징은 (9c)와
(9e)에서 보듯 영어 단어가 유음 'r'이나 'l'로 시작할 경우, 그 앞에 '으/을'
을 넣어서 표기한다는 점이다. 정확히 이야기해서 영문이 'r'로 시작하면
'으'를 (red-으레드), 'l'로 시작하면 '을'을 삽입하여 (look-을룩크) 표기하
였다. 이는 유음의 음운적 지위에 대한 양 언어의 차이에 의한 것으로,
영어에서는 'r'과 'l'이 각각의 음소(phoneme)로 존재하지만 국어에서는
'r'과 'l'이 각각의 음소로서 존재하지 않으며 유음 음소로는 'ㄹ'만이
존재하는 상황에서 이 음소 'ㄹ'이 국어에서 음절 종성에 위치할 경우
영어의 'l'과 같은 설측음 [l]로 발화되고, 초성 위치에서는 탄설음으로
발음되는 국어의 음운현상을 십분 이용한 표기적 전략이다. 다시 말해,
'l'로 시작하는 영단어 앞에서는 '을'을 삽입함으로써 '을'의 받침 'ㄹ'을
강제로 종성 위치에 놓아 설측음 'l'로 발음되게 한 것인데, '을'이 삽입되었

우라이트, wrist-우리스트)

다고 하더라도 후행하는 소리가 모음이면 삽입된 '을'의 받침 소리 'ㄹ'이
모음 사이에서 탄설음화 되기 때문에 삽입된 '을'에 후행하는 음절 초성
위치에 다시 자음 'ㄹ'이나 'ㄴ'을 표기하여 영어에서의 'l'이 설측음으로
소리날 수밖에 없는 표기법을 고안한 것이다.[16] 반면 영단어가 'r'로
시작하는 경우에는 '을'이 아닌 '으'를 삽입하여 'r'이 'l'과는 다르다는
것을 표기법 상에서 구현하였다.[17]

　이렇듯 영어에서 'r'과 'l'이 다름을 '으'/'을'의 구별적 삽입으로 한글
표기법상 다른 소리임을 구현하였지만, 단어 초 '으'/'을'의 삽입은 실제
발음상으로나 시각적으로 오류 발화 및 낯설은 음이란 부담을 가지고
올 위험이 있다. 여기서 오류 발화라 함은 만약 '으'/'을'을 이웃한 다른
음절 소리와 같은 세기나 명료도로 발음하면 매우 이상하거나 틀린
발음이 되기 때문이다. 아학편에서는 이러한 문제를 직시하고 삽입되는
'을'을 다른 문자대비 상대적으로 가늘고 작게 적어놓았으며, 이렇게
가늘고 작게 적힌 문자는 "있으면서 없는 듯(有若無)" 발음하라고 되어
있다. 실제 아래 〈그림 8〉을 보면 삽입된 '을'이 이웃 음절보다 세소하게(가
늘고 작게) 적혀있다.[18]

---

16) 'l'로 시작하는 영단어 앞에 '을'이 삽입되고 후행하는 음절의 초성 자음은 'ㄹ'
　또는 'ㄴ'으로 표기되어 'ㄹ-ㄹ' 연속 (look-을룩크, learn-을러언, lettuce-을레터쓰)
　이 관찰되기도 하고 'ㄹ-ㄴ' 연속 (love-을노쁘, letter-을네터, left-을내쁘트)이
　관찰되기도 한다. 이때 'ㄹ-ㄴ' 연속도 궁극적으로는 발음상 '유음-비음'의 연속을
　피하는 한국어의 음운규칙에 따라 'ㄹ-ㄹ' 연속으로 소리 난 것으로 추정한다.(현대
　국어 발음 '실낙원[실락원]'을 참조할 수 있다)

17) 'r'로 시작하는 영단어 앞에 '으'를 삽입하였다고 해서 '으' 삽입 이후 모음 사이에
　있게된 ㄹ이 영어에서와 같은 'r' 소리를 보장해 주는 것은 아니다. 왜냐하면
　영어에서의 'r'은 권설음(retroflex)으로 발화되는 로틱 접근음이고(rhotic
　approximant), 국어에서는 이 위치에서 탄설음이기 때문이다.

18) 영국문(英國文) 표에서 부연으로 "영자(英字)를 국문(國文)으로 번역(繙繹)한 중
　(中) 특(特)히 세소(細小)한 자(字)난 해음(該音)을 유약무(有若無)하게 저성(低聲)
　하난 표(標)"라고 하여 세소(細小)한 표기는 있으면서 없는 듯 소리낸다라고
　되어 있다.(본 논문 〈그림 4〉와 각주 10 참조) 아울러 'l' 앞에 삽입된 모든

Lampstand	Lake	Land	Law
을남푸스탄드	을레익크	을난드	을노우
Lazy	Lead	Letter	Lettuce
을네이쓰	을네이드	을네터	을레터쓰
Level	Long	Lost	Lung
을네벨	을농	을노스트	을렁그

〈그림 8〉 '을'의 세소(細小)화 표기 예시

언급되어야 할 영문 'r'의 또 하나의 특징은 종성 위치에 있는 'r'은 영문에 문자로서 종성 위치에 존재한다고 해도 이를 굳이 한글로 표기하지 않았다는 점이다. (9a)에 제시된 예들이 여기에 해당되는데(sister-씨스터, thunder-썬더, meteor-메테어, butterfly-써터쁠나이, birthday-써쯔데이, colour-컬너, force-뽀쓰, 등) 이에 대한 이유로는 실제 영국 발음(미국 동부 발음 포함)에서 종성 위치의 'r'이 발음되지 않았다는 점에 기인하는 것으로 본다.[19]

그외 영어의 'r'은 한글 표기에서 음절의 첫소리로 위치하고 (arrow-아로우, friendship-쁘라인드쉽푸, scratch-스크라춰, prick-푸릭크, orange-오란쥐, 등), 영어의 'l'은 한글표기에서 음절의 받침소리에 위치한다.(hill-힐, kill-킬, tell-텔, old-올드, eggplant-에그플난트, fowl-빠울, wolf-우울쁘, snail-스네일, 등)

'을'이 가늘고 작게 그려진 것은 아님을 밝힌다. 한편 'r' 앞에 '으'는 가늘고 작게 그려진 예를 찾기가 힘들었으며, 이는 'r' 앞의 '으'와 'l' 앞의 '을'의 모음 '으'가 그 세기나 명료도에 있어 달리 인식되고 있다는 뜻이 될 수 있다.

19) 이는 영국발음에서 "모음 후 /r/ 탈락(loss of postvocalic /r/)"으로 알려져 있다.

4. 결론

본 논문은 지석영·전용규의 아학편에 나타난 영문의 한글 표기법을 자음을 중심으로 하여 살펴보았다. 중요 논의 사항으로 영어의 유성자음은 (특히 단어초에서) 'ㅅ'계 병서로 나타나면서 된소리로 표기되었으며, 국어에 없는 영어 마찰음은 'ㅇ'계 병서로 표기되었고, 영어의 마찰음 유무성 구분은 순음계통 소리를 제외하고는 구분되지 않았다는 점이다. 유음에 대해서는 특히 단어 초에서 '으/을'의 삽입과 함께 국어의 음절 구성 체제를 활용하여 영어의 본래 소리값을 지키려는 노력이 돋보였다.

정약용에 의해 처음 편찬된 아학편은 어려운 한자어를 빼고 실생활과 밀접한 관련을 맺고 있는 어휘를 중심으로 (비록 학습대상 한자의 수는 그 이전 천자문 대비 거의 두배나 늘었지만) 어린이들에게 당시 중국 대륙을 지배하던 자들과 그들의 언어와 문자(한자어)의 중요성을 깨우치려는 의도로 편찬되었을 것이다. 이후 100여년이 지난 20세기 초에 이르러 지석영과 전용규에 의해 일본어와 영어를 더해 4개국 외국어 어휘 학습책으로 새로이 편찬된 아학편은 당시 서양 제국들과 일본의 지속적인 위협과 간섭하에 어린이들에게 외국인의 언어에 눈을 뜨게 해주며 외국어의 중요성을 깨우치고 실제 사용되는 외국어를 학습하도록 함으로써 어린이들이 미래에 국제적 역량을 갖춘 국가의 대들보가 되었으면 하는 마음의 편찬 의도가 있었을 것이다. 이 과정에서 전용규와 지석영은 명확한 언어 관찰과 이해를 바탕으로 한글의 응용성과 창조성을 싹틔우고 그 결과로 한글로 영어의 각 소리와 발음 체계를 담아내는 아학편을 우리에게 선사한 것이다.

참고문헌

1. 인터넷 자료

http://tasan.or.kr/tasan/writings/writings2_cn02.asp

https://ko.wikipedia.org/근대_한국어

https://ko.wikipedia.org/wiki/한글_맞춤법_통일안

https://m.post.naver.com/viewer/postView.nhn?volumeNo=12398150&member
　　No=33108656

2. 연구문헌(Research References)

송사랑(편),『조선시대 영어교재 아학편』(원작자: 정약용. 편찬자: 지석영, 전용규.
　　번역: 김상환). 베리북, 2018.

우형식,「국어 된소리 표기법의 변천 양상」,『우리말연구』39, 2014, 141~179쪽.

이준환,「池錫永『兒學編』의 표기 및 음운론적 특징」,『大東文化硏究』83. 성균관
　　대 대동문화연구원, 2013, 201~236쪽.

이준환,「池錫永『兒學編』영어 어휘의 한글 표기와 국어의 음운론적 대응 양상-자
　　음을 대상으로 하여」,『국어사 연구』18, 국어사학회, 2014a, 249~292쪽.

이준환,「池錫永『兒學編』영어 어휘의 모음의 한글 표기와 국어와 영어의 음운론
　　적 대응양상」,『大東文化硏究』86, 성균관대 대동문화연구원, 2014b,
　　445~483쪽.

이준환,「『아학편(兒學編)』(1908)의 성모(聲母) 표기와 화음(華音)에 대하여」,『언
　　어와 정보 사회』37, 2019, 41~91쪽.

정승철,「개화기 국어 음운」,『국어의 시대별 변천 연구』4, 국립국어연구원,
　　1999, 7~59쪽.

한성우,「『兒學編』을 통해서 본 근대 동아시이아의 언어 교류」,『한국학연구』
　　21, 인하대 한국학연구소, 2009, 267~301쪽.

한성우,「근대 이행기 동아시아의 언어 지식-지석영 편찬『兒學編』의 언어 자료」,
　　『한국학연구』21, 인하대 출판부, 2010.

빙허각 이씨의 한글본 유서 저술과 여성지식

박 영 민

1. 문제제기

『청규박물지』는 18세기 후반에서 19세기 전반에 활동했던 여성 지식인 빙허각 이씨(憑虛閣 李氏, 1759~1824)의 학문과 교육의 수준이 전문적이고 관심의 범위가 매우 넓었음을 보여준다. 빙허각은 천문과 지리, 의학과 원예, 문학과 예술 등을 담은 다양한 서적에서 추상적인 자료부터 실용적인 자료까지 두루 뽑아 『청규박물지』 저술을 구상하였다. 때로는 논쟁적인 주제에 대한 이견까지 두루 뽑아 『청규박물지』에 수록하고자 하였다. 빙허각은 이렇게 뽑은 자료들을 자신의 유서(類書) 학습에 기반하여 체계적으로 분류하고 또 한글로 번역하여 『청규박물지』를 저술하였다. 빙허각의 『청규박물지』는 주변 여성들에게도 전파, 유통되었다. 우리는 빙허각의 저술에 근거하여 18~19세기 여성 지식인의 학문과 교육의 실체에 대해 피상적인 추정이 아니라 실증적인 추적을 할 가능성이 높아졌다.[1] 이 점에서 『청규박물지』의 일차적인 의의를 부여할 수 있다.

---

[1] 박영민, 「憑虛閣 李氏의 『淸閨博物志』 저술과 새로운 여성지식인의 탄생」, 『민족문화연구』, 2016, 261~295쪽 참조.

이에 본고는 『청규박물지』의 「화목부」를 대상으로 체제상, 내용상,
번역상의 특징을 분석하고자 한다. 그 과정에서 『청규박물지』의 유서로
서의 특징뿐만 아니라 빙허각 이씨의 지식 수용의 과정, 18세기 말에서
19세기 초반 여성의 학문과 교육의 실체가 자연스럽게 드러날 것이다.

본고에서 『청규박물지』의 「화목부」를 대상으로 하는 이유는 달성 서씨
가문에서 저술한 유서류와 빙허각의 『청규박물지』를 비교해 보면 『청규
박물지』의 특징이 더욱 잘 파악될 것이라 기대하기 때문이다. 빙허각의
남편인 서유본(徐有本, 1762~1822)의 할아버지 서명응(徐命膺, 1716~1787)
부터 아버지 서호수(徐浩修, 1736~1799), 동생 서유구(徐有榘, 1764~1845)
로 이어지는 달성 서씨 가문에서는 조선후기의 대표적 유서 저술가들을
다수 배출하였다. 그들이 저술한 『고사신서(攷事新書)』, 『해동농서(海東農
書)』, 『임원십육지(林園十六志)』 등의 유서와 빙허각 이씨가 저술한 『청규
박물지』의 공통 주제 중의 하나가 화·목·곡·과·초 등이다. 이에 본고에서
는 주로 「화목부」에서 인용한 서적은 무엇이고 그 서적의 특징은 무엇인
가, 「화목부」에서 뽑은 자료는 무엇이고 그 자료의 특징은 무엇인가,
「화목부」에서 뽑은 자료를 편집 혹은 서술하는 방식은 어떠하고 그 특징은
무엇인가, 『청규박물지』는 한문을 한글로 번역하였는데 그 번역상에서의
특징은 무엇인가를 고찰하면서, 달성 서씨 가문의 저술과 빙허각의 저술
에는 어떤 상관관계가 있는가, 남성의 저술과 여성의 저술은 차이가
있는가 등등의 질문을 던져 빙허각의 『청규박물지』 「화목부」의 특징이
선명하게 드러나는 방법을 취하고자 한다.2)

---

2) 서유본 가문 및 유서 연구는 심경호, 「左蘇山人文集解題」, 『서벽외사해외수일본』
8, 아세아문화사, 1992, 1~16쪽 ; 정명현, 「『임원경제지』사본들에 대한 서지학적
검토」, 『奎章閣』 34, 서울大學校 奎章閣韓國學硏究院, 2009, 205~230쪽 ; 曹蒼錄,
「『임원경제지』의 찬술 배경과 類書로서의 특징」, 『진단학보』 108, 진단학회,
2009, 21~41쪽 ; 한민섭, 「徐命膺 一家의 博學과 叢書·類書 編纂에 관한 硏究」,
고려대 박사학위논문, 2010, 1~144쪽 ; 김대중, 「풍석 서유구 산문 연구」, 서울대

빙허각은 유서 저술가답게 다양한 분야에 관심을 가졌다. 그 중에서도 「천문부」, 「화목부」 등은 달성 서씨 가문의 저술과 긴밀한 연계 하에 집필되었다. 빙허각의 남편 서유본은 문과에 급제하지 못하다가 1805년 동몽교관에 임명되었다. 그러나 1806년 숙부 서형수(徐瀅修)가 김달순(金達淳)의 옥사에 연루된 일로 온 집안이 유배를 가거나 관직에서 물러날 때 서유본도 함께 물러났다. 이후 서유본은 삼호(三湖)의 행정(杏亭)에 거처하며 경전을 공부하고 저술을 하는 것으로 일생을 보냈다. 서유본이 삼호의 행정에서 몰두한 것은 아버지 서호수의 학문을 이어받는 것이었다. 서호수는 당대를 대표하는 천문역산가였다. 서유본은 벼슬에서 물러난 뒤 5년 동안 아버지가 연구한 천문역산학 연구에 골몰하였다. 그 와중에 당대의 천문역산가들과 학문적 교류를 하였고, 정조대의 대표적인 천문역산가 김영(金泳, 1749~1817)의 전기(「金泳儀泳家傳」)를 지어 그의 존재를 세상에 알리고자 하였다. 그리고 『기하원본(幾何原本)』에 대한 공부 경험을 바탕으로 문답을 설정하고 해설을 붙여 『기하몽구(幾何蒙求)』(1808)를 저술하였다. 『기하몽구』는 서유본이 천문역산학 분야에서 전문가의 경지에 올랐음을 말해준다.[3]

서유본의 천문역산학 공부와 『기하몽구』 저술이 이루어졌던 1808년 즈음 빙허각도 『청규박물지』 저술을 하였다. 서유본이 천문학, 상수학 등에 몰두할 때 빙허각도 『청규박물지』의 「천문부」, 「지리부」 등을 저술하였다. 여기서 서유본의 공부과정을 주목할 필요가 있다. 서유본은 『기하

박사학위논문, 2011. 1~289쪽 ; 정명헌, 『임원십육지인』 해제, http://kostma. korea.ac.kr/ 참조. 기타 유서 연구는 張華 저, 임동석 역주, 『박물지』, 고즈윈, 2004, 1~515쪽 ; 정우봉, 「조선후기 지식인의 陳繼儒 수용과 그 의미」, 『한국한문학연구』 57, 한국한문학회, 2015, 233~263쪽 ; 진재교, 「조선조 후기 類書와 人物志의 學的 視野－지식·정보의 集積과 分類를 중심으로」, 『대동문화연구』, 2018, 67~101쪽 ; 최환, 『한중유서문화개관』, 영남대학교출판부, 2008 등 참조.
3) 구만옥, 「서유본(1762~1822)의 학문관과 자연학 담론」, 『한국사연구』 166, 2014, 177~225쪽.

원본』을 읽을 때 "마치 철벽을 뚫는 것 같고 길들지 않는 말에 고삐를 매려는 것 것과 같았다"고 하였다. 빙허각은 행정에서 남편이 시아버지의 학문을 잇기 위해 맹렬하게 공부하는 과정을 지켜보았다. 때로는 서유본이 어려운 점에 부닥쳤을 때 그의 설명을 듣기도 하고 토론을 하기도 하며 좋은 동료가 되었다. 새로운 학문을 치열하게 탐구해가는 서유본의 태도는 빙허각에게도 영향을 끼쳤다. 그리하여 빙허각도 남편의 공부 벗에 그치지 않고 이제까지 여성의 지식이 한 번도 보여준 적이 없었던 천문역산학 분야의 저술을 남기게 되었다. 서유본 가문의 천문역산학 공부 배경이 빙허각의『청규박물지』의「천문부」저술에도 깊은 영향을 미쳤다.

빙허각은『청규박물지』의「화목부」저술에서도 서유본 가문의 학문적 특징인 농서 저술의 영향을 받았다. 빙허각의 시아버지인 서호수는『해동농서(海東農書)』를 저술하였다. 그는『해동농서』초고본과 정리본을 남겼는데 두 본을 비교하여 보면 초고본의 목차를 반으로 줄여 정리본을 만들었다. 서호수가 처음『해동농서』를 기획할 때는 생활백과사전류를 생각했는데 농서로 방향을 바꿈에 따라 관련 자료를 추려내어 정리본을 만든 것으로 짐작할 수 있다. 그런데『해동농서』와『청규박물지』를 비교하여 보면『해동농서』초고본의 목차가『청규박물지』목차에 거의 들어 있다. 다시 말해『해동농서』초고본과『청규박물지』의 내용이 유사하다. 빙허각이『청규박물지』를 저술할 때 시아버지인 서호수의 저술의 영향을 받았고 이를 토대로 여성의 유서를 구상했던 것으로 보인다. 다만 서호수는『해동농서』정리본에서 농서와 직접적인 관련이 있는 것으로 목차를 재구성한 반면, 빙허각은 다양한 범주를 망라한 유서 저술이라는 애초의 계획을 바꾸지 않았다. 그럼에도 불구하고 빙허각은 1790년대에 시아버지가 농서를 편찬하고, 1798년에 정조가 농서를 구하는 윤음(綸音)을 반포하는 것을 보며 농서의 중요성과 시아버지의 저술의 의의를 재인식하였을 것이다.4) 그리하여『청규박물지』를 저술하며「천문부」,「지리부」 다음에「화목부」를 두고 농서와 관련된 자료를 수집하여 배치하였을 것으로 보인다.

이후에 서호수의 아들이자 빙허각의 시동생인 서유구는『임원십육지』를 편찬하며『해동농서』와『청규박물지』보다 훨씬 더 체계적이고 구체적으로 화목곡과초 등에 관한 자료를 수집하고 정리하였다. 서유구의『임원십육지』는『해동농서』보다는『청규박물지』와 유사성이 더 깊다.『임원십육지』는『청규박물지』보다 훨씬 더 방대하고 체계적이지만.5) 인용한 화목의 종류는 비슷하다. 하지만『청규박물지』가 고사나 소설류를 많이 뽑았다면『임원십육지』는 현실에서 적용 가능한 실용적인 지식을 많이 뽑았다. 서유구도 형수인 빙허각의『청규박물지』를 보았다. 그들은 화·목·곡·과·초를 중시하며 유서를 저술하였지만 서로 다른 방향으로 각자의 저술을 완성해갔다. 이에 본고에서는『청규박물지』의「화목부」를 대상으

---

4) 徐浩修가『海東農書』를 편찬한 이유는 정조의「勸農政求農書綸音」에 응한 進農書 용도였다는 주장이 있다. 그런데 정조가「勸農政求農書綸音」을 내린 시기는 1798 년이고 徐浩修는 이 윤음이 반포된 지 1개월 만에 세상을 떠났다. 따라서 1개월 만에 이 책을 편찬하기는 어려웠을 것으로 보인다. 그런데 徐浩修가 1791년 팔도감영에서의 북극고도와 동서편도를 산정했고, 그 이듬해에는 각 지역의 주야 시각과 절기 시각을 계산하여 역서에 반영하는 데 주도적인 役割을 하였고, 또 농사의 시기는 풍토와 기후조건을 고려하여 결정해야 함을 주장하였는데, 「海東農書凡例」에서 朝鮮의 북극고도가 달라짐에 따라 농법이 달라져야 함을 강조했다. 따라서『海東農書』의 저술 시기는 1790년대로 추정된다.

5) 서유구는 김달순(1760~1806) 사건에 연루된 1806년부터 복권되어 정계로 돌아온 1824년까지 18년간 저술작업에 몰두하였다.『임원십육지』저술도 이때에 이루어 졌다. 그리고 1837년 은퇴한 이후부터 1845년 세상을 떠날 때까지『임원십육지』를 정리하였다. 빙허각이 1809년 自序를 쓰고 1810년 內從妹가 序文을 쓴 것으로 보아 적어도 1810년대에는『청규박물지』를 저술한 것으로 추정할 수 있는 바, 빙허각이 서유구보다 먼저『청규박물지』를 저술한 것으로 보인다. 1806년 낙향한 뒤 비슷한 시기에 저술을 시작하였고 서유구가 더 오랜 시간을 들여 훨씬 방대한 작업을 한 것으로 추정할 수도 있다. 그러나 빙허각이 달성 서씨 가문이 소장한 자료를 함께 공부하며 저술을 하였음을 알 수 있다.

로 체재상, 내용상, 번역상의 특징을 분석하며 달성 서씨 가문의 유서류와
의 비교를 통해 빙허각의 유서의 특징을 드러내고자 한다.

2. 『청규박물지』「화목부」의 체제

　『청규박물지』는 여러 종의 필사본 이본으로 존재하였다. 그런데 1939
년 황해도 장단에서 발견된『빙허각전서(憑虛閣全書)』속의『청규박물지』,
1824년 빙허각 사후 서유구가 묘지명을 쓸 때 언급한『청규박물지』,
1810년 빙허각이 자서(自序)를 쓰고 내종매가 서(序)를 쓸 때의『청규박물
지』, 그리고 현존하는 오구라문고 소장본『청규박물지』의 권 수는 각기
4권, 5권, 2권, 4권으로 서로 다르다. 우리가 현재 실물을 볼 수 있는
이본은 동경대학 오구라문고 소장본뿐인데, 문제는 오구라문고 소장본이
분류체계를 엄격하게 세우고 각 분류마다 정교하게 자료를 배열한 완성본
이 아니라는 것이다.

　『청규박물지』「화목부」의 구성을 예로 들 수 있다. 『청규박물지』의
목차에서는 "화목부" 하위에 "화", "목", "곡", "과", "초" 다섯 항목이 있다고
하였다. 그런데 정작 본문은 "화목부"라는 제목이 없이 "화목총론"으로
바로 시작하고, "화목총론" 뒤에는 "화류"라는 명명이 없이 "목류", "곡류",
"과류", "초류"가 이어진다. 그렇다고 본문에 "화류"가 실제로 없는 것이
아니다. "화목총론"의 뒷부분과 "목류"의 앞부분에 수록된 내용이 모두
"화류"에 해당되는 것이다. 그렇다면 "화류"라는 제목이 필사에서 빠진
것이라 할 수 있다. 애초의 빙허각의 저술에 "화목부"와 "화류"라는 제목이
없었던 것인지, 필사자의 필사과정에서 빠진 것인지는 명시하기 어렵다.
필사자의 오류라면 완성본인가 아닌가를 문제시할 필요가 없다.

　그런데『청규박물지』「화목부」에는 필사자의 문제로 돌리기 어려울

정도의 체제상의 불완전성이 있다. 예를 들어 「천문부」, 「지리부」, 「조수부」, 「진보부」 등에는 "총론"이 없는데 「화목부」에는 "총론"이 있다. 각부의 하위 구성도 정형적이지 않다는 말이다. 이것은 필사자의 오류라고 보기가 어렵고 원본의 체제가 균질적이지 않다는 것을 의미한다. 『청규박물지』 내에서의 이러한 체제상의 불균형, 미비는 곳곳에서 보인다.[6] 따라서 현존하는 오구라문고 소장본 『청규박물지』는 완성본이라고 보기 어렵다. 현재 위에서 언급한 이본들을 볼 수 없기에 그 중에 완성본이 있었는지도 확인할 수 없다.

그런데 빙허각의 최종본이 현재 우리가 보고 있는 상태일 가능성도 있다. 유서의 체제상의 미비는 예로부터 자주 지적되어온 문제이기 때문이다. 『흠정사고전서총목(欽定四庫全書總目)』에서 유서류(類書類)로 분류한 서적에 대한 해설을 살펴보면 대부분 "자료의 전고가 불분명하다, 전문을 자의로 잘라서 인용하였다, 글에 수식만 있고 내용은 없다, 원서의 출전을 밝히지 않았다."는 등등을 문제로 지적하였다. 『청규박물지』에서도 인용한 『사물감주(事物紺珠)』를 예로 들어 보면, 『흠정사고전서총목』에서는 "지금 그 목(目)을 고찰하여보면 천문·지리부터 쇄언·쇄사에 이르기까지 무릇 46목이니 46권이 아니다. 기록한 바의 전고는 대부분 잘라서 두서가 없고 또 대부분 원서의 이름을 기록하지 않았으니 …"[7]라고 하여 『사물감주』에 수록된 자료의 엄정성, 정확성에 대해 부정적인 평가를 하였다. 워낙 방대한 서적에서 방대한 자료를 뽑아 관련되는 내용끼리 분류하고 모으다보니 발생할 수 있는 현상이라 하더라도 대부분의 유서류는 이러한 비판을 받았다.

---

6) 박영민, 앞의 글, 2016, 261~295쪽 참조.
7) 『欽定四庫全書總目』卷一百三十八, 子部 四十八, 類書類 存目二, "今考其目, 自天文·地理至瑣言·瑣事, 凡四十六目, 非四十六卷也. 所錄典故, 率割裂餖飣, 又槩不著原書之名, 是雖杜撰以盈卷帙亦莫得而稽矣."

빙허각은 「화목부」의 서두를 「화목고」에서 뽑은 자료를 인용하는 것으로 시작하였는데 「화목고」에 대한 평가도 마찬가지이다. 「화목고」는 명나라의 신무관(愼懋官)이 지은 『화이화목조수진완고(華夷花木鳥獸珍玩考)』의 제1권에 수록된 것이다. 『사고전서총목제요』를 보면 『화이화목조수진완고』를 해설하면서 정밀한 논리를 갖춘 저술이 아니라고 하였다. 오히려 "옛 말을 훔쳐서 취하기도 하고, 자기 말을 섞어 넣기도 하고, 출전을 표기하기도 하고, 출전을 표기하지 않기도 하고, 참과 거짓을 뒤섞기도 하고, 문사 수식만 하고 내용은 빈약하여 두서가 없기도 하다"[8]고 하였다. 즉 「화목고」를 포함하여 『화이화목조수진완고』는 글의 형식이나 내용을 논리적으로 따지거나 정밀하게 교정하기보다 이런저런 내용을 자유롭게 서술한 책으로 해설하였다. "예를 들어 단풍나무 조목에서 '모안(謨按)'이라고 하였는데, 이는 이 책을 지은 이의 이름이 '謨'인 듯이 표현한 것이다. 또 목련수 조목에서 '원화 14년 여름, 도사 무구원에게 명하여 쓰게 하니, 인하여 절구를 지었다.'고 하였는데, 이 책을 지은 자가 당대 사람인 듯이 표현한 것이다. 위의공이 학을 좋아하다는 조목에 이르러서는, 『좌전』을 인용하지 않고 전기(傳奇)와 이사(俚詞)를 인용하였으니 더욱 고찰하지 못한 것이다. 권 수의 자서는 말이 지극히 과장되었으니 지나치다."라고 지적하였다.[9] 이는 『화이화목조수진완고』의 특징을 말한 것이자 유서류의 특징을 말한 것이기도 하다.

『사고전서총목제요』의 이 해설은 체제와 내용의 측면에서 빙허각의

---

8) 『欽定四庫全書總目』卷一百三十, 子部 四十, 雜家類存目 七, "明愼懋官撰. 懋官字汝學, 湖州人. 是書凡花木考六卷, 鳥獸考一卷, 珍玩考一卷, 續考二卷. 或剟取舊說, 或參以已語, 或標出典, 或不標出典, 眞僞襍糅, 餖飣無緒."

9) 『欽定四庫全書總目』卷一百三十, 子部 四十, 雜家類存目 七, "如楓樹一條稱謨按云云, 似著此書者名謨. 又木蓮樹一條, 稱元和十四年夏命道士毌邱元志寫因題絶句云云, 似著此書者在唐代. 至衛懿公好鶴一條, 不引左傳而引傳奇俚詞, 尤爲不考. 卷首自序一篇, 詞極夸大, 過矣."

『청규박물지』「화목부」와도 잘 통한다. 『청규박물지』「화목부」도 유서라
는 장르적 특성상 다른 서적에서 자료를 뽑아 서술하는 것을 기본으로
하는데 어떤 때는 출전을 밝히기도 하고 어떤 때는 밝히지 않기도 하였다.
출전을 밝히지 않았다는 것은 다른 말로 표현하면 훔쳐서 취한 것이다.
또 빙허각은 자신이 말하고자 하는 내용이 있을 때, 여러 서적에서 관련된
자료를 뽑아 자신의 뜻대로 취사선택하고 편집하여 마치 하나의 서적에서
뽑은 하나의 자료처럼 보여주기도 하였다. 이러한 자료의 취사선택과
편집은 빙허각이 무엇을 보여주고자 하는지 그 의도와 관련이 있다.
구체적으로 밝히자면 빙허각은 화목의 재배, 생장, 결실과 관련된 정확한
정보를 보여주기보다 화목과 관련된 사람들의 생각, 고사 등을 보여주는
데에 관심을 집중하였기 때문에 그가 뽑은 자료에는 실제적인 정보도
있지만 허구적인 이야기가 훨씬 더 많다. 따라서 참과 거짓이 뒤섞여
있다고 할 수 있다. 또 어떤 자료는 빙허각이 왜 뽑았는지 의도를 파악하기
가 어렵다. 즉 문사를 꾸미기는 하였으나 내용은 빈약한 경우라고 할
수 있다. 이렇게 『청규박물지』의 「화목부」는 「화목고」의 자료를 인용하는
것으로 시작하는데 『사고전서총목제요』의 「화목고」에 대한 해설은 『청규
박물지』에 대한 해설에도 부합한다.[10]

　유서류에 대한 이러한 일반적인 평가에도 불구하고, 빙허각의 최종본
이 완성본인가 아닌가, 어느 정도의 완성도에 이른 것인가를 질문하는
것은 중요한 문제이다. 빙허각의 저술태도와 연관되는 문제이기 때문이
다. 곧 빙허각의 최종본이 완성본인가 아닌가라는 문제는 빙허각이 이

---

10) 조선시대의 문인들도 「花木考」를 보았다. 특히 「화목고」에는 신라 신문왕 때의
　　'萬波息笛' 고사가 수록되어 있는데 李圭景이 『五洲衍文長箋散稿』「簫辨證說」에서
　　이 사실을 언급하였다.(花木考曰, "新羅神文王時, 東海中有小山浮水, 隨波往來, 王異
　　之, 泛海入, 其山上有一竿竹, 命作笛吹之, 兵退病愈, 旱雨雨晴, 風定波平, 號萬波息笛,
　　或作萬萬波波息笛云矣.") 沈象奎도 『斗室存稿』「雜咏秋園花卉·鷄冠」에서 「화목고」
　　를 언급하였다.

유서의 저술을 얼마나 치열하게 하였는가를 가늠하는 잣대가 된다. 또한 여성의 지식인으로서의 태도, 저술가로서의 태도가 어떠하였는가를 가늠할 수 있는 잣대가 된다. 빙허각은 1809~1810년에 『청규박물지』의 "自序"를 쓰고 내종매의 "序"를 받았는데 그로부터 세상을 떠날 때까지 약 14년 정도의 시간이 있었다. 그렇다면 그 기간 동안 그가 『청규박물지』를 완성하기 위한 또 다른 노력을 하지 않았을까? 그가 자료를 광범위하게 찾아 체계적으로 분류하고 정확하게 번역하여 유서를 완성하기 위해 얼마나 애를 썼던가, 완성본을 만들기 위해 얼마나 정교하게 작업을 하였는가 하는 점은 바로 빙허각의 지식인으로서의 태도, 여성의 학문에의 열정 등을 가늠하는 문제와 연결되기 때문이다.

그리하여 유서의 체제의 불완전성에 대한 일반적인 비판은 빙허각의 『청규박물지』에도 해당된다고 할 수 있고, 현재 볼 수 있는 『청규박물지』가 완성본이 아닌 것은 분명하지만, 『청규박물지』 내부의 체제, 내용 요소를 정밀하게 분석하여 완성도의 정도를 평가하는 것은 중요하기에 향후에도 『청규박물지』 전체를 대상으로 한 완성도에 대한 분석과 평가는 계속될 필요가 있다.

3. 『청규박물지』 「화목부」의 서술상의 특징

1) 서적 인용: 원 자료 인용과 고증학적 태도

『청규박물지』의 인용서목을 보면 매우 특이한 점이 보인다. 우선 우리 나라에서 찾기가 어려운 서적에서 인용한 자료가 많다는 점이다. 『청규박물지』 「화목부」와 『임원십육지인용서목』을 비교하여 보면 그 점이 더 잘 드러난다. 『청규박물지』 「화목부」에서는 「화목고(花木考)」, 『현관경』,

『홍서(鴻緖)』,『필기(筆記)』,『천중기(天中記)』,『사물감주』,『개원유사(開
元遺事)』,『채란잡지(採蘭雜志)』,『남완』,『성도기(成道記)』,『옥당한설(玉堂
閒說)』,『태산지(太山志)』,『당어림(唐語林)』,『문해피사(文海披沙)』,『게낭
귤유』 등을 인용서목으로 밝혔는데『임원십육지인용서목』에는 이 서목
이 보이지 않는다.『청규박물지』「화목부」와『임원십육지인용서목』두
곳에서 공통으로 보이는 것은『원사』,『본초강목』,『진사(晉史)』,『월령광
의(月令廣義)』,『남방초목상(南方草木狀)』,『설문해자』,『삼재도회(三才圖
會)』,『통지(通志)』,『청이록(淸異錄)』,『한서』 등뿐이다. 이렇게『청규박물
지』에는『임원십육지인용서목』에도 보이지 않는 서적의 이름이 많이
보인다.『임원십육지』가『청규박물지』「화목부」보다 훨씬 방대함에도
불구하고 훨씬 적은 자료를 인용한 것인가 의문이 든다. 또한『청규박물지』
「화목부」에는 조선시대의 다른 저자나 서적에서 거의 인용하지 않은
서명이 많이 보인다.『청규박물지』가 조선시대에 일반적으로 유통되지
않았던, 찾아보기 어려운 서적을 많이 찾아보았던 것인가 의문이 든다.

『청규박물지』「화목부」에서 인용한『당어림』[11]을 예로 들어보자. 송나
라의 왕당(王讜)이 지은『당어림』은 소설, 명언, 전장(典章), 고실(故實),
가언(嘉言), 의행(懿行)을 기록한 것이다. 진진손(陳振孫)의『서록해제(書錄
解題)』에서는『당어림』에 대해 "당나라 소설 50가(家)를『세설』을 모방하
여 35문(門)으로 나누고 또 17문을 더하여 52문을 만든 것이다."[12]라고

---

11) 빙허각 이씨,『청규박물지』「화목부」(동경대 오구라문고 소장본), "최견이 항줘을
직희여실 쎠의 긱을 호샹의 젼쑁할싀 목과을 드리난이 이슨이 그 마시 긔이ᄒ지라
듕스가 이셔 스미의 여허와 금듕의 업난비니 진샹ᄒ미 맛당ᄒ다 ᄒ고 경긱의
비을 푸러가니 틔쉬 득죄할가 두려ᄒ거날 관기슐을가음아던직고 왈 싱각ᄒ이
모괘 경슉ᄒ면 반다시 가온듸가 샹ᄒ리이다ᄒ거날 급히 스람을 보너여 보니
과연 썩어바렷다 ᄒ난지라 그 말을 이샹이여겨 기싱을 블너 무르니 듸왈 차믈이
크고 살찌니 반다시 슈이 샹ᄒ야 입헌치 못할가 ᄒ미니이다 틔쉬 향과 비단으로써
샹쥬니라[당어님]"
12)『欽定四庫全書總目』卷一百四十一, 子部 五十一, 小說家類二, "陳振孫書錄解題云,

하였다. 그런데 조선에는 『당어림』이 들어왔다거나 유통된 기록이 거의 없다. 조선뿐만 아니라 중국에서도 이 책은 거의 유통되지 않았다.13) 『흠정사고전서총목』을 보면 "『당어림』은 "비록『세설』을 모방하였다 하여도 기록한 것은 전장고실과 가언의행이니 대부분 정사(正史)와 서로 인증이 되어 유의경(劉義慶, 403~444)이 오로지 청담을 숭상한 것과 다르다. 또『당어림』이 채록한 여러 책들은 지금 남아 있는 것이 드무니 그가 모은 공적은 더욱이 훼손할 수 없다. 명나라 이래로 간본이 사라져서 사조제(謝肇淛)가『오잡조(五襍俎)』에서 양신(楊愼)의 말을 인용하여 '어림이 전하는 것이 드무니 사람들도 아는 이가 드물다'고 하였다."고 하였다.14) 그렇다면 조선에서도『당어림』을 직접 본 것이 아니라 다른 서적에 수록된 것을 보았을 가능성이 높다. 조선에서는『설부(說郛)』(明 陶宗儀), 『조야첨재(朝野僉載)』(唐 張鷟) 등이 많이 유통되었는데 여기에『당어림』이 수록되어 있었던 것이다. 그런데 빙허각은『청규박물지』에서『당어림』을 인용서목으로 밝히고 있다. 『임원십육지인용서목』에서는 이 서적을 인용서목으로 밝히지 않았다.

〈『청규박물지』의 원문〉
○ 한고죄 강보의 이슬씌 기 뫼 기음 믹다가 잣나모 그늘의 두고 밥 가질나가밋 도라오믹 왕닉 더듸여 날이 빗겨시되 그 나모 그림지는 옴지 아냣더라[옥당한셜]15)

長安王讜正甫, 以唐小說五十家, 倣世說, 分三十五門. 又益十七門, 爲五十二門."

13) 成海應의『연경재집』에서『唐語林』을 인용하였으나 이는 직접 본 것이 아니다.

14) 『欽定四庫全書總目』卷一百四十一, 子部 五十一, 小說家類二, "唐語林八卷. (상략) 是書雖倣世說, 而所紀典章故實嘉言懿行, 多與正史相發明, 視劉義慶之專尙淸談者不同. 且所采諸書, 存者已少, 其裒集之功, 尤不可沒. 明以來, 刊本久佚, 故明謝肇淛五襍俎 引楊愼語, 謂語林罕傳人亦鮮知惟."

15) 빙허각 이씨, 『청규박물지』 권1, 「화목부」(동경대학 오구라문고 소장본).

〈현대어 번역문〉

○ 한 고조가 강보에 있을 때 그의 어머니가 김을 매다가 잣나무 그늘에 두고 밥을 가지러 갔다가 돌아오는데 왕래가 더디어 해가 기울었으나 그 나무 그림자는 옮겨가지 않았더라.

〈원 자료 및 출전〉

○ 影不移. 高祖在襁褓之時, 母置放其莊柏樹之陰, 而徃餉田比及餉回, 日斜而樹影不移.[玉堂閒話]16)

빙허각은 위 자료의 출전을 『옥당한셜』이라고 밝혔는데 이는 『옥당한화(玉堂閒話)』의 오류이다. 빙허각의 잘못인가 필사자의 잘못인가는 확인하기 어렵다. 『옥당한화』도 조선에서 단독으로는 거의 유통되지 않았다. 정약용의 『여유당전서』에서 인용한 사례가 겨우 보이는 정도이다. 그런데 『옥당한화』는 『설부』, 『조야첨재』 등에 수록되어 있고 이 서적들은 조선에서도 많이 유통되었다. 또 한고조 고사는 『천중기』, 『태평광기(太平廣記)』, 『광군방보(廣羣芳譜)』, 『옥지당담회(玉芝堂談薈)』 등에도 수록되었는데 이 서적들도 조선에서 많이 유통되었다. 따라서 빙허각이 자료를 조선에서 많이 유통된 서적에서 뽑고 출전을 원 자료가 수록된 『옥당한화』로 밝힌 것이라고 생각할 수 있다. 또 김육(金堉)의 『유원총보(類苑叢寶)』에도 한고조 고사가 실렸는데(권39 草木門, 柏影不移) 『유원총보』에서는 출전을 『옥당한화』로 밝혔다. 서유구의 『임원십육지인용서목』에는 『유원총보』가 있다. 달성 서씨 집안에서 『유원총보』를 소장하였거나 보았다는 것을 의미한다. 그렇다면 빙허각도 『유원총보』에서 한 고조 자료를 뽑고 출전을 『유원총보』가 아니라 원 출전으로 밝혔을 가능성이 높다. 빙허각이 『옥당한화』를 직접 보고 한 고조 고사를 뽑았을 가능성은

16) 明 陳耀文 撰, 『天中記』 卷五十一 ; 『御定佩文齋廣羣芳譜』 卷七十一, 木譜 柏에 수록.

희박하다.

그렇다면 빙허각은 『청규박물지』에 수록할 자료를 뽑고 출전을 밝힐 때에 원 출전을 밝히고자 하였던 것으로 보인다. 자신이 직접 그 서적을 보지 못하였다 해도 자료를 인용하고 출전을 밝힐 때에 원 출전을 밝히고자 하였다. 그래서 『청규박물지』에 조선에서 거의 유통되지 않았던 서적의 이름이 다수 나타난 것이다. 왜 빙허각은 자료의 원 출전을 밝히고자 했을까? 빙허각은 자료를 뽑고 분류하는 과정에서 자료가 원래 있던 자리, 원래 저술한 저자를 밝혀주고자 하였다. 이는 자료의 근원을 밝히고자 하는 태도일 뿐만 아니라 원래 자료가 말하고자 한 의미 즉 고사의 본래의 의미에 대한 관심이 깊었기 때문이다.

빙허각이 자료를 모으고 분류하고 체계화하는 과정에서 자료의 원래 자리를 찾아서 밝혀주고자 한 태도는 그의 고증학적인 학문 태도를 말해준다. 고증학적인 태도는 18세기 후반에서 19세기 초반 조선사회의 대표적인 학자 집안의 하나인 달성 서씨 가문의 학문경향이기도 하다. 그런데 빙허각은 자료의 인용서목을 밝히는 과정에서 서유구보다 더 깊이 고증학적인 태도를 보여준다. 빙허각이 인용서목의 원 출전을 밝히는 태도에는 자신이 박물지 저술가로서 학자적 엄정성이 있다는 것을 은연중에 나타내는 것이다. 이렇게 빙허각은 2차 자료가 아니라 1차 자료를 찾아서 명기하고 정보의 뿌리, 고사의 근원, 이야기의 근원을 찾아 밝히는 과정을 통해 자신의 고증학적인 저술 태도를 밝히고, 동시에 자신이 지식의 깊이와 풍부함을 추구하고 있으며, 학자의 태도로 박물지 저술에 참여하고 있음을 의도적으로 보여주었다.

2) 자료 수집: 고사, 허구, 소설

『청규박물지』의 「화목부」와 『임원십육지』의 「예원지」·「관휴지」·「만

학지」 등을 비교하여 보면 임원(林園)과 관련된 자료를 뽑았다는 점에서
상통된다. 두 곳에서 공통적으로 인용한 서적은 역사서나 의학서 등
사실적이고 구체적인 정보를 제공하는 것들이다. 그런데『청규박물지』의
「화목부」는 임원에서 생활할 때 필요한 정보의 범위를『임원십육지』와
다른 방향으로 설정하여 자료를 보다 광범위하게 수합하였다. 즉『청규박
물지』「화목부」는 고사나 신화 등 허구적인 이야기, 소설의 재료가 되는
이야기 등을 풍부하게 수합하였다. 이에 비해『임원십육지』의 「예원지」·
「관휴지」·「만학지」 등은 "총서, 種栽, 護養, 接換, 鋪置, 澆壅, 品第, 葺理,
時令, 瑣言, 收藏"으로 구성된 목차에서 알 수 있듯이, 씨 뿌리고 모종
심고 기르고 접붙이고 김매는 실제 농사 관련 정보를 많이 수록하였다.

빙허각과 서유구는 비슷한 시기에 유서 집필을 시작하였다. 달성 서씨
가문의 유서 저술은 그들이 김달순 사건에 연루되어 정치적으로 낙마하고
서유본은 행호로, 서유구는 장단으로 은거한 1806~1824년 사이에 주로
이루어졌다. 빙허각이 비교적 빨리 초고를 완성하였고 서유구는 만년까
지 집필 수정을 하였다.[17] 그런데 그들의 저술 방향은 확연히 달랐다.
빙허각은 서유구와는 확연하게 다른 고유의 방향으로 자료를 수합하고
자신의 유서를 저술하였다. 빙허각의『청규박물지』는 자료 수합의 측면
에서 서호수의『해동농서』와도 확연히 다른 길을 택하였다. 빙허각은
달성 서씨 가문의 영향을 받아 유서 저술을 하였으나 집안 남성들의

---

17) 빙허각의『청규박물지』의 경우, 서문이 1809년과 1810년에 쓰여진 것으로 보아
   행호에 은거한 지 4~5년 만에 초고가 만들어졌다. 서유구의『임원십육지』는
   그의 은거기인 1806~1823년에 저술되었고 은퇴 후인 만년에 다시 정리되었다.
   오사카부립 나가노시마도서관 소장본『임원십육지』는 그의 초고본인데 "자연경
   실장"이 찍힌 원고지에 필사되었다. "자연경실장" 원고지는 서유구가 만년에
   사용하던 것이다. 그렇다면 서유구는『임원십육지』를 매우 오랫동안 집필하고
   수정하였음을 알 수 있다. 그리하여『임원십육지』는『청규박물지』보다 형식상
   체계적이고 내용상 방대하다. 서유구가 수십 년에 걸쳐 저술하고 정리한 결과이
   다.

유서와는 확연히 다른 방향으로 자신의 유서를 저술하였다.

> ○ 복희문왕묘젼의 홀노 시초가[졈치ᄂ 플] 닛고 연능계ᄌ괘검듸하[칼
> 거럿던 아릭]의 괘검초가 닛고 명강셩의 독셔산 ᄒ의[글 닑던 뫼
> 아릭] 셔듸초가 나니 공님의[공ᄌ 게시던 모음] 형극이 나지 아니ᄒ고
> 엄능의 홀노 흰 쒸가 나고 흔여타리초가 다 쓸니여 업더지고 한왕목마
> 초의 치흔니자곡이 이슨이 다 다른듸 업ᄂ 비라. 이 초은 미앙궁의셔
> 한신 버히던 짜희 지금 오히려 흔젹이 이셔 플이 다 붉고 흉노의
> 짜히 플니 다 희듸 오직 왕쇼군의 무덤 우희 플이 프르니 한으로부터
> 이제 쳔빅연이로듸 훈신협여의 함원이러라[문희ᄉ][18]

『청규박물지』는 이 글을 『문희ᄉ』에서 인용하였다고 밝혔다. 그런데
정확한 서명은 『문해피사(文海披沙)』이다.[19] 사조제(謝肇淛)가 쓴 『문해피
사』는 조선에서 읽은 흔적이 있긴 하지만 많이 읽은 책은 아니다. 박지원이
『연암집』에서 언급한 기록 외에 다른 기록을 찾기가 어려울 정도다.[20]
그런데 사조제는 사신의 왕래를 통해 문장과 학문에 뛰어난 인물로
조선에도 알려졌다. 또 사조제의 다른 저술인 『오잡조(五雜組)』는 조선의
여러 유서에서 다수 인용되었다. 그런데 빙허각은 조선에서 거의 인용하
지 않았던 『문해피사』를 인용하고 조선에서 많이 인용하였던 『오잡조』는

---

18) 빙허각 이씨, 『청규박물지』「화목부」(동경대 오구라문고 소장본).

19) 『청규박물지』는 왜 서명을 정확하게 기록하지 못한 것일까? 필사단계에서 발생
한 단순 오기일 수도 있다. 또는 빙허각이 『문해피사』에서 뽑지 않고 다른
서적에서 뽑았는데 그 서적에서 『문해피사』가 아니라 『문해사』라고 잘못 적었고
빙허각이 그 오류를 답습한 것일 수도 있다.

20) 박지원은 『연하일기·金蓼小抄』에서 병을 치료하는 방법을 서적에 근거하여 소개
하고 있는데 『문해피사』에서도 한 구절을 인용하였다.(謝肇淛의 『文海披沙』에
이르기를, "이에 물려 헌 곳은 黃龍沿水로 다스리고, 應聲蟲은 雷丸과 쪽으로
다스리고, 폐를 먹는 벌레는 수달의 발톱으로 다스리고, 膈食蟲은 藍汁으로 다스리
고, 얼굴에 돋은 창은 貝母로 다스린다."고 하였다.

인용하지 않았다.

　『문해피사』는 모두 8권인데 각 권마다 40~60여 건의 짤막한 글을 싣고 있다. 모든 글에는 「진회해어(秦淮海語)」, 「시문유질(詩文愈疾)」처럼 간단한 제목을 붙였다. 이 책에 수록된 글은 그 유형을 한두 가지로 정리하기 어렵다. 특정한 주제에 관한 자기 나름대로의 견해를 제시하거나, 일화를 모아 기록하거나, 신화적 소재의 유래와 함의에 대해 설명하거나, 불가사의한 일을 기록한 것도 있다. 이처럼 이 모든 글들이 단순히 독자들의 호기심을 충족시켜주기만 하는 것이 아니다. 그럼에도 불구하고 『문해피사』는 내용적인 측면에서 사람과 동물의 교접 같은 괴이한 일부터, 문인들이 사용한 기이한 붓의 종류까지 매우 다양한 범주를 수록한 책이다. 조선에서 『문해피사』를 거의 인용하지 않은 이유는 이 서적의 성격과도 관련이 있을 것이다.[21]

　그런데 빙허각은 자신의 유서에서 이러한 성격의 책을 인용하였다고 출처를 밝혔다. 이 점은 주목할 부분이다. 빙허각은 『문해피사』를 인용하여, 자신이 실용적인 자료보다 고사나 소설의 소재가 되는 자료를 훨씬 더 선호하고 있으며, 『청규박물지』에 기이한 사건과 사물을 기록하겠다는 기호를 분명하게 표현한 것이다. 바로 이 점이 빙허각의 『청규박물지』가 서유구의 『임원십육지』의 『관휴지』·『예원지』·『만학지』 등과 다른 점이다.

　　〈『청규박물지』의 원문〉
　　○ 슈유는 긔운이 우흘 됴화ᄒ고 쵸긔는 아ᄅᆡ을 됴화ᄒ고 합환은 분흔거
　　　슬 보닉고 훤초난 근심을 닛고 믹는 사람으로 ᄒ여곰 츔이 나고
　　　기[게ᄌᆡ]는 사람으로 ᄒ야곰 울게 ᄒ고 풍균[단풍버셧]은 사람으로
　　　ᄒ여곰 웃게 ᄒ고 명[차일흄]은 ᄉ람으로 ᄒ야곰 씌게 ᄒ고 유근[무궁

---

21) 明 徐應秋 撰, 『玉芝堂談薈』 卷三十一, "文海披沙載人與物交者…."; 孫承澤 編, 『硯山齋雜記』 卷二, "文海披沙記筆之異者, 鍾繇張芝王右軍皆用鼠鬚, 歐陽蘭臺用狸毛…."

화 느릅] 사람으로 ᄒ야곰 자게 ᄒ고 취초ᄂᆫ 사람을 조을게 ᄒ고
감초ᄂᆫ 사람을 기혹지 안니킈 ᄒ고 문동적부ᄂᆫ 사람을 취치 아니킈
ᄒ고 틱극산의 치화지슈가 이슨이 먹으면 만국 언어를 통ᄒ고 하듕영
낙에 무힉지조가[씨 업슨 디쵸] 이슨이 먹으면 가히 써 도세ᄒ고
취굴쥐예 반혼지슈가 이슨이 그 향이 쥭으니 가니려 나고 곽산의
신초 삼십ᄉ종이 잇고 쇼실의 슈영지초가 이슨이 먹은 즉 가통빅신이
니라[원ᄉ]22)

〈번역문 및 원문〉
○ 수유는 기운이 위를 좋아하고(茱萸氣好上), 산초는 기운이 아래를
좋아하고(椒氣好下), 합환은 분한 것을 제거하고(合歡鐲忿), 훤초는
근심을 잊게 하고(萱草忘憂), 매화는 사람으로 하여금 춤을 추게 하고
(梅樹下宜歌舞) 계수는 사람으로 하여금 울게 하고, 단풍나무버섯은
사람으로 하여금 웃게 하고(楓菌至令人笑), 차는 사람으로 하여금 깨게
하고(茗令人不睡), 무궁화와 느릅은 사람으로 하여금 자게 하고(木堇令
人睡), 수초는 사람을 졸게 하고(桂林有睡草, 見之則令人睡), 감초는
사람을 기혹치 않게 하고(甘草令人不惑), 문동적부는 사람을 취하지
않게 하고(門冬赤符不醉), 태극산에 채화지수가 있으니 먹으면 만국
언어에 통하고(太極山有采華草, 服之通萬里言), 하중 영락현에 씨 없는
대추가 있으니 먹으면 신선이 될 수 있고(河中永樂縣出棗, 世傳得棗無核
者食, 可度世), 취굴주에 반혼지수가 있으니 그 향이 죽은 이를 일으키고
(聚窟洲有返魂樹, 伐其根心, 玉釜中煮汁, 名驚精香, 死屍聞氣, 卽活), 곽산의
신초 34종이 있고(霍山有神草三十四種), 소실에 수영지초가 있으니
먹은 즉 온갖 신과 통하나니라(壽榮草 出少室金山丘下, 服之, 令人不老,
取葉服之, 可通百神).[元史]

　 빙허각은 이 글의 출처를 『원사(元史)』라고 밝혔으나 『원사』에서는
전문을 찾을 수 없다. 이 글은 빙허각이 각 구절마다 『유설』, 『보제방(普濟

---
22) 빙허각 이씨, 『청규박물지』 「화목부」(동경대 오구라문고 소장본).

方)』,『화목고』,『신농식경(神農食經)』,『광서통지』,『시전명물집람(詩傳名物集覽)』,『천중기』,『소동파집(蘇東坡集)』,『백공육첩(白孔六帖)』,『전방비조후집(全芳備祖後集)』,『산당사고(山堂肆考)』,『신초(神草)』,『괄지도(括地圖)』,『본초강목』 등 각기 다른 서적에서 자료를 뽑아 하나의 문장으로 만든 것이다. 이렇게 빙허각은『청규박물지』를 저술하며 하나의 서적에서 하나의 자료를 뽑아 전재하는 것이 아니라 자신이 보여주고자 하는 내용이나 목적을 위해 다양한 서적에서 뽑은 자료를 편집하는 방식을 취하였다.[23]

　이 글은 빙허각이『본초강목』등의 의서에서 자료를 뽑은 것도 있어 화, 목, 초, 과 각각의 효능을 말하고자 한 것으로 보이기도 한다. 그런데 대부분의 자료는 고사나 신화 등 허구적 소설적 요소를 가진 이야기를 뽑은 것이다. 예를 들어 수유(茱萸)의 경우, 중양절날 사람들이 붉은 주머니에 수유를 넣고 높은 곳에 올라가 국화주를 마시며 재앙을 떨치는 풍속과 관련된 자료로 사실적인 내용이라기보다 고사와 관련된 내용이라고 할 수 있다.[24] 훤초(萱草)의 경우, 혜강(嵇康)의 양생론(養生論)에 훤초는 근심을 잊게 한다고 하였는데 이는 당나라 현종과 양귀비의 사랑이야기와 관련된 고사이다. 현종과 양귀비가 헤어져 있을 때에 현종이 양귀비에게 상자 하나를 보내어 양귀비가 열어보니 훤초 한 송이가 들어 있었다고 한다. 이는 현종이 양귀비에게 근심을 잊으라고 보낸 것이다. 이 고사에서 훤초는 근심을 없애준다는 말이 나왔다. 단풍나무버섯의 경우, 사람으로 하여금 웃음을 멈추지 못하게 하여 결국 죽게 된다는 고사이고, 태극산의 채화초의 경우, 그 풀을 먹으면 만국의 언어에 능통하게 된다는 고사이다.『천중기』의 소설적 모티브를 그대로 인용하였다. 영락현에서는 대추가 생산되는데 세상에서는 대추 중 씨가 없는 것을 먹으면 신선세계로

23) 이 글에서 출처를『원사』로 밝힌 것은 좀 더 고찰할 과제이다.
24) 이 고사는『酉陽雜俎』,『說郛』등에 있다.

갈 수 있다고 한다. 그 예로 어떤 마을에 소씨 성을 가진 여자가 있었는데
어려서부터 대추를 먹고 오곡을 먹지 않더니 나이 50세에 시집을 갔는데
얼굴이 처녀 같았다고 한다. 그 후 난리가 난 뒤 아무도 그가 간 곳을
몰랐는데 아마 신선세계로 갔을 것이라는 말을 하고자 한 것이다. 취굴주
에는 반혼수가 있는데 옥도끼로 뿌리를 벌목하여 그 즙에서 나는 향기를
맡으면 죽은 이도 살아난다고 한다. 이렇게 빙허각은 다양한 화·목·곡·과
·초와 관련된 다양한 고사나 신화적 이야기, 허구적 소설적 이야기를
모아 기록하였다.

　빙허각은 왜 고사나 신화, 허구적 소설적 이야기를 모으는 데에 집중을
하였을까?『청규박물지』에서 근거를 찾자면 빙허각은 우선 시를 짓거나
문장을 지을 때에 도움을 받을 수 있는 공구서, 보조 자료로 활용하는
것을 염두에 두고 유서 저술을 하였다. 예를 들면 빙허각은 "화류"에
"므릇 곳치 맛당흔 거시 이십뉵ᄉ가 이슨이", "곳치 뫼[믜]워 ᄒᆞᄂᆞᆫ 거시
열네히 이슨이", "곳치 아름다온 것" 등 세 항목을 두었다. 빙허각은
이 세 자료를 "필긔"에서 인용하였다고 출전을 밝혔으나 "필긔"가 구체적
으로 무엇인지 불분명하다. 그런데 이 자료는 송나라 사람 장공보(張功甫)
의『매품(梅品)』에 "花宜稱凡二十六條", "花憎嫉凡十四條", "花榮寵凡六條", "花
屈辱凡十二條" 제목으로 들어 있다.『청규박물지』에서는 이 중 앞의 둘을
인용하였다. "곳치 아름다온 것"은 당나라 사람 나규(羅虯)의『화구석(花九
錫)』의 "附陳仲醇花寵幸"에 있다. 그런데 이 내용은 모두 元나라 도종의(陶宗
儀)가 지은『설부(說郛)』권104下에 수록되었다. 빙허각이 이『설부』를
보고 인용하였을 가능성이 높다. 그런데 빙허각은 인용 서적을 정확하게
밝히지 않았다. 뿐만 아니라 장공보의『매품』과 나규의『화구석(花九錫)』
에서는 일반적인 꽃이 아니라 매화를 대상으로 말을 하였는데,『청규박물
지』에서는 "매화"라는 표현을 전혀 하지 않아 마치 일반적인 꽃을 대상으
로 한 말로 오해할 수 있도록 표현하였다. 즉 부정확하게 인용을 한

것이다. 또 원자료의 순서와 빙허각이 인용한 서술 순서도 다르다.[25)]

그런데 우리가 이 자료에서 주목할 점은 두 번째 항목인 "곳치 뫼[미]워 ㅎ는 거시 열네히 이슨이"의 끝부분에 "작시됴킹틱니스[시 지을 씩 킹을 고로고 스환이 분쥬ㅎ미라]"를, 세 번째 항목인 "곳치 아름다온 것"의 끝부분에 "이을 인연ㅎ야써 정경을 미뤄여 만히 합ㅎ이라"고 적었다. 이 내용은 빙허각이 자신의 유서 저술 의도를 밝힌 것이다. 즉 빙허각은 『청규박물지』의 「화목부」의 "화류"에 이 세 항목을 뽑아 넣을 때, 시를 짓거나 정경을 조화롭게 표현해야 할 때 활용할 수 있도록 하려는 의도가 있었다. 빙허각은 여러 서적에서 자료를 뽑아 유서를 저술하였을 뿐만 아니라 곳곳에 자신의 저술 의도도 밝혀 두었다. 즉 빙허각이 유서를 저술한 의도 중의 하나가 시를 지을 때나 문장을 쓸 때 도움을 받을 수 있는 공구서 혹은 자료로 활용하고자 하는 것이었다고 할 수 있다.

또 사조제가 역사가의 기록인 사실과 비교하여 허구적이고 황당한 것처럼 보이는 이야기에도 지극한 도리가 들어있다고 한 말을 주목할

---

25) 빙허각의 『청규박물지』의 순서와 張功甫의 『梅品』의 순서를 비교하면 다음과 같이 다르다. ○므릇 곳치 맛당ㅎ 거시 이십뉵수가 이슨이 "쳠음[그날진첨하] 셕양[겨역볏] 쇼교[자근다리] 효일[싀벽날] 미셜[희미ㅎ눈] 듁변[듸슈플겻] 박한여 룬찬겻] 만하[느즌안개] 숑해[솔아리] 셰우[가ᄂᆞ비] 진금[보비예싀] 명챵[발근챵] 경연[가비야온늬] 고학[외로온학] 소리[셧권울] 가월[아름다온달] 쳥계[말근시ᄂᆞ] 녹퇴[프른잇기] 동호[구리병] 님간취소[수플ᄉᆞ니의겨을불고] 셕령[평]하괴[련[편] ㅎ 돌의바독두고] 지쟝[됴희쟝] 슬샹횡금[무릅우희거문고을빗기고] 쇼셜젼대[눈 을쓸고차달히고] 미닌담쟝젹빈[미닌이소담ㅎ 단쟝의귀밋히곳즈미라]"(『청규박물 지』의 순서) 이 부분을 「花宜稱凡二十六條」의 순서로 바꾸면 다음과 같다. "簷陰[그날진첨하] 효일[싀벽날] 박한여룬찬 겻] 셰우[가ᄂᆞ비] 경연[가비야온늬] 가월[아름다온달] 셕양[겨역볏] 미셜[희미ㅎ눈] 만하[느즌안개] 진금[보비예싀] 고 학[외로온학] 쳥계[말근시ᄂᆞ] 쇼교[자근다리] 듁변[듸슈플겻] 숑해[솔아리] 명챵[발 근챵] 소리[셧권울] 녹퇴[프른잇기] 동호[구리병] 지쟝[됴희쟝] 님간취소[수플ᄉᆞ니 의겨을불고] 슬샹횡금[무릅우희거문고을빗기고] 셕령[평]하괴[련[편]ㅎ 돌의바독 두고] 掃雪煎茶쇼셜젼대[눈을쓸고차달히고] 미닌담쟝젹빈[미닌이소담ㅎ 단쟝의 귀밋히곳즈미라]"(「花宜稱凡二十六條」의 순서)

필요가 있다. 사조제는 『오잡조』에서 "『수호전』이나 『서유기』 같은 '소설'들이 비록 역사가의 기록에 채용되지 못하는 허구적이고 황당한 이야기들에 지나지 않긴 하지만, 그 속에도 지극한 도리가 담겨 있다"고 옹호했다. 나아가 그는 "지나치게 사실(史實)에 입각한 『삼국연의(三國演義)』나 『선화유사(宣和遺事)』 같은 소설들은 오히려 길거리의 어린애들에게나 재미를 제공할 뿐 '군자(君子)'에게는 말할 거리가 되지 않는다."고 지적하면서, "'유희삼매(遊戲三昧)'의 진정한 경지에 오르기 위해서는 허구적인 내용과 사실을 반반씩 섞어야 한다."고 주장했다. 그리하여 사조제는 『문해피사』에서 비록 장편 소설들처럼 웅장하고도 일관된 줄거리를 구성한 것이 아닌 단편적인 '잡기(雜記)'를 기록한 것에 지나지 않지만, 그것들도 나름대로 '유희'로서 가치를 가질 수 있다는 시각 즉 '소설'에 대한 긍정적인 시각을 보여주었다.[26] 빙허각이 조선시대에 거의 인용하지 않았던 『문해피사』를 인용하였다면 그는 사조제의 허구적이고 황당해 보이는 이야기를 옹호하는 논리에도 수긍을 하였을 것이다. 이 점에 대해서는 「화목부」이외의 부분을 고찰하며 더 탐구해야 할 과제이다.

3) 유서 서술: 자료의 수합과 편집

〈『청규박물지』의 원문〉
○ 송무제녀 슈양공쥬 닌일의 함초젼 쳠하 밋 난간의 누어써니, 미홰 나라 익샹의 쩌러져, 썰친디 업지 아니니, 후닌이 드디여 비화 미화장을 ᄒ니, 안풍 화압진이라.
  닉방셔호쳐ᄉ가[셔호 쳐ᄉ의 집을 와 츠즈니]
  반산풍월ᄌ미화[산 반의 풍월이 스스로 미화더라][27]

---

26) 黃霖·韓同文 選注, 『中國歷代小說論著選』, 江西人民出版社, 1982.
27) 빙허각 이씨, 『청규박물지』 「화목부」(동경대학 오구라문고 소장본).

〈번역문〉

○　송나라 무제(武帝)의 딸 수양공주(壽陽公主)가 인일(人日)에 함장전(含
章殿) 처마 밑 난간에 누웠더니 매화가 날아 이마 위에 떨어져 떨쳐내었
는데 없어지지 않으니 뒷사람들이 드디어 배워서 매화장(梅花粧)을
하였다. 안풍군(安豐軍) 화엽진(花靨鎭)이 그 땅이다.

서호 처사의 집을 방문하니[28]

산허리의 풍경 절로 매화더라

〈원 자료〉

○　宋武帝女壽陽公主, 人日臥於含章殿簷下, 梅花落公主額上, 成五出花, 拂之不
去, 皇后留之, 看得幾時, 經三日洗之. 乃落宮女, 奇其異, 競效之, 今梅花粧,
是也.

來訪西湖處士家

半山風月自梅花

서유본은 빙허각이 "뭇 서적을 모아 베끼고(抄輯) 각각 문·목별로 분류
하였다"고 하였다. 빙허각이 자료를 모으고 분류하는 유서의 형식을
일관되게 지향하였다는 점을 보여주는 것이다. 또 빙허각은 자신이 뽑고
자 하는 특정 주제나 소재와 관련한 자료를 여러 서적에서 수합하여
자신의 의도대로 편집을 하고 유서를 저술하고자 하였다. 위의 자료는
「화목부」 매화 항목이다. 빙허각은 짧은 글 속에 중국 남조 송나라의
수양공주 고사, 북송의 임포(林逋) 고사, 고려의 차원부(車原頗) 고사 등

---

28)『太平御覽』「時序部」에서『雜五行書』를 인용하여 "송무제의 딸 수양공주가 인일(人
日)에 함장전 처마 아래에 누워있는데 매화가 공주의 이마에 떨어져서 다섯
잎의 꽃을 이루더니 털어도 떨어지지 않았다. 황후는 그대로 두게 했는데, 얼마쯤
있다가 삼일 만에 씻어내니 떨어졌다. 궁녀들이 그것을 기이하게 여기고 다투어
흉내 냈다. 지금의 매화장이 그것이다.[宋武帝女壽陽公主 人日臥於含章殿 簷下梅花
落公主額上成五出花 拂之不去 皇后留之 看得幾時 經三日洗之 乃落宮女奇其異 競效之
今梅花粧是也]"라고 했다.

매화와 관련된 인물의 이야기를 서로 다른 서적에서 뽑아 한자리에 모았다.

"서호 처사의 집을 방문하니(來訪西湖處士家)"는 명나라 임필(林弼)이 지은 「매계시위채종현부(梅溪詩爲蔡宗玄賦)」의 제4구이다.29) 빙허각은 서호에 은거하며 매처학자(梅妻鶴子)라고 불릴 정도로 매화를 사랑한 은자 임포의 고사와 관련된 시를 뽑았다. "산허리의 풍경이 절로 매화더라(半山風月自梅花)"는 차원부의 시로 알려져 있다. 차원부의 문집은 남아 있지 않은데『연려실기술』에 '원부의 시 半山風月自梅花'라는 말이 있다.30) 차원부는 두문동 72인 중의 한사람이다. 차원부는 두문동에 숨어 살며 매화를 사랑하였다. 그는 당대에 정몽주(鄭夢周), 이색(李穡) 등과 어깨를 나란히 하는 학자였으나, 정도전(鄭道傳)과 하륜(河崙) 등이 첩의 아들이라는 점을 족보에 기재하여 그들의 원한을 사서 하륜 등이 보낸 자객에게 살해되었다. 매처학자라고 불릴 정도로 매화를 사랑한 은자 임포, 두문동에 숨어 살며 매화를 길렀던 차원부는 매화를 통해 은자의 삶을 보여주었다.

처음 매화장(梅花粧)을 한 수양공주의 고사는 매화를 사랑한 은자의 삶과 연관성이 없는 듯이 보인다. 그러나 매화가 유독 수양공주의 이마에 떨어진 점, 수양공주가 떨쳐냈는데도 매화가 떨어지지 않은 점, 왕비가 그대로 두어 보라고 하니 그 말을 따른 점, 궁녀들이 매화가 붙은 수양공주의 얼굴을 아름답게 여기고 화장으로 모방한 점 등으로 미루어보아 매화가 수양공주를 점찍은 것으로 보인다. 즉 「화목부」 "매화" 항목은 매화를 사랑한 은자의 고사, 매화가 사랑한 여성의 고사를 모은 것이다. 그리하여 빙허각은 여성의 화장법이 신비한 고사에 대한 경외감, 자연물

---

29) 明 林弼, 「梅溪詩爲蔡宗玄賦」, "溪上寒梅雪作花, 溪前流水玉無瑕. 意行東郭先生履, 來訪西湖處士家. 煖入孤根春映帶, 淸涵瘦影月橫斜. 何時攜取芝山酒, 共載賔朋泛釣槎."

30) 李肯翊, 『燃藜室記述』 제3권, 「世宗祖故事本末·車原頫雪冤」 참조.

의 아름다움을 모방하려는 심리에서 나왔다는 것을 자연스럽게 강조하는 듯하다. 여성의 화장법이 신비한 사건에 대한 경외나 자연물의 아름다움을 모방하는 심리에서 나왔다면 임포나 차원부의 삶의 태도와 통한다고 할 수 있다. 빙허각은 짧은 문장 속에 매화와 함께 하는 삶의 모습을 3가지 방식으로 보여주며 정보를 집약적으로 배열하였다. 특히 두 시는 다른 사람의 시를 집구한 것으로 마치 한 수로 보이나 서로 다른 시에서 뽑아온 것이다.

〈원문〉

○ 쵹 밍영이가 춤남이 궁화을 의빙ㅎ야 셩도 나셩 우희 다 부용을 심그고 미양 가을이면 스십니을 다 금슈을 려니 아릭 우히 셔로 비최난지라. 좌우다려 왈, '진실노 금셩이로다.' 댱닙이 닌ㅎ야 시을 지어 간ㅎ니 왈,
슈장쵹국삼츄쇡[비록 쵹나라 희 슴 츄쇡을 단쟝ㅎ나],
난닙빈풍칠월시[「빈풍칠월」시의 들기는 어렵도다].
[셩도긔]

〈번역문〉

○ 촉나라 맹영이가 참람되게 궁궐 정원을 모방하여 성도부 나성 위에 부용꽃을 다 심으니 해마다 가을이면 40리가 다 비단을 펼쳐놓은 것처럼 위아래가 서로 비치니 좌우 사람들에게 '진실로 비단성이로다.'라고 하였다. 장립이 이로 인하여 시를 지어 풍간하였다.
'雖粧蜀國三秋色[비록 촉나라 석달 가을색을 단장하나]
難入豳風七月詩[빈풍칠월시의 들기는 어렵도다]'
[셩도긔]

현재 국내에는 조선시대에 보았을 것으로 추정되는 『성도기(成都記)』의 존재를 찾아보기가 어렵다. 조선시대에는 『오주연문장전산고』, 『지봉유

설』에서 『성도기』를 인용한 흔적이 있다. 장립과 그의 시는 조선시대에 인용한 흔적이 거의 보이지 않는다. 서유구의 『임원십육지인용서목』에서도 이 책을 인용하였다는 기록이 없다. 빙허각이 이 책과 이 시를 어디에서 보았을까라는 의문은 빙허각의 지식의 축적, 정보의 수합의 경로를 밝히기 위해 필요한 부분이다. 빙허각이 『청규박물지』의 인용서목을 어떤 경로로 접하였는가에 대한 의문은 앞으로 해결해야 할 과제이다.

그런데 빙허각은 이 자료를 『성도기』에서 인용하였다고 출처를 밝혔는데 정작 이 글과 『성도기』의 글은 일치하지 않는다. 구체적으로 말하자면 『성도기』에 없는 내용이 들어있다. 즉 빙허각이 『성도기』 이외의 다른 자료와 결합하였거나 이미 알고 있던 내용과 결합하여 서술한 것으로 보인다. 구체적으로 살펴보면 다음과 같다. 『성도기』는 "孟後主, 於成都四十里羅城上, 種此花, 每至秋, 四十里皆如錦繡, 高下相照, 因名曰錦城."[31]이라고 하였다. 『성도기』는 장립의 시를 인용하지 않았다. 따라서 이 시가 풍간을 하였다는 내용도 없다. 그렇다면 빙허각은 장립의 시와 풍간의 의미를 다른 곳에서 본 것이다. 무엇일까? 『사천통지(四川通志)』는 "在成都府城中, 皇輿考 蜀孟昶, 僭擬宮苑, 城上盡種芙蓉, 曰眞錦城也. 其臣張立, 有詩云, '雖粧蜀國三秋景, 難入豳風七月詩.'"[32]라고 하여 장립의 시를 인용하였으나 장립이 풍간을 하였다는 뜻을 밝히지 않았다. 다만 "참람되게 궁궐 정원을 모방하여" 맹영의 행위를 비판하는 의도는 밝혔다. 그렇다면 빙허각은 풍간을 어디에서 보았을까? 『성도문류(成都文類)』는 "孟後主, 於羅城上, 多種芙蓉, 每至秋時, 如鋪錦繡, 高下相照, 作詩以刺之, '四十里城花發時, 錦囊高下照坤維. 雖粧蜀國三秋色, 難入豳風七月詩', '去年今日到成都, 城上芙蓉錦繡舒. 今日重來舊游處, 此花憔悴不如初.'"[33]라고 하여 시가 풍자라는 것을 밝혔다. 그런데

---

31) 宋 陳景沂 撰, 『全芳備祖前集』 卷二十四, 「花部」.

32) 『四川通志』 卷二十九中, 「宮室·孟昶故宮」.

33) 宋 扈仲榮 等編, 『成都文類』 卷十, 「詩/題詠/書畫 器物 雨雪 風月 草木 虫魚·僞蜀張立」

이 시의 저자가 장립이라고 밝히지 않았다. 또 장립의 시는 두 수이고 지은 시기가 다른데 여기서는 특별히 구분하지 않아 정확한 사정을 모른다면 혼동을 일으킬 수 있다. 또『촉중광기(蜀中廣記)』도 마찬가지이다.("檮杌云, '孟昶廣政十二年, 令羅城上, 植芙蓉, 盡以幄幕遮護. 九月盛開, 望之如錦繡, 謂左右曰, 自古以蜀爲錦城, 今日觀之, 眞錦城也. 當時, 張立作詩曰, '四十里城花發時, 錦囊高下照坤維. 雖粧蜀國三秋色, 難入豳風七月詩', '去年今日到成都, 城上芙蓉錦繡舒, 今日重來舊游處, 此花憔悴不如初. 預歎其不永矣.'")[34] 그런데『촉중광기』는 장립이 이 시 이외에 또 맹영이 실정한 이후의 상황을 비판하는 시를 지었음을 밝혔다.『오대시화(五代詩話)』는 보다 상세하게 사건의 전말을 기록하였다. 장립이 평소 음영을 잘하는 사람이었고 또 성격이 질박하고 정직하며 거리낌이 없다는 것을 밝혔다. 이는 장립과 맹영을 대조하기 위한 장치이다. 그리하여 맹영의 참람됨과 사치를 신하인 장립이 시를 지어 풍간하였음을 밝혔다. 특히『오대시화』는 "及廣政末, 朝政已亂, 立又作詩規諷"[35]이라고 하여 광정말 조정이 이미 어지러워지자 맹영이 심었던 부용꽃도 초췌해졌다는 것을 말하며 사치가 오래가지 못함을 한탄하는 시를 지었다는 것을 밝혔다. 광정 말기에 조정이 이미 어지러워졌기에 사람들이 장립을 풍간을 잘 하였다고 칭찬을 하였다. 이것이 장립과 맹영에 관한 가장 상세한 자료이다.(兗州府知府 鄭方坤 撰,『五代詩話』卷四,「前蜀後蜀·張立」, "張立, 雅善吟詠, 性樸直無忌諱. 後主常於羅城上, 徧植芙蓉, 每至秋間, 四十里盡鋪錦繡, 高下相照, 立作詩, 以豳風七月爲刺, 詩曰, '四十里城花發時, 錦囊高下照坤維, 雖粧蜀國三秋色, 難入豳風七月詩.' 及廣政末, 朝政已亂, 立又作詩規諷, 詩曰, '去年今日到成都, 城上芙蓉錦繡舒. 今日重來舊遊處, 此花憔悴不如初. 國人稱爲詩諫."[十國春秋]) 빙허각은 여기서 많은

芙蓉花」.

34) 明 曹學佺 撰,『蜀中廣記』卷六十一,「方物記」第三,「木」.

35) 淸 鄭方坤 撰,『五代詩話』卷四.

정보를 인용하지는 않았다.

빙허각은 『성도기』를 출처로 밝혔으나 인용이 불명확하다. 『성도기』에서는 이 시도, 이 시의 의미가 풍간이라는 것을 밝히는 말도 없다. 즉 빙허각은 출처가 다른 내용을 같이 묶어 특정한 꽃과 관련된 고사와 고사가 지닌 의미를 선명하게 밝히는 방식으로 자료를 수합하였다. 비록 『촉중광기』와 『오대시화』와 같이 고사의 전말을 상세하게 밝힌 서적을 온전하게 인용하지는 않았으나 『성도기』만을 인용한 것이 아니고 그 외의 다른 자료를 보충 인용하여 유서의 자료를 풍부하게 보여주려는 의도를 가지고 스스로 유서를 편집하였음을 알 수 있다.

4. 『청규박물지』 「화목부」의 언해의 특징

『청규박물지』의 표기는 한글 고어이다. 그런데 이 한글 고어로 표기한 형태는 매우 다층적이다. 한문 자료를 한글로 번역한 것도 있지만, 한문 자료를 한글 독음으로 표기한 것, 한문 자료를 한글 독음으로 표기하고 현토를 붙인 것이 더 많다. 빙허각은 한문 서적에서 자료를 뽑아 유서를 저술하며 세 단계로 가공을 하였던 것이다.

그런데 한문 자료를 한글 독음으로 표기하였기에 현대의 연구자가 한문 원 자료를 찾기가 매우 어렵다. 원 자료를 찾지 못하면 자료를 정확하게 이해하기가 어렵다. 한글 고어만으로는 내용을 해독하기가 어렵기 때문이다. 이러한 『청규박물지』의 한글 고어 표기 형태의 다층성은 이 저술이 매우 중요한 자료임에도 불구하고 오늘날의 연구자가 쉽게 접근하기 어렵게 한다.

빙허각이 한문 서적에서 뽑은 자료를 한문 그대로 전재하지 않고 한글로 번역하거나 한글 독음으로 표기하거나 현토를 더 하였다는 것은 곧 한문을 읽기 어려운 사람들을 위한 선택한 방식이었다고 볼 수 있다. 그렇다면 빙허각의 『청규박물지』의 언어 선택은 여성 독자를 고려한 것이었다고 볼 수 있다. 그렇다면 왜 빙허각은 한문 서적을 조선의 여성이 읽어야 한다고 생각한 것일까? 이것은 결국 여성의 지식의 범위를 넓히고자 한 것이라고 할 수 있다.

그런데 빙허각이 『청규박물지』에서 선택한 지식의 범주는 실용적인 것에 국한되지 않는다. 빙허각은 실용적인 것부터 고사, 역사, 추상적인 것, 환상적인 것까지 범위를 넓혔다. 양적으로 많은 자료, 질적으로 다양한 수준의 자료를 여성에게 효과적으로 보여주고자 번역을 하였다. 「화목부」를 예로 들면, 빙허각은 화목의 생장과 관련된 실용적인 지식보다 꽃과 나무 각각에 얽힌 고사나 신화, 허구적이고 소설적인 내용, 비일상적인 내용을 뽑고 저술하며 여성 독자들도 이러한 지식을 익히고 넓혀가기를 바랐다. 빙허각은 여성의 지식이 확장해 가야할 방향을 제시한 것이라고 할 수 있다. 빙허각은 여성의 지식이 실용적인 것에서 더 확장되어야 한다고 판단하였다. 빙허각이 추구한 지식은 실용적인 것에 국한되지 않고 고사나 신화, 허구적이고 소설적인 것 등을 통한 인간의 의식과 사건에 대한 이해를 넓혀가는 것이었다.

또 빙허각은 자신의 의도를 효과적으로 전달하기 위해 유서의 표기방식을 다양하게 선택하였다. 빙허각은 한문으로 된 서적을 여성에게 읽혀야겠다는 생각, 여성도 이 서적을 읽어야 한다는 생각을 하고, 스스로 조선의 여성이 한문 서적을 읽을 수 있도록 번역, 음독, 현토 등으로 가공하는 역할을 자임하였다. 빙허각은 자신이 뽑은 자료를 독자가 잘 이해하도록 하기 위해 한글로 표기하고 또 자료마다 표기 형태를 달리하여 세 단계로 가공을 하였다. 이 점을 주목할 필요가 있다.

○ 빅[잣]위빅과지쟝이오 난위[난초]빅초지댱이오 계위[계슈]빅약지댱

이오 직[오리목]위빅목지왕이오 목단위빅화지왕이오 규[아욱]위빅치
지왕이오 눈조즈칙는 히듕지초요 산호낭간은 히즁지목이니라[화목
고]

○ 냥은[기장] 셔[피]지총명이오 도난[곡식] 심그난 거시 총명이오 슉은
[콩] 두지총명이니 삼곡이 각 이십 종 이뉵십이 되고 칙과 각 이십이니
모도 빅곡이니라[스물감쥬]

○ 계화는 스츌이니 토디 싱믈이 그 슈을 일워 빅홰 다 오츌이로디
계슈는 월즁지목이라셔 방금으로 슈을 일운고로 쏫치 스츌금식이오
츄간의 픠나니 남당후쥬가 셔히을 블너 쳥셔각의 니르니 각압 싸히
비을 디니여 잡플이 어즈러워 버혀시디 다시 낫거날 히왈 여시츈츄의
니르디 게지아리 잡목이 업다ᄒ니 마시신열흔연괴니이다 후쥐 즉시
ᄒ야곰 게고슈두을 플우히까니 홀노 밤지나니 플이 진스ᄒ니래남완]

『청규박물지』의 표기 형태의 첫 번째 단계는 한문을 한글 독음으로
표기하고 현토를 한 것이다. 군이 한글로 번역하지 않아도 의미를 통하는
데에 어려움이 없다고 생각한 것은 한문 문장을 그대로 한글 독음으로
표기하고 조사나 어조사만 붙였던 것이다. 다음 단계로 한문을 한글로
번역한 표기 형태가 있다. 문장이 다소 복잡하거나 번역을 하는 것이
필요하다고 생각할 경우 한글로 번역을 하였다. 이로 미루어보아 빙허각
은 독자의 이해를 돕기 위해 유서의 한글 고어 표기 형태를 선택하였다고
할 수 있다. 그렇다면 빙허각이 가정한 유서의 독자는 한문을 전혀 이해하
지 못하는 계층이 아니었다. 독자들이 어떻게 하면 한문 자료를 더 잘
이해할 수 있을까를 생각한 것이지 한문을 한글로 번역하는 데에 중점을
둔 것은 아니다. 여기서 빙허각 자신은 한문을 능숙하게 읽을 수 있었고
문장의 난이도에 따라 독자의 독해를 위한 언해의 형태를 선택할 줄
알았음을 알 수 있다.

　빙허각은 독자가 이해하기 쉬운 자료, 어려운 자료, 난이도가 낮은 자료, 난이도가 높은 자료 등에 따라 표기 형태를 달리하였다. 모든 자료를 동일하게 표기할 필요가 있다고 생각하지 않았다. 이를 통해 빙허각은 효율적으로 유서를 저술하고자 하였다. 이해를 돕기 위해 유서의 표기 형태를 선택하였다고 할 수 있다. 빙허각이 한문 자료를 한글로 번역하고 한글 독음으로 표기하고 현토하는 특징을 분석하면 빙허각이 여성의 지식의 현 단계, 여성의 지식의 미래의 단계를 어떻게 가늠하고 설정하였는가를 판단할 수 있다. 빙허각이 유서를 편찬하면서 한문으로 기록하지 않고 굳이 한글로 기록한 것은 여기에 이유가 있기 때문이다. 이는 흔히 여성을 위해 여성이 편한 언어로 표기하였다고 할 수 있다. 그러나 빙허각이 어떤 부분을 어떻게 기록하였는가를 고찰하면 빙허각이 진단한 여성의 지식의 단계, 빙허각이 지향하는 여성의 지식의 미래를 관찰할 수 있다. 이는 오늘날 우리가 막연하게 여성의 독서, 지식과의 관련성 등을 이야기하는 것이 아니라 구체적으로 조선시대의 여성 지식의 단계와 미래를 파악할 수 있는 계기를 보여주는 것이기도 하다.

5. 마무리

　빙허각 이씨의 학문과 저술은 남편 서유본의 집안인 달성 서씨 가문의 조선후기 학풍과 궤를 같이한다. 서명응, 서호수, 서형수, 서유본, 서유구로 이어지는 달성 서씨 가문은 18세기 전반에서 19세기 전반까지의 조선의 학문과 저술에 막대한 영향을 끼쳤다. 그들은 천문학, 농학, 예학, 경학 등 다방면에서 당대 최고의 권위자, 전문가, 지식인으로서 저술을 남겼다. 달성 서씨 가문의 학문과 저술의 계보에는 서호수의 며느리이자 서유본의 아내인 빙허각도 자리하고 있다. 빙허각 역시 가문의 남성들과 마찬가지로『규합총서』,『청규박물지』등의 유서를 저술하였던 것이다.

주목할 점은 빙허각의 학문과 저술이 가문의 남성들의 지지를 받으며 이루어졌다는 것이다. 서유본은 아내의 저술에 제목을 붙여주며 저술활동을 지지하였고 서유구는 형수의 저술 중『규합총서』가 집안사람들에게 널리 읽혔다고 증언하였다. 여기서 조선초기부터 진행되었던 여성의 학문과 글쓰기에 관한 규범과 규제의 균열(龜裂)이36) 빙허각에 이르러 전면적으로 진행되었음을 알 수 있었다. 빙허각과 그의 가문은 18세기 후반기에서 19세기 전반기의 여성의 학문과 저술 그리고 그 배경을 생생하게 보여주었다. 현재 빙허각의 친인척 가문을 제외하고 조선시대에 여성이 어떻게 학문을 하고 저술을 하였는가에 대한 실례를 찾아보기는 쉽지 않다. 또 경학 분야를 제외하고 박물지, 유서류의 저술활동을 찾기가 쉽지 않다.

본고는『청규박물지』「화목부」의 특징을 밝히고자 달성 서씨 가문의 유서류와의 비교를 진행하였다. 그 과정에서 빙허각만의 독창성, 가문내의 공통성이 드러났다. 빙허각의 시댁인 달성 서씨 가문은 천문학, 농학, 경학, 예학 부분에서 대를 이어 저술을 남겼고 당대 최고의 유서 저술가를 배출하였다. 빙허각의 유서 저술은 이러한 가문의 영향을 받아 이루어졌다. 이에 달성 서씨 가문 남성들의 유서와 빙허각의 유서를 비교하는 과정에서『청규박물지』의 특상, 빙허각의 지식이 축적되고 저술되는 과정이 드러날 수 있었다.

본고는 향후 빙허각 이씨의 시할아버지 서명응의『고사신서』, 시아버지 서호수의『해동농서』, 시동생 서유구의『임원십육지』등과의 비교를 『청규박물지』전체로 확대하고자 한다. 서명응, 서호수, 서유본은 당대 최고의 천문학자이자 저술가였기에 빙허각의 유서와 이들의 저술을

---

36) 박영민,「여성의 글쓰기를 둘러싼 검열과 비판」,『한국한문학연구』68집, 한국한문학회, 2017, 199~242쪽.

비교하여 빙허각의 지식의 형성과정, 실체에 대해 분석하는 것이 필요하기 때문이다. 이를 통해 조선후기 최고의 여성지식인 빙허각의 지식의 형성과정과 실체에 대해 접근하고자 한다.

참고문헌

1. 자료

憑虛閣 李氏,『淸閨博物志』(東京大 小倉文庫 所藏本).

憑虛閣 李氏,『閨閣叢書』(東京大 小倉文庫 所藏本).

憑虛閣 李氏 著, 鄭良婉 譯註,『閨閣叢書』, 寶晉齋, 2008.

師朱堂 李氏,『胎敎新記章句大全』(國立中央圖書館).

徐命膺,『保晩齋集』,『韓國文集叢刊』233, 韓國古典翻譯院.

徐瀅修,『明臯全集』,『韓國文集叢刊』261, 韓國古典翻譯院.

徐有本,『左蘇山人文集』,『栖碧外史海外蒐佚本』8, 亞細亞文化社, 1992.

徐有榘,『楓石全集』,『韓國文集叢刊』288, 韓國古典翻譯院.

柳僖,『方便子遺稿』(延世大學校 學術情報員 所藏本)

2. 논저

「조선 여성백과사전 청규박물지 다시 찾아」,『조선일보』, 2004년 9월 2일 기사.

「燦然한 閨秀文學의 最高峰-憑虛閣全書, 散落에서 救出刊行」,『동아일보』, 1939년 1월 31일 기사.

구만옥,「서유본(1762~1822)의 학문관과 자연학 담론」,『한국사연구』166, 2014, 177~225쪽.

김대중,「풍석 서유구 산문 연구」, 서울대학교 박사학위논문, 2011, 1~289쪽.

김영진,「조선후기 실학파의 총서 편찬과 그 의미」,『한국한문학연구의 새지평』, 소명출판, 2005, 134~169쪽.

박영민,「憑虛閣 李氏의『淸閨博物志』저술과 새로운 여성지식인의 탄생」,『민족문화연구』, 2016, 261~295쪽.

박영민,「여성의 글쓰기를 둘러싼 검열과 비판」,『한국한문학연구』68집, 한국한문학회, 2017, 199~242쪽.

심경호, 「左蘇山人文集解題」, 『서벽외사해외수일본』 8, 아세아문화사, 1992, 1~16
　　쪽.

이혜순, 「19세기 초 이빙허각의 규합총서에 나타난 여성 실학사상」, 『조선후기
　　여성지성사』, 이화여자대학교, 2007, 1~414쪽.

張華, 임동석 역주, 『박물지』, 고즈윈, 2004. 1~308쪽.

정명현, 「『임원경제지』사본들에 대한 서지학적 검토」, 『奎章閣』 34, 서울大學校
　　奎章閣韓國學研究院, 2009, 205~230쪽.

정우봉, 「조선후기 지식인의 진계유(陳繼儒) 수용과 그 의미」, 『韓國漢文學研究』
　　57, 한국한문학회, 2015, 233~263쪽.

曹蒼錄, 「『임원경제지』의 찬술 배경과 類書로서의 특징」, 『진단학보』 108, 진단학
　　회, 2009, 21~41쪽.

한민섭, 「徐命膺 一家의 博學과 叢書·類書 編纂에 관한 研究」, 高麗大學校大學院
　　博士學位論文, 2010, 1~144쪽.

정명현, 『임원십육지인』 해제, http://kostma.korea.ac.kr/

진재교, 「조선조 후기 류서(類書)와 인물지(人物志)의 학적(學的) 시야(視野) —
　　지식·정보의 집적(集積)과 분류(分類)를 중심으로」, 『大東文化研究』,
　　2018, 67~101쪽.

최　환, 『한중유서문화개관』, 영남대학교출판부, 2008, 1~287쪽.

말한다는 것, 이른바 '왈(曰)'을 둘러싼
한글 소설 향유층의 의사소통 이해와 실천
─한국서사문학사의 발화동사를 둘러싼
'어휘군/어휘장' 분석을 경유하여─

최 기 숙

1. '왈'의 역동적 변이를 통해 본 '언문 대중'의 역량과 실천

21세기의 한국인에게 '말하다'는 뜻의 한자 '曰'은 '공자 왈' '맹자 왈' 등 고전적 클리셰로서 익숙할 뿐, 일상적 언어 표현으로는 거의 사용되지 않는다. '말하다'는 의미의 '曰'은 누가 누구에게 무엇을 말하는지를 표시하는 일종의 발화동사[1]로, 전근대 동아시아의 한자문화권에서 공통적으로 사용되던 문자다. 전근대 시기 한국문학사에도 '曰'은 다양한 글쓰기 문맥에서 대화를 도입할 때 사용되었고, 15세기에 한글이 창제된 이후에도 말하는 주체로서의 주어와 결합하여 대화를 유도하는 발화표지로 사용되어 '누가 말하다'는 의미를 전달하는 '주어+왈(한글 표기)'의 형태로

---

1) 서사문학에서 인물의 대사를 이끄는 '왈'은 국어학적 용어로 '발화동사'에 해당하나, 고전서사 문헌에서 '왈'은 동사의 의미라기보다는 다음에 대사가 제시된다는 것을 알리는 일종의 기호처럼 사용되는 점을 고려해, 이 글에서는 문맥에 따라 '발화동사'와 '발화표지'라는 용어를 교차적으로 사용한다.

정착하기에 이른다.

　조선시대에 한글로 기록된 각종 문헌 중 대중적으로 가장 널리 향유된 장르는 '소설'이다. 소설은 인물, 사건, 배경이 장르 구성의 요건인 만큼, 인물의 행위와 말이 사건 전개의 핵심을 이루며, 이에 따라 텍스트 내에서 인물의 대사를 유도할 때 한자 '曰'이 한글 '왈'로 적혀, 따옴표나 행갈이 없이도 서술자의 서술과 인물의 대사를 구별 짓게 하는 일종의 문장부호와 같은 기능을 했다.

　근대적 표준문법이 존재하기 전, 조선시대에도 한글 쓰기의 과정에서 줄을 바꿔 쓰거나(줄바꿈법/이행법), 글자 위치를 높이고(글자올림법/擡頭法), 칸을 비우는(칸비움법/이격법/공극법) 등의 비언어적 경어법이 쓰였다.[2] 고소설의 발화표지 '왈'은 현대 한국어의 문장부호인 따옴표를 대체하는 일종의 기호처럼 사용되는데, 한문/한글이라는 표기 차이와 시대적 흐름에 따라 다양한 변모를 거쳐 '말하기'에 대한 한글 표현의 정련화 과정을 거치게 된다. 애초에 제도적 문(文)의 위치에서 배제되었던 소설이 독자층의 호응 속에서 일종의 하위문화로 저변을 확대해 감에 따라 소설의 쓰기 규칙에 대한 공유도 확대되고 이에 대한 변주도 다양화되는데, 한문 서사물에서 통용되던 발화동사 '曰'은 한글 소설이 창작됨에 따라 ① 한자의 한글 표기, ② 한자와 한글의 결합 형태에서 나아가 ③ 다양한 고유어 표현으로 대체되어 의미론적으로 섬세하게 분화되는 수사학적 변화를 보이게 된다.

　이 글에서는 조선시대 한글로 기록된 텍스트 내에서 발화 주체의 발화를 표지하는 '왈'의 활용을 둘러싼 역동적 변화에 주목함으로써,

---

2) 이종덕은 문서에서 특정한 글자나 기호를 사용하지 않고, 특정 의도를 나타내기 위해 행을 바꾸거나 특정한 위치에 적거나, 글자 앞에 의도적인 공백을 두는 것을 '문장부호'와 구분해 '필사 격식'으로 명명한 바 있다.(이종덕, 「17세기 왕실 언간의 국어학적 연구」, 서울시립대 박사학위논문, 2005, 21쪽)

소설 향유층이 공유한 '말하기'를 둘러싼 사유와 의사소통에 대한 이해에 접근하고자 한다.3) 이를 위해, 발화동사 또는 발화표지의 다양한 종류 및 여기에 연동하여 배치된 다양한 수사를 '말하기'를 둘러싼 '어휘군', '어휘장'4)의 개념으로 접근하여, 말한다는 것의 의미와 실천에 관여한 다양한 품사의 활용 및 '발화표지'와의 상호작용을 통해 구축된 '말한다는 것'에 대한 의미 맥락을 수사적 차원에서 해명한다. 이때, 한글 사용층이 소설을 매개로 소통한 한글 발화표지의 사용 및 이를 둘러싼 어휘군의 형성을 한글 사용층의 미적 실천으로 간주하는 해석학적 관점의 가능성을 타진하게 될 것이다.

---

3) '말하다'에 대한 선행연구는 주로 국어학 분야에서 발화 동사 또는 인용 구문의 분석 차원에서 수행되었으며(①), 현대 소설의 대화 인용 방식에 대한 연구(②)가 수행된 바 있다. 그러나 고소설 및 서사문학사 전반을 아우른 수사학 분석에 연구는 수행된 바 없다.: 권재일, 「한국어 발화동사 구문 기술」, 『한말연구』 7, 한말연구학회, 2000 ; ① 윤혜영, 「17세기 국어의 인용구조 연구」, 단국대 박사학위논문, 2008 ; 조경순, 「국어 발화동사 구문 연구」, 『한국어의미학』 30, 한국어의미학회, 2009 ; 조경순, 「발화동사 구문에 대한 연구: 보고, 명령, 청구, 비하, 질책 행위를 중심으로」, 『한국어의미학』 41, 한국어의미학회, 2013 ; 이설연, 「한국어 발화동사 연구」, 고려대 박사학위논문, 2014 ; 조경순, 「상호작용성 발화동사 구문에 대한 연구」, 『한국어학』 66, 한국어학회, 2015 ; 정태균, 「15세기 국어의 수행 발화 구문 유형 연구: 『釋譜詳節』을 중심으로」, 단국대 석사학위논문, 2020. 등. ② 김흥수, 「소설에서 대화 인용의 방식과 양상」, 『어문학논총』 19, 국민대 어문학연구소, 2000 ; 김흥수, 「소설의 대화 인용에서 인용 동사 표현의 양상: 발화 동사 '말하다'의 쓰임을 중심으로」, 『어문학논총』 21, 국민대 어문학연구소, 2002 등.

4) '어휘장'에 대해 이광호는 공통된 의미 속성을 가진 연관성 있는 낱말 집단으로 정의했으며(이광호, 「의미소 〈必〉의 어휘장 변화」, 『어문학』 105, 한국어문학회, 2009, 1쪽), 문금현은 '일종의 분류 어휘집으로 어휘를 의미 유형별로 나누고 각 유형마다 동류의 어휘소를 체계적으로 배치하여 기술과 참조에 용이하도록 편성한 것'으로 정의한 바 있다(문금현, 「'인간' 어휘장의 하위 분류 기준에 대하여」, 『새국어교육』 85, 한국국어교육학회, 2010, 404쪽). 이 글에서는 '말하기' 동사류의 집성을 어휘군으로, 해당 어휘군과 결합해 '말하기'의 의미론적 질을 확정하는 폭넓은 낱말 집단을 '어휘장'으로 정의하되, 발화동사 '왈'과 관련된 일련의 어휘군은 '어휘장'의 개념으로 접근한다.

어휘군, 또는 어휘장은 문화와 역사를 배경으로 형성되었기에,5) 말하기 동사를 둘러싼 어휘군/어휘장 분석은 말하기에 대한 문화적 이해와 언어적 실천을 살필 수 있다는 유효성을 갖는다. 그런데 서사 텍스트에 기록된 말하기 행위는 '말하기'에 전제된 화행적 규약, 즉 말하는 자는 누구에게 언제 무엇을 (왜) 말해야 하는지를 알고 있다는, 결코 자명하지 않은 조건이 전제된다는 공통점이 있다. 이 글에서는 발화표지를 둘러싼 어휘장 분석을 통해, 이러한 화행적 전제가 서사문학사에서 역사화 된 점, 그 과정에서 '말하지 못한 자'와 '때', '조건'이 누락되거나 배제되는 맥락의 의미를 사유하고 성찰하는 기회를 제안하고자 한다. 이를 통해 이른바 '언문 대중(한글 사용층)'의 문화적 역량이 한글을 매개로 어떠한 성장과 미학적 정련의 과정을 거쳤는지를 논증하는 것을 목적으로 삼는다.

이를 위해 조선시대 한글 문헌, 특히 다양한 인물의 발화가 포함된 소설 장르를 주요 분석 대상으로 삼되, 앞선 시대와 동시대에 한자로 적힌 서사문학 텍스트와 비교함으로써, 소설을 매개로 한 한글 독자층의 문화적 역량과 미적 주체로서의 실천적 도전을 가늠하는 단초로 삼고자 한다.

연구방법론으로는 문헌자료의 용례에 대한 통계해석학적 방법과 문헌 해석학적 방법론, 수사 분석을 활용해, 질적 연구와 양적 연구를 결합한다. 이러한 분석 결과를 한글 사용층의 언어 실천적 모색, 한글의 문자적 성장사로 해석하고, 한글 사용층의 문화적 역량강화에 대한 인문학적 실천 자원으로 재구성하는 바탕으로 삼는다.

---

5) 문금현, 「어휘장을 활용한 한국어 어휘 교육」, 『우리말교육현장연구』 5-2, 우리말 교육현장학회, 2011, 9쪽. 이 논문에서는 폭넓은 한국어 어휘장을 범주화하고 분류했는데, '말하다'에 관한 항목은 포함되어 있지 않다.

2. 고려시대 서사문학 텍스트와 발화동사 '曰'

이 장에서는 고려시대 서사문학 텍스트의 발화동사를 검토하기 위해
『삼국유사』와 『수이전』을 선정해,[6] 인물의 발화 행위와 관련된 수사학의
실재를 해명한다.

1) 『삼국유사』: 한자 '曰'의 맥락적 활용

한국문학사에서 『삼국유사』는 신화, 전설, 민담, 전(傳) 등 서사문학
장르의 원형을 살필 수 있는 유력한 자료다. 여기에는 인물 전의 성격을
띤 기사가 다수 수록되어, 인물의 발화가 그대로 인용되는 경우도 많다.
발화의 현장성을 강화하는 방향에서 서사성이 활용된 결과다.

『삼국유사』에 제시된 인물의 대사, 독백, 인용문, 찬 등, 발화동사와
연결된 어구는 총 720건이다. 이를 정리하면 〈표 1, 2〉와 같다.[7]

① 『삼국유사』에 서술된 [대사/독백/인용/논평/찬]에서 발화동사로 가
장 많이 쓰인 문자는 '曰'로, 총 602건(84%)이다. 다음은 '云'으로 총 76건
(10%)이며, 기타가 37건(5%), 발화동사가 없는 경우가 4건(1%)이다. 대사
를 이끄는 발화 동사로는 압도적으로 '曰'의 비중이 높고 활용 양상도
다양하다.

② 『삼국유사』에서 인물의 대사에 수반된 발화동사 '曰'이 단독으로

---

6) 분석 대상 텍스트는 이재호 번역본 『삼국유사』 1·2(솔출판사, 1997)에 제시된
　원문과 이대형 편역본 『수이전』(소명출판, 2013)이다. 번역문을 참고했으나,
　발화동사에 대한 판단은 원문을 대상으로 필자가 직접 했다. 이본 선택에 따라
　다소의 통계차가 있을 수 있음을 밝힌다. 『삼국유사』를 인용할 때 ':'의 왼쪽은
　권수를, 오른쪽 숫자는 쪽수를 표시한다. 예컨대 '1:200'은 1권 200쪽을 뜻한다.
7) 백분율은 전체가 100%가 되도록 소수점의 내림과 올림을 조율했으며, 이로
　인한 오류는 근소하다.

〈표 1〉『삼국유사』의 발화표지 통계

삼국유사	발화표지 없음	대사+ 발화표지	독백	시/노래/ 글 인용	논평	찬	간접화법	합
건	4	612	2	51	8	42	1	720

〈표 2〉『삼국유사』의 발화동사 통계

삼국유사	단독	감정 +	행동 +	태도 +	감정+ 태도+	감정+ 행동	행동+ 태도	인 용	독 백	찬	논평	없 음	합	백분 율
曰	281	35	18	11	2	1	3	18		40	8		417	58%
한자+曰	165	1	2	1				16					185	26%
云	29	1	1					7		1			39	5%
한자+云	29							8					37	5%
기타	29		1						1	1			32	4%
한자+기타	2							2	1				5	1%
없음												4	4	1%
합	535	37	22	12	2	1	3	51	2	42	8	4	719	100%
77건 (11%)														

쓰인 것은 총 602건 중에서 417건(69%)이며, '言曰', '奏曰' 등 다른 한자와 결합해 쓰인 것이 185건(31%)이다. 다음 순위를 차지하는 '云'은 단독으로 쓰인 것이 총 76건 중에서 39건(51%)이며, '奏云' 등 다른 한자와 결합해 쓰인 것이 38(49%)건이다. '曰/云'만으로도 '말하다'는 의미가 전달되지만, '말하다'와 관련된 다른 문자를 '曰/云'과 결합함으로써, 말하는 행위의 정보 정확성과 구체성을 확보했다.

'曰'과 가장 많이 결합한 문자는 '謂'로(총 48건), '謂曰'(22건), '謂○曰'(26건) 등이다. 그 외의 경우(총 121건의 대사. [인용/독백/논/찬] 제외)를 정리하면 다음과 같다.

- 奏曰(22건), 對曰(12건), 答曰(11건), 言曰/問曰(각 8건), 告曰(7건), 請曰/誓曰(각 4건), 呼曰/議曰(각 3건), 슈曰/諫曰/約曰/通曰/報曰(각 2건), 命曰/勅曰/戒曰/啓曰/訟曰/祝曰/託曰/囑曰/大呼曰(각 1건)=총 101건
- 告○曰(4건), 問○曰(3건), 語○曰/命○曰(각 2건), 呪○曰/唱○曰/禱○曰/

令○曰/ 詔○曰/謂○奏曰/問○曰(각 1건)=총 18건
- 解之曰/誓之曰(각 1건)=총 2건[8]

　발화동사를 중첩해 제시한 경우, '曰'과 결합된 발화 동사는 존대, 명령, 질문, 대답, 보고, 청유, 의논, 통지, 부탁, 위장(속임) 등 발화 내용과 형식을 지시한다. 역사 기록물로서의 특성상, 정보 정확성을 꾀하는 목적에 준한 선택이자, 편찬자 일연(一然)의 문장 감각이 투영된 결과다. 고려시대까지 정착된 '한문 쓰기'의 섬세하고 정교한 과정이 집약되어 있다.
　발화동사 '云'으로 유도된 총 76건 중에, '云'이 단독으로 사용된 것은 39건(31건은 대사, 7건은 글/시의 인용, 1건은 찬)이다. 37건(29건은 대사, 8건은 글/시의 인용)은 다른 발화동사와 결합되었다. '云'과 다른 한자를 결합해 발화동사를 구성한 사례를 일종의 '어휘군'으로 상정해 정리하면 다음과 같다.

- 대사: 奏云(9건), 告云/唱云(각 3건), 報云/囑云(각 2건), 解云/鳴云/言云/白云/對云/傳云(각 1건)=총 25건
- 대사: 語○云/告○云(각 1건)=총 2건
- 대사: 譯之云/威之云(각 1건)=총 2건
- 글/시와 연결: 題云/跋云/報云/柱貼云/諺云/傳云/諺傳 … 云(각 1건)=7건
- 찬과 연결: 讚云(1건)=총 1건

　'云'과 결합한 발화동사는 '왕에게 아뢰다(奏云)', '보고/부탁(報云/囑云)', '외치다(唱)', '대답하다(對云)' 등으로, '曰'의 사례와 같다. 다만, '해석하다(解云)', '울다(鳴云)', '전하다(傳云)' 등은 오직 '云'과 결합되었다. 발화동사 '云'이 다른 한자와 결합한 경우의 수는 '曰'에 비해 현저히 적다.

---

8) 논의 집중성을 위해 '告曰'과 '告○曰'의 표현 차이, 또는 문법 구조에 대한 심화된 분석은 하지 않는다.

'曰/云' 등과 결합된 한자는 문장 형식(의문/평서 등)이나 화자-청자의
관계나 위계(존대/명령-복종/청유/부탁 등)를 규정해, 대사에 대한 정보
성을 높이는 역할을 한다. 예컨대, 왕에게 아뢸 때는 '奏曰', 또는 '奏云'을
사용해 존대를 표기했다. 이것이 일률적으로 적용된 것은 아니지만 어느
정도 존대법을 의식하고 발화동사를 택했음이 확인된다.9) 의문문일
경우 '問' 또는 '問曰'10)을 사용해, 대화의 문장 형식에 대한 정보를 발화동사
로 표지했음이 확인된다.

그러나 이 또한 엄밀히 지켜진 것은 아니다. 평서문과 의문문의 차이
없이 '曰'을 사용한 경우도 많다. 물음에 대한 답은 '曰' 또는 '答曰', '對曰'11)로
적었다. 독백의 내용을 서술할 경우 '自謂'12) 또는 '自言'으로 표기해 혼잣말
임을 표지했다. 산문을 인용할 때는 '題云'13)을 썼으며, 글, 노래, 타인의
말 등을 인용할 때 '曰', '云'을 써서, 인물 대사와 차이를 두지 않았다.

의사소통의 질과 성격에 대해『삼국유사』의 서술 문법이 보이는 양상은
이후 한국문학사에서 한문/한글로 적힌 서사문학 텍스트에서 일종의
인식적 전제로 전승되어 서술의 전통을 형성하게 되므로 주목을 요한다.
'말하다'를 둘러싼 행위 다양성 및 화자-청자 관계의 정치/문화/사회적
차이성과 위계를 정밀하게 표현한 결과이고, 이것이 '화행적 맥락'을
공유한 한글 소설 독자층에 통용되었기 때문이다.

③『삼국유사』에서는 인물의 대사를 제시할 때, 발화동사 앞에 화자의

---

9) '左右奏曰'(「太宗春秋公」, 1:195) ; '朗奏曰'(「文虎[武]王法敏」, 1:217) ; '海官波珍湌朴
   夙淸奏曰'(「萬波息笛」 223쪽) 등. 그러나 반드시 그런 것은 아니다. 「桃花女 鼻荊郎」
   조에서 민가 여성이 왕에게 말할 때 '奏曰'이 아니라 '曰'을 단독으로 사용했다
   (1:157).

10) '問', '更問曰'(「奈勿王 金堤上」 1:145).

11) '堤上再拜對曰'(「奈勿王 金堤上」, 1:144).

12) '於是將軍自謂'(「駕洛國記」 1:375).

13) '外面題云'(「射琴匣」 1:149).

감정, 태도, 행동, 표정 등 발화 정황을 지시하는 한자를 결합해 화자의 심리, 감정 및 대화 상황에 대한 섬세한 재현을 도모한 경우가 있다. 인물의 감정, 태도/표정, 행동 등을 총칭해 '감성 수사'로 명명하고[14] 전체를 정리하면, 총 719건의 대사 앞에 감성 수사가 병치된 경우는 총 77건으로 전체의 11% 정도다.: [감정(37건) ≫ 행동(22건) ≫ 태도(12건) ≫ 행동+태도(3건) ≫ 감정+태도(2건) ≫ 감정+행동(1건)]

- **감정 수사와 결합한 '曰'**: 不覺墮淚而謂曰(「四十八 景文大王」 1:264)
- **행동 수사와 결합한 '曰'**: 慈且升且揖曰(「彌勒仙花 未尸郎 眞慈師」 2:97)
- **태도 수사와 결합한 '曰'**: 殊禮迎際 從容謂曰(「義相傳教」 2:263)
- **[감정+행동] 수사와 '曰'**: 王聞是語 心大歡喜 向佛作禮曰(「魚山佛影」 2:138)
- **[감정+태도] 수사와 '曰'**: 才笑而前謝曰(「永才遇賊」 2:400)
- **[태도+행동] 수사와 '曰'**: 不覺叩頭而禮曰(「南白月二聖 努肹夫得 怛怛朴朴」 2:112)

『삼국유사』에 수록된 텍스트는 단형 서사 양식이기에 인물의 행동 서술이나 감정 묘사가 간략하다. 발화동사 '曰' 앞에 병치된 감성 수사는 대사의 내용과 어조, 감성, 때로는 성격이나 진위 판단을 지시하는 감정, 태도, 화법에 관한 정보를 담았다. '曰'과 달리, '云'에서 감성 수사와 연결될

---

14) 이 글에서는 인물의 대사를 이끄는 발화동사에 수반된 화자의 감정, 표정, 태도, 행동 수사를 통칭해 감성 수사로 정의한다. 이에 관해서는 최기숙, 「고소설의 감성 문법과 감정기호: 〈소현성록〉의 감성 수사를 중심으로」, 『고소설연구』 39, 한국고소설학회, 2015, 105쪽을 참조. 감성 수사는 유교적 개념인 희노애락에 오욕의 칠정을 기본단위로 하되, 일희일비 등 복합감정을 포함한다. 표정/태도 수사는 화자의 신체 상태나 표정, 태도를 지시하는 표현을 통칭한다. 감정, 태도, 행동이 복합된 경우를 별도로 구분했지만, 경우에 따라 배타적 구분이 어려운 경우가 있기에, 총체적으로 '감성 수사'로 통칭했고, 발화에 수반되는 인물의 신체성에 대한 이해로 정의한다. 배타적 분류가 어려운 지점이 있지만, 통계분석의 정황 파악에는 유효하다.

용례는 단 인물의 감정/행위를 서술한 총 2건에 불과하다.15)

'日/云' 등의 발화 동사에 인물의 행동, 감정, 태도에 대한 수사를 병치한 것은 이러한 수사가 '말'의 내용과 성격을 질적으로 규정함으로써 의사소통을 완수하는 수행적 조건이자 매개라는 인식을 반영한다.

④ 전체의 94%를 차지하는 발화동사 '日'(84%)과 '云'(10%)을 제외한, 기타 발화동사는 총 37건(5%)으로 그 내역은 다음과 같다.

- 대사(32건): 問(8건), 言(5건), 謂(4건), 告(3건), 奏/請/唱(각 2건), 說/詔/議/答/問諺/呼之(각 1건)
- 인용(2건): 狀奏所稱/大略如此(각 1건)
- 독백(2건): 謂(1건), 自言(1건)
- 찬(讚)(1건): 錄之(1건)

위의 발화동사 중에는 '日' 또는 '云'과 결합한 경우도 있다. 問/言/謂/請/議/答/呼 등은 '日'과, 奏/告/唱은 '日/云'과 결합했다. 說/詔//問諺 등은 '日/云'과 결합하지 않고 단독으로 사용되었다. 『삼국유사』 전체에 걸쳐 단독으로 사용된 발화동사는 [日/云/說/詔/問諺] 등이다.

⑤ 『삼국유사』에서 총 4건의 대사는 발화표지 없이 발화 내용만 적혔다. 앞 문장에 주어가 명시되어 화자가 분명한 경우(3건),16) 두 인물의 질의응답으로 구성되어 문맥상 화자를 구분할 수 있는 경우(1건)17)다.

⑥ 『삼국유사』에서는 다른 문헌이나 타인의 말, 노래 등을 인용할 때 '日' 또는 '云'을 적어, 다음에 서술된 내용이 인용임을 표시했다.

---

15) '執縷紲握劒而至云'(밧줄을 쥐고 칼을 잡고 와서 말했다)(『三國遺事』「駕洛國記」1:376).

16) 『삼국유사』「魚山佛影」(2:138에 2건) ; 「圓光西學(2:204) 등.

17) 『삼국유사』「皇龍寺九層塔」(2:41).

- 按三國史云(「第二南解王」. 1:118)
- 或云(「第二南解王」. 1:118)
- 金大問云(「第二南解王」. 1:118)
- 通典云(「南扶餘 前百濟 北扶餘」. 1:301)
- 其言曰(「味鄒王 竹葉軍」. 1:134)
- 書曰(「太宗春秋公」. 1:196)
- 新羅王上表曰(「太宗春秋公」. 1:200)
- 初得鳥谷 慕郎而作歌曰(「孝昭大王 竹旨郎」. 1:229)
- 施曰(「眞聖女大王 居陀知」. 1:275)
- 童謠曰(「後百濟 甄萱」. 1:339)

타인의 말, 노래, 문헌을 인용할 때도 발화동사로 '曰'을 택했다. '발화'에
는 주체의 당사자성뿐만 아니라, 타인의 의견, 감정, 정보를 전하는 타자성
이 함축된다. 이때 화자의 신체와 발성기관, 사유와 인지 (기관)을 경유한
다. '曰'은 이를 매개하는 역할 수행에 대한 역사·사회적 기호였다.
　ⓒ『삼국유사』는 각각의 단위 기사를 서술한 뒤, 이에 대한 역사적
관점의 논찬을 배치한 경우가 많다.

- 史論曰(「第二南解王」 1:118)　　　- 讚曰(「天賜王帶」 1:160)

'曰', 또는 '讚曰'은 역사 서술에 병치된 비평적 논찬에 대한 양식적
정보를 제공했다.

2) 『수이전』: 장르 문법에 따른 간결한 활용

『수이전』은 단형 서사문학이기에 대사량이 적다(99건). 발화동사 뒤에
대사가 이어진 경우는 73건이며, 26건은 시(詩), 사(詞), 서(書: 편지) 등

인용문이다.

<표 3> 『수이전』의 발화동사 통계

수이전	발화동사	감정+왈	행동+왈	태도+왈	인용문	합	백분율
曰	48	9	9	1	21	88	89%
云	2				5	7	7%
呼	2					2	1%
言	1					1	0.5%
問	1					1	0.5%
謂_曰	(4)					(4)	2%
합	54	9	9	1	26	99	100%
			19건 (19%)				

① 총 대사(대사+인용 포함) 99건 중에 가장 많이 사용된 발화동사는 '曰'(88건)이다. 그 밖에 '云'(7건), '呼'(2건), '言'(1건), '問'(1건) 등이 사용되었다.

② 발화동사의 일부는 의문문(問曰), 요청문(請曰), 대답(對曰), 존대(奏曰, 告曰) 등 대사의 문장 형식이나 화자-청자의 관계를 지시하는 표현과 '曰'을 결합해 적었다. 이는 전체의 10건(10%)으로, 『삼국유사』에서 해당 사례가 32%(총 719건 중 227건) 정도인 것에 비하면 비중이 적다.

- 對曰(6건)
- 問曰(2건)
- 奏曰/令曰/告曰/謂曰/諾曰/諭曰/請曰/公曰/(각 1건)
- 謂○曰/告○曰(각 1건)

발화동사 '曰'(88건)과 '云'(7건)은 단독으로도 쓰였지만, '謂○○曰'(4건), '告○○曰'(1건)처럼 청자 정보(○○에게 고하다, 말하다)와 병치해 사용되기도 했다.

③ 『수이전』에서 화자의 감성 수사(감정, 태도, 행동 수사)가 병치된 경우, 발화표지는 모두 '曰'을 사용했다.

- **감정 수사와 결합한 발화동사:** 悲曰(「崔致遠」 48쪽)
- **행동 수사와 결합한 발화동사:** 忽覩一女, 姿容綽約, 手操紅袋, 就前曰(「崔致遠」 40쪽)
- **태도 수사와 결합한 발화동사:** 致遠戲二女曰(「崔致遠」 60쪽)

『수이전』에서 희노애락의 감정 수사와 발화동사가 연결된 경우(悲曰, 淚曰, 笑曰 등)는 총 9건이며, 행동 수사와 연결된 경우(就前曰, 來曰. 跪曰 등)는 9건, 태도 수사(戲)와 결합한 경우는 1건이다. 이 둘을 합해 감성 수사로 통칭할 경우, 총 19건으로 전체 발화의 19%, 인물 대사(73건)로 보면 총 26%다.

④ 인용문에 사용된 발화동사는 '曰'(21건)이 '云'(5건)보다 많다.

⑤ 요컨대, 『수이전』에서 대사를 유도하는 발화동사는 '曰'을 단독으로 사용하는 것을 중심으로 하되, 감정, 행동 등 발화자의 감성 정보와 병치하거나, 문장 형식을 지시하는 한자와 결합하는 방식을 택했다. 『수이전』에서 '曰'은 '말하다', '전하다', '인용하다'는 뜻을 대표하는 발화동사로 안착하는 과정을 보여준다.

3. 15~19세기 소설사와 발화동사의 분화/정련화

이 장에서는 조선시대 한문/한글 서사문학 텍스트에 서술된 인물의 대사 및 인용문을 유도하는 발화동사를 대상으로 인물이 '말한다'는 행위를 둘러싼 수사학적 정황을 통계적, 해석학적으로 분석하고, 이를 2장의 분석 결과와 비교한다. 이를 통해 한문/한글이라는 문자 차이에서 수반되는 특징을 해명하고, 특히 한글 소설 독자층 사이에 공유되어 온 '말하다'는 의미를 둘러싼 공감대와 해석적 지평을 밝힌다.

1) 15세기 한문 단편소설 『금오신화』: '曰'의 전용과 감정 수사의 활용

15세기 한문 단편소설집 『금오신화』에 수록된 5편의 소설에서 인물의 대사나 인용문을 이끄는 발화동사는 단연코 '曰'의 사용이 우세하다. 고려시대 문헌인 『삼국유사』와 『수이전』에서는 가장 쓰임새가 높은 '曰'과 더불어 '云'(삼국유사/수이전), '說/詔//問諺'(삼국유사), '言/云/問'(수이전) 등의 발화동사가 단독으로 쓰인 바 있다.

이에 비해, 15세기 서사문학 『금오신화』에서 '曰' 이외의 발화동사는 단 3회(云 2회, 問 1회) 만 사용된다. '曰'이 인물의 대사나 인용문을 이끄는 용어로 전용된 것이다.

〈표 4〉 『금오신화』 수록 소설의 대사와 인용 통계

금오신화	대사	인용	합
만복사저포기	37	8	45
이생규장전	31	11	42
취유부벽정기	19	4	23
남염부주지	33	2	35
용궁부연록	39	11	50
합	159	36	195

『금오신화』에서 '曰'이 단독으로 사용된 것은 전체의 75%(147건)다. 발화의 성격(고하다, 답하다, 청하다 등)이나 문장 형식(평서문, 의문문, 명령문 등)을 지시하는 한자와 결합된 경우는 25%(47건)다(『삼국유사』 25%, 『수이전』 10%).

- 대사: 問曰(11건), 告曰(5건), 言曰(4건), 答曰(3건), 請曰(2건), 陳曰/命曰/語曰(각 1건)
- 대사: 謂○曰(5건), 命○曰(2건), 語○曰/勅○曰 (각 1건)
- 인용: 吟曰 (4건)

  － 인용: 題曰/唱曰 (각 1건)

  인물의 발화동사는 '曰'로 통합되어 어휘군의 규모가 현저히 제한되지만, 25%의 '대사/인용'에서는 문장 형식(의문/평서/응답/명령/번역/보고/노래/글)이나 화자-청자의 관계-정보를 밝힘으로써, 화행 문맥의 구체성과 정확성을 기하려는 모색이 발견된다.

  대사를 쓰면서 화자의 행동, 태도, 감정 수사와 결합해 상황적 핍진성을 도모한 경우도 25%(48건)다.

<표 5>『금오신화』의 발화동사 통계

금오신화	왈	감정+왈	행동+왈	태도+왈	감정+ 태도+왈	행동+ 태도+왈	합
만복사저포기	33	4	3	4	1	0	45
이생규장전	33	8	0	1	0	0	42
취유부벽정기	14	3	3	3	0	0	23
남염부주지	29	3	1	1	0	1	35
용궁부연록	38	1	8	2	0	1	50
합	147	19	15	11	1	2	195
백분율	75%	48 (25%)					100%

  － 태도 수사+曰: 生欣然應之曰(「萬福寺樗蒲記」)
  － 감정 수사+曰: 生喜且感曰(「李生窺墻傳」)
  － 행동 수사+曰: 生再拜稽首曰(「醉遊浮碧亭記」)
  － 행동/감정 수사+曰: 生又再拜致謝曰(「南炎浮洲志」)

  요컨대,『금오신화』에서 대화의 25% 정도가 감성 수사와 연결되어, 독자가 대사 내용에 대한 정서적 이해의 바탕으로 삼을 수 있도록 유도되었다. 대화의 생동감 재현이 서술 목적에 매개되었음을 알 수 있다.

2) 17세기 한문 전기소설 〈운영전〉 〈최척전〉: '曰'의 전용과 감정 수사의 강화

17세기에 한문으로 창작된 소설 중에 분석 대상 텍스트로 삼은 것은 〈운영전〉과 〈최척전〉[18]이다. 이들은 이른바 전기소설에 속하는 단형 서사물로, 〈운영전〉은 궁녀와 선비의 금지된 사랑을 다루고 있어 인물의 정서 표현이 풍부하고 대사량도 많다. 〈최척전〉은 동아시아 전란을 매개로 3대에 걸친 가족의 이합집산을 다루고 있어 서사 시간이 길고 등장인물도 많다. 두 텍스트 모두 작중 인물의 감정의 재현/교환/공유가 주요하게 다루어지고 대사 비중도 높은 편이어서, 인물 발화와 관련된 수사학 분석에 유용하다.[19] 분석 대상의 위상으로 보면, 한문 소설인 15세기 『금오신화』와는 물론, 동시대에 향유된 한글 소설과도 비교가 가능하다.

　두 텍스트의 분석 결과, 인물의 대사를 유도하는 발화동사는 선택의 여지 없이 '曰'을 사용했음이 확인된다. 15세기 한문소설 『금오신화』보다 '曰'에 대한 의존도가 높아진 것이다(〈운영전〉에서는 시를 인용할 때 '云'을 2회 사용, 발화표지 없이 글을 인용한 경우가 1건).

(1) 〈운영전〉

　① 〈운영전〉에서 인물의 대화와 인용된 글(편지, 시)은 총 203건이며, 3건을 제외한 200건의 대사는 모두 '曰'로 유도되었다. 이 중, 총180건의 대사가 '曰'과 단독으로 결합했다. 1건은 독백이다. 17세기 한문소설에서

---

18) 〈운영전〉과 〈최척전〉의 원문은 이상구, 『17세기 애정전기 소설』(월인, 1999)에 수록된 텍스트를 활용했다.
19) 감정 수사의 범주와 대화 내용의 질적 규정 항목을 배타적으로 가늠하는 기준은 연구자에 따라 다를 수 있다. 이 글에서는 '칭찬하다'와 '위로하다'가 모두 상대에 대한 호의적 감정과 배려 등 감정에 기반한다고 판단해, 이를 감정 수사의 범주에 포함시켰고, 분석 대상 텍스트에 일관되게 적용했다.

〈표 6〉〈운영전〉의 발화동사 통계

〈운영전〉의 발화동사							
발화동사	왈	감정+왈	행동+왈	태도+왈	독백(생각)	시/편지	曰 없음	총계
건	115	31	26	6	1	23	1	203건
백분율	57%	15%	13%	3%	1%	11%	1%	100%
				31%				

인물의 발화는 '曰'로 통일되는 양상을 유지했다.

　② 총 20건의 대사는 '왈'을 수식하는 다른 한자와 결합되어 대화의 성격이나 문장 형식을 지시했다.

　－ 答曰(6건), 言曰(3건), 슈曰/對曰/祝曰(각 2건), 告曰/問曰(각 1건)
　－ 告○曰(2건), 語○曰(1건)

　③ 총 31건의 대사는 감정 수사와 병치되었으며, 2건의 대사가 발화자의 태도 수사와 병치되었다. 발화동사 '曰'과 결합해 발화 당시 인물의 정황에 대한 정보를 제공한 수사적 표현은 매우 간단하다. 예컨대 감정에 대해서는 미소 짓다(皆不禁淚流曰 280쪽), 눈물을 흘리다(皆不禁淚流曰 280쪽), 태도의 경우, '공손한 말로 애걸했다'(巽辭哀乞曰 278쪽), '거짓으로 취한 척 했다(進士佯醉曰 282쪽)와 같이 간략하다.

(2) 〈최척전〉

〈표 7〉〈최척전〉의 발화동사 통계

〈최척전〉의 발화동사						
발화동사	대사·왈	감정+왈	행동+왈	태도+왈	인용문+왈	曰 없음	총계
건	50	25	12	6	5	3	98건
백분율	51%	26%	12%	5%	4%	2%	100%
				43%			

　① 〈최척전〉에 제시된 대화나 인용문은 총 98건으로 〈운영전〉의 1/2

정도다. 발화표지 없이 대사만 제시된 3건을 제외하면, 대사(90건)와 인용(5건)을 포함해 발화 내용을 지시하는 발화동사는 총 95건으로, 전체 대사의 97%가 '曰'과 결합했다.

② '曰'을 수식하는 한자를 결합해 대사 형식이나 화자-청자 관계에 대한 정보를 제시한 것은 21건(21%)이다.

  - 答曰(5건), 言曰/問曰(각 4건), 請曰/報曰/呼曰(각 1건)
  - 問○曰/謂○曰(각 2건), 戒○曰/告○曰/令○曰(각 1건)

③ 43건의 대사는 화자의 감정, 행동, 태도 등을 지시하는 喜, 悲, 驚 등의 감성 수사와 결합했다. 감성 수사는 매우 간단하다(陟與妻嘉歎曰 317쪽 ; 若悲若喜 猝然問曰 318쪽 등).

화자의 감정(26%), 행동(12%), 태도(5%) 수사와 발화동사를 연결한 경우는 총 43%(43건)다. 이는 〈운영전〉보다 12%, 『삼국유사』(10%), 『수이전』(19%), 15세기 한문소설 『금오신화』(25%)에 비하면 비약적으로 증가한 수치다. 서사성이 강화되고 길어지면서 말하기를 둘러싼 장면 구성에 생동성, 현장성, 감각성이 강화되었다.

3) 17세기 한글소설 〈사씨남정기〉〈숙향전〉: '왈' 중심의 고유어/한자어 변주

17세기에 향유된 한글 소설의 발화동사를 분석하기 위해 〈사씨남정기〉와 〈숙향전〉을 대상으로 발화동사의 용례를 통계분석해 보았다.[20]

---

20) 이 글에서 분석한 소설 작품은 17세기에 향유되었지만, 필사를 통해 이본이 형성되는 과정에서 표현과 내용 면에서 개작이 이루어졌을 가능성이 있으므로, 분석 텍스트가 반드시 17세기에 창작된 것이라고 확증할 수는 없다. 현재로서는

(1) 〈숙향전〉

17세기 한글 소설의 대표작으로 일컬어지는 〈숙향전〉[21]에 제시된 대사(독백, 글 인용 포함)는 총 795건이 확인된다. 이 중에서 인물 독백이 9건, 편지나 제문 등 글이 인용된 것은 15건이며, 이들은 모두 '왈'이 아닌 한글 발화동사(23건), 또는 발화표지 없이(1건) 연결되었다. 순수하게 인물과 인물이 나눈 대화는 총 764건이다.

〈표 8〉 〈숙향전〉의 발화동사 통계

〈숙향전〉의 발화동사											
발화동사	단독	감정+행동+	감정+	행동+	태도+	행동+태도+	+인용문	독백	없음	총계	백분율
왈	436	7	159	61	8	2	0	0	0	673	85%
한자음+왈	1									1	0%
한글+왈	4									4	0.4%
한글	65	0	3	20	0		15	8	0	111	14%
없음								1	5	6	0.6%
합	506	7	162	81	8	2	15	9	5	795	100%
백분율	64%	1%	20%	10%	1%	0.3%	2%	1%	0.7%	100%	
	32.3%										

① 〈숙향전〉에서 인물의 대사를 제시하면서 발화동사 '왈'을 쓴 것은 총 673건으로 전체의 85%로 가장 많다. '왈'은 한자 '曰'을 한글로 음차해 적은 것으로, 한문으로 표기된 서사문학사의 전통을 한글 소설의 쓰기 문법이 일종의 '음차' 형식으로 수용한 것이다.

② 대화 형식을 표시하는 한자음과 '왈'을 결합한 경우는 1건으로 의문문을 표시한 '문왈'이 유일하다.

③ [한글+왈] 형식을 발화 동사로 사용한 경우는 총 4건으로, '일러

해당 텍스트의 필사 시기를 확정하기 어려운데, 이는 한국 고소설 연구의 보편적 난제에 해당함을 밝힌다.

21) 〈숙향전〉 텍스트는 이화여대 한국문화연구원 편, 『한국고대소설총서』 1(통문관, 단기 4291)에 수록된 것을 활용했다.

왈'(3건), '물어 왈'(3건)이다. 이는 한문 표현인 '謂曰', '問曰'에서 '曰'을 수식하는 한자어를 한글 표현으로 바꾸고 '曰'을 한글로 음차해 적은 것이다. 한문 쓰기의 전통이 한글 쓰기의 맥락에서 일종의 '번역' 형태로 혼용되는 양상을 보여준다. 이를 '번역'으로 본 이유는 '일러'나 '물어' 등이 문어체의 '쓰기' 형태로 '왈'의 성격을 규정하는 역할을 하기 때문이다. 즉, 〈숙향전〉에서 인물의 발화를 표시할 때는 구어체보다 문어체, 특히 소설에서의 쓰기 문법을 이어받았다고 볼 수 있다.

③ 한글로 발화동사를 표기한 것은 111건으로 전체의 14%다.

- 대사: 이른되(32건), 엿즈오딕(27건), 가라스딕(7건), 가로되(4건), 분부하되/고ᄒ되/불러/딕답ᄒ되(각 2건), 말하되/전어하되/무러 이라되/무르되/드러가/의논하시되/전하시되/전하되/칭하되/설화ᄒ고 (각 1건) (총 88건)
- 독백: 혜오되(7건), 싱각ᄒ되(1건) (총 8건)
- 인용: ᄒ여시되(12건), 드르니/ᄉ소스되/젼교ᄒ시되(각 1건) (총 15건)

위의 정리는 '말하다'에 관련된 한글 어휘의 텍스트 내 어휘군에 해당한다. 가장 많이 사용된 고유어 발화동사는 '이른되'(32건), '엿자오딕'(27건), '가라스딕/가로되'(11건) 등으로 각각 한자 '謂/云', '問', '曰'에 해당하는 한글 표현이며, 모두 문어체다.[22] 한자 '曰'로 단일화된 표현이 한글로는

---

22) 권재일(앞의 논문, 2000)은 '말하다'와 관련된 현대 한국어 발화동사로 [말하다, 발언하다, 역설하다, 지껄이다, 당부하다, 약속하다, 대답하다, 응답하다, 답변하다, 언급하다, 단언하다, 선언하다, 대화하다, 증언하다, 충고하다, 축하하다]를, '묻다-류'로는 [묻다, 여쭈다, 질문하다, 문의하다, 질의하다], '명령하다-류'로는 [명령하다, 명하다], '제안하다-류'로는 [제안하다]를, 기타로 [듣다, 생각하다, 추측하다]의 어휘군을 제시한 바 있다. 이상의 어휘군은 한국 고소설에서 말하기를 둘러싼 발화동사의 어휘군과 차이가 있으며, 말하기를 둘러싼 역사/사회적 변화가 어휘적 차원에서 반영된 것으로 볼 수 있다.

'가로되/가라ᄉᄃᆡ'로 분화되어 존대법 표시가 가능해졌다. 〈숙향전〉에서 화자가 '황제' 또는 '상제'인 경우, 발화동사로 '가로대'가 아닌 '가라사대'를 택해 정확히 존대법을 지켰음이 확인된다. 그밖에 한자어 '왈'을 대체하는 다양한 한글 표현이 모색되었고, '선어말 어미'의 다양한 활용을 통해 존대법을 지켰다.

④ 발화표지 없이 대사만 제시된 것이 4건이다(0.7%).

⑤ 생각/독백은 총 9건으로, '혜오되'(7건), '싱각ᄒ되'(1건)가 발화동사로 쓰였으며, 1건은 발화표지 없이 제시되었다. 생각/독백에는 '왈'에 해당하는 한글 번역어를 사용하지 않았는데, 이는 청자의 유무에 따른 '발화'와 '사유'를 엄밀히 구분하고자 한 한글 소설 향유층의 분화된 인식을 반영한다.

⑥ 발화동사 앞에 인물의 감정, 태도, 행동을 서술해 대화 정황의 구체성을 제시한 것은 총 253건으로 전체의 32.3%다. 이는 동시대의 한문소설 〈운영전〉(31%)과 비슷한 비중이고 〈최척전〉(43%)보다는 적다.

〈숙향전〉에서 감성 수사의 표현 방식은 단순히 한자를 한글로 음차해 적거나 한문식 표현을 한글로 번역하는 방식이 아니다.

- 슉향이 놀나 부인게 엿ᄌ오되 (26면)
- 부인니 ᄭᅵ다르ᄉ 이예 반간인가 의심ᄒ여 슉향이 죽을가 염여ᄒ여 무러 이라되 (32면)
- 할미 드러오며 짓거ᄒ여 ᄃᆡ립더 안고 (59면)
- 긔견니 붓드러 위로 왈 (14면)
- 즁시 ᄃᆡ셩통곡 왈 (14면)

한글 발화동사와 병치된 감성 수사는 구술적 표현과 연결되지만, 발화표지 '왈'과 결합한 감성 수사에는 한문식 표현을 한글로 음차한 것도 있다. 발화동사의 표기문자 형태에 따라 감성 수사의 쓰기 형식이 부분적으로는 유관하게 연동되었다고 볼 수 있다.

⑦ 〈숙향전〉의 경우, 한문으로 표기된 서사물 전반에서 사용되던 발화동사 '왈'을 한글로 적는 방식이 유력하게 채택되었지만, 14%에서 '왈'을 쓰지 않고 오직 한글 표기의 발화동사를 채택했다는 것은 주목을 요한다. 한글 발화동사는 '曰'을 한글로 번역한 '이르되/엿자오되/가라사대/가로되' 등에 한정되지 않았으며, 문맥과 상황에 맞게 '이르되', '말하되', '전어하되', '분부하되', '엿자오되', '묻되', '불러' 등 다양한 선택적 활용을 했다. 이는 한글 독자층이 '말하기'를 둘러싼 표현의 다양성을 추구하고, 화행적 특성에 따른 문학적/문화적 차이를 섬세하게 인지했으며, 이러한 양상을 소설을 매개로 공유했음을 의미한다.

(2) 〈사씨남정기〉

〈표 9〉 〈사씨남정기〉의 발화동사 통계

〈사씨남정기〉의 발화동사									
발화동사	단독	감정+왈	행동+왈	태도+왈	인용문+왈	독백	曰 없음	총계	백분율
曰	241	78	26	5	1	0	0	351	56%
한자음+왈	29		1	0				30	5%
한글+曰	107	17	7	5	5	6	0	147	23%
한글	56	9	2	1	12	15	0	95	15%
없음	-	1	-	-	-	-	6	7	1%
합	433	105	36	11	18	21	6	630	100%
백분율	70%	16%	6%	1%	3%	3%	1%	100%	
			23%						

조동일 소장본 〈사씨남정기〉[23]의 경우, 발화동사로 유도된 대사, 독백, 문장/노래/이름 등은 총 630건이다. 이때 발화동사의 활용은 대사가 제시되는 내용적 맥락과 표기 형식 차원에서 한문소설이나 〈숙향전〉에

---

23) 〈사씨남정기〉의 텍스트는 조동일 편, 『조동일소장 국문학 연구자료』 8권(박이정, 1999)에 수록된 것이다.

비해 복합적 양상을 보인다.

① 〈사씨남정기〉에서도 대부분 인물의 대사는 발화동사 '왈'과 결합되었다. 총 대사(독백, 인용문 포함) 630건 중에 351건인 56%가 발화동사 '왈'과 단독으로 결합했다. 이는 '왈' 의존도가 85%에 달하는 〈숙향전〉보다 적은 비중이다. '왈'을 대체하는 발화표지가 다양해졌음을 뜻한다.

② '왈' 앞에 문장 양식이나 대화 형식을 표시하는 한자의 한글 표기를 배치한 경우는 30건으로 전체의 5%다.

- 답왈(16건), 되왈(8건), 쥬왈(3건), 하교왈/분부왈/고왈 (각 1건)=총 30건

이는 〈숙향전〉에도 전체의 1%에 불과했던 것으로, 한글 소설에서는 '曰'을 한글로 음차하거나, 고유어 발화동사로 적는 방식이 유력해졌음을 뜻한다. 또한 한글 소설에서는 '한자A+왈' 형식의 발화동사가 '한자A'에 대한 한글 번역어와 '왈'을 결합하는 방식으로 적혔기 때문이다(이는 ③에서 서술한다). 그러나 근소하게나마 '왈'에 대사의 특성을 지시하는 한자를 결합하는 한문 서사문학의 쓰기 전통을 한글 소설이 자연스럽게 이어받았음에 주목할 필요가 있다.

③ [한글+왈]을 결합한 발화동사는 23%(147건)다. 〈숙향전〉에서 해당 형식의 발화동사는 0.4%에 불과했는데, 약 6배 정도다.

- 일너 왈(40건), 무러 왈(26건), 말ᄒ여 왈(14건), 고ᄒ여 왈(10건), 청ᄒ여 왈(5건), 답ᄒ여 왈(8건), /불너 왈(4건), 젼ᄒ여 왈/보ᄒ여 왈/쑤지져 왈(각 3건), 쥬ᄒ여 왈/명ᄒ여 왈/비러 왈(각 2건), 통ᄒ여 왈/상에ᄒ여 왈/되ᄒ여 왈(1건)=총 112건
- 독백: 싱각ᄒ여 왈(6건) (총 6건)
- 인용: 노릭ᄒ여 왈/일홈ᄒ여 왈(각 2건), 고ᄒ여 왈(1건) (총 5건)

위 사례는 한문 텍스트에서 '曰'과 병치되던 한자를 한글로 번역해 '왈'과 결합한 형식이다. 예컨대, 한문 발화동사인 '告曰/譖曰'을 '고ᄒ여 왈/답ᄒ여 왈'과 같이 한글 조사 'ᄒ여'를 사용해 [고유어/한자어+왈] 형식을 취하거나, 그대로 한자를 한글로 음차해 '고왈/답왈'로 표기하는 두 가지 방식을 모두 썼다. 이때 한글 소설은 [한자A+왈]의 형식을 택하기보다, A를 한글로 풀어 적고 '왈'과 결합하는 방식을 선호했다. [한자A+왈]의 형식의 발화동사에서 '한자A'의 역할은 '왈'을 수식해 대화의 성격(보고/전달/매개)과 문장 형식(평서문/의문문/보고문)에 대한 정보를 제공하고, 화자-청자의 관계(위계/존대)를 표시하는 것이다. 이는 한문 서사물로부터의 전통을 이어받은 것인데, 한자에 '한글 어미/조사'를 붙여 한자음을 한글로 표기한 것이다.

그런데, '謂曰', '問曰' 등은 한자를 한글로 음차한 경우가 없었다('위왈', '문왈'로 적지 않음). 대신 '일러 왈', '물어 왈'과 같이 [고유어+왈]의 표기 형태를 취했다. 대사의 성격을 지시하는 고유어 표현이 선택되는 과정을 시사한다.

요컨대, 한문 서사물에서 [한자A+왈]로 표기되었던 것 중에서 [한자A]를 고유어로 번역한 형태를 취함으로써, 한글 독자층에게 한글 전용 이전의 중간 단계의 표기 양식을 택했다고 볼 수 있다. 한문 서사물에서 쓰기 표현을 이어받되, 한글 번역의 형식으로 변용시키는 방식이 유력해졌음을 시사한다.

④ 95건에 해당하는 약 15%는 고유어로 적혔다.[24] 이는 한글 소설 독자층이 인물의 발화를 '왈'이라는 한자의 한글 음차가 아니라, 한글로 표현하려 했다는 적극적인 의지를 반영한다는 점에서 중요한 의미를 갖는다.

---

24) 이 중에서 '너럼에 써ᄒ되'는 고유어라기보다는 한자의 한글 포용에 해당한다.

- 대사: 가로딕(47건), 가른ㅅ딕(3건), 말ㅎ되(16건), 무르되/소리ㅎ딕
  (각 1건) (총 68건)
- 독백: 싱각ㅎ딕(10건), 이른딕(3건), 닉렴에 써ㅎ되/싱각ㅎ여 가로딕
  (각 1건) (총 15건)
- 인용: 가로딕(6건) 일오딕(2건), 써시되/써 가로딕/ㅎ엿스되/써ㅎ되
  (각 1건) (총 12건)

　고유어 발화동사에는 '왈'의 번역어인 '가로되/가라사대'가 가장 많이 사용되었다. 이는 총 95개의 한글 발화동사 중 58개로, 61%에 해당한다. 한글 소설에서 인물이 대사를 서술할 때, 일차적으로 한문 문학/기록의 전통인 '曰'의 한글 '번역어'를 택했음을 알 수 있다. 이때, 화자가 '천자/상'인 경우 '가라사대'(3건)를 택해, 의식적으로 발화동사를 선택적·분화적으로 활용했음을 보여준다.

　다음으로 자주 사용된 표현은 '말하되'다. 생각을 서술할 때는 '왈' 대신 '싱각ㅎ딕'를 사용해, 청자가 있는 대화 상황과 독백을 명백히 구분했다. 이는 한문표기 서사텍스트에서 인물의 '말'과 '생각'이 모두 '曰'이라는 단일한 발화동사로 표기된 것에 비하면, 분화된 방식이다.

　⑤ 1%에 해당하는 7건은 발화표지 없이 대사만 제시되었다.

　⑥ 발화동사 앞에 화자의 태도나 행동, 감정에 대한 서술어가 결합되어 대사 내용에 대한 질적, 감성적 판단에 대한 정보를 제공하는 경우가 있다. 태도 수사와 결합된 발화동사는 총 7건이며, 행동 수사와 병치된 경우는 36건, 감정 수사와 결합한 경우는 104건이다. 이를 총괄해 감성 수사로 명명하면, 이에 해당하는 것은 총 147건으로 전체의 23% 정도다. 감성 수사와 가장 많이 연결된 발화동사는 '왈'이다(상세한 내용은 위의 표를 참조).

- 십낭이 침음양구에 왈 (52면)
- 교씨에 귀에 디고 가만니 말ᄒ여 왈 (59면)
- 시비 ᄒ여곰 보경 일민과 옥환 일쌍을 취ᄒ여 소제랄 주어 왈 (24면)
- 상서 소리랄 가다듬고 ᄶ지져 가로디 (222면)
- 인ᄋ 유모가 서로 은고 통곡ᄒ여 ᄀ로디 (209면)

고유어와 결합한 발화동사의 경우, 한글 표현이 우세하지만, 발화표지 '왈'과 병치된 감성 수사는 한자 표현과 한글 표현이 혼용되는 경향이 있다. 소설 향유층의 문해력이 한자로 된 이른바 지식층, 교양층의 이해를 한글로 포섭하는 양상을 시사한다.

⑦ 인물의 독백이나 생각을 문장으로 전달한 경우다. 이는 총 21건이다. 독백과 연결된 발화동사는 '시시로 이라되', '마음에 이르되', '(스스로/시시로) 생각하되', '생각하여 가로되' 등 고유어가 15건이고, '생각하여 왈'과 같이 '한글+왈'의 형태를 취한 것이 6건이다. 독백과 '왈'을 단독으로 결합한 것은 0%다.

〈사씨남정기〉에서 독백을 이끄는 발화동사는 인물의 대사와 결합된 발화동사와 '명백히' 구분되었다. 한문 기록과 달리, 한글 소설 향유층이 대화와 독백의 차이를 '쓰기/읽기'의 차원에서 명확히 배타적으로 구분했음을 뜻한다.

⑧ 제문, 노래, 글 등을 인용하고 내용을 소개한 경우는 총 18건이다. 이는 '(써) 가로대'(7건), '일호대'(2건), '문에 하엿으되'(1건), '써하되/써시되(2건) 등, 한글 발화동사로 인용문을 병치한 경우가 12건이며, '왈'(1건)을 단독으로 사용한 것이 1건, '고하여 왈'(1건), 일홈하여 왈'(2건), '노래하며 왈'(2건)등 '한글+왈'을 조합한 것이 5건이다. 인용의 경우에도 '왈'이라는 한자어보다는 한글+한자의 조합이나 고유어를 사용했고, 인용 대상의 장르나 형식을 알 수 있게 정보성을 강화했음이 확인된다.

⑨ 이상을 종합하면, 17세기 한글 소설 〈사씨남정기〉에서는 한문 서사에서 인물의 발화를 제시할 때 사용한 '曰'의 한글 음차 및 그 번역어로서의 '가로되(가라亽디)'를 사용하거나, 한자 '曰'과 결합해 대사의 구체적 정보를 지시하던 발화동사의 첫 글자를 한글로 번역하는 등, 형식적 과도기 형태를 취한 경향을 보였다. 이때, 말과 생각을 전하는 발화동사를 달리 선택함으로써, 소설 향유층 사이에 말과 생각의 명확한 차이에 대한 인식을 공유했음을 알 수 있다.

(3) 17세기 한글 소설 분석의 소결

〈사씨남정기〉와 〈숙향전〉에 사용된 발화동사의 표기 양상을 정리하면 〈표 10〉과 같다.

〈표 10〉 17세기 한글소설의 발화동사 통계

작품＼표기문자	왈	한자음+왈	한글+왈	한글 발화동사	발화표지 없음	총계
숙향전	85%	0%	0.4%	14%	0.6%	100%
사씨남정기	56%	5%	23%	15%	1%	100%

① 17세기 한글 소설에서 인물의 대사를 유도하는 발화동사는 여전히 한자어 '曰'을 한글로 음차해 적은 형태가 압도적 비중을 차지한다(숙향전 85%, 사씨남정기 84%). 이때 '왈'은 단독으로 쓰인 경우가 우세하지만(85%, 56%), '왈'의 속성을 수식하는 한자의 한글 음차(0%, 5%), 또는 한글 음차에 어미를 붙인 형태와 병치되는 경우(0.4%, 23%)도 있다.

② 발화동사를 고유어로 적은 경우가 14~15% 정도다. 한자 '왈'을 한글로 음차하는 데서 나아가, 발화표지 자체를 한글로 대체하려는 모색을 보여준다. 텍스트에 따라 '왈'의 한글 번역어인 '가로되'를 유력하게 사용하거나, 표현의 다양성을 꾀하려는 모색이 나타났다.

③ 발화 양상이나 대화의 구체적 정보를 제공하기 위해 '말하다'와

관련된 한자와 '왈'을 결합해 쓰는 발화동사의 중복적 사용이 한문 서사문학의 전통으로 이어졌는데, 17세기 한글 소설에서는 이를 '한글+왈'의 형태로 표기하는 변용이 발생한 것이 특징이다.

④ 〈숙향전〉에 적힌 한글 발화동사는 총 18개로, 한글 소설 텍스트를 매개로 '말하다'에 대한 어휘군이 형성되는 과정을 보여준다. 이중 '왈'의 번역어인 '가로딕/가라ᄉ딕'가 전체의 74%다. 〈사씨남정기〉에 적힌 고유어 발화동사는 총 5개로, 이 중 '이ᄅ딕'가 36%를 차지한다. 〈사씨남정기〉에 비해 〈숙향전〉에서 한글 발화동사가 다양하게 분화되었다고 볼 수 있다.

17세기 한글소설이 택한 한글 발화동사에는 존대법에 대한 인식이 반영되었으며, 청자가 있는 대화와 독백(내면의 생각)을 구분해 언어적으로 표현하려는 경향이 강했다.

이러한 정황을 종합해, 발화동사의 활용 양상을 해석한다면, 〈사씨남정기〉에 비해 〈숙향전〉의 한글 표현이 더욱 다양하고 복합적 양상을 띠고 있어, 한글 독자층의 문해력이 분화되는 맥락을 시사한다(이것을 각 텍스트의 시대적 특징이 아니라, 작품의 이본 특성으로 볼 가능성은 여전히 잠재해 있음을 밝힌다).

4) 18세기 한글 소설 〈유씨삼대록〉: 감정 수사의 강화와 한자표기의 한글 포용

〈유씨삼대록〉[25]은 20권 20책에 달하는 대하장편소설로 18세기 초에 창작-유통된 것으로 알려진 한글 소설이다. 이 글에서는 이 중 1/4에

---

25) 분석 대상 텍스트는 『유씨삼대록』 1(한길연·정언학·김지영 옮김, 소명출판사, 2010)에 수록된 원문을 활용하되, 인용할 때는 첫 문장이 수록된 원전의 권, 면수와 이것이 수록된 쪽수를 ':' 양 옆에 적는다.

〈표 11〉 17~18세기 한글소설 발화동사 통계

표기문자 / 작품	왈	한자음+왈	한글+왈	한글 발화동사	발화표지 없음	총계
숙향전	85%	0%	0.4%	14%	0.6%	100%
사씨남정기	56%	5%	23%	15%	1%	100%
유씨삼대록	56%	17%	1%	25%	1%	100%

〈표 12〉 〈유씨삼대록〉의 발화동사 통계

발화동사	단독	감정+ 행동+ 태도+	감정+ 행동+	감정+ 태도	감정+	행동+	행동+ 태도	태도/ 표정+	독백	없음	총계	백분율	
曰	64	2	27	40	272	69	21	85	0	0	580	56%	767건 (74%)
한자음+왈	90	0	0	2	38	16	2	24	0	0	172	17%	
한글+왈	8	0	0	3	0	0	0	4	0	0	15	1%	
한글	73	0	8	1	73	33	0	40	26	0	254	25%	
없음	-	-	-	-	-	-	-	-	-	10	10	1%	
합	235	2	35	46	383	118	23	153	26	10	1,031	100%	
백분율	23%	1%	3%	5%	37%	11%	2%	15%	2%	1%	100%		760건 (74%)

해당하는 5권 5책을 대상으로 발화동사를 추출해 총 1,031건을 분석했다. 이는 이 글에서 분석한 다른 텍스트의 발화동사 분량에 준한 결정이다. 분석 결과, 〈유씨삼대록〉은 발화동사의 활용이라는 차원에서 17세기 (국문/한문전기)소설과 유사하면서도 상이한 양상이 확인되었다(19세기 〈남원고사〉와의 차이성은 이 장의 5)절을 참조).

① 〈유씨삼대록〉 총 5권 5책에 서술된 발화동사 총 1,031건 중에서 '왈'은 767건으로 전체의 74%다. 이때, '왈'을 발화표지 단독으로 사용한 것은 580건으로 56%다. [한자음+왈]의 형태를 취한 것이 172건(17%)이고, [한글+왈]의 형태를 위한 것이 15건(1%)이다.

'왈'을 선택한 발화 동사 580건 중에 64건은 단독으로 쓰였으며, 516건은 감성 수사와 연결되었다. 간단히 대사를 전달하기보다, 대사 전달에 수반되는 인물의 감정, 행동, 태도 등에 대한 구체적인 정보를 제공하려는 의도가 관철되었다.

② 〈유씨삼대록〉에서 발화동사로 [한자음+왈]의 형태를 취한 것은 총 172건(17%)이며, 이 중 62건에는 감성 수사가 병치되었다.

- 쥬왈(32건), 고왈(15건), 딕왈(20건), 뎐교/뎐어/뎐지 왈(총 6건), 답왈 (5건), 경(계)왈(4건), 보왈/진왈(각 2건), 분부 왈/히유 왈/간왈/문왈 (각1건)=90건

③ 발화동사로 '왈'과 이를 수식하는 한글 표현(고유어 포함)을 결합한 것은 총 8건이다. 감성 수사와 결합한 것은 7건이다.

- 무러 왈(3건), 딕ᄒ여 왈(2건), 고ᄒ여 왈/알외여 왈/명하여 왈(각 1건)=8건

④ 발화동사에 인물의 감정, 태도, 행동 등 감성 수사를 병치한 사례는 총 760건이며, 전체 대사의 74% 정도로 그 비중이 높다. 상세한 정보는 다음과 같다.

- [감정]수사+왈: 272건
- [감정]수사+[한자음+왈]: 딕왈(18건), 문왈(7건), 고왈(6건), 주왈(4건), 무러 왈(2건), 답왈(1건)=총 38건

- [태도]수사+왈: 85건
- [태도]수사+[한자음+왈]: 딕왈(14건), 답왈(4건), 간왈(2건), 주왈/문왈 /고왈/경계왈(각 1건)=24건
- [태도]수사+[한글+왈]: 무러 왈(2건), 비러왈/희셕ᄒ여 왈(각 1건)=4건

- [행동]수사+왈: 69건

- [행동]수사+[한자음+왈]: 주왈(10건), 대왈(4건), 고왈/문왈(각 1건)=16건

- [감정+태도]수사+왈: 40건
- [감정+태도]수사+[한자음+왈]: 답왈/문왈(각 1건)=2건
- [감정+태도]수사+[한글+왈]: 경계왈/무러 왈/뎐하여 왈(각 1건)=3건

- [감정+행동]수사+왈: 27건

- [행동+태도]수사+왈: 21건
- [행동+태도]수사+[한자음+왈]: 주왈/대왈(각 1건)

- [감정+행동+태도]수사+왈: 2건

* 발화동사와 병치된 감성 수사의 사례
  개연탄식 왈 (1권 45면: 516쪽)
  샹이 경이문왈 (1권 46면: 516쪽)
  츄연이 눈물을 흘녀 왈 (1권 56면: 521쪽)
  옥누룰 쑤려 주왈 (2권 8면: 549쪽)
  샹이 대희ㅎ샤 농안이 우음을 쯰샤 치샤 왈 (3권 26면: 601쪽)
  쇼졔 대로ㅎ여 분연이 교즈의 올나 쑤 지저 왈 (5권 12면: 690쪽)
  쏘흔웃고 닐오딕 (1권 57면: 521쪽)
  더옥 탐혹 과이ㅎ여 이에 글오딕 (1권 62면: 524쪽)

감성 수사는 간단한 한문식 표현('개연탄식' 등)을 한글로 음차해 적은 경우가 많다. 이는 〈유씨삼대록〉의 향유층이 한문으로 공유되던 교양에 익숙한 계층일 가능성을 시사한다. 또는 한글 소설 향유층(이른바 '언문 대중')이 한자로 표기된 상층 교양을 포섭하는 문화 확장성을 지향한 결과로도 볼 수 있다.

⑤ 한글 발화동사(대사/인용/독백)는 총 254건으로 전체의 24%이며, 종류는 17개다. 이는 17세기 한글 소설의 사례와 대동소이하다. 한글 소설에서 '말하기'를 둘러싼 어휘군이 17~18세기에 이르도록 동일성을 유지했고, 이에 대한 소설 향유층의 공감과 약속이 유지되었음을 뜻한다.

- 단독: 갈오딕(34건), 골오샤딕(10건), 닐오딕(13건), 고ㅎ딕(5건), 무르(시)딕(3건), 뎐교ㅎ시딕/경계ㅎ딕/술오딕/답ㅎ딕/일ᄏᆞᄅ딕/쵸ᄉᆞㅎ딕/복쵸ㅎ딕/보ㅎ딕²⁶⁾(각 1건) 총 73건
- 감성수사와 결합: 골오딕(93)건, 골오샤딕(15건), 닐오딕(32건), 니라샤딕(5건), 칙ㅎ딕(2건), 뭇ᄌᆞ오딕(3건), 무르시딕/알외딕/보ㅎ딕/고ㅎ딕/딕답ㅎ딕(각 1건) 총155건

한글 발화동사 중에 가장 많이 사용된 표현은 '왈'의 번역어인 '갈오딕'(127건)와 '갈오샤딕'(25건) 등 152건으로, 한글 발화동사의 60%를 차지한다. 화자-청자의 관계에 따라 '갈오딕/갈오샤딕'로 존대법을 엄밀히 구분했다. 다음으로 '닐오딕/니라샤딕'가 총 50회 사용되었다. 그밖에 대화의 맥락과 성격에 따라 다양한 발화동사가 사용되는데, 17세기 소설에서보다 표현이 다양하다.

고유어 발화 동사를 사용한 경우에도 감성 수사가 수반된 경우가 있다. 행동 수사와 결합한 경우가 33건이고, [감정+행동]수사를 병치한 뒤 고유어 발화동사와 연결시킨 경우가 8건이다.

⑥ 발화표지 없이 대사만 제시된 것은 총 10건이다.

⑦ 인물의 독백/생각은 26건으로, 모두 한글 표기의 발화동사와 연결되었다.

---

26) '쵸ᄉᆞㅎ딕', '복쵸ㅎ딕'는 모두 자백하다는 뜻이다.

  - 싱각ᄒᆞᄃᆡ(19건), 혜오ᄃᆡ(4건), 의려ᄒᆞᄃᆡ/샹냥ᄒᆞᄃᆡ(각 1건), 발화동사
    없음: 1건 (총 25건)

  17세기 한글소설부터 인물의 독백/생각은 소리로 전달되는 '발화'와
명확히 구분되는 발화동사를 사용하는 일관성을 보였다.
  ⑧ 〈유씨삼대록〉에서 사용된 발화동사의 수는 한자어, 한글을 포함해
지금까지 이 글에서 다룬 텍스트 중에서 가장 다양하다. '말하기'에 수반되
는 문장 형식, 대화의 성격, 화자의 감정/행동/태도에 대한 구체성을
확보하기 위해 섬세하고 정련된 어휘 선택을 하고 있음이 발견된다.
  ⑨ 그뿐만 아니라, 〈유씨삼대록〉에서는 한 면(종이책 고소설의 물리적
지면 1면을 뜻함)에 대사가 여러 차례 제시된 경우, 같은 발화동사를
반복해서 사용하는 대신, 어휘적 차원의 다양성을 고려한 흔적이 있다.

  태휘 대경ᄒᆞ샤 도라 <u>샹긔 문왈</u>, "뎐하의 부살 드러 시위ᄒᆞ쇼년이 엇던
    관원이뇨".
  <u>샹이 주왈</u>, "이ᄂᆞᆫ 한님 흑ᄉᆞ 뉴셰긔와 츈방흑ᄉᆞ 뉴셰형이니 승샹 뉴우셩의
    냥ᄌᆡ니이다." "젼승샹 뉴연의 ᄌᆞ 우셩이니잇가?" 샹 왈, "연ᄒᆞ이다."
  <u>태휘 갈오샤ᄃᆡ</u>, "션신 뉴연이 샤딕지신이오 왕쟈의 ᄉᆞ위러니, ᄌᆞ손이
    이ᄀᆞᆺ치 아름답도다. 다만 져 냥인이 한님 쟉위 이시나 나히 노샹
    어려뵈니 취쳐ᄒᆞ엿ᄂᆞᆫ가?"
  샹 왈, "아디 못ᄒᆞ오니 무러보사이다." 드듸여 셰긔 등을 나아오라 ᄒᆞ샤,
  <u>뎐교 왈</u>, "경등이 일즉닙신ᄒᆞ여시니 쟉병의 마치미 잇ᄂᆞ냐?"
  이 인이 부마 간션하시ᄂᆞᆫ 가온ᄃᆡ 이 뎐교 계시니, <u>십분 의려ᄒᆞ여 주왈</u>
    "쇼신 셰긔ᄂᆞᆫ 간의태우 소슌의 녀ᄅᆞᆯ 취ᄒᆞ연 지 삼년이오, 소신 셰형은
    ᄂᆞ부샤셔 당쥰의 녀로 명혼 납빙ᄒᆞ여 혼긔 입셔 일이 격ᄒᆞ엿ᄂᆞ이다."
  <u>태휘 대열ᄒᆞ샤 샹긔 니ᄅᆞ샤ᄃᆡ</u>, "셰긔ᄂᆞᆫ 취쳐를 ᄒᆞ엿거니와 (생략) (권지일
    79~80면: 1권 531쪽)

위와 같이 한 장면에서 여러 인물의 발화를 서술할 때 화자와 청자의 관계 및 대화의 내용과 위계를 고려했다. 반복을 피하기 위해 다양한 어휘를 의식적으로 배치했음도 확인된다. 두 인물의 대사를 발화표지 없이 연속해 배치하기도 했는데, 이는 독자의 소설 문해력에 대한 신뢰에 바탕을 둔 판단이다. 문학적 차원에서는 대화 진행을 박진감을 기하고 극적 장면을 연출함으로써 생동감 있는 장면을 구성하는 수사미학적 효과를 갖는다.

또한 〈유씨삼대록〉에서는 한글 발화동사의 표현을 다양하게 설정함으로써, 화자-청자의 관계(상하-주종관계 등 신분적/연령적 위계), 발화 내용의 형식(의견 제시, 질문, 보고 등), 발화자의 태도(공손, 후회, 존경) 등이 발화동사 자체에 명시되게 하는 방법을 사용하고 있다. 이는 17세기 소설에서의 발화동사 활용보다 분화되고 정련된 양상이다.

발화동사는 독자가 생동감 있게 대화의 정황과 문맥을 이해할 수 있도록 감정 수사나 태도, 행동 수사와 결합한 경우가 있다. 이때의 한자와 한글 표현을 다양하게 합성하는 방식을 취했음이 발견된다. 예컨대 웃으며 말하다는 경우 '소왈', '잠소왈', '함소왈' 등 '한자+한자'의 한글 표기 방식을 취하거나, '웃으며 왈', '웃으며 고하되' 등 '고유어+한자어', 또는 '웃으며 이르되' 등, 다양한 표현과 표기 방식을 취했다. 한자와 '왈'을 결합할 경우, 한글 조사가 '왈' 앞의 한자를 한글 표현으로 포용하는 기능을 하게 된다. 예컨대, '부매 분연ᄒ여 왈'(유씨삼대록 2권 75면)은 '분연(憤然)'이라는 한자어에 조사 'ᄒ여'가 결합해 해당 한자를 한글 표현으로 끌어안는 형식을 취했다. 이는 한글 소설 수용자가 한자로 된 상층의 지식과 교양, 문화를 끌어안고자 한 문화적 역량강화 방식을 '쓰기' 차원에서 실천한 결과로 해석할 수 있다.

5) 19세기 한글 소설 〈남원고사〉: '왈'의 소멸과 한글 발화표지의 전면화

〈남원고사〉[27]에는 인물의 대사가 728건, 생각이나 독백이 13건, 글(문장, 소설, 판결문 등)과 노래, 시의 일부나 전문을 인용한 경우가 35건 제시된다. 소설에 삽입된 시, 소설 문장, 판결문 등도 작중 상황에서 인물이 직접 소리 내어 읽는 형식으로 서술되었고, 인물의 내적 독백도 속으로 하는 말처럼 제시되었기에, 이를 총괄하면 총 대사는 779건이다.[28]

이 글에서 분석한 17·18세기 한글 소설과 비교하면 〈남원고사〉의 발화동사 활용은 현격한 차이를 보인다.

〈표 13〉 〈남원고사〉의 발화동사 통계

발화동사	단독	감정+행동+태도+	감정+행동+	감정+태도	감정+	행동+	태도+	인용	독백	없음	총계	백분율
			〈남원고사〉의 발화동사									
왈	4										4	0.6%
한자음+왈	2										2	0.4%
한글	195		8	2	102	23	28	34	13		405	52%
없음								1		367	368	47%
합	201	0	8	2	102	23	28	35	13	367	779	100%
백분율	25%	0%	1%	0%	13%	3%	4%	5%	2%	47%	100%	
	21%											
	37% ('발화표지 없이' 서술된 감성수사 126건 포함)											

① 〈남원고사〉에서 발화표지로 '왈'을 활용한 것은 총 4회로 1%에 불과하다. 이는 17세기 소설 〈숙향전〉에서 85%(678건), 〈사씨남정기〉에

---

27) 〈남원고사〉 텍스트는 이윤석, 『남원고사 원전 비평』(보고사, 2009)에 수록된 원문을 활용하되, 인용할 때는 첫 문장이 수록된 원전의 권, 면수와 이것이 수록된 쪽수를 ':' 양 옆에 적는다.

28) 이 통계에는 작중 인물의 대사에 인용된 소설 속 인물의 발화나, 한 인물이 다른 인물의 발화를 인용하면서 사용한 발화동사는 포함시키지 않았다.

서 84%(528건), 18세기 소설 〈유씨삼대록〉에서 74%(767건) 정도 '왈'이 사용된 데 비하면 '거의' 소멸에 가깝다. 이는 〈남원고사〉에서 고유어 발화동사가 전면화되고 한자어 발화동사가 삭제되는 양극화 현상과 연동된다.

② 〈남원고사〉에는 [한자음+왈]의 형태를 띤 발화동사가 '주왈', '대왈' 각 1회씩 총 2건 사용되었다. 〈숙향전〉이 1건, 〈사씨남정기〉가 30건(5%), 〈유씨삼대록〉이 172건(17%)인 데 비하면 이 또한 현저히 적다.

③ 〈남원고사〉에서는 '물어 왈'과 같은 [고유어+왈] 형식의 발화동사가 전혀 사용되지 않았다(이는 '왈' 없이 고유어 발화동사를 사용했기 때문이다). 해당 경우는 〈사씨남정기〉에 59건(10%), 〈숙향전〉에 2건(0.4%), 18세기 〈유씨삼대록〉에 7건(1%)으로 비중이 줄었는데, 19세기 〈남원고사〉에서는 0%다.

④ 〈남원고사〉에서 발화동사는 모두 한글로 적혔다. 이는 총 405건으로 전체의 52%(356건)이며, 47%에는 발화표지 자체가 없다. 〈남원고사〉에서는 한자 '曰'의 한글 표기 발화동사가 전혀 쓰이지 않았을 뿐더러, '왈'의 한글 번역어인 '가로되'나 '가라사대'도 거의 사용하지 않았다. 전체에 걸쳐 '가로되'는 '왈짜'라는 인물이 옥중의 춘향을 찾아가 한글 소설을 읽어주는 과정에서, 소설(남원고사) 속 소설(서유기)인 '서유기'의 인물인 요괴의 대사를 유도하는 발화표지로 단 1회 사용되어,[29] 온전히 〈남원고사〉 인물의 발화로 보자면 '왈'의 한글 번역어인 '가로딕'의 사용은 0%다. 〈사씨남정기〉와 〈유씨삼대록〉에 적힌 한글 발화동사 중에서 가장 사용 빈도수가 높은 것은 '가로딕'다(〈숙향전〉에서는 '이른딕').

---

29) '어떤 한 왈짜가 서유기 본다. "화설. 삼장의 스승 제자 선당에 쉬더니, 가을 하늘에 달이 심히 밝거늘 산문에 나와 달을 완상하더니, 행자 왈, '스승님아, 달도 보름이면 두렷하고 그믐이면 이지러져 그믐이 있건마는, 우리는 그믐이 없으니 (생략)'(〈남원고사〉 245쪽).

〈남원고사〉의 한글 발화동사 중에서 단독 표현으로 가장 많이 쓰인 발화동사는 순서대로 '…하는 말이'(146건), '대답하되'(52건),[30] '이른 말이'(33건), 여짜오되(26건) 등이다. 평서문에 해당하는 일상 대화를 이끄는 고유어 발화동사로는 '…하는 말이'를 기본 양식으로 삼아 '우는 말이', '탄식하는 말이', '골을 내어 하는 말이' '주담으로 하는 말이', '겁결에 하는 말이' 등 상황에 맞는 감정 수사와 자유롭게 결합하는 응용력을 발휘했다.

〈남원고사〉의 한글 발화동사는 기본 패턴에 대화 내용과 형식에 대한 정보가 담긴 어휘와 결합시키거나, 화자의 행동이나 태도, 표정, 감정 묘사 등과 병치하는 등, 활용 양식을 다양하게 응용해 분화적으로 활용한 특징을 보였다. '말하다'를 둘러싼 형식과 방법에 대한 이해가 복합적이며, 다양한 발화 방식을 한글 표현으로 향유할 만큼 한글 작가/독자(층)의 이해력이 섬세해졌음을 의미한다. 역으로 말하면 한글 독자층의 한글 문장 쓰기의 다양성, 복합성, 섬세함에 대한 기대가 확대될 만큼의 한글 문해력의 역량 강화가 발생했음을 뜻한다. 이때 '말하기'의 차원에서는 한자 표기의 관습을 이어받지 않고, 한글 소설 자체의 쓰기 문법을 강화하고 정련화하는 선택을 했음을 알 수 있다.[31]

한글 발화동사는 서술, 의문, 답변, 의논 등 대사 형식을 섬세하게 구별했다. 대화 상황에 대한 정보를 정확히 분별하고 다양하게 서술해, 사고의 정교함, 읽기의 흥미성을 제고한 것이다. 또한 대화의 상하관계(주종, 위계, 존대 등)를 고려하고 발화자의 감정, 행동, 태도, 시선에 대한

---

30) 유사어로 '답하되'(1건), '화답하되(2건)', '대답하는 말이'(1건) 등이 있다.

31) 역설적으로 〈남원고사〉는 한문으로 된 다양한 시와 문서를 오직 한글로 음차해 적는 인용 방식을 취하고 있다. 이는 〈남원고사〉가 한문 사용층의 지식과 정보, 교양과 문화를 오직 한글 표현으로 수용하려 한 의지의 표현으로도 볼 수 있다. 이에 관해서는 최기숙, 「언문소설의 문화적 위치와 문자적 근대의 역설: 근대초기 '춘향전'의 매체 변이와 표기문자·독자층의 상호관련성」, 『민족문화연구』 60, 고려대학교 민족문화연구원, 2013을 참조.

정보를 적어, 대화 맥락의 심층적이고 섬세한 정보를 제공했다.

* 한글 발화동사의 다양성
– 쳥직이 블너 뭇는 말이 (권지삼 2면: 397쪽)
– 흔번 웃고 허락ᄒᆞᄂᆞᆫ 말이 (권지일 19면: 368쪽)
– 니방이 쳥녕ᄒᆞ고 나와셔 모든 기싱 지위ᄒᆞ고 슈근""공논ᄒᆞ딕 (권지삼 7면: 400쪽)
– 니도령 도라보며 ᄭᅮ지ᄌᆞ되 (권지이 37면: 393쪽)
– 셩상이 드ᄅᆞ시고 칭찬ᄒᆞ시딕 (권지사 18면: 423쪽)

* 존대법
– 셩샹이 인견ᄒᆞ샤 반기시고 무ᄅᆞ시딕 (권지사 17면: 423쪽)
– ᄉᆞ쏘 분부ᄒᆞ딕 (권지삼 20면: 405쪽)
– "방이 알외되 (권지삼 7면: 400쪽)

발화표지를 통해 대화의 성격이나 화자-청자의 관계 정보를 함축하는 방식은 고려시대 『삼국유사』에서부터 발견된다. 그러나 『수이전』부터 15~17세기 한문표기 전기소설에 이르기까지, 텍스트의 서사성이 강화되면서 인물의 대사는 '曰'로 통일되는 경향이 있었다.

〈남원고사〉에서는 적어도 발화동사에 한해서는 한자어의 한글 표기나 번역어 사용(가로대, 가라사대)보다, 한글 표현의 다채로운 활용과 변용에 주력을 기울였음이 확인된다. 이때, 발화표지 자체가 표현의 층위에서 '구술적' 양상을 띠는 점에 주목할 필요가 있다. 마치 서술자가 '이야기하듯이' 묘사와 대사를 전달한 것은 〈남원고사〉가 소설 쓰기 맥락성의 저층에서 구술성의 요소를 강화하고, 전면화했음을 시사한다. 〈남원고사〉에 유례없이 많은 한문 지식과 텍스트가 인용된 정황, 이를 모두 '한글'로 표기한 정황은 한글과 구술성으로 한문 중심의 문화적 역량과 소양을 포용하려 했던 문화적 (무)의식의 발로라고도 해석할 수 있다.

⑤ 〈남원고사〉에서 발화표지 없이 대사를 곧바로 서술한 경우는 368건 (이 중 1건은 인용문을 유도)으로 전체의 47%다. 같은 경우가 〈사씨남정 기〉에서 6회(1%), 〈숙향전〉에서 4회(0.6%), 〈유씨삼대록〉에서 10회(1%) 로 제한된 것에 비하면 비약적으로 증가한 것이다.

띄어쓰기나 문장부호가 없는 한글 소설의 '쓰기'(또는 판각) 관례상, '왈'을 비롯한 발화동사는 독자로 하여금 '대사'의 위치를 지정해주는 기호적 역할을 했다. 그런데 〈남원고사〉에서 '왈'을 사용하지 않았다는 것은 이러한 기호 없이도 독자들이 '대사'를 가늠할 수 있는 장르 문해력, 또는 소설 읽기의 문해력을 습득했음을 의미한다.

〈남원고사〉에서 발화표지 없이 대사를 제시한 정황은 두 부류로 나뉜 다. 하나는 마치 연극의 한 장면처럼 대사를 배치해 장면을 극적으로 구성한 경우다(241건). 〈남원고사〉에 다양한 보여주기 기법과 열거법 등 장면 중심적 서술이 활용되고 있었음을 고려할 때,[32] 인물의 대사를 발화동사 없이 제시함으로써 장면의 극적 연출을 의도했다는 판단이 가능하다.

다른 하나는 인물의 감정이나 태도, 행위 등 대사를 구현하는 인물의 감성 수사와 결합한 경우다(총 126건).[33] 이 경우, 발화표지는 없지만, 이에 수반되는 일련의 감성 수사가 발화동사에 이어지는 소설 쓰기 관습을 이어받아, 발화표지 없이 감성 수사만으로도 대사 전달에 대한 정보를 준 것으로 보인다.

---

32) 선행연구의 이른 시기부터 '거동보소', '둘러보니', '바라보니', '살펴보니', '볼작시 면' 등으로 유도되는 〈춘향전〉의 '보여주기' 기법이 문체적 차원에서 주목된 바 있다(설성경, 「춘향전 문체의 변이양상 연구」,『동방학지』 74, 연세대학교 국학연구원, 1992, 186~196쪽).

33) 전체적으로는 인물의 행동이나 동작에 대한 서술과 대사를 결부시킨 경우가 83건으로 가장 많다. 다음으로는 감정 수사와 결부된 20건, 행동, 감정수사와 결합된 11건, 태도나 표정과 연결된 9건, 감정과 태도가 결합된 2건, 행동과 태도가 결합된 1건 등이다.

⑥ 〈남원고사〉에는 '왈'을 대체하는 다양한 고유어 발화동사가 사용되었다. 17세기에는 한자어 '曰'을 한글 '왈'로 표기하는 방식이 우세한 가운데, 인물의 발화표지를 '왈'로 통일하는 소설 문법의 규약에 충실했다. 18세기에 이르면, 발화를 둘러싼 표현의 다양성, 화행적 정교함, 대화 관계의 복합성이 반영되는 방향에서 고유어 발화동사가 다양하게 활용되기에 이른다.

그런데, 19세기 〈남원고사〉에 이르면 고유어 발화동사가 확장적으로 증가하여, 한자의 한글 표기 방식인 '왈'은 (거의) 완전히 사라지고, 대사 내용과 이것을 전달하는 화자의 심리, 감정, 태도, 행동 등의 상태를 핍진하게 재현하는 쪽으로 묘사가 증가하는 경향을 보였다. 감성 수사가 발화표지 자체를 대체하는 현상도 나타났다.

⑦ 〈남원고사〉에서 발화동사에 병치된 감성 수사는 서사문학사에서 질/양적 차원에서 현저하고 비약적으로 발달했다. 〈남원고사〉의 감성 수사는 이전의 텍스트와 달리 현저하게 한글식 표현이 강화되고 표현도 길어졌다. 인물의 감정이나 행동, 태도를 구체적인 고유어로 서술했을 뿐더러, 생동감 있는 묘사를 통해 표현의 다양성, 정보의 구체성을 확보했다.

예컨대 다음은 발화동사 자체에 화자의 감정이 함축된 경우(22건)다.

- 어시 포식흔후 치하흐고 (권지사 29면: 428쪽)
- 스쏘 츈향드려 달닉는 말이 (권지삼 29면: 408쪽)
- 밍셰흐는 말이 (권지오 3면: 435쪽)
- 격졀칭찬흐시되 (권지오 39면: 450쪽)
- 엄포흐듸 (권지삼 27면: 408쪽)
- 쑤지즈되 (권지이 37면: 393쪽)
- 홀노 안즈 탄식흐는 말이 (권지일 5면: 362쪽)
- 영감이 쳔만 당부흐듸 (권지사 33면: 430쪽)

다음은 감정 수사와 발화동사를 연결시켜, '말하는 인물'의 감정에 대한 정보성을 강화하거나(102건), 태도(17건)에 대한 정보를 결합해, 읽기의 흥미성을 제고한 경우다. 감정과 태도가 모두 결합한 경우를 포함해(2건), 총 121건이다.

- 신관이 긔가 막혀 눙쳐 ᄒᄂᆞᆫ 말이 (권지삼 29면: 409쪽)
- 츈향이 "말 듯고 옴죡 쇼"라져 ᄎᄂᆞᆫ 말이 (권지오 32면: 447쪽)
- 츈향 어미 코쏭 쒸고 ᄒᄂᆞᆫ 말이 (권지사 37면: 431쪽)
- 엄큼흔 마음의 두루쳐 딕답ᄒᄂᆞ딕 (권지오 36면: 449쪽)

다음은 행동 수사와 발화동사를 연결시켜, '말하는 인물'의 현재 상황에 대한 생동감 있는 장면을 구성해 독자의 상상력을 자극한 경우다(19건).

- 츈향이 팔ᄌᆞ츈산 씽그리고 단슌호치 잠간 여러 나죽이 엿ᄌᆞ오딕 (권지일 24면: 370쪽)
- 모골이 송연ᄒᆞ고 심담이 구열이라 정신이 어즐ᄒᆞ고 쎄쏫치 져려오니 마부다려 뭇ᄂᆞᆫ 말이 (권지이 36면: 393쪽)

다음은 행동 수사와 감정 수사, 발화동사를 연결시키거나(9건), 표정과 발화 동사(2건), 또는 표정과 감정 수사를 연결해(1건), '말하는 인물'의 행동과 감정을 핍진하게 전달한 경우다.

- 신관이 모양 보고 모가지를 길게 ᄲᅢ혀 항싀쳐로 비틀면셔 긔가 막혀 쇼릭질너 ᄒᄂᆞᆫ 말이 (권지삼 26면: 408쪽)

〈남원고사〉에는 인물의 대사에 화자의 감정, 태도, 행동 수사를 결합한 경우가 많고, 이에 대한 묘사도 구체적이고 상세하다. 감성 수사의 표현 방식도 한문식 표현을 한글로 음차하는 것이 아니라, 순수한 한글식 표현 체계를 갖추고 있다. 발화동사는 구술적 표현을 사용하지만, 감성 수사에 해당하는 표현은 한글식 문어체에 해당하는 것으로 단순히 일상에서 쓰는 구술적 표현을 한글로 적은 것은 아니다. 자유분방하고 생동감 있는 한글식 표현을 기본으로 삼되, 한자어나 한문식 어휘도 자율적으로 활용했고, 구술적 발화동사와 상보적으로 결합했음이 확인된다.

특히 화자가 말하는 상황에 대한 감정과 태도, 행위를 상세히 묘사한 것은 〈남원고사〉 독자층이 '말한다'는 행위 자체를 신체성과 감정을 경유한 것으로 간주했음을 뜻한다. '말한다'는 것은 말하기 자체에 담긴 화자의 생각과 감정을 태도로 표현하는 것이며, 여기에는 주체의 인격성이 투영된다는 발상이 담겨 있다. 말한다는 것이란 신체성, 인격성, 감정의 종합적 표현이며, 말이란 발화자의 전신적 메시지이자 정체성 자체로 사유했음을 시사한다.[34] 아울러 이를 한글식 문어체로 재현함으로써, 한글로 '사유하기'(감성 재현에 대한 사유)와 한글로 '말하기'(발화동사)를 통합하려는 (무)의식적 쓰기 문법을 구축했음을 알 수 있다.

⑧ 〈남원고사〉에는 대사를 제시하기에 앞서 '거동보소'라는 행동 유도 술어를 사용해, 이후에 사용된 발화 내용의 질적 형상을 설명하는 경우가 있다(34건. 인물의 행동을 소개한 뒤 대사로 이어진 7건을 포함).

- 니도령의 거동 보쇼 심망의촉 조민ᄒ여 젼녁상도 허동지동 방즈 블너 분부ᄒ되 네나 먹고 어셔 가즈 (권지일 37면: 376쪽)

'거동'에는 인물의 표정, 행동, 태도, 감정 못지않게 '말', 즉 '대사'가

34) 이에 대해서는 〈남원고사〉의 감정 수사에 신체성이 투영된 것을 '언어의 육체성'으로 정의한 최기숙, 「언어의 육체성, 공감과 경험의 수사학: 〈남원고사〉의 문체 미학」, 『고소설연구』 16, 한국고소설학회, 2003을 참조.

포함된다. 이런 방식은 '판소리 사설, 또는 판소리계 소설에서 자주 사용되었다.

⑨ 〈남원고사〉에 적힌 한글 발화동사 중에는 문어체가 아니라 일상의 구어를 활용해 구술 향유층의 생동감 있고 발랄한 정서와 표현을 문어체 수사로 포용한 경우도 있다.

- 츈향 어미 이 말 듯고 날근 거시 별안간의 싱싼견ㅎ는 말이 (권지일 41면: 378쪽)
- 츈향 어미 잔도릭치는 말이 (권지이 1면: 378쪽)
- 신관이 보고 반기여 싱으로 치슬니는 말이 (권지삼 2면: 398쪽)
- 아조 이취ㅎ여 겨유 드러가 고관홀졔 말을 되치지 못ㅎ여 (권지삼 19면: 405쪽)
- 니픠두 겻지르며 (권지삼 20면: 405쪽)
- 그 기싱 독을 늬여 죵아리며 (권지오 21면: 443쪽)
- 말"말끗히 싱각ㅎ니 복츳달나기 어렵도다 의뭉싀레 셜지트딕 (권지오 3면: 453쪽)

위와 같은 표현은 말하기를 둘러싼 다양한 행동과 정서, 감정, 화법을 함축하는 수사로, 한문으로 표현하기 어려운 일상의 구술적 표현, 또는 구술 표현의 문어체적 차용에 해당한다.[35] 〈남원고사〉는 이러한 구술적 표현을 발화동사로 차용함으로써, 독자로 하여금 화자의 성격과 상황적 맥락을 생동감 있게 파악할 수 있도록 표현의 다양화를 기했고, 독자의 읽는 재미를 충족시켰다. 이는 한글 소설 독자층이 오직 한글로 사유하고 표현하는 쓰기 역량의 창의성을 유희적 차원에서 자유롭게 발휘할 정도로 성장했음을 시사한다. 역설적으로 〈남원고사〉라는 한글소설이 바로 이

---

35) 위의 발화동사가 실제의 일상에서 사용된 구술적 표현이었음을 확인할 수 있는 방법이 현재로서는 불가능하므로, 이는 추정이다.

런 한글향유층의 문화문해력을 비약적으로 성장시키는데 기여했다는
해석도 가능하다.

4. 말한다는 것, '소리-듣기'를 넘어선 전신적 의사소통과 마스크를 쓴 COVID-19시대의 경험과 성찰

한글이 창제된 이후 소설 향유층들은 인물의 대사를 표지하기 위해
시기별로 다양한 방향에서의 모색을 해왔다. 화자의 대사를 문장 차원에
서 지시하는 이른바, 발화동사는 구어적 상황에서는 잘 사용하지 않는
문어체적 요소다. 그런 의미에서 한자 '曰'의 한글 표현은 한글 향유층의
쓰기의 실제와 문어체적 구현을 살필 수 있는 유력한 요소다.

이 글에서는 한국문학사적 흐름에 따라 텍스트를 선택해 분석하고,
필요에 따라 통계분석을 수행한 결과, 서사문학에서 인물의 발화표지를
위해, 한자 '曰'을 한글로 표기하는 데서 나아가, '말하다'를 둘러싼 다양한
상황의 심층적, 확장적, 분화적 이해를 '쓰기(표현)'의 차원에서 실천했음
을 확인했다. 이를 통해 신분, 지위, 연령을 매개로 한 다양한 존대법과
경어법이 '말하다'는 행위 중심으로 다양하게 사유되고 선택되어 소설을
매개로 다양한 수사적 표현이 공유되었음을 밝혔다. 이때 '말하기'를
둘러싼 화자의 감정, 태도, 행동에 대한 수사가 강화되면서, 말하기가
갖는 전신적 의사소통에 대한 이해가 확산되고, 역으로 이러한 표현의
강화를 통해 의사소통의 전신성에 대한 당대적이고 역사적인 공감대가
형성되었음을 분석했다. 소설 장르를 매개로, 말하기를 둘러싼 '어휘군'이
대체로 17~18개 선에서 형성되어 있음도 확인할 수 있었다.

발화동사에 대한 어휘군은 소설이라는 문자화된 장르에서 추구한
언어적 모색이자, 수사적 성취이며 현실과 허구의 상호작용을 통한 문화

<표 14> 발화동사 통계분석에 활용한 텍스트별 통계

텍스트	삼국유사	수이전	금오신화	운영전	최척전	사씨남정기	숙향전	유씨삼대록	남원고사	합
발화	720	99	195	203	98	630	795	1,031	779	4,550

적 발현이다.

서사문학사에서 대사를 유도하는 발화동사의 용례 중에는 대화의 내용이나 종류, 양식적 판단이나 존대의 차원에서 한문 표기로부터 영향을 받은 면모도 확인되지만, 이를 오직 고유어로 표현하려고 한 모색이 활발하게 전개되었음이 확인된다. 동시에 발화 행위의 의미를 결정짓는 한글 표현의 수사적 다양성과 섬세함, 복합성의 맥락을 정련함으로써 '말하기'에 대한 문학적 재현 차원의 미학적 변주가 수행되었음을 알 수 있다.

서사문학에서 '말한다'는 것이 의미론적으로 전달하고자 하는 행위는 입으로 말해진 것, 즉 구술성 이상의 의미를 지닌다. '말한다는 것'에 동작, 행동, 표정, 태도, 감정 등 감성 기호가 연결되어 있다는 발상은 고려시대 『삼국유사』의 서술 방식에서부터 발견된다. 말하는 행위는 '입'을 통한 '소리'의 문제로 한정되지 않으며, 얼굴의 표정, 행위 동작, 신체성, 감정을 담은 몸의 언어라는 '전신성'을 지닌다. 입으로 소리 내지만 사실은 몸 전체로 말하는 것이다. 이런 의미에서 대사를 전달하는 발화동사는 전신적 의사소통을 이끄는 구술성의 매개다(코다[CODA: Children of Deaf Adults]인 이길보라 작가는 수어에서 얼굴 표정이 의미의 반 이상을 내포하기 때문에 화자의 표정과 맥락을 들여다보면 어떤 말을 하고 있는지 짐작할 수 있다고 했다[『반짝이는 박수 소리』, 한겨레출판, 2015, 56쪽]. 의사소통에서 신체 언어가 차지하는 비중을 시사한다).

바꾸어 말하면 의사소통에서는 소리나 문자와 같은 가시화된 기호만으로는 완전한 소통이 수행되었다고 보기 어려우며, 표정, 태도, 시선,

동작, 행동과 같은 신체 기호에 대한 문해력이 수반되어 정보 통합성이 이루어질 때 가능하다. 이에 대한 이해가 이미 고려시대로부터 무/의식적으로 통용되었고, 이는 한글을 통한 다양한 문체적 실천으로 이어졌다. 감성 수사의 섬세함은 말하기를 둘러싼 행위 정보의 정련화, 미학적 실천을 뜻한다.

다음은 이 연구의 결과를 현대에 성찰적으로 활용하기 위해 몇 가지 시사점을 제안해 본 것이다.

첫째, 한글 소설에서 인물의 '말하기'를 통해 구축된 어휘군/어휘장의 의미 정련성과 분화를 활용해, 해당 텍스트를 현대 한국어, 또는 외국어로 번역할 때 반영하는 것이다. 예컨대, 고소설을 현대 한국어 또는 외국어로 번역할 때, 아뢰다, 주왈, 고왈, 가로되, 가로사대 등 발화동사에 함축된 존대법, 경어법, 감정 수사, 태도 수사 등을 고려할 필요가 있다. 한글 향유층은 소설을 통해 대화와 독백을 구분했음이 확인되므로, 말한다/생각한다는 행위 차이에 대한 섬세하고 정교한 구분도 필요하다.

둘째, 말하기를 둘러싼 행위가 의사소통의 전신성을 '전제'로 하는 동시에 '매개로' 형성된다는 점을 비대면 시대의 의사소통 방식에 응용하는 것이다. 2020년 이후, 세계를 잠정적으로 점유한 'COVID-19' 시대의 비대면 일상은 디지털 기기를 통한 의사소통 상황을 증폭시켰다. 이 연구의 결과는 디지털 기기를 통한 의사소통에서 단지 소리나 문자로 기록/표현된 소통 양상만을 소통의 전체로 간주해서는 안 되는 이유에 대한 역사적이고 객관적인 논거로 활용할 수 있다. Zoom을 통한 강의나 회의에서 화면을 통해 화자/청자의 표정이나 태도 기호를 함께 살피면서 배려와 돌봄, 존중의 의사소통 능력을 배양하지 않을 경우, 드러난 소리나 문자가 메시지의 전체를 대체하게 되면서 발생하는 각종 문제는 여전히 해소되지 않은 채, 디지털 시대의 어둠과 그림자, 의미의 왜곡이나 고통으로 잔존해, 일상의 건강한 소통성을 마모/부식시킬 가능성이 높다. 한편으로는, 방역 차원에서 '마스크 쓰기'가 일상화되면서, '얼굴이 가려진 삶'이 지속되고 있는데, 이는 감정 언어의 훼손이자 상실에 해당한다. 소리 내어 말하고 있지만 마스크로 얼굴이 가려졌기에 표정 언어가 누락되어, 충분한 의사소통이 이루어지지 않을 뿐더러 모종의 왜곡이 발생하는 것이다. 표정으로 한 말과 소리로 한 말이 불일치할 경우, 이를 총체적으로 판단하고 조율해 의사소통하는 인간의 능력 또한 퇴화될 수 있다. 의도된 무표정(이른바 포커페이스)을 하지 않는 이상, 마스크로 가려진 얼굴로 인해 신체적 의사소통 기능이 상실되거나 은폐되므로, 대화 상대인 청자(사실상 말하는 이의 모습을 '보는' 사람)는 표정 언어의 의미 기호를 해독할 자율성을 박탈당하게 된다. 말하면서 자연스럽게 신체적으로 표현되는 표정 언어는 발화된 내용을 강화하고 동일 감정을 증폭시키기도 하지만(예컨대, 기쁘다고 말하며 눈웃음 짓고 박수를 치는 행동 등), 발화된 내용과 상충되기도 한다(예컨대, 죄송하다고 말하지만 내밀어진 입술과 원망의 눈빛으로 억울함을 표현하는 경우, 기쁘다고 말하지만 입가에 드리워진 씁쓸한 잔주름, 상대가 별로라고 말하지만 호감의 눈빛으로 미소 짓고 있는 입 등). 의도적으로 통제하지 않는 이상 자연스러운 일상 대화에서 표정은 발화 내용과 달리 화자의 무의식을 전달하는 경우가 많다. 대화는 발화자의 소리를 상대에게 주입하는 일방적 행위가 아니라, 발화자가 미처 통제하지 못하는 의미 맥락까지 화자가 종합하여 해석하는 상호적이고 자율적이며 개방적인 행위다. 이런 의미에서 마스크는 표정 언어를 얼굴의 1/2 만큼 가린 것이 아니라, 전체적인 소통의 진정성을 훼손시키는 기제로 작용할 수 있다(실제로 직장인들이 마스크를 쓰고 일하는 동안 표정을 감출 수 있어서 편했다고 말한 사례가 있다). 의사소통은 상호적이기에 주체의 이성적 통제를 거쳐 음성화된 발화 내용 못지 않게, 무의식적 출구로 표출된 표정과 신체 언어의 총체적 판독이 중요하다. 이는 정확히 청자(동시에 말하는 이를 '보는' 사람)의 해석적 자율성과 경험적 능력에 좌우되는 것인데, 마스크로 얼굴을 가린 채 살아온 2년여의 시간은 이런 소통의 자율성과 해석의 주권을 원천적으로 통제하고 방해하는 역할을 했다. 코로나 사회에 상실된 것으로 경제적 불황, 비대면 만남을 통한 인간관계를 상실, 심리적 고독감과 회복 탄력성의 저하를 고려하는 것도 중요하지만, 마스크화된 얼굴(masked face)로 인한 소통적 해석력의 감소, 의사소통의 자율성 박탈, 감성 능력의 훼손 등에 대해 총체적으로 고려하고 돌아볼 필요가 있다(마스크를 벗게 되면 의사소통의 회복 탄력성이 복원될 수는 있지만, 얼굴을 반쯤 가린 채 살았던 시간성의 경험은 결코 무화(無化)될 수 없고 신체와 삶의 어딘가에 흔적을 남길 것이다).

셋째, 인간 삶의 편의성을 도모하는 차원에서 개발된 로봇과 A.I의 음성인식에 본 연구의 결과를 응용해, '소리' 재현 차원의 음성인식 기능이나 소통 방식을 넘어선, 감성 소통, 또는 전신적 의사소통이 가능한 방향에서 설계하는 것이다. 인간과 대화하는 A.I의 음성 재현은 '소리'의 소통에 한정되는 측면이 있는데, 본 연구는 이것이 갖는 한계와 극복을 위한 시사점으로서 감성적 소통의 확장적 구축을 제안한다. '말한다'는 행위/맥락에는 '소리'를 통해 전달되는 음성학 이외에 태도와 감정 등의 감성 요소, 신체적 행동 요소가 포함된다.

소리로 한정되거나 전면화되는 A.I의 의사소통 방식은 인간이 신체성을 통해 구현하는 전신적 소통의 일부를 '전유'하거나 협소화함으로써, 의사소통의 확장성을 퇴행시킬 우려가 있다. 이를 극복하기 위해서는 의사소통의 감정, 태도, 신체 동작을 '시각화'하거나 '진동', 또는 '촉각'으로 변이시키는 '감각 전환' 프로그램을 개발할 필요가 있다. 수행상의 소통 행위를 한글이라는 문자로 담기 위해 발화동사와 감성 수사를 연결시킨 것처럼, 인간의 소통 방식이나 관계(인간 vs 인간/자연/신 ⇒ 인간 vs 기계/로봇)가 바뀌면 '말한다'는 행위 의미의 맥락과 과정, 재현 방식도 달라질 수 있다.

넷째, 소설에 재현된 '말하기'를 둘러싼 인물 행위 및 소통의 저변에서 작동하는 허구성에 대한 인식이다. 이 연구의 분석을 통해 고소설을 중심으로 한 서사문학에 구현된 '말하기'를 둘러싼 정황 중에서 가장 허구적 발상이 무엇인지가 확인되었다. 그것은 소설 텍스트의 화자(말하는 사람)가 무엇을 누구에게 언제 말해야 할지를 명확히 알고 있다는 바로 그 지점이다.

소설과 달리 현실에서는 할 말이 있어도 할 수 없고, 그것이 심리적, 육체적, 사회적, 정서적 고통과 관련된 것일 때는 표현하고자 하는 욕구 자체가 차단되거나 불발되고, 심지어 말할 필요성을 인지할 수 없거나 자발적으로 삭제하며(계산된 포기의 언어), 누구에게 무엇을 말해야 할지 알지 못하는 경우가 많다.

아울러 소리로 발설된 대화의 층위가 중층적이며 복합성을 띤다는 점에 주목해야 한다. 계급, 신분, 지식, 권력, 젠더, 연령 차원의 위계화에 대한 일상 경험, 또는 화행적 맥락에 전제되거나 함축된 통제성이나 수행적 권위를 고려할 때, 질문 형식이지만 사실상 동의를 구하거나 강요하는 화법, 화자의 사회적, 정치적 권위에 기대어 상대를 혐오(무시와 경멸을 포함)하는 행위 등이 사례가 될 것이다('맨스플레인', '가스라이팅'은 최근 말하기를 둘러싼 젠더 위계에 대한 비판이 발굴한 비평-장치다). 소설의 인물들이 할 말을 정확히 표현하거나, 터놓고 대화하는 '정황'이야말로 허구성이 극대화된 장면일 수 있다.

다섯째, 19세기까지 소설을 매개로 공유, 발전시켜온 한글 표현의 다양성과 섬세함, 수사 미학의 풍부함이 20세기 초에 이르러 신문 지면이나 단행본 출판물 형식으로 교체됨으로써, 그간 발화표지가 담당해 온 역할을 인물의 대사 앞에 괄호를 붙이거나 화자의 이름을 적는 것으로 대체되어 사라진 현상이다. 발화자를 지칭하는 문법 기호로서 문장 쓰기

의 형식을 취하기보다는 행갈이나 괄호의 형식으로 변용된 현상에 주목해
야 하는 이유다.

예컨대 『제국신문』에 연재된 이해조의 신소설 〈고목화〉(1907)나 〈빈상
설〉(1907), 〈원앙도〉(1908), 〈홍도화〉(1908), 〈만월대〉(1908)[36] 등에는
대사 앞에 발화동사를 배치하는 대신, 인물의 이름을 괄호 안에 약식으로
표기하거나, 행갈이를 통해 대사를 표시하는 방식이 주를 이룬다. 전근대
시기의 서사문학 전통으로부터 이어받은 방식은 〈남원고사〉에서처럼
말하는 인물의 행위나 감성 수사에 이어, 행갈이 된 형태로 대사를 적는
방식이다(예외적으로 이해조 소설에서 '왈'이 사용된 사례는 1908년에
『제국신문』을 통해 발표된 단편소설 「우마징공(牛馬功爭)」에 단 1회 사용
된 '되답ᄒ야 왈', 『만월대』의 소설 본문이 마무리된 뒤 덧붙인, 논평을
이끄는 발화표지 '긔자왈'이 전부다). 근대적 인쇄매체에서 제기된 발화표
지의 표기 규약은 21세기에 이르는 현재까지도 이어지고 있다.

그렇다면 이러한 변화는 근대 인쇄매체의 혁명인가, 한글 표준법의
강화를 통한 말하기 문법의 획일화인가, 아니면 한글 문해력의 축소
지향적 퇴행인가. 이 글이 이에 대한 열린 질문이 되어 독자의 사유를
촉발시키는 계기가 되기를 바란다.

---

36) 이상의 이해조 소설의 텍스트는 강현조 선생님(연세대학교 글로벌인재대학
   전임직원)의 도움을 받아 분석에 활용했음을 밝힌다.

참고문헌

〈남원고사〉, 이윤석, 『남원고사 원전 비평』, 보고사, 2009.

일연, 『삼국유사』(상·하), 이재호 옮김, 솔, 2007.

〈사씨남정기〉, 조동일 편, 『조동일소장 국문학 연구자료』 8권, 박이정, 1999.

『수이전』, 이대형 편역, 소명출판, 2013.

〈숙향전〉, 이화여대 한국문화연구원 편, 『한국고대소설총서』 1권, 통문관, 단기 4291.

〈운영전〉·〈최척전〉, 이상구, 『17세기 애정전기 소설』, 월인, 1999.

『유씨삼대록』, 한길연·정언학·김지영 옮김, 소명출판사, 2010.

이해조, 〈고목화〉, 『제국신문』, 1907.

이해조, 〈빈상설〉, 『제국신문』, 1907.

이해조, 「우마징공(牛馬功爭)」, 『제국신문』, 1908.8.8.

이해조, 〈원앙도〉, 『제국신문』, 1908.

이해조, 〈홍도화〉, 『제국신문』, 1908.

이해조, 〈만월대〉, 『제국신문』, 1908.

권재일, 「한국어 발화동사 구문 기술」, 『한말연구』 7, 한말연구학회, 2000.

김흥수, 「소설에서 대화 인용의 방식과 양상」, 『어문학논총』 19, 국민대 어문학연구소, 2000.

김흥수, 「소설의 대화 인용에서 인용 동사 표현의 양상: 발화 동사 '말하다'의 쓰임을 중심으로」, 『어문학논총』 21, 국민대 어문학연구소, 2002.

문금현, 「'인간' 어휘장의 하위 분류 기준에 대하여」, 『새국어교육』 85, 한국국어교육학회, 2010.

문금현, 「어휘장을 활용한 한국어 어휘 교육」, 『우리말교육현장연구』 5-2, 우리말교육현장학회, 2011.

백두현, 『한글문헌학』, 태학사, 2015.

설성경, 「춘향전 문체의 변이양상 연구」, 『동방학지』 74, 연세대학교 국학연구원, 1992.

이광호, 「의미소 〈必〉의 어휘장 변화」, 『어문학』 105, 한국어문학회, 2009.

이설연, 「한국어 발화동사 연구」, 고려대 박사학위논문, 2014.

이종덕, 「17세기 왕실언간의 국어학적 연구」, 서울시립대 박사학위논문, 2005.

정태균, 「15세기 국어의 수행 발화 구문 유형 연구: 『釋譜詳節』을 중심으로」, 단국대 석사학위논문, 2020.

조경순, 「국어 발화동사 구문 연구」, 『한국어의미학』 30, 한국어의미학회, 2009.

조경순, 「발화동사 구문에 대한 연구: 보고, 명령, 청구, 비하, 질책 행위를 중심으로」, 『한국어의미학』 41, 한국어의미학회, 2013.

조경순, 「상호작용성 발화동사 구문에 대한 연구」, 『한국어학』 66, 한국어학회, 2015.

윤혜영, 「17세기 국어의 인용구조 연구」, 단국대 박사학위논문, 2008.

최기숙, 「언어의 육체성, 공감과 경험의 수사학: 〈남원고사〉의 문체 미학」, 『고소설연구』 16, 한국고소설학회, 2003.

최기숙, 「언문소설의 문화적 위치와 문자적 근대의 역설: 근대초기 '춘향전'의 매체 변이와 표기문자·독자층의 상호관련성」, 『민족문화연구』 60, 고려대학교 민족문화연구원, 2013.

최기숙, 「고소설의 감성 문법과 감정기호: 〈소현성록〉의 감정 수사를 중심으로」, 『고소설연구』 39, 한국고소설학회, 2015.

제4부
●
근대 매체와 한글

『제국신문』의 국문 인식과 한글 독자
-'국문' 표현 기사를 중심으로-*

권 두 연

1. 들어가는 말

근대 이전 한글과 근대 이후 한글 글쓰기가 다르다는 인식은 여러 연구자에 의해 제기된 바이다.1) 대표적으로 최경봉은 근대적 한글 의식이 '탈중화 의식'의 유무에 따라 근대 이전 실학자들과 구분된다고 규명한 바 있다.2) 안예리 역시 "한문이 아닌 국문으로 신문을 발행한 것은 정신적

---

* 이 글의 인용은 원문 표기를 따랐으며 원문에서 오자라고 판단한 글자는 원문 옆에 [ ]로 표시하였다.

1) 근대 이후 어문과 관련하여 주로 참고한 선행 연구는 대략 다음과 같다. 고영근, 「개화기 한국어문 운동 ; 국한문혼용론과 한글전용론을 중심으로」, 『관악어문연구』 25, 2000 ; 윤금선, 「신문에 나타난 어문교육」, 『국어교육연구』 제10집, 2002 ; 송철의, 「한국 근대 초기의 어문운동과 어문정책」, 『한국문화』 33, 2004 ; 고영진·김병문·조태린, 『식민지 시기 전후의 언어문제』, 소명출판, 2012 ; 김병문, 『언어적 근대의 기획: 주시경과 그의 시대』, 소명출판, 2013 ; 김주필, 「'한글'(명칭) 사용의 역사적 배경과 특징」, 『반교어문연구』 35집, 2013 ; 이상혁, 「근대 학문 형성기 근대 국어의 성격에 대하여: 문체의 변주와 어문 규범의 길항을 중심으로」, 『아시아문화연구』 35, 2014 ; 이병기, 「'국어' 및 '국문'과 근대적 민족의식」, 『국어학』 제75집, 2015 ; 홍종선, 「근대 전환기 개화 지식인의 '국문/언문'에 대한 인식과 구어체 글의 형성」, 『우리어문연구』 54집, 2016 ; 이준환, 「근대 어문교육에서 문식성의 성격과 변천 과정」, 『어문연구』 제48권 제4호, 2020.

영역에서 이루어진 사대주의와의 결별"로 보고 있다.3) 요컨대 한글에
대한 의식과 인식은 한문과 한자를 중심으로 형성된 중화의식으로부터
벗어나 자국 문화에 기반한 자국 문자로부터 비롯되며 국문에 대한
이 같은 주체적 자각의 출현은 근대에 들어 가능할 수 있었다. 그런데
한글이 곧 자국 문자인 '국문'이 되는 과정은 그다지 매끄럽지 않다.
한국의 근대어·근대매체·근대문학에 관한 지금까지의 연구에서 공통으
로 지적하듯 문자로서의 한글의 탄생과 국문의 형성 사이에는 많은
역사·사회적 개입과 변화가 작동했기 때문이다. 언문 대신 국문이 쓰이게
된 근대의 변화된 인식을 이 시기 국문 신문을 통해 살펴보고자 하는
것이 이 연구의 출발이다.4)

　　근대 초 조선에서 발행된 신문은 국한문, 한문, 국문, 영문, 일문 등
다양한 문자를 사용했는데 이는 신문의 독자층에 기인한다. 국문 신문의
경우는 한글을 읽을 줄 아는 독자층을 대상으로 발간되었고 한글을
전용한 최초의 국문 신문은 『독립신문』이다. 『독립신문』은 순전히 한글로
표기된 기사를 쓰려고 했을 뿐 아니라 신학문을 "새 학문"으로 구학문을
"녯젹 학문" 등으로 가능한 한자어를 풀어 쓰고자 했다. 그럼에도 〈世昌
洋行 광고〉나 "대죠션 져무 데샤 회샤라 ᄒᆞ더라(大朝鮮 苧麻 製絲 會社)"5)에
서처럼 고유명사나 자격(資格), 성질(性質), 의무(義務), 사회(社會), 문법(文
法)과 같은 개념어에는 한자를 병행했다.6) 한자와 한문 없이 순전히

---

2) 최경봉, 「근대적 한글 의식의 형성 맥락과 특수성」, 『인문학연구』 제36호, 2018
　　참조.
3) 안예리, 「언어에 대한 근대적 인식과 언어의 근대화」, 『언어사실과 관점』 제39권,
　　2016, 93쪽.
4) 이 연구에서는 문자의 명칭으로서의 한글과 자국 문자로서의 국문을 구분하고자
　　한다. 이 연구가 대상으로 하고 있는 시기에는 '한글'이라는 명칭이 발명되지
　　않았기에 한글은 문자의 명칭에 한해 사용하고자 한다.
5) 『독립신문』, 1897.6.21, 1면 논설.
6) 「민법론」, 『독립신문』, 1899.8.12·14, 1면 논설.

한글로만 된 기사를 쓴다는 것은 불가능에 가까워 보인다. 국문 신문이 내건 한글 전용을 어떻게 이해하고 실제 그 양상이 어떠한가를 살펴보는 것이 이 글의 목표이다.

근대 초기 신문·잡지의 '어문 의식'을 살펴 본 선행 연구에 따르면 당시 발행된 국문 신문에 어문 의식과 관련한 기사는『대한매일신보』국문판(1907.5.23.~1910.8.30.) 16회,『독립신문』(1896.4.7.~1899.12.4.) 11회,『제국신문』(1898.8.10.~1910.3.31.) 2회로 조사된다. 이 가운데『제국신문』에 어문 의식과 관련한 기사가 가장 적다는 것은 의아하다.[7] 물론 해당 연구가『제국신문』만을 별도로 조사한 것이 아니며 자료 접근의 제약과 한정된 연구 대상 등으로『제국신문』에 대한 유의미한 결과를 도출하기에 어려움이 따랐을 것으로 간주된다. 그렇다 하더라도 선행 연구에서 제시된 수치는 국문 신문 가운데 가장 오랜 기간 발행한 것치고는 터무니없을 정도로 적기에 확인이 필요하다. 무엇보다 순국문으로 발행한다는『제국신문』의 발행 취지와 부합하지 않기에 이에 대한 본격적인 연구가 요청된다. 이것이『제국신문』을 대상으로 국문 인식과 관련한 내용을 고찰해 보고자 하는 이유이자 보다 구체적 목표이다.

『제국신문』은 창간사에서 "순국문으로 날마다 츌판홀 터이니 亽방쳠군즈는 만히 쥬의 들ᄒ여 보시오"라는 포부를 밝힘으로써 국문 표기의 원칙을 분명히 세웠다.[8] 이 때문에『제국신문』을 "언문 대중'을 독자층으로 포섭하고 근대 국민으로 견인하는 역할을 한 근대 초기의 대표적 신문 가운데 하나"로 평가하기도 한다.[9] 그런데『제국신문』에 관한 연구

---

7) 해당 연구는 근대 초기 간행된 30여 종의 매체들에서 총 130편의 관련 기사를 구축하였으며『제국신문』의 2회는 그 가운데 하나이다. 고경민, 「근대계몽기 인쇄매체를 통해 살핀 '어문 의식'의 형성과 성장 과정에 대한 고찰-신문과 학술지를 중심으로」, 『한말연구』제44호, 2017, 13쪽.

8) 『제국신문』, 1898.8.10, 1면 사고.

9) 최기숙, 「발간사」, 『제국신문과 근대』, 현실문화, 2014, 6쪽.

가 매체, 여성, 감성, 학문론, 글쓰기 등 다양하게 접근된 데 비해10) '국문(론)' 및 국문 인식에 관한 연구나 언문 대중의 국문 인식에 대한 연구는 그다지 많지 않다. 『제국신문』을 국문(론)의 관점에서 접근한 대표 선행 연구자는 허재영과 이은선이다. 허재영은 다른 국문 신문에 비해 『제국신문』에 "양적인 면이나 학문 분야별 다양성의 차원에서 적지 않은 근대 지식이 소개되었고" 무엇보다 이러한 "근대 지식을 순국문으로 번역 소개한 점"에 주목하였다. 그렇지만 순국문 번역이 지니는 의의를 국문론의 관점에서 발전시키지는 않았다.11) 이은선은 1907년 5월 17일부

---

10) 『제국신문』은 근대 초기 대표적인 신문으로 간주되어 그 연구 성과 역시 상당하다. 지면의 한계로 이 축적된 선행 연구들을 일일이 밝히지 못하고 비교적 최근 연구들로 한정함을 양해 바란다. 김복순 외, 『제국신문과 근대』, 앞의 책, 2014 ; 장 영숙, 「뎨국신문(帝國新聞)』의 성격과 자료적 가치」, 『동아시아문화연구』 58, 2014 ; 강현조, 「이해조 소설의 텍스트 변화 양상 연구: 『제국신문』 연재 원문과 단행본 비교를 중심으로」, 『한국근대문학연구』 17(1), 2016 및 「『제국신문』 잡보 란 연구: 신자료 지면확대판(1907.5.17.~1909.2.28)을 중심으로」, 『현대문학의 연구』 63, 2016 ; 김복순, 「평양 로컬리티: 갈색의 세계사 프로젝트로서의 『제국신 문』의 역설」, 『어문연구』 44권 4호, 2016 ; 김기란, 「정동의 수사와 매혹된 관객들」, 『현대문학의 연구』 63, 2017 ; 김현주, 「제국신문에 나타난 세계 인식의 변주와 소설적 재현 양상 연구」, 『대중서사연구』 35, 2015 및 「1907년 이후, 『제국신문』 외보란의 담론 구성 방식」, 『현대문학의 연구』 63, 2017 ; 박애경, 「『제국신문』 소재 시가 연구」, 『한국시가연구』 39, 2015 ; 최기숙, 「계몽의 역설'과 '서사적근대' 의 다층성: 『제국신문』 '논설·소설·잡보·광고란'과 '(고)소설'을 경유하여」, 『고소 설연구』 42, 2016 및 「'사건화'된 일상과 풍속개량론의 사회적 상상: 젠더적 시각으로 본 『제국신문』의 '풍속개량' 논설과 여성 관련 잡보 기사의 비교 분석」, 『여성문학연구』 39, 2016 ; 김민수, 「근대전환기 『제국신문』에 나타난 개인사 광고와 주체의 탄생」, 『우리어문연구』 60, 2018 ; 심철기, 「1907년 이후 『제국신 문』의 성격과 의병 의식」, 『역사와경계』 107, 2018 참조.

11) 『독립신문』을 대상으로 한 허재영의 또 다른 논문에서는 학문론과 어문 사상을 함께 다룬 것에 비해 『제국신문』은 학문사상과 지식의 수용 양상에 방점이 찍혔다. 허재영, 「『제국신문』에 나타난 학문사상과 지식 수용 양상: 창간호 (1898.8.10.)부터 제5권 298호(1902.12.29.)까지의 학문론을 중심으로」, 『지식인 문학』 제1권 1호, 2019 및 「『독립신문』의 학문론과 어문 사상 연구」, 『어문연구』 80, 2014 참조.

터 1909년 2월 28일까지『제국신문』에 게재된 논설을 대상으로 '국문'론에 대한 논의를 본격화했다. 이종일에서 정운복으로 주필이 바뀐 시기에 한정되긴 하나 '국문'론의 작동 방식을 신문이라는 매체와 매체 언어, 독자와 연관하여 밀도 있게 제시했다. 특히 '국문'론이 "한글 신문이라는 『제국신문』의 정체성의 문제에서부터 독자층을 형성하는 과정에서 이루어지는 '국문 신문'에 대한 반감과 배제의 작동 방식과도 밀접하게 연관되어 있다."[12]는 지적을 통찰력 있게 포착했다.

   본 연구는 두 선행 연구의 연장에서『제국신문』의 '국문' 표현 기사[13]를 통해 국문 인식의 구체적 양상을 살펴보고자 한다.『제국신문』은 그간 자료의 불완전함과 접근의 제약으로 창간 초기부터 1900년대 후반에 이르는 전 시기의 면모를 살피는 데 어려움이 있었다. 마침『제국신문』의 미공개 논설 자료집이 발간되었고 신문의 원문이 웹사이트로 정리되어 공개되는 등 자료 접근성도 높아져 창간호부터 1909년 2월까지의 발행분을 대상으로 '국문' 표현 기사의 추출이 가능해졌다.[14] 따라서 현재 확인 가능한『제국신문』의 전 지면을 대상으로 국문과 관련한 '국문' 표현 기사를 종별, 연도별, 내용별로 정리함으로써 그 경향성과 의미를 파악하고자 한다. 이는 창간호부터 1909년 2월까지의 자료를 연속된, 그리고 국문과 관련하여 집중적으로 다루고 있다는 점에서 근대 초 국문 신문의 국문 인식에 관한 유의미한 결과를 도출할 수 있으리라 기대한다.

---

12) 이은선,「『제국신문』(1907.5.17.~1909.2.28.) '논설란'에 나타난 '국문'론과 감성화 전략 연구」,『국제어문』제77집, 2018, 144쪽.

13) 이 연구에서 대상으로 하고 있는 '국문' 표현 기사는 국문이라는 단어를 비롯하여 언문, 반절, 암글, 정음(훈민정음), 순국문, 우리 글, 우리 문자, 본국 문자, 한국문 등 '국문'을 표현한 어휘나 의미가 들어간 기사들이다. 한글 문자로 쓰였다는 의미의 국문 기사와 구분하기 위해 국문에 강조 표시를 사용한다.

14) 일부 자료는 유실되었고 1903, 4년의 자료는 확인이 어려운 곳도 많기에 언급한 기간의 전 자료가 완벽하다고는 할 수 없다.

2. 국문 신문의 표방과 실제

『제국신문』은 창간사에서 "국문으로 닉이는 거시 뎨일 기[긴]요흔줄노 밋는 고로" "론셜과 관보와 잡보와 외국 통신과 뎐보와 광고등 여러 가지를 닉여 학문샹에 유조흘만흔말이며 시국에 진젹흔소문을 드러 등직하려"한다는 입장을 밝혔다.[15] 이 언급은 두 가지 점에서 주목을 요하는데 첫 번째는 국문, 그것도 "순국문"으로 출판한다는 의미, 즉 국문 전용에 관한 것이다. 순국문으로 출판한다는 것이 한자 없이 한글로 만 표기한다는 표기의 문제인지, 아니면 한자의 뜻을 풀고 한문으로 된 문장을 한글로 번역하는 글쓰기의 문제까지 아우르는 것인지, 한글 전용의 구체적 실현 양상에 대한 문제가 제기된다.

『제국신문』을 연구한 김윤선에 의하면 "『제국신문』은 한글로만 간행되 지 않았다. 회를 거듭할수록 한자의 비중을 늘려간다. 제호도 '뎨국신문'에 서 '帝國新聞'으로 바뀌었으며 특히 각 기사의 제목은 한자어로 발표하고 기사 본문만 한글 위주로 간행했다."[16] 이 지적에서처럼 『제국신문』은 창간 당시 "뎨국신문"으로 출발했지만 1903년 7월 7일부터 "帝國新聞"으로 제호를 변경하고 종간 때까지 유지했다.[17] 『독립신문』이 "독닙신문"으로 출발해 12호부터 "독립신문"[18]이라는 국문 표기를 끝까지 유지한 것과 달리 『제국신문』은 한자 표기를 고수하였다. 『제국신문』은 표제에서부터

---

15) 『제국신문』, 1898.8.10, 1면 사고.

16) 김윤선, 「『제국신문』에 나타난 미국 유학과 유학생 기서 연구」, 『제국신문과 근대』, 앞의 책, 2014, 280~281쪽 각주 3.

17) 최기영의 「『제국신문』 연구」에서 인용했지만 실제 이 날짜의 발행본이 없어 확인하지 못했다. 최기영, 「『제국신문』 연구」, 서강대 언론문화연구소, 1986, 8쪽.

18) 1896년 5월 2일자 12호부터 "독립신문"으로 제호를 바꾸었을 뿐 아니라 태극기를 독립과 신문 두 글자 사이에 배치하는 등 변화를 주었다. 이후 글자체, 발행일 같은 정보 등이 조금씩 바뀌지만 제호의 표기는 종간까지 유지하였다.

기사의 제목, 광고문 등에 상당한 한자를 쓰고 있기에『제국신문』이
표방한 순국문 출판의 의미를 짚어 볼 필요가 있다.

표제부터 살펴보면 한글 대신 한자 제호를 쓴 것은 당시 정비되지
않은 한글 표기법과 관련시켜 볼 수 있다. 소리 나는 대로 쓸 수 있는
한글의 경우 獨立이 '독닙'과 '독립'으로 쓸 수 있었던 것처럼 帝國 역시
'뎨국', '졔국', '제국' 등으로 표기할 수 있다. 따라서 이를 피하기 위한
방편으로 여러 표기가 가능한 한글 대신 한자 제호를 선택한 것이 아닌가
추정해 볼 수 있다. 흥미로운 것은 제호에서 국문 사용에 대한『제국신문』
의 입장과 인식이 엿보인다는 점이다.

창간 초『제국신문』은 순국문 출판을 내세웠지만 기사의 제목을 한자와
한문으로 표현하고 이 밖에도 일부 광고와 관보, 훈령, 지방 군수들의
공함에 쓰인 한문은 그대로 노출하는 등 한문과 한자 사용에 관대했다.
심지어 일진회의 입장을 대변하는 글에서는 번역했을 때 그 의미가
왜곡될 것을 우려하여 원문을 그대로 게재한다고 밝히는[19] 등 자사의
입장과 처지, 전략에 따라 유연하게 대처하였다. 무엇보다『제국신문』은
한자를 배척하지 않는다는 입장을 여러 차례 밝힌다.

1) **한문을 숭상 ㅎ지말고 국문만 공부 ㅎ고 힘쓰란거슨 아니로되** 국문을
   등한이 녁이고 힘쓰지 아닐거시 아니기로 두어마듸 셜명 ㅎ거니와
   국문이 △[발]달되는 날이야 우리 대한이 세계에 독립 부강국이 될쥴노
   짐작 ㅎ노라[20](밑줄 강조-인용자)

2) 바라건듸 우리동포는 아달 쭐을 나아셔 륙칠셰 되거든 몬져 하날텬
   짜디를 가라치지 말고 기윽니은을가라쳐 **국문으로써 왼갓 말과 일을**
   긔록홀만흔 연후에 한문을 가라치게 ㅎ쇼셔 만일 그러치 안코 구투를

---

19) 「일진회 쟝서(一進會長書)」, 『제국신문』, 1909.2.11, 2면 잡보.
20) 『제국신문』, 1900.1.10, 1면 논설.

버리지못ㅎ야 한문으로 주인을 삼고 국문으로 긱을 삼으면 주긱의
디위가 밧고여 국민의 나라ㅅ랑ㅎㄴ 마음이 싱기지못홀 짜름이 안이
오21) (밑줄 강조-인용자)

　3) 학교에셔도 다만 국문만 가라치ㄴ 것이 안이오 **국한문 셕근 글을 가라친
즉 주연히 한문을 씨다롤지니** 굿히여 한문만 가라치고져 흠은 엇지흠이
뇨22) (밑줄 강조-인용자)

　인용문 1)은 비교적 초창기에 해당하는 글로, 국문만 힘쓰란 것이
아니라 국문을 둥한히 여기는 세태를 비판하며 국문 발달이 곧 독립
부강과 연결되어 있음을 강조한다. 인용문 2)는 1907년 6월 이종일에서
정운복으로 주필이 바뀌면서 쓴 「첫인사」에 해당하는 글이다. 국문과
한문을 주객의 위치 관계로 파악하고 국문과 애국심을 연관시키고 있다.
"우리 대한"에서 "우리 동포"와 "국민"으로 대상만 바뀌었을 뿐 논조는
창간 초기와 크게 다르지 않다. 3) 역시 한문만 가르치려는 것에 대한
문제제기이다. 신문이 발행되는 전 기간 내내 『제국신문』은 이 같은
태도를 유지했다.

　요컨대 『제국신문』의 입장은 선(先)국문 후(後)한문으로, 국문을 익힌
후 한문을 익히는 것이 마땅하며 국문과 한문의 주객이 분명해야 한다는
주장으로 일관된다. 이는 한자 없이 한글로만 표기한다는 한글 전용보다
한자를 절충하자는 것에 가까운 것으로 간주된다. 물론 한자의 절충이
한문과 국문을 혼용한 당대 국한문체와 같은 방식을 의미하지는 않는다.
한글만 아는 독자층에게는 국한문 역시 번역의 대상이며 이를 매개하는
것이 국문 신문의 역할이기 때문이다. 『제국신문』이 국한문으로 된 독자

---

21) 「첫인사」, 『제국신문』, 1907.6.8, 2면 논설.
22) 탄히싱, 「주녀를 학교에 보늬지 안ㄴ 쟈ㄴ 국가의 죄인이 됨」, 『제국신문』,
　　1908.5.17, 2면 논설.

〈그림〉 왼쪽: 제국신문 1907.5.17. 잡보 3면, 오른쪽: 제국신문 1908.11.4. 잡보 3면

의 글이나 이미 다른 매체에 국한문으로 게재된 기사를 순국문으로
다시 번역, 소개하는 일에 열심이었던 것은 이 때문이다.

또 많이 알려지지 않았지만 주목할 사실은 『제국신문』이 1908년 3월부
터 한자 비중을 대폭 줄이고 기존 한문으로 표현되었던 기사의 제목을
한글 표기와 문장으로 대체하였다는 점이다.[23] 『제국신문 미공개 논설
자료집』의 해제에 따르면 1908년 2월 29일자 「사고」에서 관보의 기재를
중지하고 그간 "기ㅅ의 뎨목을 한문 글ㅈ로만 노앗거니와 죵금 이후로는
국문과 한문을 병용ㅎ야 보시기 쉽게"[24] 한다는 입장을 밝혔다. 실제로
국문과 한문을 병용한다는 것조차 기사의 10% 내외로, 그것도 대부분
외보에 한해서 병용했다. 11월 4일부터는 기사 제목을 전면 한글로 표현한
다.

이뿐 아니라 〈말모듬〉, 〈국문풍월〉 같은 현상응모나 잡보 하위란을
통한 한글 말놀이를 하는가 하면 〈명물정오〉, 〈국어정오〉와 같이 우리말
의 잘못된 표현을 바로 잡는 일종의 정오 시리즈까지 한글을 활용한
다양한 시도를 펼친다. 그런데 한글을 대상으로 한 이 같은 형식 실험과

---

23) 앞서 언급한 김윤선의 서술은 『제국신문』 미공개 자료를 대상으로 하지 않았기에
   그의 언급은 1907년 5월까지의 발행분에 한한 것으로 볼 수 있다.
24) 강현조, 「해제」, 『제국신문 미공개 논설 자료집』, 현실문화, 2014, 14~15쪽.

글쓰기가 국문 전용을 위한 전략이나 한문 폐지로 이어지지는 않았다. 이 점은 앞서 언급한『제국신문』의 절충적 태도와도 관련된바, 국문에 한자를 포함해야 한다는 입장과 한자를 철폐해야 한다는 당대 국문 담론의 입장에 어느 한 쪽을 택하지 않고 중도를 취한 것과 상통한다.

다시 창간사로 돌아가, 국문으로 내는 것이 제일 긴요한 줄 믿는다면서도 정작 왜 국문을 전용하는지에 대한 근거는 밝히고 있지 않다. 여기에 대한 구체적인 이유는 한 달 후『독립신문』과 관련한 논설에 드러난다. 『제국신문』은『독립신문』의 구독료가 비싸다는 항간의 구설에『독립신문』을 옹호하면서도 한편으로『독립신문』과 다른 입장을 밝힌다. 총 다섯 가지 조목으로 내용을 서술하고 있는데 그 중 입장 차가 뚜렷하게 드러난 두 곳을 살펴보면

> 독립신문은 이삼삭 혹 오륙일에 졍지 아니ᄒ고 신실이 ᄒᄂᄂ ᄉ닭에 **갑슬 나려셔 스스로 쳔이 아니 ᄒ노라 ᄒ엿스니** (중략) 우리 알기에ᄂ 독립신문이 갑슬 더 밧ᄂ거슨 학문과 소문이 다른 신문보다 나흔 ᄉ닭인가 ᄒ엿더니 이말을 듯건딕 그런거시 아니라 그 신문이 나히만코 졍지 아니 ᄒᄂ ᄉ닭에 돈을 더 밧ᄂ듯 ᄒ도다 ᄯᅩᄒ **우리ᄂ 신문을 아모됴록 쳔ᄒ고 흔ᄒ게 만드러 귀쳔간 모도 보아 쇽히 기명 되기를 쥬의 홈이여늘 그 신문은 쳔이 아니 ᄒ노라 ᄒ엿스니 그 신문은 아마 극히 귀ᄒ게 되기를 힘쓰ᄂ듯 ᄒ도다** (중략) 다셧지 됴목에 ᄒ엿스되 외국 통신과 면보ᄂ 가장 신쇽 ᄒ다ᄒ며 외국 신문과 잡지 이십여기가 들어 온다고 ᄒ엿스니 이말이 모도 실샹 셰상에 △[알]닐만 ᄒ 의론이나 신문 보ᄂ 이들은 **신문 ᄒ졍에 긴요ᄒ고 유죠ᄒ 말만 잇기를 위ᄒ지 그 신문샤에 만권 셔칙이 ᄊ히ᄂ거슬 누가 그리 긴ᄒ게 넉이리오**[25] (밑줄 강조-인용자)

첫 번째 조목에서『제국신문』은 "갑슬 나려셔 스스로 쳔이 아니 ᄒ노라"

---

25)『제국신문』, 1898.9.7, 1면 논설.

는『독립신문』의 입장을 거론하며『독립신문』이 값을 내리지 않는 이유를 "극히 귀ᄒ게 되기를 힘쓰ᄂᆞ" 것으로 이해한다. 값을 내려 못 볼 사람이 더 많이 보도록 주선하여 천하고 흔하게 만들어 귀천의 구분 없이 모두 읽게 만드는 것이 신문의 본분임을 내세워『독립신문』과의 차이를 분명히 한다. 이어 인용한 다섯 번째 조목에서도 신문사는 긴밀하게 꼭 필요하고 도움이 되는 '메시지'를 전달하는 것이 중요하지 신문사에 만권 서책을 쌓아 놓는 것이 무슨 소용인지 반문함으로써 신문사의 위상과 명예를 강조한『독립신문』의 입장을 비판한다.

이처럼 국문 신문의 후발주자로『제국신문』은『독립신문』과 다르다는 입장을 내세웠다. 그런데『독립신문』역시 상하 귀천 구분 없이 보기 위해 순국문으로 값싸게 발행한다는 취지에서 출발했다. 무엇보다『독립신문』이 한글을 사용해 최초로 국문 신문의 가능성을 증명했다는 점에서 『독립신문』의 구독료와 태도를 문제 삼은『제국신문』의 차별화 전략은 면밀하게 접근할 필요가 있다.『독립신문』과『제국신문』은 동일하게 국문 독자를 대상으로 하고 있지만 구독료로 점화된 두 신문의 입장 차는 이 국문 독자가 단일하지 않을 수 있음을 암시하기 때문이다.

최기영에 의하면 1898년 말 1개월 신문 구독료는『독립신문』이 25전, 『황성신문』이 1냥,『매일신보』가 7돈,『제국신문』이 6돈으로 가장 저렴하다.[26] 그러니까 국문 신문의 독자는『독립신문』의 구독료조차 비싸다고 인식했고『제국신문』이 "갑슬 나려서 스스로 쳔이 아니 ᄒ노라"는『독립신문』의 언급을 문제 삼은 것도 구독료로 대변되는 계급과 계층의 장벽을 겨냥한 것으로 간주된다.[27] 신문의 구독료는 국문 독자의 계층과 계급

---

26) 최기영, 앞의 글, 1986, 26쪽. 정진석에 따르면 1897년『독립신문』한글판 구독료는 1부 2푼(2전), 1개월 25전, 1년 2원 60전이다. 정진석,「민간신문의 효시 독립신문」 (해제),『독립신문』(영인본), LG상암언론재단, 1996, 8쪽.
27)『독립신문』의 계급적 인식에 대해 신용하는 부르주아적 정치 성향을 지닌 것으로, 주진오는 반민중적 성향을 지닌 것으로 간주했다. 이나미 역시 그들이 지닌

문제를 보다 예각화하는 계기로 작용했고 신문에 대한 접근 용이성을 높이는 전략이었던 것이다. 결국 구독료는 국문 매체들이 국문 독자층을 상대로 경쟁 관계에 놓여 있음을 보여주는 동시에 후발주자였던 『제국신문』이 시장에서 유리한 위치를 확보할 수 있는 전략임을 드러낸다.

그런데 저렴한 구독료는 결과적으로 신문사의 재정 악화로 이어진다. 『제국신문』은 여러 차례 경영상 어려움을 겪어 정간과 휴간을 반복했으며 심지어 폐간 위기에까지 몰렸다. 저렴한 구독료로 인한 이 같은 경영 악화는 역설적으로 향후 독자 스스로 신문을 유지하도록 나서게 한다는 점에서 주목을 요한다. 이뿐 아니라 논설 필진을 구할 수 없어 다른 매체에 이미 게재된 글을 국문으로 번역하여 다시 싣거나 『제국신문』의 구독을 거절하는 지방 관리들의 공함을 번역하면서 다양한 한글 문장이 구사될 수 있었다. 이 점은 통상 "하층 사회 독자"로 분류될 수 있는 '언문 대중'이 단문한 남성이나 초학자, 유년 계층에까지 보다 구체화되는 동시에 한문 기반의 지식층에까지 확대되고 있음을 보인다는 점에서 의미 있다. 무엇보다 이 독자들의 글이 『제국신문』의 지면을 채우면서 국문 신문의 정체성과 국문 인식의 형성 과정이 보다 뚜렷하게 드러나게 되었다.28)

계급적 한계에 대해 지적한 바 있다. 신용하, 「『독립신문』의 창간과 그 계몽적 역할」, 『한국사론』 2, 1974 및 『갑오개혁과 독립협회운동의 사회사』, 서울대출판부, 1988, 61쪽 ; 주진오, 「독립협회의 주도세력과 참가계층」, 『동방학지』 77·78·79합집, 1993, 681~682쪽 ; 이나미, 「독립신문에 나타난 자유주의 사상에 관한 연구」, 고려대박사논문, 2000, 9쪽 참조.

28) 문일웅은 "제국신문 발간자들이 일반 인민과 그리 다른 삶을 살지 않았으며 아울러 기존 체제가 부정되지 않으면 입신양명의 기회를 잃을 가능성이 농후했던 것에 근간한 것으로 보인다."고 논평한 바 있다. 문일웅, 「《제국신문》의 창간과 그 경향성」, 『제국신문과 근대』, 앞의 책, 2014, 339~342쪽.

3. '국문' 표현 기사의 양상

창간호부터 1909년 2월까지 발행된 『제국신문』 기사 가운데 한글로 작성된 기사를 대상으로 '국문'이나 '언문' 같이 한글을 가리키거나 표현하는 단어가 사용된 기사를 추출하고 이를 '국문' 표현 기사로 명명해 보았다.29) 연속 기사는 1건으로 취급했고 광고 역시 최초 등장한 것만을 유효 건수로 포함했다. 잡보 하위란의 〈국어정오〉와 현상응모인 〈말모듬〉, 〈국문풍월〉은 동일한 제목 하에 여러 차례 시행되었는데 이를 모두 개별 '국문' 표현 기사로 간주하기에 무리가 있다고 판단하여 1건으로 간주했다. 대신 게재 및 시행 횟수를 ( )로 제시하였다. 이 같은 방식으로 추출된 '국문' 표현 기사는 대략 210여개 정도이다. 이는 근대 국민국가의 핵심 개념으로 간주되는 '평등'(동등 149회, 평등 29회, 균평 7회)보다 많은 수이다.30)

『제국신문』에는 논설, 외보, 소설, 사고, 관보(官報대긔, 官報槪錄), 기서, 별보, 잡보, 광고 등 다양한 난(欄)이 있는데 이 가운데 '국문' 표현 기사를 종(種)별로 분류하면 사고, 논설, 기서, 별보, 잡보, 광고, 소설, 잡보 하위란, 현상응모의 총 9개로 구분된다.31) 이 분류에 포함되지 않은

---

29) 『제국신문』에서 국문으로 쓰인 기사만을 대상으로 하였기에 국한문과 한문 기사는 제외하였다. 국한문과 한문 기사에 '國文'이 표현된 기사는 약 10여개로 전체의 4.5% 정도이다.

30) 정종원, 「개항기 한글신문의 평등개념 연구」, 『사학연구』 129, 2018, 363쪽. 이때 연구의 대상이 된 『제국신문』 기간이 본 연구와 동일하지 않기에 이러한 수치는 큰 의미가 없을 것으로 판단한다.

31) 기사의 종(種)은 『제국신문』 지면에 활용된 용어를 기준으로 하였고 잡보 하위란과 현상응모만 연구자가 별도로 명명하였다. 잡보 하위란은 잡보의 일반 기사와 달리 독립 구성으로 시사 논평, 지역 소식 같은 유사 형식의 기사가 반복 출현하는 특징을 지니고 있어 이를 별도로 분류한 것이다. 여기에 대해서는 권두연, 「『제국신문』 잡보'하위란'의 형식 실험과 수사적 전략」, 『현대문학의 연구』 제63집, 2017에서 다룬 바 있다. 현상응모는 독자 참여 및 투고를 목적으로 상품을

기사는 기타로 두었다. 종별, 연도별로 제시하면 아래 〈표 1〉과 같다.

〈표 1〉『제국신문』의 '국문' 표현 기사 종별·연도별 건수

종 / 수 \ 연도	사고	논설	기서	별보	잡보	광고	잡보 하위란	현상 응모	소설	기타	총
	5	67	11	7	96	11	8	2	1	2	210
1898	1	2			2	1					6
1899		2	1		4						7
1900		4	1		2					2	9
1901		1			1						2
1902		15			2						17
1903	1	4			6						11
1904		1			1						2
1905		3	1		3	3					10
1906		5			22	1	1				29
1907		17	3		20	4	6	1	1		52
1908	3	13	5	7	30	2	1	1			62
1909					3						3

종별 기사부터 살펴보면 기사 수가 가장 많은 것은 잡보이다. 이 시기 잡보란의 성격에서 알 수 있듯 『제국신문』 잡보에 드러난 '국문' 표현 역시 학도 모집이나 유관 기관 및 단체의 근황, 시험 과목명과 같은 단신 기사나 광고성 기사에서부터 독자들이 보내온 글까지 다양하다. 잡보의 내용별로는 교육에 관한 기사(28)가 가장 많고 다음이 서적, 훈령 등의 번역과 출판에 관한 기사(19)이다. 이 밖에 타 매체(15)나 독자에 관한 기사(15), 그리고 국문연구회나 자강회와 같은 단체의 국문에 대한 기사(14), 기타(4) 등으로 조사된다.

창간 초부터 『제국신문』은 기서 외에 논설이나 잡보의 형태로도 독자의 글을 소개하였고 후반기로 갈수록 열성 구독자에 대한 소식을 취재 형식처럼 알려주거나 독자가 보낸 글을 그대로 싣는 방식을 선보였다.

내건 형식을 지칭한다.

특히 1907년 이후 독자의 글에서 '국문' 표현 기사가 두드러지는데 이는 『제국신문』의 국문 인식과 관련하여 중요한 시사점을 제공한다. 국문에 대한 독자 인식이 보다 적극적으로 진전되었을 가능성과 한글 독자층이 확대되었을 가능성을 보여주기 때문이다.[32] 한 예로 청도 군수 양홍묵(梁弘默)의 사례를 들 수 있다. 배재학당 학생들의 모임인 협성회의 회장을 역임하기도 한 양홍묵이 1908년 청도 군수로 재직할 당시 『제국신문』의 구람을 결정한 소식이 잡보에 소개된다.

> 청도군슈 량홍묵 씨ᄂᆞᆫ ᄒᆡ군 간[각]면각동에 신칙ᄒᆞ야 일반 인민으로 ᄒᆞ야곰 국문을 강구케ᄒᆞ고 그 국문강구ᄒᆞᄂᆞᆫᄃᆡ 덕용ᄒᆞᆯ ᄲᆞᆫ 안이라 시셰를 통히ᄒᆞ며 지식을 계발케 ᄒᆞ기 위ᄒᆞ야 각동리에셔 각각 국문신문을 구람케 ᄒᆞ기로 결뎡ᄒᆞ고 본샤로 공함ᄒᆞ야 (하략)[33]

그리고 얼마 후 「량군슈고시(梁郡守告示)」라는 제목으로 양홍묵의 글이 4월 25일부터 5월 9일까지 총 12회에 걸쳐 잡보에 연재된다. 이 중 6회와 7회에 '국문 쓰ᄂᆞᆫ 것의 편리'라는 소제목으로 국문과 관련한 내용이 집중적으로 다뤄진다. 첫 부분만 발췌하면

> 우리 **셰죵대왕게ᄋᆞᆸ셔 국문 졍음 이십팔ᄌᆞ를 챵츌하사** 졍인지 신슉쥬 최항 등을 명ᄒᆞ야 찬뎡ᄒᆞ실ᄉᆡ그 **변환이 무궁ᄒᆞ되 쓰기엔 간이 ᄒᆞᆫ고로 지혜잇ᄂᆞᆫ 쟈ᄂᆞᆫ 하로 아참에 통ᄒᆞ며 미련ᄒᆞᆫ쟈이라도 열흘이 못되야 ᄇᆡ올지라** 이것으로ᄡᅥ 글을 지어도 가히 그 ᄯᅳᆺ을 알지오 이것으로ᄡᅥ ᄆᆞᆯ을 긔록ᄒᆞ여도 가히 그 심졍을 통ᄒᆞ야 **엇다 쓰던지 갓초지 안임이 업고 어ᄃᆡ를 가던지 막힐ᄃᆡ 업셔 비록 ᄃᆞᆰ우는 것과 ᄀᆡ 짓ᄂᆞᆫ 것이라도 모다 가히 긔록ᄒᆞᆯ시니** 엇지 아ᄅᆞᆷ답고 셩ᄒᆞ지 안이 ᄒᆞ리오 대셩인의 ᄐᆞ신 지식이 실로 우리

---

32) 국문 신문의 한글 독자와 관련해서는 별도의 지면에서 다룰 예정이다.
33) 「청도군슈의 열심」, 『제국신문』, 1908.4.8, 2면 잡보.

신민의 측량치 못홀 바이로다[34] (밑줄 강조-인용자)

배우기 쉽고 모든 소리를 기록할 수 있는 한글의 특징에서부터 국문 학습 방법에 이르기까지 국문에 관한 내용이 세세히 서술된다. 협성회 기관지인『협성회회보』와 일반 대중 및 부녀자를 대상으로『미일신문』을 순국문으로 발행한 양홍묵의 이력이 피력된 것으로 이해된다.

또 농상공부 농무국장 정진홍이 각 지방 부윤과 군수에게 통첩한 전문을「국문교수의 방법」이라는 제목으로 잡보에 싣는다. 나라의 백성 중 부녀자와 노동자보다 교육받지 못한 이가 농민이므로 농민을 위해 다음과 같은 국문 교수법을 정해 권장하는 내용이다.

- 우리나라에 통용ᄒᄂ 국문은 궁벽ᄒ식골이라도 이삼인은 능히 통희ᄒᄂ 쟈가 잇슬 것이니 그 사름을 교수로 명햐 남ᄌᄂ 남ᄌ 교수로 녀ᄌᄂ 녀ᄌ 교수로 가라치게 ᄒ되 녀ᄌ 교수가 업거던 남ᄌ 즁에 늘은 쟈로퇴명홀 ᄉ
- 우리나라 풍속에 즁등 이상의 녀ᄌᄂ 남ᄌ에게 슈학코자 안이홀지니 하등녀ᄌ를 몬져 가라쳐 통희ᄒᄂ 경우에 일으면 즁등 이상의 녀ᄌ가 반다시 스스로 붓그러워 비홀 마음이 볼싱케 홀 ᄉ[35] (밑줄 강조-인용자)

궁벽한 시골이라도 국문에 능통한 이들은 분명 있을 터이니 그 사람을 교사로 정해 그에게 배우며 특히 남성과 여성을 구분하고, 같은 여성도 하등과 중등을 나누어 그에 맞도록 교육할 것을 제안하고 있다. 위 서술에 서 나라 안에 국문을 해득한 사람이 일정한 비율로 있을 것이라는 점과 내외법으로부터 완전히 자유로울 수는 없으나 남녀 모두에게 국문을 가르쳐야 한다는 평등하고 민주적인 인식을 엿볼 수 있다. 이 밖에도

---

34)「량군슈고시(梁郡守告示)」,『제국신문』, 1908.5.6~5.7, 2면 잡보.
35)「國文敎授의 方法」,『제국신문』, 1907.12.22, 2면 잡보.

『제국신문』은 주시경을 비롯하여 신해영, 지석영, 이능화, 유길준, 윤치호 등 당대 국문 연구와 활동에 적극적인 인물에 주목하고 그들의 주장이나 행적을 소개, 칭송하고 있다. 한편 학부나 국문연구회 등 국문 관련 단체에 대한 감시와 경계도 늦추지 않았다.

잡보 다음으로 많은 비중을 차지한 논설에는 국문론으로 분류될 만한 글이 비중 있게 다뤄진다. 대표적으로 주시경의 글36)을 비롯하여 풍속 개량과 관련한 국문 소설의 개량, 한문 숭상론 비판 등 당대 활발하게 전개되었던 국문에 관한 논의(13)가 펼쳐졌다. 물론 논설에서 가장 많은 비중을 차지하는 내용은 타 매체에 대한 소개나 대응 및 자사의 운영상 어려움에 대한 호소를 다룬 매체 기사(18)이다. 이 밖에 교육(10), 번역(11), 독자(12)에 대한 기사들이 비슷한 수준으로 분포한다.

〈표 2〉 1902년 『제국신문』 논설 '국문' 표현 기사 내역

	날짜	제목	국문 관련 내용	비고
1	3.11	국문학교설립	김가진의 국문학교 설립에 대한 기대	국문 교육, 한글의 우수성
2	3.27	없음	현채의 〈일청전징긔〉 번역 소개	국문 서적 번역
3	4.2	교회학당	미국 교사 아펜젤러가 운영하는 배재학당 교과 과정 소개	국문 교육
4	4.17	주유도한론에관계훈되답	만국공법과 약장 합편 번역 소개	국문 서적 번역
5	4.22	통셰계 유무식 비교	국문 해득자 수와 국문 서적 번역 및 교육 주장	서적 번역의 필요성
6	4.24	국문산슐론	신해영의 〈국문산술칙〉 번역 소개	서적 번역 출판
7	4.25	긔주의 셩의가 젹어지다	번역된 공법과 약장, 국문 산술책 언급	서적 번역의 인프라
8	5.5	크게 위틱훈 일	번역관 설시하고 실학 키워 국문 번역할 것 요청	국문 번역 및 번역관 설시

36) 주시경이 1899년 10월 6일부터 그해 12월까지 3개월 간 『제국신문』 기자로 활동했다는 사실을 근거로 1900년대 국문에 관한 두 편의 논설을 주시경의 글로 보고 있다. 이기문 편, 『주시경전집』 하, 아세아문화사, 1976, 744쪽 및 최기영, 앞의 글, 1986, 42쪽.

9	5.17	남을 위흐야 일흐는거시 참 인이라	국문 발행 그리스도 신문과 신학월보 소개	국문 매체
10	5.19	헛거슬 위흠이 유히무익흐다	경서 비롯한 국문 서적 미흡 탄식	국문 번역
11	6.5	답 동양 교보	일본인 발행 동양교보에 외보, 잡보 등 순국문 작성 기사	일본인 매체의 국문 사용
12	7.1	국닌공권 확쟝흐리론	공법과 약장 번역 서적 발매	서적 번역
13	7.25	디답흐는글	최구연, 박창준 글에 한문 음 많아 국문 신문 본의에 방해	독자 글 번역 제국신문 찬양 글
14	8.1	고명흔편지번역	한문으로 된 긍구당(肯搆堂)의 글 번역	독자 글 번역
15	10.28	없음	국문 번역 서책의 필요성	국문 번역 서적

　　논설란에서 몇 가지 특징적인 점 가운데 하나는『제국신문』의 발행 기간 전체를 두고 봤을 때 후반기를 제외하고 1902년에 유독 '국문' 표현 기사들이 많다는 사실이다.

　　15편의 논설에는 국문 교육과 국문 매체의 발행 등 국문과 관련한 다양한 내용이 등장한다. 그 가운데서도 가장 많은 비중을 차지하는 것은 서적의 번역에 관한 내용이다. 직접적으로 언급된『만국공법』과 『약장합편』은 외교서로 분류되는 서적이다. 이로써 당시 열강의 틈바구니 속에 있었던 대한제국에 무엇보다 절실한 문제가 국제 관계였음이 드러난다. 이 때문에『제국신문』은 이 같은 책들을 국문으로 번역하여 일반 대중에까지 전달할 필요를 인식하고 그 배포와 유통을 여러 차례 강조했던 것이다.

　　뿐만 아니라 신해영의 '국문 산술칙'과 현채의 '일청전징긔'와 같은 서적의 번역을 통해 관 주도의 교과서 편찬에서 벗어난 구체적 시도들이 민간에서 가시화되기 시작했음을 알 수 있다.[37] 학교를 설립하고 신학문 을 배워 문명개화와 부국강병을 꾀해야 한다는 주장의 현실적 방안이

---

37) 언급된 국문 산술칙은 필화와(Eva Field)와 함께 1902년에 편술한『산술신편』으로 간주된다.

서적의 번역과 출판이었음이 방증된다. 『제국신문』의 이러한 입장은
궁구당의 편지를 번역해 소개하는 데서도 잘 드러난다.

> 본글이 한문이라 국문으로 번역ᄒᆞᆫ즉 보기에 ᄌᆞ미잇고 유리ᄒᆞ기는
> 한문△기만 못ᄒᆞ나 글에 항상ᄯᅳ시 쥬쟝이오 한문 모로ᄂᆞᆫ 이들에게 널니
> 보이ᄂᆞᆫ거시 본샤에 쥬의인고로 글의 본ᄯᅳᆺ만 젼ᄒᆞ기 힘쓰ᄂᆞᆫ바ㅣ나 국문
> 의 말이 아직 부족ᄒᆞ야 영문과 한문을 번역ᄒᆞᄌᆞ면 다말홀슈 업ᄂᆞᆫ곳시
> 만ᄒᆞ니 만일폭원이 널블진ᄃᆡ 한폭원에 셔양글과 한문으로 늬일지라
> ᄎᆞᄎᆞ 확장되여 가ᄂᆞᄃᆡ로 늘이고져 ᄒᆞ노니 널니 찬조ᄒᆞᆷ이 아니면 엇지
> 속히 셩공되기를 바라리요[38]

  "셔양글"뿐 아니라 한문까지 모두 번역의 대상이었으며 한문 모르는
이들에게 널리 읽히도록 하는 것이 본사의 주요한 역할임이 분명히
드러난다. 심지어 『제국신문』은 언문만 아는 독자에게 한문으로 쓰인
다른 독자의 글까지도 번역해 전달하는 매개자를 자처하는데 아래에서
살펴보겠지만 한문으로 된 구독자의 글 가운데 원문을 함께 공개하는
방식도 선보인다.

  구독과 관련하여 흥미로운 점 가운데 하나는 『제국신문』이 자사 신문을
구독한 이들에 대응한 양상이다. 자사 신문에 대한 찬양과 격려의 글은
주로 기서나 잡보에 소개한 반면 구독을 거절한 지방 군수들의 공함은
논설란에 게재한 것이다. 1907년과 1908년에 집중적으로 드러난 이 방식
은 주로 보내온 이의 실명을 제목으로, 내용의 일부는 번역하면서 원문을
그대로 싣는다.

> 본 신문을 각군 군슈의게 한 쟝식 발송ᄒᆞᆷ은 여러 동포의 다 아시ᄂᆞᆫ

---

38) 「고명ᄒᆞᆫ편지번역」, 『제국신문』, 1902.8.1, 1면 논설. 독자가 보내온 글로, 기서에
  해당하나 아직 기서란이 독립되지 않은 시기였기에 논설란에 실렸다.

바어니와 디방관 중에 잇다금 본 신문을 언문 신문이라고 쳔히 녁여
안 보겟다 ᄒᄂᆫ 쟈가 잇ᄂᆫ 고로 본 긔쟈가 항상 론박ᄒᆞ야 지극히 어리석고
지극히 완악ᄒᆞᆫ 무리의 소견을 열고져 흠이러니 이졔 ᄯᅩ 진남군슈 권즁찬
씨가 본 신문을 보ᄂᆞ지 말나고 공함ᄒᆞ얏ᄂᆞᆫᄃᆡ 그 공함 ᄉᆞ의가 가쟝 이상ᄒᆞ
고 모호ᄒᆞᆫ 고로 부득불 앗가온 죠희를 허비ᄒᆞ고 ᄭᆡᄭᅳᆺᄒᆞᆫ 붓을 더럽게
ᄒᆞ야 텬하의 공론을 기다리노라 권즁찬 씨의 공함을 번역지 안코 그ᄃᆡ로
긔록ᄒᆞ건ᄃᆡ

公函 敬啓者新聞之發刊이 寔出於見聞之發達이요 智慮之融開이온즉 (중략)
二年度一月ᄶᅢ터 更勿送交ᄒ심이 恐合於購覽上故로 玆에 鏡告ᄒᆞ오니 //照亮後
發送을 停止ᄒ시믈 敬要 //再已覽代金을 何處에 送納ᄒᆞ올지 指的敎復ᄒ시압
//隆熙 元年 十二月 十六日 //慶尙南道 鎭南郡 守權重瓚 ㉙ //帝國新聞社長
座下 //라 ᄒᆞ얏스니 그 ᄯᅳᆺ을 간단ᄒᆞ게 번역ᄒᆞ면 권즁찬 씨를 ᄃᆡᄒᆞ야
질문코져 ᄒᆞᄂᆫ 바ᄂᆫ (중략) **이갓치 무지몰각ᄒᆞᆫ 인ᄉᆞ로 국문이나 더 빅흘
것이어늘** (중략) **ᄯᅩ 「부터」라 쓸 것을 「ᄶᅢ터」라 ᄒᆞ얏스니 셰상에 ᄶᅢ터라
ᄒᆞᄂᆫ 말도 잇ᄂᆫ가 슯흐다 권즁챤 씨여 부잘업시 나라의 공긔를 더레혀
빅셩을 못살게 ᄒᆞ지 말고 물너가 국문이나 공부ᄒᆞᆯ지어다**[39]) (//는 원문의 줄
바꿈을 대신한 표시, 밑줄 강조-인용자)

인용문에서처럼 원문을 먼저 싣고 필요한 부분을 번역하여 조목조목
비판했는데 국문으로 된『제국신문』에 대한 당대 지방관의 인식과『제국
신문』의 대응이 고스란히 드러난다. 언문 신문은 천하니 보지 않겠다는
진남 군수 권중찬의 구독 거절의 이유에 대해『제국신문』은 전혀 합리적이
지 않음을 비판하면서 '부터'를 'ᄶᅢ터'로 잘못 쓴 지방관의 무지를 덧붙임으
로써 한글 규범에 대한 인식도 동시에 보여준다. 그러니까『제국신문』의
구독을 거절한 지방관의 행동이 국문을 배우지 않은 무지몰각에서 비롯되
었음을 폭로하고 있는 셈이다.『제국신문』의 이 같은 대응은 한동안

---

39)「진남군슈 권즁찬(鎭南郡守權重瓚)씨를위ᄒᆞ야 한 번 통곡흠」,『제국신문』,
　　1907.12.24, 1면 논설.

계속된다.

사고(社告)는 주로 신문사의 운영과 관련한 내용을 밝히거나 알리는 난이다. 『제국신문』에서 '국문' 표현이 드러난 사고는 창간사(1898.8.10.), 사옥 이전(1903.3.13.), 국문풍월회 시행 연기(1908.5.2.) 및 불발(1908.5. 8.~9.)에 대한 공지, 그리고 「본샤의 희망」이라는 제목으로 제국신문 유지회(1908.8.16.)를 조직한다는 사설까지 총 5건이다. 이 가운데 국문풍월회는 〈말모듬〉과 〈국문풍월〉 같은 『제국신문』의 현상응모를 본격화할 목적으로 준비한 기획이었지만 독자의 호응 부족으로 불발되었다.[40]

기서는 편지 형식으로 독자들이 보내온 글을 일컫는다. 『제국신문』에는 창간 초부터 다양한 독자들이 글을 보내왔고 1905년부터 "긔셔" 혹은 "寄書", "寄書捐金"(1907.9.12. 3면) 등의 형태로 실리기 시작했다.[41] 국문과 관련한 기서의 내용은 대부분 『제국신문』 구독과 관련한 지지와 응원으로, 시기적으로는 1907년과 1908년에 집중되어 있다.[42]

〈표 3〉 『제국신문』 소재 '국문' 표현 기서

	날짜	작성자	성별	비고 및 내용
1	1899.10.14.	광녀	여성	국문해득
2	1900.2.5.	녀로인	여성	국문해득
3	1905.6.2.	평남순천 박장현	남성	시무학교 교사, 한문 제목, 연속 기사, 국문교육
4	1907.6.15.	남문밧 원경민	남성	상인, 제국신문 찬양
5	1907.9.15.	평양 김유탁	남성	제국신문 찬양
6	1907.12.21.	개성 리면근	남성	문견과 지식 강조
7	1908.2.6.	김영구	남성	여학생에게 권고

40) 여기에 대해서는 권두연, 「『제국신문』의 한글 활용과 독자 전략-미공개 자료의 현상모집을 중심으로」, 『대중서사연구』 제24권 3호, 2018 참조.
41) 『제국신문』에서 기서가 독립된 난으로 등장하는 것은 1905년 5월 1일자 발행분에서이다. 기서에 대해서는 김윤선, 앞의 글, 2014, 302~303쪽.
42) 논설이나 잡보에도 독자들이 보낸 글이 실리기에 기서로 분류된 것만을 독자의 글로 보는 것은 옳지 않다. 다만 지면의 형식을 고려하여 분류한 것임을 밝혀 둔다.

8	1908.3.21.	안악 강상규	남성	제국신문 찬양
9	1908.3.24.	운산 표준경	여성	〈국문풍월〉 응모자, 제국신문 찬양
10	1908.3.21.	영변 최봉강	남성	제국신문 찬양
11	1908.4.15.	약현 김동완	남성	제국신문 찬양

기서에서 흥미로운 것은 남성 독자의 비중이 높다는 점이다. 『제국신문』
은 다른 신문과 달리 여성 독자의 글이 상당히 많은 편인데 '국문' 표현과
관련한 기서에는 남성의 비중이 높은 것으로 드러난다.[43] 국문이 여성
위주로 사용되었다는 인식과는 다른 양상을 보이는 것이기에 주의를
요한다. 박장현처럼 한문 구사가 가능한 교육자도 있지만[44] 대부분은
글을 제대로 배우지 못한 농부, 노동자 남성들이다. 이는 『제국신문』의
국문 독자로 "단문한 남성"들이 호명되었고 이들이 노출되거나 등장하는
계기로 작동했을 수 있다는 점에서 눈여겨 볼 필요가 있다. 실제로 리면근
의 기서에서 "뎨국신문은 슌국문으로 만다러 단문흔남즈와 부인의 보기
에 편리ᄒ야 지식을 넓히고즈 홈이니"[45]와 같은 내용이 서술된다.

또 이들 중 상당수는 신분이나 계급이 낮을 가능성이다. 『제국신문』은
부녀자 외에도 하층민을 주 독자로 삼았고 부녀자의 경우에도 귀부인이나
여학생에 대한 경계와 비판에서 알 수 있듯 같은 여성 독자 내에서도
계층과 계급의 차이를 부각시켰다. 기서에서 표준경의 경우가 이를 보여

---

43) 남녀의 구분은 기서 작성자의 이름과 내용을 근거로 판단한 것이므로 정확하지
  않을 수 있다. 『제국신문』의 여성 독자와 기서에 대한 연구로는 김정경, 「『帝國新
  聞』讀者投稿에 나타난 社會認識」, 한국교원대 석사학위논문, 2007 ; 이경하, 「대한
  제국 여인들의 신문 읽기와 독자투고」, 『여/성이론』 12호, 도서출판여이연, 2005
  ; 최기숙, 「이념의 근대와 분열/착종되는 근대 여성의 정체성과 담론―『제국신
  문』 논설·기서(별보)·서사의 여성 담론과 재현」, 『제국신문과 근대』, 앞의 책,
  2014 참조.
44) 박장현이 한문 구사가 가능하다고 추정하는 이유는 기서 제목이 「哀告我老年同胞」
  이며 1907년 6월 3·4일에 게재된 「有志折簡」이 순한문이기 때문이다. 박장현에
  대해서는 다른 지면에서 보다 상세히 다룰 예정이다.
45) 리면근, 「문견이 잇셔야 지식이 잇슴」, 『제국신문』, 1907.12.21, 2면 기서.

준다고 할 수 있는데 그는 기서에서 『제국신문』을 우연히 보게 되어 글을 지어 보내 신문을 상품으로 받았다고 밝힌 바 있다. 실제 〈국문풍월〉 2회에 표츄향이라는 이름으로 응모해 3등에 당선되는데 표준경과 표츄향이 동일 인물임은 거주지가 같은 데서 확인된다. 김복순은 표준경에 대해 "협읍에서 성장했고 입고 먹으면 사는 줄만 알았던, 다만 겨우 국문만 읽는 정도라고 밝히고 있어 양반가의 부인은 아닌 것으로 판단"한 바 있는데 개명을 단서로 그의 신분적 위치를 추정해 볼 수 있다.[46]

마지막으로 기서에서 출신 지역을 밝히고 있는 이들의 대부분이 공교롭게도 평안도(평양, 순천, 운산, 영변), 황해도(안악) 등 서북 지역에 몰려 있다는 점이다. 『제국신문』이 여성이나 노동자 같은 젠더와 계급 측면에서의 소외 계층뿐 아니라 지역적으로도 주류 담론에서 소외되었던 곳을 주목하고 공적 미디어의 장에 지속적으로 보도해 왔다는 점[47]은 이미 밝혀진바, 독자층의 지역별 분포 역시 이와 일맥상통한다는 점을 다시 한 번 확인시킨다.

〈표 4〉『제국신문』 소재 '국문' 표현 별보

	날짜	제목	작성자	원문	내용
1	1.30	즈신보(自新報)의 시작	박일삼	포와도 자신보의 취지문 소개	국문 매체 발행의 목적과 취지
2	6.11 ~12	쇼학교육의 딕ᄒᄂᆫ 의견	유길준	황성신문(6.10)논설 「小學敎育에 對ᄒᄂᆫ意見」 번역	소학교육은 국문으로 할 것을 강조
3	7.31 ~8.1[48]	려하뎡(呂荷亭)을 쥬ᄂᆫ 일(젼호속)	황희성 (黃犧性)	대한매일신보(3.15)기서 「與呂荷亭先生足下」 및 호남학보2호(1908. 7.25) 「與呂荷亭書」 번역	여하정의 한문 숭상에 대해 비판

46) 김복순, 「≪제국신문≫의 힘」, 앞의 책, 2014, 46쪽. 추향이라는 이름이 기명이나 『채봉감별곡』에서처럼 시비의 이름으로 쓰였음을 알 수 있다.

47) 『제국신문』의 지역적 의미에 주목한 연구로 김복순(「평양의 로컬리티」, 『어문연구』 제44권 제3호, 2016)과 김윤선(앞의 글, 2014)이 참조가 된다.

4	8.19	제목없음	미상	제국신문 찬성회 취지문 소개	국문 신문 유지의 중요성, 제국신문 찬성회
5	8.21 ~22	대동학회월보 뎨사호의 론셜을 변론함 황성신문 론셜 역지	박은식으로 추정	황성신문(8.20)논설「辨大東學報 第四號論說」번역	『대동학회월보』4호(1908.5)에 연재된 우산거사(藕山居士)의 논설에 대한 황성신문의 변론
6	9.8 ~10,12	민쇽의 큰 관계	유원표	『서북학회월보』 4호(1908.9)잡저 번역	풍속 관련 내용
7	12.9	한남녀사가 긔호학회에 딕ᄒ 긔셔	한남여사	『기호흥학회월보』 5호(1908.12)기서 번역	교육으로 국권회복 강조

   국문과 관련한 별보의 특징은 『제국신문』 찬성회 취지문을 제외하면 모두 이미 다른 매체에 실린 글을 번역 혹은 다시 게재한 것으로 1908년에 집중되어 있다. 특히 유길준의 논설과 황희성의 기서 및 『황성신문』의 논설은 이 시기 신문과 잡지 등 매체를 통해 활발하게 전개된 국·한문 논쟁의 단면을 드러낸다는 점에서 흥미롭다.[49]

   먼저 유길준은 소학교육에서 전적으로 국문 교육을 실시하고(國文專主) 한문을 전폐(漢文全廢)해야 하는가에 대한 당시 논쟁에 한문은 폐하되 한자는 취하고 대신 훈독하자는 제안을 한다. 국한문 혼용에서 국한자 교용(國漢字 交用)으로 좀 더 분명한 방안을 제시한 글로, 이 시기 국문 사용과 한문 폐지에 중도적 입장을 취한 것으로 이해된다.

   다음으로 「대동학회월보 뎨사호의 론셜을 변론함 황성신문 론셜 역지」

---

48) 총 3회 연재된 것으로 1908년 7월 31일 별보에 "(전호속)"이라는 표시가 된 것으로 미루어 앞선 날짜(7월 30일이 아닌)인 7월 29일에 첫 회가 실렸을 것으로 추정되나 7월 29일 발행분은 현재 유실되어 확인이 불가하다. 참고로 8월 1일자는 「려하뎡(呂荷亭)을 쥬는 글(전호속)」로 실렸다.

49) 언급된 글들은 『국문론집성』에 실려 있고 국·한문 논쟁의 핵심 대상으로 거론된다. 이는 연세대 언어정보연구원 HK사업단에서 간행한 『풀어쓰는 국문론집성』 (박이정, 2012) 및 강명관의 「한문폐지론과 애국계몽기의 국·한문논쟁」(『한국한문학연구』 제8집, 1985)에 잘 드러난다.

라는 제목의 글은 당시 『황성신문』의 주요 필자였던 박은식의 것으로
추정된다.

> 소위 우산거ᄉᆞ는 엇던 사름인지 아지 못ᄒᆞ거니와 대기 한문가의 거벽
> 이오 지나인의 츙노로다 그 론셜의 대지가 한문을 젼혀 쓰고 국문을
> 폐ᄒᆞ야 버림에 잇고 녜로부터 우리나라의 문쟝 져슐이 지나에 밋지
> 못홈을 긔탄ᄒᆞ얏스니 대뎌 셰계 각국이 다 그 **국어와 국문을 발휘 쥬쟝ᄒᆞ야**
> **국셩(國性)을 비양ᄒᆞ고** 민지를 긔븘홈으로뻐 뎨일 큰 쥬의를 삼거늘 뎌ᄂᆞᆫ
> 호을로 무슨 마암으로 눈을 부릅쓰고 팔을 쌥ᄂᆞ야 갈아ᄃᆡ 국문은 속담이
> 라 반닷히 비홀 것이 안이며 한문은 고문(古文)이라 가히 놉히지 안이치
> 못ᄒᆞ겟다 ᄒᆞᄂᆞᆫ가 이졔 국문 쥬쟝의 의론을 챵도ᄒᆞᄂᆞᆫ 쟈가 엇지 일즉이
> 한문을 젼폐코져 홈인가 다만 국문을 발달케 ᄒᆞ야 우리의 나라 졍신을
> 보젼ᄒᆞ며 국민의 보통 교육의 편리홈을 즈뢰코져 홈이어늘 뎌ᄂᆞᆫ 국문을
> 쓸ᄃᆡ업ᄂᆞᆫ 것으로 돌녀보ᄂᆡ고 젼혀 한문만 숭비코져 ᄒᆞ니 **우리 국문을**
> **죵갓치 보고 우리나라의 졍신을 엄슈히 녁임이 심ᄒᆞ도다**[50] (밑줄 강조-인용자)

인용문에서 비판의 대상이 되는 우산거사(藕山居士)는 여규형으로 앞서
황희성이 비판한 여하정과 같은 인물이다.[51] 그러니까 황희성과 박은식
은 동일한 인물을 비판한 것이다. 비판의 대상인 하정(荷亭) 여규형은
이 시기 대표적인 한학자로 한문 숭상론을 가장 강력하게 피력했던
인물이다. 그는 『대동학회월보』를 통해 이 시기 본격화된 국문 사용과
한문 폐지에 대한 적극적인 반론을 펼쳤고 황희성과 박은식은 『대동학회
월보』에 연속 게재된 여규형의 글을 『대한매일신보』와 『황성신문』을
통해 반박했던 것이다. 『제국신문』에 게재된 것은 후자인 『황성신문』의
글이다.

---

50) 「대동학회월보 뎨사호의 론셜을 변론함 황성신문 론셜 역지」, 『제국신문』,
　　1908.8.21, 2면 별보.
51) 우산거사가 여규형임은 강명관의 글에 밝혀져 있다. 강명관, 위의 글, 229쪽.

〈표 4〉에 제시된바, 1908년 『제국신문』에 유길준→ 황희성→ 박은식 순으로 게재된 국문론은 실제 이 시기 활발하게 전개된 국문 사용과 한문 폐지에 대한 일련의 논쟁의 일부이다. 여규형의 한문 숭상론으로부터 촉발된 이 논쟁은 황희성의 비판과 이에 대한 여하정의 재반박, 그리고 유길준으로 이어졌다. 이 외에도 이 논쟁에는 신채호와 박은식 등 민족주의적 역사관을 지닌 이들이 개입했는데 『제국신문』에 소개된 『황성신문』의 기사는 바로 한문 폐지를 반박하면서 역사를 왜곡한 여하정에 대한 박은식의 반론이었던 것이다.

한편 〈표 4〉에 가장 먼저 소개된 박일삼은 하와이 교민단체의 하나인 자강회에서 발행한 월간 잡지 『자신보』의 편집인으로 활동했으며 하와이 호놀룰루에서 창간한 『전흥협회보』의 주필을 맡은 것으로 전해진다.52) 이 밖에도 순국문으로 된 잡지 『교육월보』의 창간에 힘썼고53) 「학문」이란 제목으로 한글에 관한 내용을 『자신보』(1호)에 게재하기도 했다.54)

별보에 소개된 밀아자 유원표(劉元杓)는 『몽견제갈량』의 저자로 『제국신문』이 시행한 현상응모 〈국문풍월〉에 실제 참여한 구독자이다.55) 더욱이 유원표가 쓴 글에 등장인물인 부인의 대사 형태이나 "국문신문(뎨국신문)을 날마다 보고 마암을 젹이 위로ᄒᆞᆸᄂᆞᆫ 바"라는 표현이 직접적으로 등장하기도 한다.56) 당시 한문과 국한문으로 집필 활동을 하던 유원표와

---

52) 연세대 언어정보연구원 HK사업단, 앞의 책, 2012, 384쪽.
53) 탄희싱, 「교육월보(敎育月報)를 하례ᄒᆞᆷ」, 『제국신문』, 1908.7.3, 2면 논설.
54) 연세대 언어정보연구원 HK사업단, 앞의 책, 2012, 216~225쪽.
55) 권두연, 「『제국신문』의 한글 활용과 독자 전략─미공개 자료의 현상모집을 중심으로」, 앞의 글, 2018, 186쪽.
56) 「民俗의 大關鍵」라는 제목으로 1908년 9월 『서북학회월보』 제4호 잡저에 국한문으로 실린 글을 『제국신문』이 1908년 9월 8일부터 12일까지 총 3회에 걸쳐 별보 「민속의 큰 관계」로 소개하였다.

같은 지식인이 『제국신문』의 구독을 넘어 한글로 된 시 창작에 관심을
가졌다는 점은 눈여겨볼 만하다. 왜냐하면 『제국신문』의 독자로 한문
식자층이자 남성 지식인은 염두에 두지 않은 경향이 있기 때문이다.
『제국신문』 별보를 통해 드러난 이 같은 사례는 극히 소수이지만 한문
및 국한문을 구사한 개화 지식인들의 국문 글쓰기에 대한 또 다른 가능성
을 제시한다는 점에서 의미 있다.

　광고는 학교 및 생도 모집과 출판사, 인쇄소, 신문, 잡지, 신서적에
관한 것이 주를 이룬다. 창간 당시 이문사(1898.8.23.)나 배재학당(1898.9.
15.) 같이 독립협회와 밀접한 관련이 있는 출판사 및 학교 광고를 제외하면
국문을 강조한 광고 역시 1907년 이후 활발하게 전개된 경향을 보인다.
물론 이전에도 『지구전도』(1905.11.24.)나 『가정잡지』(1906.10.3.)와
같은 서적과 잡지 광고가 "슌국문으로 아모라도 보기 편리ᄒ게 박"았음을
강조했지만 여전히 한글보다 국한문으로 된 광고가 다수를 차지한다.

　　중앙셔포 쥬한영 씨ᄂᆞᆫ 안국션 씨의 편집ᄒᆞᆫ금슈회의(禽獸會議)를 발간
　　ᄒᆞ고 계동 현공염 씨ᄂᆞᆫ 리희죠 씨의 편집ᄒᆞᆫ고목화(枯木花)를 발간ᄒᆞ얏다
　　ᄂᆞᆫᄃᆡ 두 가지가 모다 풍속기량에 긴요ᄒᆞᆫ소셜이라 국문소셜 보시ᄂᆞᆫ 남녀
　　동포ᄂᆞᆫ 츈향견 소ᄃᆡ셩젼 갓흔 사회병 드리□[ᄂᆞᆫ 소셜은 보지 말고 신소셜
　　들을 닷토아 사보기를 희망ᄒᆞᆫ다더라57)

　인용문은 광고라 해도 무방할 정도로 신소설을 사볼 것을 선전하고
있는 잡보 기사이다. "국문소셜 보시ᄂᆞᆫ 남녀 동포" 독자들에게 "츈향젼
소ᄃᆡ셩젼 갓흔 사회병 드리는 소셜"이 아닌 『금수회의록』과 『고목화』를
권하고 있는데58) 전자는 고소설로, 후자는 신소설로 분류되는 서적이다.

---

57) 「新小說刊行」, 『제국신문』, 1908.2.11, 2면 잡보.
58) 여기서 국문소셜은 『츈향전』, 『소ᄃᆡ셩젼』과 같은 고소설 외에도 『삼국지』, 『조웅
　　전』 같은 소설을 가리킨다. 당시 새롭게 번역 소개된 『우순소리』, 『금수회의록』,

그러니까『춘향전』을 비롯한 고소설은 사회병을 유발하고『금수회의록』,
『고목화』같은 신소설은 풍속 개량에 긴요한 소설이기에 전자는 금지하고
후자는 권장한 것이다.

그런데 언급된『금수회의록』은 1908년 신년호 특집으로『愛國精神』과
함께 국한문으로 광고되었고『혈의누』,『귀의성』,『빈상설』,『한월』도
모두 여기에 해당한다. 반면『고목화』의 경우는『경세종』,『송뢰금』,
『홍도화』,『원앙도』,『은세계』등과 함께 한글로 광고되었다.[59] 그러니까
동일한 한글로 쓰인 소설이라도 광고의 문체는 달랐던 것인데, 이는
같은 책에 대한 기사와 광고에서도 드러난다.

> 1) 경셩북구 소안동 대한셔림(大韓書林)에셔 (우슌소리)라ᄒᆞᄂᆞᆫ 신소셜
>   을 발힝ᄒᆞᄋᆞᆺᄂᆞᆫᄃᆡ 이 ᄎᆡᆨ은 윤치호(尹致昊)씨가 (이소푸)라ᄒᆞᄂᆞᆫ 셔양소
>   셜 가온ᄃᆡ에셔 ᄌᆞ미잇ᄂᆞᆫ 이약이를 국문으로 번역ᄒᆞ야 합칠십여가지
>   를 슈집ᄒᆞᄋᆞᆺᄉᆞᆫ ᄒᆞᆫ번 볼만ᄒᆞ다고 사름마다 칭찬ᄒᆞᄃᆞ더라[60]

> 2) 정운복교열 윤치호저
>   本書를 尹致昊氏가 西洋의「이소프」라ᄒᆞᄂᆞᆫ 小說가온ᄃᆡ셔 趣味잇ᄂᆞᆫ 者를
>   擇ᄒᆞ야 國語로 譯出ᄒᆞᆫ 것이온ᄃᆡ 奇絶妙絶處가 多ᄒᆞ압
>   대한셔림[61]

인용문 1)은 윤치호가 "(이소푸)라ᄒᆞᄂᆞᆫ 셔양소셜" 소설을 번역하였다는
잡보 기사이다. 흥미로운 것은 잡보의 제목으로 이소푸가 "됴흔ᄎᆡᆨ"이라는

『셔ᄉᆞ건국지』같은 서적은 적극 권장했으며 특히『제국신문』에 연재된 이해조의
『고목화』와 같은 신소설은 권장 도서로 포함하였다.
59) 배정상,「개화기 서포의 소설 출판과 상품화 전략─신문 게재 소설 광고를 중심으
로」,『민족문화연구』72호, 2016, 부록 321~324쪽 참조.
60)「됴흔ᄎᆡᆨ 발힝」,『제국신문』, 1908.9.12, 2면 잡보.
61) 〈우슌소리〉,『제국신문』, 1908.9.16, 2면 광고.

점이다. 2)는 며칠 전 잡보에서 볼 만한 책이라며 보도한 윤치호의 번역서 『우순소리』의 광고이다. 잡보에서 쓴 내용이 광고되고 있는 사례로 저자보다 교열자가 먼저 소개된다는 점이 흥미롭다. 그런데 여기에서 주목해야 할 점은 소설, 즉 이야기에 대한 『제국신문』의 입장이다.

주지하듯 『제국신문』은 풍속 개량에 앞장 선 매체로 언문 서적 역시 대표적 개량의 대상이었다. 기존 언문 서적은 사적이고 음탕한 곳에 주로 쓰인다는 이유로 음양복술과 동급으로 취급되었다. 그 중 언문 이야기책으로 통칭되는 고소설은 백성을 무지몽매로 빠트리고 음담패설을 일삼는다고 간주되었다. 따라서 기존 언문 독자인 부녀자와 하층민들을 주 독자층으로 두고 있었던 언문 이야기책은 국문 신문의 역할을 강조한 『제국신문』에 가장 강력한 경쟁 상대이자 퇴출 대상이었다. 반면 신소설은 풍속 개량에 긴요한 소설로 다투어 사 보아야 할 서적이다. 신소설과 고소설이 모두 한글로 쓰였다는 점에서 같은 문자를 공유하지만 그 위상과 역할에 대한 인식은 전혀 달랐던 것이다.

잡보 하위란은 잡보 아래에 특정 주제나 내용으로 구획된 난으로 시사나 기담, 지역 소식 등에 관한 내용들로 구성되었다. 잡보 하위란에 드러난 '국문' 표현 기사는 다음과 같다.

〈표 5〉『제국신문』소재 잡보 하위란의 '국문' 표현 기사 내역

	날짜	제목	내용	비고
1	1906.12.4.	雪月閑觀	정거장명패 일본어개정 비판	
2	1907.1.9.	편집여록	국문신문 발행의 난점 호소	
3	1907.6.4.	於汝何誅	언문 조소	
4	1907.7.16.	朗讀一聲	언문가나다	
5	1907.10.3.	讀者聲	언문비하	
6	1907.10.23.	보기슬혀	언문소설 비판	
7	1907.12.13.	평양통신	정심여학교 교과	
8	1908.1.12, 14, 15, 25, 26	國語正誤		총5회 이 밖에 재담정오(1)와 명물정오(4)가 있음

게재 면의 속성상, 세태를 비판하는 풍자적인 내용이 많다. 그래서인지 주로 국문에 대한 비하나 조소를 드러낸 기사들이 주를 이룬다.

1) 우리는 당당흔 진셔를 쥬장흐는듸 져것들은 **쏭뭇은 언문을뎨일요긴흐다**흐야건건ㅅㅅ이반듸로 가랴고흐니 참괴상흔물건들이니62) (밑줄 강조 –인용자)

2) 신문을 박히려거든 슌한문으로 박히지 웨 **쇠부랑 언문으로** 박히오 나는 한문은 ㅅ셔삼경과 빅가셔를 무불통지로듸 **언문이란것은 낫놋코 기억ㅈ모로니** 볼슈업소 (일학자)63) (밑줄 강조–인용자)

두 인용문 모두 국문이 진서, 즉 한문과 대비되면서 "쏭뭇은 언문"이나 "쇠부랑 언문"으로 인식되고 있음이 드러난다. 특히 후자의 경우 한글의 글자 모양을 들어 비하한 것인데 흥미롭게도 아무 것도 모르는 무식자를 의미하는 속담 "낫놋코기억ㅈ모로니"를 통해 한글 자음 ㄱ이 낫 모양과 같다는 점을 상기시킨다. 동시에 ㄱ을 "기억"으로 읽는다는 것도 자연스럽게 노출한다.

또 아래 인용문 같이 당대 사회 곳곳의 변화를 예리하게 포착하는 기사에서도 국문에 대한 인식의 일부를 살펴볼 수 있다.

일본인의 거류디는 늘마다 늘어간다 엇지흐야 그러흐고 죠회에 기름 갓치 즌고기셔 시착흐야 남촌은 거의차고 북촌으로 건너온다

일본인의 거류디는 동명을 다고쳐셔 명동장동 일홈업고 일본갓치 기명흐야 번디명목 시힝흐니 일본체격 다되얏데

문ㅈ상 거릭간에 명치명 영락명과 몃명목 몃번디니 우리들의 원거인

---

62) 「於汝何誅」, 『제국신문』, 1907.6.4, 1면 잡보 하위.
63) 「讀者聲」, 『제국신문』, 1907.10.3, 3면 잡보 하위.

도 도셩닉 디명몰나 문즈보고 디명찻기 진실노 극란ᄒ다

경의텰도 뎡거장에 디명뻐셔 셰운픽에 동파 긔셩 평산 황쥬소소히 알깃더니 근일에 다시보니 디명픽를 다곳쳣데

엇더케 곳쳣던가 한문은 업시ᄒ고 우리국문 일본국문 두가지로 대셔ᄒ되 긔셩은 긔죠이오 평산은 헤산이데

한문 글즈 일본말노 일일이 번역ᄒ야 누구던지 보ᄂᆞᆮ로 슉습피야 긔죠라 헤ㅣ산이라 인ᄒ야 관습되니 긔셩평산 근본일홈 고됴가 되ᄂᆞᆫ도다(64)

일본인 거류지가 늘어나면서 거리 이름이나 정거장의 명패 등이 바뀌는 모습을 고발하고 있다. 뿐만 아니라 "일본체격 다되얏데"와 같은 구절에서 숨겨진 제국주의의 야욕과 식민지로 이행되고 있었던 조선의 광경이 일부 목도된다.

마지막으로 잡보 하위란에는 〈○○정오〉라는 제목으로 일련의 정오 시리즈를 선보였다. 1908년 1월에 한시적으로 재담(1회), 국어(5회), 물명 (4회)의 세 부류로 구분되어 총 10회에 걸쳐 연재되었다.(65) 이 중 〈국어정 오〉와 〈물명정오〉는 당시 잘못 쓰이고 있는 개념과 표현에 표제어를 설정하고 잘못 전해진 이유를 설명한다. 〈국어정오〉로 제시된 표제어는 다음과 같다.

---

64) 「雪月閑觀」, 『제국신문』, 1906.12.4, 3면 잡보 하위.
65) 정오 시리즈의 게재 내역을 정리하면 다음과 같다.

	게재일	게재면	게제 제목			게재일	게재면	게제 제목	
1	1908.1.9	3면2~3단	才談正誤	재담1회	6	1.21	3면2~3단	物名正誤	물명2회
2	1.12	3면3단	國語正誤	국어1회	7	1.23	3면2~3단	物名正誤	물명3회
3	1.14	3면3단	國語正誤	국어2회	8	1.24	3면2~3단	物名正誤	물명4회
4	1.15	3면2~3단	國語正誤	국어3회	9	1.25	3면2~3단	國語正誤	국어4회
5	1.16	3면2~3단	物名正誤	물명1회	10	1.26	3면2~3단	國語正誤	국어5회

〈표 6〉〈국어정오〉의 표제어

1회		2회		3회		4회		5회	
수	표제어	수	표제어	수	표제어	수	표제어	수	표제어
1	탕건	5	송진	8	귀양보낸다	11	곽쥐온다	14	아긔자긔흐다
2	무명	6	록피	9	부쳐	12	고시레흐다	15	곤징이젓
3	천량이만타	7	거스	10	사랑	13	웅감흐다	16	션앙당
4	보리안경								

〈국어정오〉에서 포착된 몇 가지 점을 언급하면 한자어나 청국음의 오전, 보통 명사로의 오전, 우리말 소리의 오전 등 잘못 쓰이고 있는 표현이 주로 소리로부터 기인한다는 사실이다. 소리를 문자로 옮겨 쓸 수 있는 한글의 특징으로 인해 야기된 난점이 '오전(誤傳)'의 형태로 남은 것이다. 이 밖에도 "곤징이젓", "곽쥐온다", "아긔자긔흐다"처럼 임진왜란, 을사사화, 기묘사화 등, 역사적 사건이나 설화("고시레흐다"), 풍속("션앙당")과 관련한 표현들이 민간에서 잘못 변천된 과정을 설명하고 있다. 흥미로운 것은 설화나 실제 역사적 사건에서 유래한 표현에 포착되는 백성들의 삶의 모습과 이에 대한『제국신문』의 관점이다. 가령 곽쥐온다의 곽쥐는 임진왜란 때 의병 대장이었던 곽재우(郭再祐, 1552~1617)를 가리키는 것이 통설인데『제국신문』은 고려 때 곽씨 집안의 여러 형제로 설명한다.[66]

정오 시리즈를 통해 알 수 있는 것은 소리 문자인 한글의 장점과 한계에 대한 분명한 인식과 한글 규범의 필요성에 관한 구체적 모색이 이루어졌다는 사실이다. 한시적이긴 하나 정오 시리즈의 시도는 당시 한글이 일정한 규모 없이 쓰인다는 한탄에 그치지 않고 단어의 성립

---

66) 의도적으로 의병에 대한 언급을 삼간 것인지 모르겠지만,『제국신문』이 의병에 호의적이지 않았음은 분명하다. 특히 경영 악화로 사장이 정운복으로 바뀐 1907년 이후 신문의 논조가 친일 성향으로 변질되면서 의병에 대해 부정적으로 보도한 기사가 증가한다. 최근『제국신문』의 의병에 대해서는 심철기, 앞의 글, 2018 참조.

과정에 대한 지식, 음가에 대한 분별, 바른 표기에 대한 인식을 구체적으로
실현해낸 결과물인 것이다. 요컨대 정오 시리즈는 발간 초부터 국문의
보급과 대중화를 위해 문법의 정리 같은 표준화된 한글 규범에 대한
정립의 필요성을 인식했던 『제국신문』이 근 10여 년에 걸쳐 모색한 실천으
로 간주된다.

끝으로 기타로 분류된 기사에는 게재 면을 확정할 수 없는 우체 요금
(1900.1.9.)이나 외국어규칙(1900.7.6.)과 같은 규정과 창간 10주년을 맞
아 게재된 축사(1909.8.8. 쇼송싱[67]) 등이 있다. 『제국신문』에서 '국문'은
청국 국문, 일본 국문처럼 각 국가의 문자를 가리키는 일반적 용례로도
쓰였는데 이는 창간 초기와 1902년 정도의 전반기에 한정된다. 흥미로운
것은 창간 초기에는 청국에 대한 언급이 많았지만 후반기로 갈수록
일본에 대한 언급이 많아지면서 일본 문자나 일본어에 대한 경계와
대항 의식이 형성되고 있음을 암시한다.

정리하면 종별, 연도별 '국문' 표현 기사들에서 공통으로 드러나는
특징은 창간 초기보다 후기로 갈수록 기사 수가 많아진다는 점이다.
창간 후 1901년까지 평균 10여 건 정도로 드러나던 '국문' 표현 기사는
후반기로 갈수록 증가하여 1906년 29건, 1907년 52건, 1908년 62건이
된다. 특히 늘어나는 기사 가운데 실제 독자의 글이나 독자와 관련한
내용이 많다. 이 점은 '국문'에 대한 인식이 『제국신문』의 필진뿐 아니라
독자 전반으로 점차 확대, 진전되었을 가능성을 보인다는 점에서 의미
있다.

---

67) 축사의 필자인 쇼송싱은 〈국문풍월〉 1회에 응모한 바 있다.

4. 나가는 말

지금까지 『제국신문』이 표방한 순국문 출판의 의미와 '국문' 표현 기사의 양상을 살펴보았다. 창간호에서 순국문 출판을 표방한 『제국신문』은 한자를 전혀 쓰지 않거나 한문을 전면 배제하기보다 국문 독자들이 읽고 이해할 수 있는 수준으로 번역하고 풀어서 쓰되, 진의를 해치거나 고칠 수 없다고 판단한 곳에서는 원문을 그대로 게재하는 편집 방식을 취했다. 따라서 『제국신문』의 순국문 출판을 한자와 한문을 전면 배제한 한글 전용으로 이해하는 것은 오해의 여지가 있다. 오히려 당대 국문 담론의 핵심 사안이었던 '국문 전용 한문 폐지'에 『제국신문』은 유보적인 입장을 보이면서 선(先)국문 후(後)한문 학습의 태도를 취했다.

현재 확인 가능한 『제국신문』 발행분에서 '국문'이라는 표현이 사용되었거나 국문과 관련한 내용을 다룬 기사는 국한문 및 한문 기사를 포함하여 총 220여개 정도로 추산된다. 이는 근대 국민국가의 핵심 개념으로 간주되는 '평등'보다 많은 수치이며 게재 지면 또한 논설을 비롯한 사고, 기서, 별보, 잡보, 광고 등 모든 지면에서 골고루 다루었다. 종별, 연도별 분류에서 특징적인 점은 창간 초기보다 후기로 갈수록 '국문' 표현 기사들이 증가한다는 사실이다. 나아가 이 증가하는 기사의 상당수가 독자나 다른 매체에 실린 글이라는 점이다. 이는 국문에 대한 독자 인식이 보다 적극적으로 진전되었을 가능성과 한글 독자층의 확대 가능성을 시사한다는 점에서 주목을 요한다.

초창기부터 『제국신문』에 독자 투고나 독자들의 글이 실리기는 했지만 유독 1907년과 1908년에 '국문' 표현 기사가 독자의 글에 빈번하게 노출된다는 점은 독자 전반이 그러한 국문 인식을 지니게 되었음을 방증하는 사례일 수 있기 때문이다. 기존의 부녀자와 하층 계급으로 간주되었던 한글 독자층이 단문한 남성이나 야학 노동자와 같이 더 낮은 계급으로 분화되었을 수 있다. 동시에 양홍묵이나 정진홍과 같은 관리나 유원표 같은 한문 지식인이『제국신문』을 구독하고『제국신문』에서 실시하는 현상응모에 참여하는 등 한문 기반의 식자층에게로도 독자층이 확대되었을 수 있다.

'국문' 표현 기사의 주 내용은 크게 국문 신문의 입장과 국문의 필요성 및 중요성을 주장하는 국문(론) 기사, 신문이나 잡지의 발행 및 내용에 대한 매체 기사, 학교 설립이나 교과와 관련한 교육 기사, 서적과 출판에 관한 번역 기사, 그리고 독자에 관한 주체 기사 등으로 구성된 경향이 있다. 이러한 기사들의 특징 중 하나는『제국신문』이 국문 신문으로서의 입장을 빈번하게 상기하며 강조했다는 사실인데, 이는 그만큼 국문 신문의 입지가 좁거나 약했음을 반증하는 단서로도 읽힌다.

이 같은 입장은 특히 다른 매체들과의 차별화나 연대와 같은 대응으로 뿐 아니라 한문 식자층이나 기존 언문 독자층과 문자, 계층, 양식, 내용 등에 중층적으로 대응한 데서 두드러진다. 무엇보다 국문 신문 독자들의 한글 글쓰기를 실현하고자 다양한 시도를 모색했다는 점이다. 이는 주시경이나 양홍묵, 유길준과 같은 국문 연구 및 국문의 대중화에 힘쓴 이들의 글을 소개하고 박장현, 표준경, 원경민, 리면근 등 한글로 된 독자들의 글을 게재함으로써 국문에 대한 공통된 인식을 형성해 나가는 데 일조했을 뿐 아니라 국문 신문으로서의 정체성을 확립하는 데 결정적으로 기여한 것으로 간주된다.

끝으로『제국신문』의 전 기간을 대상으로 자료를 정리하고 분류하느라 논의를 집중력 있게 진전시키지 못한 측면이 있다. 특히 다른 국문 매체와의 비교나 시기별 차이에 대한 논의는 이 연구가 후속으로 보완해야 할 과제이다. 그럼에도 기존의 선행 연구에서 추정만 된 채 검증되지 않았거나 간과된 내용을 고찰했다는 점에서는 나름의 의미를 지닐 것으로 판단한다. 적어도『제국신문』을 구독하고 읽었던 국문 신문 독자의 구체적인 실체, 그리고 그 독자들의 글쓰기가 신문이라는 미디어를 통해 공론화 되는 과정에 『제국신문』이 매개 역할을 했음을 확인할 수 있다는 점에서 그 의의는 작지 않다고 생각한다. 한글 독자들에 대한 보다 진전된 논의는 후속 연구에서 이어가고자 한다.

참고문헌

1. 자료

『독립신문』, 『황성신문』, 『제국신문』, 『대한매일신보』 국문판, 『협성회회보』, 『미일신문』, 『기호흥학회월보』, 『대동학회월보』, 『서북학회월보』, 『호남학보』

2. 논저

강명관, 「한문폐지론과 애국계몽기의 국·한문논쟁」, 『한국한문학연구』 제8집, 1985.

강현조, 「『제국신문』 잡보란 연구 : 신자료 지면확대판(1907.5.17.~1909.2.28.)을 중심으로」, 『현대문학의 연구』 63, 2016.

강현조 외 편역, 『제국신문 미공개 논설 자료집(1907.5.17.~1909.2.28.)』, 현실문화, 2014.

고경민, 「근대계몽기 인쇄매체를 통해 살핀 '어문 의식'의 형성과 성장 과정에 대한 고찰-신문과 학술지를 중심으로」, 『한말연구』 제44호, 2017.

고영근, 「개화기 한국어문 운동 ; 국한문혼용론과 한글전용론을 중심으로」, 『관악어문연구』 25, 2000.

고영진·김병문·조태린, 『식민지 시기 전후의 언어문제』, 소명출판, 2012.

권두연, 「『제국신문』 잡보'하위란'의 형식 실험과 수사적 전략」, 『현대문학의 연구』 제63집, 2017.

권두연, 「『제국신문』의 한글 활용과 독자 전략-미공개 자료의 현상모집을 중심으로」, 『대중서사연구』 제24권 3호, 2018.

김기란, 「정동의 수사와 매혹된 관객들」, 『현대문학의 연구』 63, 2017.

김민수, 「근대전환기 『제국신문』에 나타난 개인사 광고와 주체의 탄생」, 『우리어문연구』 60, 2018.

김병문, 『언어적 근대의 기획: 주시경과 그의 시대』, 소명출판, 2013.

김복순, 「'平壤'의 로컬리티: '褐色의 世界史' 프로젝트로서의 〈帝國新聞〉의 逆說」 -1907년 以後, 『어문연구』 제44권 제3호, 2016.

김복순 외, 『제국신문과 근대』, 현실문화, 2014.

김윤선, 「『제국신문』에 나타난 미국 유학과 유학생 기서 연구」, 『제국신문과 근대』, 현실문화, 2014.

김정경, 「『帝國新聞』 讀者投稿에 나타난 社會認識」, 한국교원대 석사학위논문, 2007.

김주필, 「'한글'(명칭) 사용의 역사적 배경과 특징」, 『반교어문연구』 35집, 2013.

김현주, 「제국신문에 나타난 세계 인식의 변주와 소설적 재현 양상 연구」, 『대중서사연구』 35, 2015.

김현주, 「1907년 이후, 『제국신문』 외보란의 담론 구성 방식」, 『현대문학의 연구』 63, 2017.

문일웅, 「≪제국신문≫의 창간과 그 경향성」, 『제국신문과 근대』, 현실문화, 2014.

박애경, 「『제국신문』 소재 시가 연구」, 『한국시가연구』 39, 2015.

배정상, 「개화기 서포의 소설 출판과 상품화 전략-신문 게재 소설 광고를 중심으로」, 『민족문화연구』 72호, 2016.

송철의, 「한국 근대 초기의 어문운동과 어문정책」, 『한국문화』 33, 2004.

신용하, 「『독립신문』의 창간과 그 계몽적 역할」, 『한국사론』 2, 1974.

신용하, 『갑오개혁과 독립협회운동의 사회사』, 서울대출판부, 1988.

심철기, 「1907년 이후 『제국신문』의 성격과 의병 의식」, 『역사와경계』 107, 2018.

안예리, 「언어에 대한 근대적 인식과 언어의 근대화」, 『언어사실과 관점』 제39권, 2016.

윤금선, 「신문에 나타난 어문교육」, 『국어교육연구』 제10집, 2002.

이경하, 「대한제국 여인들의 신문 읽기와 독자투고」, 『여/성이론』 12호, 도서출판 여이연, 2005.

이기문 편, 『주시경전집』 하, 아세아문화사, 1976.

이나미, 「독립신문에 나타난 자유주의 사상에 관한 연구」, 고려대박사논문, 2000.

이병기, 「'국어' 및 '국문'과 근대적 민족의식」, 『국어학』 제75집, 2015.

이상혁, 「근대 학문 형성기 근대 국어의 성격에 대하여: 문체의 변주와 어문 규범의 길항을 중심으로」, 『아시아문화연구』 35, 2014.

이은선, 「『제국신문』(1907.5.17.~1909.2.28.) '논설란'에 나타난 '국문'론과 감성
　　　화 전략 연구」, 『국제어문』 제77집, 2018.

이준환, 「근대 어문교육에서 문식성의 성격과 변천 과정」, 『어문연구』 제48권
　　　제4호, 2020.

장영숙, 「『뎨국신문(帝國新聞)』의 성격과 자료적 가치」, 『동아시아문화연구』 58,
　　　2014.

정종원, 「개항기 한글신문의 평등개념 연구」, 『사학연구』 129, 2018.

정진석, 「민간신문의 효시 독립신문」(해제), 『독립신문』(영인본), LG상암언론재
　　　단, 1996.

주진오, 「독립협회의 주도세력과 참가계층」, 『동방학지』 77·78·79 합집, 1993.

최경봉, 「근대적 한글 의식의 형성 맥락과 특수성」, 『인문학연구』 제36호, 2018.

최기숙, 「'계몽의 역설'과 '서사적근대'의 다층성: 『제국신문』 '논설·소설·잡보·광
　　　고란'과 '(고)소설'을 경유하여」, 『고소설연구』 42, 2016.

최기숙, 「'사건화'된 일상과 풍속개량론의 사회적 상상: 젠더적 시각으로 본 『제국
　　　신문』의 '풍속개량' 논설과 여성 관련 잡보 기사의 비교 분석」, 『여성문학
　　　연구』 39, 2016.

최기영, 「『제국신문』 연구」, 서강대학교 언론문화연구소, 1986.

허재영, 「『제국신문』에 나타난 학문사상과 지식 수용 양상: 창간호(1898.8.10.)부
　　　터 제5권 298호(1902.12.29.)까지의 학문론을 중심으로」, 『지식인문학』
　　　제1권 1호, 2019.

허재영, 「『독립신문』의 학문론과 어문 사상 연구」, 『어문연구』 80, 2014.

홍종선, 「근대 전환기 개화 지식인의 '국문/언문'에 대한 인식과 구어체 글의
　　　형성」, 『우리어문연구』 54집, 2016.

3. 기타

대한민국신문아카이브 https://www.nl.go.kr/newspaper/
한국역사정보통합시스템 http://www.koreanhistory.or.kr/
한국학중앙연구원 제국신문DB http://waks.aks.ac.kr/rsh/?rshID=AKS-2011-EBZ
　　　-3103

신문 사설에서의
현대적 국한혼용문의 출현 및 확산

한 영 균

1. 서론

1) 연구 목적

이 글은 현대 한국어의 문체 형성 과정을 밝히려는 일련의 연구의 하나로, 신문 사설에서 현대적 국한혼용문이 출현하고 확산되는 과정을 확인하고 확산이 진행되는 과정에 투영된 의미를 살피는 것을 목적으로 한다. 1920년부터 1940년까지 간행된 동아일보 사설 전체를 대상으로 현대적 국한혼용문이 처음 출현한 시기를 특정함으로써 신문 사설에서의 문체 현대화의 출발점을 확인하고, 그 이후 21년간의 사설에서 현대적 국한혼용문이 사용된 비율이 어떻게 변화하는가를 분석하여 현대적 국한혼용문의 확산 양상을 확인하는 한편, 이렇게 현대적 국한혼용문의 사용이 확대되는 과정에서 나타나는 몇 가지 특이한 사항들에 대해 그것이 내포하고 있는 현대 한국어 문체 형성 과정 상의 의미가 무엇인가를 나름대로 해석해 보는 데에 기본적인 목적을 두는 것이다.

이와 함께 작업의 효율화를 위해 문체 현대성 판별을 위한 자료 분석 방법을 모색한다. 20여년에 걸쳐 간행된 사설을 일일이 수작업으로 분석하여 문체 현대성을 판별하는 작업은 시간과 노력이 지나치게 많이 소요되므로 자료 분석에서의 수작업을 가능한 한 줄이려는 것인데, 다른 한편으로는 이렇게 모색된 자료 분석 방법이 향후 신문 사설 이외의 장르를 대상으로 한 현대 한국어 문체 형성 과정을 검토하는 데에도 적용이 가능할 것을 기대하는 것이다.

2) 연구 배경

현대 한국어는 오늘날 우리가 사용하는 말과 글을 가리킨다. 그런데 국어사적 관점에서는 이 '현대 한국어'라는 용어가 가리키는 대상을 분명히 정의하기는 쉽지 않다. '현대 한국어'가 가리키는 대상의 한정과 관련하여 해결되어야 할 문제가 아직 많이 남아 있기 때문이다. 그 중의 하나가 문체와 관련된 것인데, 현대 한국어의 문체 형성 과정과 관련해서 풀어야 할 문제는 대개 다음 세 가지로 나누어 생각할 수 있을 것이다.

첫째, '현대 한국어'의 문체와 그 이전 시기의 문체는 무엇이 어떻게 다르기에 한국어 모어 화자가 '현대적' 혹은 '비현대적'이라고 감지하는가 하는 문제, 즉 문체 현대성 판별의 준거 요소 확인.

둘째, '현대적'인 문체를 지닌 글이 언제 처음 출현하고, 그것은 어떻게 확산되는가 하는 문제, 즉 현대적 문체가 출현하고 확산되는 과정의 확인.

셋째, 어느 시기에 이르렀을 때 당대의 텍스트가 전반적으로 '현대적'이라고 느끼게 되는가 하는 문제, 즉 현대적 문체가 안정적 위상를 확보하는 시기 및 그에 연관된 기준의 확인.

그런데 여기서 한 가지 중요한 문제가 있다. 문체와 관련된 이 세 가지 문제는 근대 계몽기에 출현한 국한혼용문과 현대 국한혼용문 사이의 관계를 어떻게 파악하는가에 따라서 문제 해결을 위한 접근 대상과 방법이 전혀 달라진다는 점이다. 근대 계몽기의 국한혼용문과 현대 국한혼용문이 아무런 관련이 없다는 일부 연구자의 관점을 따르면 이 세 가지 문제를 풀기 위해 선결되어야 할 문제, 즉 무엇을 현대 국한혼용문과 대조할 것인가조차 정하기 어려운 것이다. 그러나 19세기말 국한혼용문의 형성 방식이나 그것이 1920~1930년대의 국한혼용문으로 변전되는 과정을 보면, 현대 국한혼용문은 근대 계몽기에 출현한 국한혼용문에 뿌리를 두고 있다고 보는 것이 합리적이다. 국한혼용문의 현대화는 기본적으로 근대 계몽기의 국한혼용문에 쓰인 한문 문법의 영향을 받은 요소를 한국어 문법에 따라 표현 방식을 바꾸는 한편, 비현대적인 문법 형태소를 현대적인 것으로 교체하는 과정을 통해 진행된다는 것을 확인할 수 있기 때문이다(cf. 한영균 2017a, 2017b).

본 연구는 이러한 관점에서 출발한다. 즉 현대적 국한혼용문은 그 이전에 사용된 국한혼용문에 포함된 다양한 비현대적 요소를 현대적인 것으로 교체하는 과정을 통해 형성된다는 전제를 바탕으로 하는 것이다. 따라서 본 연구에서 현대 국한혼용문과의 차이를 분석할 직접적인 대상은 1920~1940년 사이의 국한혼용문 사설이지만, 이들 1920~1940년 사이의 국한혼용문은 근대 계몽기의 국한혼용문에 뿌리를 둔 것이라고 전제한다.

3) 연구 방법 및 자료

이 글에서 앞에서 언급한 세 문제에 대해 접근하는 방법은 다음과 같다.

첫째 문제를 푸는 데에는 비현대적 텍스트와 현대적 텍스트의 차이를 인식하게 하는 언어 단위 중에서 코퍼스 언어학적 접근으로 유의미한 결과를 얻을 수 있는 것을 중심으로 그 사용 양상을 확인하는 방법을 취한다. 지금까지의 연구를 통해 밝혀진 바에 따르면 종결어미, 대명사, 관형사, 부사, 단음절 용언 등이 이러한 요소가 될 가능성이 높은데, 상대적으로 한정적인 규모의 코퍼스를 분석하는 작업이므로, 이들 다섯 범주의 언어 단위 중에서 사용 빈도가 높아 개별 사설 텍스트에서 용례가 확인될 가능성이 높은 것들을 대상으로 한다(2장 2) 참조).

둘째 문제는 가장 앞서서 문체 현대화를 시현한 문학어 및 종교어에서 현대적 국한혼용문이 1910년대에 들어서야 등장한다는 사실을 감안하여[1] 1920~1940년 사이의 동아일보 사설 전체를 분석 대상으로 한다.[2] 첫째 문제의 해결을 위해 확인한 준거 요소로서의 비현대적 언어 단위가 이 시기 신문 사설에서 언제 그리고 어떻게 현대적인 언어 단위로 교체되는가를 살핀다. 이를 통해 현대적 문체를 보이는 텍스트가 언제 처음 출현하고, 그 사용 양상이 어떻게 확산되는가를 21년간의 사설 텍스트를 대상으로 분석해 보려는 것이다.

셋째 문제는 비현대적 언어 단위가 현대적 언어 단위로 교체되는 속도가 범주에 따라 다른지 여부를 확인하는 한편, 현대적 국한혼용문이 어느 정도의 비율을 차지할 때 국한혼용문의 현대화가 완성되었다고 이야기할 수 있는가를 확인함으로써 해결할 수 있다. 이는 필요에 따라서

---

1) 문학어에서의 현대적 국한혼용문의 출현에 대해서는 한영균(2015) 및 한영균·유춘동(2016)에서 다루었으며, 유경민(2011)에서 1913년에 처음 현대적 국한혼용문이 출현했다는 사실을 밝혔다.

2) 심사 위원 중 한 분은 사설 텍스트는 상대적으로 보수적인 경향이 보이는데, 굳이 사설을 분석 대상으로 삼은 까닭이 무엇인가를 물으셨다. 간단히 답하자면, 필자는 오늘날의 문어의 격식성과 비격식성의 연원이 신문 논설문(주장하는 글)과 보도기사(전달하는 글) 및 해설기사(설명하는 글)의 차이에 있다고 보며, 격식성을 지닌 문어의 기본이 논설문이라고 판단했기 때문이다.

는 앞에서 논의한 두 문제에 대한 검토 과정과 함께 다룰 것이다.

<표 1> 1920~1940년 동아일보 사설 수

연도	전체 사설수	순한글 사설수	국한혼용 사설수	연도	전체 사설수	순한글 사설수	국한혼용 사설수
1920	127	0	127	1930	304	1	303
1921	295	0	295	1931	401	2	399
1922	350	0	350	1932	375	2	373
1923	357	1	356	1933	371	2	369
1924	360	0	360	1934	367	2	365
1925	363	0	363	1935	378	4	374
1926	287	0	287	1936	244	0	244
1927	363	0	363	1937	180	2	178
1928	371	0	371	1938	301	2	299
1929	384	1	383	1939	301	0	301
				1940	186	0	186
소계	3,257	2	3,255	소계	3,408	17	3,391
				합계	6,665	19	6,646

 이 글에서 분석에 사용한 연도별 동아일보 소재 사설의 수는 <표
1>과 같다. 표에서 확인할 수 있듯이 순한글 사설은 1920년대에는 단
2건에 불과하고 1930년대에는 조금 늘기는 하나 17건에 불과하다. 따라서
순한글 사설의 통시적 문체 변화를 논의하기는 어렵다. 본 연구에서는
1920년대의 3,255건과 1930년대 3,391건 총 6,646건의 국한혼용문 텍스트
를 검토 대상으로 한다.

2. 1920~1940년 사설 텍스트의 현대성 판별

1) 현대적 국한혼용문과 문체 현대성

 이 장에서는 1920~1940년 사이에 간행된 『동아일보』 사설을 대상으로

현대적 국한혼용문과 비현대적 국한혼용문을 구분하고, 양자의 비율의 변화를 통해 사설의 현대화 과정을 살피려 하는데, 그에 앞서 '현대적 국한혼용문'이라는 용어 및 그와 관련된 사항들을 정리한다.3)

　'현대적 국한혼용문'은 이전 시기의 국한혼용문에서 문장을 구성하는 여러 언어 단위 중에서 비현대적 요소라고 할 만한 것들이 모두 현대적인 것으로 교체된 국한혼용문을 가리킨다. 표기 수단의 측면에서는 한영균(2015, 2017a, 2017b)에서 논의한 바와 같이 문장을 구성하는 요소 중 한자어만 한자로 표기하고 그 외의 것은 모두 한글로 표기한 문장을 가리키는데, 여기에는 어휘적 측면의 교체가 전제된다. 즉 비현대적 국한혼용문에 쓰인 어휘 중 우리말로 굳어지지 않은 한자어는 모두 고유어로 교체되고(cf. 한영균 2017a), 이와 함께 한문 문법에 바탕으로 두고 만들어진 한문구 용언4)도 국어 문법에 바탕을 둔 표현으로 해체된다. 또한 양태적 의미를 나타내는 고유어 용언으로 바뀌고. 문법형태소 즉 어미, 조사, 접사 등도 현대적인 것으로 교체된다.

　이렇게 비현대적 국한혼용문이 현대적 국한혼용문으로 변전되는 데에 관여하는 요소가 여러 가지이면서 다양한 층위에 속하기 때문에, 한국어 모어 화자가 어떤 국한혼용문이 현대적인 것인지를 구분하는 문제 현대성 판별도 여러 요소의 영향을 받는다. 일반적으로 현대성 판별에 영향을 크게 주는 요소일수록 이른 시기에 현대적 형태로 교체되는데, 현대화가

---

3) 이 부분은 투고시에는 포함되지 않았는데, 심사 과정에서 심사위원들이 공통적으로 이 글을 통해서는 '현대적 국한혼용문'이라는 용어가 가리키는 대상이 무엇인지, 그리고 그 특징이 무엇인지 분명치 않다고 지적하였기에 보완하는 의미로 새로 넣었다. 필자의 앞선 연구들에서 다룬 내용과 중복되는 부분이 있으나 가능한 한 간단히 정리하기로 한다.

4) 한문구 용언이란 한영균(2011)에서 처음 사용한 용어인데, 국어 문장에서 양태를 표현하는 보조 용언 구성을 한문문법에 따라 바꾸고, 그것을 다시 '호/하-'와 결합하여 서술어로 사용한 것을 가리킨다. 이에 대해서는 이 글의 3장 3)에도 예를 들어 간단히 설명하고 있다.

어느 정도 진행되면 문법형태소의 현대화는 거의 완료되고 어휘적인 요소만 남게 된다. 이 단계에 이르면 문장의 현대화와 관련된 문제보다 필자의 취향에 따른 어휘 선택의 문제로 남는 경향이 있다. 이렇기 때문에 한국어 문체 현대화가 언제 완결되는가에 대한 결론을 얻기 위해서는 대부분의 비현대적 요소가 현대적으로 교체된 후의 텍스트를 대상으로 한 분석이 필요한 것으로 판단되는데, 이는 대체로 1945년 이후 1950년대 말까지의 자료에 대한 포괄적 검토가 이루어지고 난 뒤에야 판단이 가능한 것으로 사료된다.

2) 문체 현대성 판별의 준거 요소

여기서 말하는 준거 요소란 1장 2)에서 언급한 첫째 문제 즉 어떤 텍스트가 현대적인 것인지 비현대적인 것인지를 판별하는 데에 영향을 주는 어휘 단위 및 문법 형태소를 가리키는데, 이 글에서는 선행 연구를 참조하여 여러 요소 중에서 필자 나름으로 그 중요도가 높다고 판단한 것들을 선별하였다. 다음에 이 글에서 문체 현대성 판별의 준거로 활용한 언어 단위의 목록과 그의 설정 근거를 기술해 둔다. 1920년~1940년 사설 텍스트 중에서 비현대적 문체를 지닌 것을 가려내는 준거로 활용한 언어 단위는 다음 다섯 유형이다.

제1류 종결어미.
종결어미는 비현대적 특성을 보이는 준거 요소 중에 가장 먼저 현대적 종결어미로 교체된다. 비현대적 텍스트에 쓰인 종결어미류에 대해서는 김형철(1997), 김미형(1998, 2002), 안예리(2014, 2015) 등의 선행 연구 결과를 참조할 수 있는데, 본 연구에서는 종결어미 중 상대적으로 사용빈도가 높은 '-노라, -더라, -도다, -지니라, -지이다'를 비현대적 텍스트에 쓰인 종결어미의 준거 요소로 삼았다.

제2류 한자어 대명사.[5]

이 시기에 쓰인 대명사는 아주 다양한데, 비현대적 텍스트에서는 주로 한자어가 사용되다가 현대화 과정에서 고유어 대명사로 교체된다. 이 글에서는 한자어 대명사 중 사용 빈도가 높은 '吾人, 吾等, 余'를 비현대적 텍스트에서 나타나는 대명사류의 대표 준거 요소로 삼았다. 이들은 가장 늦게까지 쓰이는 유형이기도 하다. 이들은 '나, 우리'로 교체된다.

제3류 한자어 관형사.

대명사와 마찬가지로 비현대적 텍스트에는 한자어 관형사가 쓰이다가 고유어로 대체되는 과정을 겪는다. 대표적인 것으로 한자어 '此, 其, 彼' 등이 '이, 그, 저'로 교체되는 것을 들 수 있다. 본 연구에서는 '此, 其, 彼'를 관형사류의 대표적인 준거 요소로 삼았다.

제4류 한자어 부사.

한자어 부사류는 양상이 조금 복잡하다. 단음절 한자어가 용언과 결합하여 두 음절 혹은 세 음절 한자어 용언을 구성하기도 하기도 하고, 명사류와 구분이 힘든 경우도 있다. 이 글에서는 단음절 한자어가 부사로 쓰이는 예 중에서 그 빈도가 높고, 현대적 텍스트에는 쓰이지 않는 '如히'와 '然이나'를 준거 요소로 삼았다. '如히'는 '~과/와 如히' 구성으로 쓰이는 경우가 많은데, 의미와 기능이 동일한 고유어 '같이'로 교체되며, '然이나' 역시 의미와 기능이 같은 '그러나'로 교체되어 그 사용 여부가 문체 현대성을 잘 드러내준다고 판단하였기 때문이다.

제5류 단음절 한자어 용언.

비현대적 텍스트일수록 단음절 한자어 용언의 종수가 많고 빈도가 높은 것은 잘 알려진 사실이다(한영균 2008, 안예리 2013). 여기서는

---

5) 한자어 대명사를 포함한 어휘적 준거에 대해서는 한영균(2009)의 연구 결과를 주로 참조하였다.

한문구 용언이 해체되면서 생성된 단음절 한자어 용언 중 반드시 고유어로 대체되는 것 중에서 사용 빈도가 높은 용언에 초점을 두었다.[6] 준거 요소로 택한 것은 '有하-, 在하-, 無하-, 如하-, 然하-' 다섯 가지이다. '有하-, 在하-'는 '있-'으로, '無하-'는 '없-'으로, '如하-'는 '같-'으로 '然하-'는 '그러하-'로 교체된다.

이들 다섯 유형에서 준거 요소로 든 것들은 각 유형에서 확인되는 형태 중에서 상대적으로 빈도가 높고 문체의 현대성을 인식하는 데에 더 영향을 준다고 판단한 것들이다. 당연히 이들 이외에도 많은 비현대적 형태가 현대화 과정에서 현대적인 것으로 교체된다. 여기서 분석에 사용한 형태들은 현대적 국한혼용문의 출현 및 확산을 이해하는 데에 필수적이라고 판단된 것들만을 대상으로 한 것이다.

3) 연도별 사설의 현대적 국한혼용문 사용 양상

이 절에는 연도별 사설 텍스트를 대상으로 현대적 국한혼용문을 확인한 방법을 간단히 기술한 후, 그러한 방법을 통해 확인된 현대적 국한혼용문 사설이 각각의 해에 출현한 빈도와 전체 사설 대비 사용 비율을 보이기로 한다.

1920~1940년 사이의 사설 텍스트를 대상으로 현대적 국한혼용문 사설을 추출한 방법은 다음과 같다.

① 전체 사설 텍스트를 연도별로 정리한다.
② 연도별 사설을 사설 건별로 정렬한다.

---

6) 비현대적 텍스트에 쓰인 단음절 고빈도 용언의 선정은 한영균(2014)의 결과를 참조하였다.

③ 에디터7)와 정규식(Regular Expression)을 이용하여 앞에서 설명한 다섯 유형의 준거 요소가 사용된 연도의 사설 텍스트를 구분하고, 그것을 따로 잘라낸다.8)

④ 비현대적 요소를 포함하지 않은 텍스트를 현대적 국한혼용문으로 보고,9) 전체 사설에서 그것들이 차지하는 비율을 확인한다.

이렇게 분석한 결과를 정리한 것이 〈표 2〉이다. 〈표 2〉의 분석 결과를 보면 몇 가지 특징적인 현대적 국한혼용문 출현 양상이 드러난다.

〈표 2〉 1920년~1940년 동아일보 사설의 현대적 국한혼용문 사용 비율

연도	국한혼용 사설수	현대적 국한혼용 사설수	비율(%)	연도	국한혼용 사설수	현대적 국한혼용 사설수	비율(%)
1920	127	0	0.00	1930	303	138	45.54
1921	295	0	0.00	1931	399	201	50.38
1922	350	0	0.00	1932	373	232	62.20
1923	356	24	6.74	1933	369	212	57.45
1924	360	155	43.06	1934	365	291	79.73
1925	363	73	20.11	1935	374	306	81.82

7) 에디터로는 Editplus 3.0을 이용하였다. 필자가 알고 있는 한, 윈도우즈에서 특정 문자열이 포함된 텍스트를 따로 표시하고 그것을 삭제, 이동, 복사가 가능한 Keep & Drop 기능을 가진 유일한 에디터이다.

8) 이렇게 추출된 텍스트는 비현대적 국한혼용문으로 다룬다. 그런데 1920년~1940년 사이에 쓰인 비현대적 국한혼용문은 19세기말~1900년대에 쓰인 국한혼용문과 대조해 보면 문체상의 차이가 크다. 또 이 1920년대의 비현대적 국한혼용문과 1930년대의 비현대적 국한혼용문 사이에도 상당한 차이가 있다. 현대 한국어 문체 형성 과정을 제대로 알기 위해서는 구체적으로 무엇이 어떻게 다른지를 확인할 필요가 있는 것이다. 후술 참조.

9) 다섯 유형의 준거 요소가 전혀 쓰이지 않은 사설 텍스트도 현대 국한혼용문과는 다른 부분이 있다. 용언의 활용 패러다임이나 조사, 어미의 용법, 맞춤법의 적용 여부 등이 대표적이다. 그러나 전반적으로 한문 문법의 영향에서 벗어나 있다든가, 원칙적으로 한자어만 한자로 표기한다든가, 현대적 종결어미를 사용한다든가 하는 현대 국한혼용문의 특성을 모두 지니고 있다. '현대적'이라는 용어를 사용한 것은 현대 국한혼용문과 완전히 같지는 않다는 점을 고려한 것이다.

1926	287	62	21.60	1936	244	186	76.23
1927	363	115	31.68	1937	178	107	60.11
1928	371	82	22.10	1938	299	194	64.88
1929	383	96	25.07	1939	301	205	68.11
				1940	186	106	56.99

첫째, 1920~1922년 3년 사이의 사설 중에는 현대적 국한혼용문이 확인되지 않는다. 즉 현대적 국한혼용문은 1923년 9월 이후의 사설에서 처음 출현한다.[10]

둘째, 1924년의 경우가 예외적이기는 하나,[11] 이후 1920년대 사설에서 현대적 국한혼용문이 사용되는 비율은 20~30% 정도이다.

셋째, 1930년대에 들어서면 현대적 국한혼용문의 사용 비율이 크게 늘어나서 전체의 50%를 넘어선다. 특히 1934~1936년 3년 사이에는 그 비율이 80%에 가까워, 현대적 국한혼용문의 사용 비율이 어느 정도일 때 문체 현대화가 확립되었다고 해석하느냐에 따라서는 이 시기에 이미 문체 현대화가 확립 과정에 들어선 것으로 볼 수도 있다. 문제는 1937년 이후 현대적 국한혼용문의 사용 비율이 60% 정도로 20%가량 줄어든다는 점이다. 그런데 이렇게 현대적 국한혼용문의 사용 비율이 줄어드는 1937~1940년 사이의 비현대적 국한혼용문에는 한자어 대명사 및 한자어 관형사 이외의 다른 준거 요소는 나타나지 않는다. 이들 한자어 대명사 및 한자어 관형사의 출현이 지니는 의미를 어떻게 해석하느냐 하는 문제도 문체 현대화가 확립된 시기를 확정하는 데에 고려할 문제가 된다는 의미로 해석할 수 있다(3장 3) 참조).

〈표 2〉의 현대적 국한혼용문의 출현 양상에 대한 분석 결과를 바탕으로

---

10) 정확히는 1923년 9월 5일자 일본 관동대지진 관련 사설이 처음이다.
11) 1924년의 사설에서 현대적 국한혼용문이 차지하는 비율과 관련된 문제에 대해서는 3.2에서 다시 다룬다.

신문 사설의 문체 현대화에 대해 다음과 같은 잠정적인 결론을 얻을
수 있다.

① 사설 문체의 현대화는 일률적, 전면적으로 일어나는 것이 아니라,
점진적으로 진행된다.
② 사설에서 현대적 국한혼용문은 1923년 처음 출현하지만, 문체 현대화
는 1930년대에 들어서서 본격적으로 진행된다고 볼 수 있다.
③ 1930년대 중반에 들어서면 현대적 국한혼용문의 비율이 대폭 늘어나
지만 1940년 폐간될 때까지도 동아일보 사설의 문체 현대화는 여전히
진행형이다.[12]

그런데 여기서 한 가지 언급해 둘 것이 있다. 자료 분석 과정에서
비현대적 국한혼용문이라고 판별된 텍스트들을 살펴보면 그것들의 문체
가 동질적이지 않다는 점이다. 이는 다섯 유형의 비현대적 요소가 현대적
인 것으로 교체되는 시기, 그리고 각 요소들의 사용 비율이라는 면에서
상당한 차이가 있기 때문이다. 예를 들어 1923년 사설 중에서 비현대적
국한혼용문으로 구분된 텍스트에는 다섯 유형의 비현대적 요소가 모두
포함되어 있지만 1930년대 사설에서 비현대적 국한혼용문으로 구분된
것들에는 다섯 유형의 비현대적 요소 중에서 일부만 포함된 경우도
있는 것이다. 이러한 사실은 각 연도별 사설에서 비현대적 요소가 각각
어떤 쓰임새를 보이는지를 별도로 검토할 필요가 있음을 의미한다. 이
문제는 절을 달리하여 검토하기로 한다.

---

12) 앞에서 언급했듯이 이러한 결론은 한국어 문체 현대화의 완결을 무엇을 기준으로
판단하는가에 따라 달라질 수도 있다. 이에 대해서는 2장의 4)에서 다시 다룬다.

4) 연도별 사설에서의 비현대적 요소의 출현 양상

각 연도별 사설에서 비현대적 요소의 출현 양상을 분석한 방법은 다음과 같다.

① 2장 2)에서 현대적 국한혼용문을 추출하기 위해 별도로 구분해 두었던 비현대적 국한혼용문을 연도별로 정렬한다.
② ①의 결과를 대상으로 에디터와 정규식을 이용하여 다섯 유형의 비현대적 요소가 사용된 사설 텍스트를 각각 그 출현 빈도를 구한다.
③ 각 연도별로 전체 국한혼용문 사설 건수와 다섯 유형의 비현대적 요소가 출현한 사설 건수의 비율을 구한다.

이런 방식으로 얻어진 연도별 사설 건수 대비 다섯 유형의 비현대적 요소가 사용된 비율을 정리한 것이 〈표 3〉이다.

〈표 3〉 1920년~1940년 사설에서의 비현대적 요소의 출현 양상

연도	사설수	종결어미류	비율(%)	대명사류	비율(%)	관형사류	비율(%)	부사류	비율(%)	단음절용언	비율(%)
1920	127	73	57.48	112	88.19	112	88.19	61	48.03	126	99.21
1921	295	170	57.63	269	91.19	281	95.25	89	30.17	284	96.27
1922	350	303	86.57	330	94.29	276	78.86	55	15.71	340	97.14
1923	356	72	20.22	271	76.12	183	51.40	122	34.27	284	79.78
1924	360	15	4.17	93	25.83	59	16.39	11	3.06	27	7.50
1925	363	5	1.38	165	45.45	152	41.87	72	19.83	59	16.25
1926	287	5	1.74	163	56.79	68	23.69	16	5.57	12	4.18
1927	363	1	0.28	178	49.04	84	23.14	2	0.55	9	2.48
1928	371	3	0.81	191	51.48	10	2.70	1	0.27	31	8.36
1929	383	2	0.52	174	45.43	77	20.10	3	0.78	46	12.01
1930	303	4	1.32	103	33.99	55	18.15	0	0.00	24	7.92
1931	399	1	0.25	141	35.34	51	12.78	0	0.00	8	2.01
1932	373	0	0.00	91	24.40	54	14.48	1	0.27	11	2.95
1933	369	0	0.00	114	30.89	49	13.28	0	0.00	11	2.98
1934	365	1	0.27	42	11.51	27	7.40	0	0.00	0	0.00

1935	374	0	0.00	28	7.49	38	10.16	0	0.00	2	0.53
1936	244	0	0.00	28	11.48	24	9.84	0	0.00	1	0.41
1937	178	0	0.00	46	25.84	32	17.98	0	0.00	4	2.25
1938	299	0	0.00	53	17.73	38	12.71	3	1.00	3	1.00
1939	301	0	0.00	60	19.93	31	10.30	3	1.00	0	0.00
1940	186	0	0.00	53	28.49	25	13.44	3	1.61	0	0.00

　표가 일견 복잡해서 통계에 내포된 의미를 읽어 내기가 쉽지 않다. 이해를 돕기 위해 중요하다고 생각되는 부분을 음영으로 표지를 해 두었고, 그 부분을 중심으로 국한혼용문의 현대화 과정의 완성을 판단하려 할 때에 무엇이 문제인지에 대한 필자의 생각을 밝히기로 한다.

　우선 2장 3)에서 현대적 국한혼용문이 처음 출현한다고 했던 1923년의 자료.

　앞의 〈표 2〉에서 보인 바와 같이 1923년의 국한혼용문 사설은 356건이고, 그 중 현대적 국한혼용문은 24건으로 그 전체 사설 대비 사용 비율은 6.74%다. 그런데 〈표 3〉에서 1923년 사설 중에서 비현대적 국한혼용문을 사용한 사설 322건에서의 다섯 유형의 비현대적 요소 출현 양상을 보면 흥미로운 모습을 보인다. 다섯 유형 중 종결어미류의 출현 비율은 전체 대비 20.22%이다. 즉 비현대적 국한혼용문을 사용한 322건 중에서 종결어미가 현대화하지 않은 것은 72건 남짓이라는 의미이다. 이에 비해 비현대적 단음절 한자어 용언을 사용한 것은 322건 중 284건으로 1923년 사설 전체의 79.78%를 차지한다. 사설 10건 중 8개에 비현대적 단음절 한자 용언 즉 '有하-, 在하-, 無하-, 如하-, 然하-' 중 하나 이상의 용례가 있다는 의미인 것이다. 이는 1923년의 사설 중 현대적 국한혼용문의 비율이 7%를 넘지 못한 것이 실상은 단음절 한자 용언의 사용이 많았던 데에 기인한다는 것을 보여주는 것으로, 단음절 한자 용언의 고유어로의 교체가 어느 정도 진행되는가가 국한혼용문 현대화의 관건이 될 가능성이 있음을 의미한다. 이런 관점에서 단음절 한자어 용언의 사용에 초점을 두고 자료 전체를 살펴 보면 1924년부터 1933년까지의 10년간이 단음절 한자어 용언의 고유어화가 본격적으로 진행된 시기이다. 즉 1934년 이후는 단음절 한자어 용언의 고유어화는 이미 완성되는 것으로 볼 수 있다. 사설 전체의 98%~99%에서 고유어로 교체되기 때문이다.[13]

비현대적 국한혼용문을 가려낸 준거 요소의 개별적인 출현 양상이라는 관점에서 1934년 이후의 자료를 살펴보면, 국한혼용문의 현대화가 완성된 시기를 결정하려 할 때 문제가 되는 요소가 무엇인지도 어느 정도 파악할 수 있다. 즉 1934년 이후에는 비현대적 국한혼용문을 가려내는 준거 요소 중 종결어미류, 부사류, 단음절 한자 용언류가 사용된 사설 건수의 비율이 전체 사설 건수 대비 1%에도 미치지 못한다(음영 부분). 따라서 〈표 2〉에서 1930년대 중반 이후에도 현대적 국한혼용문의 출현 비율이 80%를 넘어서지 못하는 것은 한자어 대명사류 및 한자어 관형사류의 사용 비율이 높기 때문이라고 이야기할 수 있다. 특히 한자어 대명사의 고유어로의 교체가 완성되면 다른 비현대적 요소는 나타나지 않는다고 이야기할 수 있을 정도이다. 물론 본 연구에서 검토한 자료에서는 그러한 단계까지 이른 자료는 확인되지 않는다.

2장 3)과 4)의 논의를 바탕으로 〈표 2〉와 〈표 3〉을 다시 검토해 보면, 국한혼용문의 현대화가 확립되는 시기를 결정하는 데에는 몇 가지 기준을 세워볼 수 있다.
① 현대적 국한혼용문의 비율이 일정 수준을 넘어서는 것을 기준으로 하는 방법, ② 비현대적 국한혼용문을 추출하는 준거 요소 중 특정 단위의 출현 여부를 기준으로 삼는 방법, ③ 현대적 국한혼용문의 비율과 함께

13) 1937년은 예외적이다. 단음절 한자어 용언이 사용된 사설이 4건 확인되기 때문이다. 4건에서 '如한'이 3개, '有하야, 有한'이 각각 1개씩 용례가 확인된다.

특정 유형의 준거 요소를 함께 고려하는 방법.

　필자로서는 세 번째 방법을 택하는 것이 합리적이지 않은가 하는데, 이 경우에도 현대적 국한혼용문의 사용 비율이 어느 정도에 도달했을 때를 기준으로 할 것인가를 결정하기 쉽지 않다. 현재로서는 현대적 국한혼용문의 사용 비율이 80%를 넘고,[14] 단음절 한자어 용언은 모두 고유어로 대치되는 시기를 국한혼용문의 현대화가 확립된 시기로 판단한다면 무리가 없을 것으로 생각한다. 그러나 국한혼용문의 현대화가 확립되었다고 해서 문체 현대화 과정이 완결되었다고 보는 것은 아니다. 문체 현대화의 완결은 현대적 국한혼용문의 비율이 확립 시기보다 훨씬 높아야 할 것이고, 한자어 대명사와 한자어 관형사가 고유어로 대치되는 비율도 더 높아져야 할 것으로 생각되기 때문이다.[15] 여기서 '확립'이라는 용어를 사용한 것은 글을 쓰는 사람의 선택에 따라서 얼마든지 현대적 표현을 사용할 수 있는 데에도 문체에 대한 취향에 따라 비현대적 표현을 사용하는 경우도 있을 수 있다는 점을 고려한 것이다.

---

14) 80%라는 수치를 기준치로 보는 것은, 현대적 국한혼용문의 사용 비율이 이 정도가 되면 한자어 대명사 및 한자어 관형사를 제외한 다른 비현대적 요소는 모두 현대적 단위로 교체되는 양상을 보이기 때문이다. 〈표 2〉의 1934년~1936년의 현대적 국한혼용문의 사용 비율과 〈표 3〉의 비현대적 요소의 사용 양상에서 같은 해의 것을 대조해 보면 이를 확인할 수 있다.

15) 한자어의 영향력을 생각하면, 한자어 대명사가 완전히 고유어로 대치되는 시기는 상정하기 쉽지 않을 것으로 보인다. 어떤 글에서 '余가'라는 표현을 사용했을 때 독자는 그것을 '의고적(擬古的)' 표현으로 받아들일 수도 있고 '내가' 대신 사용한 일반적 어휘 선택의 문제로 여길 수도 있다. 전자의 단계라면 현대화가 완결된 것이라 할 수 있겠지만, 후자인 경우에는 그렇게 이야기할 수 없을 것이다.

3. 신문 사설에서의 현대적 국한혼용문의 출현 및 확산의 배경

1) 왜 배경 문제를 이야기하는가

2장에서의 검토를 통해 현대적 국한혼용문이 동아일보 사설에 언제 처음 출현하는가를 확인하였고, 시기별로 비현대적 요소가 사용된 양상을 분석해서 현대적 국한혼용문이 확산되는 과정의 대강을 파악할 수 있었다. 그런데 이러한 사설 텍스트의 분석 결과를 보면서 신문 사설에 쓰인 국한혼용문의 현대화 과정과 관련해서 제기하게 되는 의문이 있다. 그것은 다음 두 가지다.

첫째, 신문 사설이라는 사용역에서 왜 창간된 해가 아니라 창간 3년 후인 1923년에 현대적 국한혼용문이 처음 나타나고, 그것이 또 불과 몇 년 사이에 급속히 확산되는 배경은 무엇인가?

둘째, '有하-, 在하-, 無하-, 如하-, 然하-' 등의 용언류나 '如히, 然이나' 등 부사류는 대부분 고유어로 교체되어 1930년대 이후에는 거의 쓰이지 않게 된 데에 비해, '吾人, 吾等, 余' 등 한자어 대명사류나 '此, 其, 彼' 등 한자어 관형사는 1940년까지 일정 비율 이상으로 쓰인다. 왜 이런 차이를 보이는가?

첫째 의문은 신문 사설에서 나타나는 국한혼용문의 현대화 과정이 순수히 언어 내적인 추력(推力)에 의해서만 진행되는 것이 아니지 않은가 하는 의구심에서 제기하게 된 것이다.

『동아일보』가 창간된 1920년은 현대 한국어 문체 형성 과정에서 일종의 전환을 겪던 와중이었다고 이야기할 수 있다. 『청춘(1914~)』, 『학지광(1914~)』, 『여자계(1917~)』 등 동경 유학생들이 중심이 되어 간행한 잡지

류의 국한혼용문 문체는 1900년대의 국한혼용문과는 꽤 거리가 있는
것이었고, 또 1910년대 후반은 최남선의『시문독본(1915)』간행 및 잡지
『청춘』의 문예 공모 등으로 이른바 시문체(時文體)가 보급되어 1900년대
의 국한혼용문과는 다른 새로운 문체 사용이 강조되던 시기였다. 그럼에
도 불구하고『동아일보』의 사설은 초창기 3년간 예외없이 비현대적 국한
혼용문을 사용하였다.16) 창간이라고 하는 새 출발의 계기를 맞고도 새로
이 대두된 문체가 아니라 10년 전에 주류였던 문체를 선택하게 된 배경이
무엇인가가 궁금하지 않을 수 없는 것이다.

　둘째 문제는 비현대적 국한혼용문이 현대적 국한혼용문으로 변전될
때에 작용하는 언어 내적인 추력(推力)이 무엇인가 하는 것과 관련된다.
한자어 대명사와 단음절 한자어 용언의 고유어로의 교체는 과연 동일한
기제에 의해 이루어지는 것으로 볼 수 있는가? 한자어 관형사와 한자어
부사의 고유어로의 교체에서 확인되는 현대화 정도와 교체 시기가 다른
것이 함의하는 바는 무엇인가 등을 검토해 볼 필요성을 느낀 것이다.

　물론 이 두 문제에 대해 직접적인 답을 구하기는 어렵다. 명시적으로
이에 대해 언급한 자료는 찾을 수 없기 때문이다. 따라서 이 장에는
1920년~1940년 사이라는 시대적 배경과 당대 지식인들의 글쓰기 방식에
대한 인식이 문체에 미친 영향, 그리고 국어 사용과 관련된 여건의 변화
등을 통해 간접적이나마 현대적 국한혼용문의 출현 및 확산의 배경을
검토하기로 한다.

---

16) 물론 비현대적 국한혼용문이라 해도 앞의 각주 8)에서 언급한 바와 같이 1900년대
　　의 신문 사설의 국한혼용문과 1920년~1922년 동아일보 사설의 국한혼용문 사이
　　에는 상당한 차이가 있다. 구체적으로 어떤 점에서 어느 정도 차이가 있는가를
　　확인하는 작업 역시 국한혼용문 현대화 과정을 밝히는 데에 중요한 부분이다.
　　이 문제는 앞에서 언급했듯이 차후의 연구로 미룬다.

2) 동아일보 사설에서의 현대적 국한혼용문의 출현 시기와 그 배경

한 신문의 사설의 문체는 대체로 주필을 포함한 사설 집필에 관여하는 이들의 문체 선택 성향에 따라 결정된다고 보아야 할 것이다. 동아일보의 연표를 보면 창간 당시의 주필은 장덕수, 편집국장 겸 편집인이 이상협으로 되어 있고, 유근과 양기탁이 편집 고문이었다. 주필인 장덕수는 유학생 잡지『학지광』의 편집부장을 역임했고, 이상협은『매일신보』의 기자를 거쳐 편집을 담당한 인물로 두 사람 모두 일본 유학생 출신이다. 한편 유근과 양기탁은 이들보다 20년 이상 연상인 인물로 유근은『황성신문』을 창간하고 주필을 역임했으며, 양기탁은 1900년대『대한매일신보』의 주필을 지낸 인물이다. 이런 경력을 바탕으로 추론해 보면 유근과 양기탁은 1900년대의 국한혼용문에 익숙한 인물이었던 반면, 장덕수, 이상협은 한 세대 다음의 인물이며, '조선어'적 문체에 적합하다고 했던 이른바 시문체(時文體)에 익숙했을 이들이다.

이러한 사실을 염두에 두고 초창기 동아일보 사설의 문체를 살펴보면, 이들 두 세대로 나뉘는 사설 집필 관련 인사들의 개인적인 경험과 취향, 그리고 신문사 안에서의 위상이『동아일보』사설의 초창기 문체를 결정하는 데에 어느 정도 영향을 주었을 것으로 보인다. 현대적 국한혼용문이 전혀 사용되지 않은 1920년~1922년 사이의 동아일보 사설의 문체는 『황성신문』혹은『대한매일신보』의 문체에 이어지는 것으로 볼 수 있는데, 이는 이 시기 사설 문체에는 유근 혹은 양기탁의 영향이 컸던 것으로 볼 수 있는 한편, 1923년 처음 등장하는 현대적 국한혼용문은 한편으로는 1914년 이후의 유학생 잡지에 보이는 국한혼용문의 문체에 이어지는 것이며, 다른 한편으로는 1910년대 후반부터 그 영향력을 키우기 시작한 시문체의 영향을 받은 것인데, 이러한 문체로 씌어진 사설들은 장덕수, 이상협의 글이거나 그 영향 아래에 있었던 것으로 생각되는 것이다.

　사설 집필을 담당한 이의 문체 선택 성향과 현대적 국한혼용문의 사용 비율의 상관성은 1924년 사설에서의 현대적 국한혼용문 사용 비율의 이상성(異常性)을 통해서도 감지된다. 1924년은 동아일보 사설에서 현대적 국한혼용문이 처음 출현한 다음 해인데, 현대적 국한혼용문의 사용 비율이 43%를 넘는다(〈표 2〉 참조). 그러나 이러한 비율은 그대로 유지되지 못하고, 1925년 이후 1920년대 후반에는 대체로 20%를 조금 넘는 수준에 그친다. 여기서 주목되는 것은 〈임꺽정〉의 작가인 홍명희가 동아일보의 주필을 담당한 시기가 1924년 5월부터 1925년 3월말까지였다는 사실이다. 홍명희는 한문에 능했으나 문학적 역량도 뛰어났고, 그의 국어 문장력과 어휘력은 잘 알려져 있다. 여기에 일본 유학도 경험한 인물이기 때문에 신문 사설의 문체 선택에서 진보적 성향을 보였을 가능성을 생각할 수 있는 것이다. 물론 이러한 생각은 현재로서는 추론에 그칠 수밖에 없는 것이어서 앞으로 더 천착해 볼 문제로 남기고 이 글에서는 더 이상 논의하지 않는다.

3) 문체 현대화의 두 기제: 문장 구조의 현대화와 어휘 선택

　이 절에서의 논의는 우선 이 글에서 비현대적 국한혼용문을 선별하는 데에 이용한 다섯 유형의 문체 현대성 판별의 준거 요소가 동일한 층위의 것이 아니라는 점을 지적하는 데에서 시작하기로 한다. 즉 이들은 크게 두 층위로 구분되는 것이다. 하나는 문장 구조의 현대화와 관련된 것으로 종결어미의 교체 및 단음절 한자어의 고유어 용언화가 그에 속한다. 반면 대명사 및 관형사의 고유어화는 문체 현대화와 무관하다고는 할 수 없으나, 문장 구조의 현대화와는 다른 층위의 문제이다. 단적으로 말해 필자 개인의 어휘 선택의 문제인 것이다. 부사 '如히, 然이나'의 고유어화는 양자의 성격을 복합적으로 가지고 있는 것으로 판단된다.

　우선 문장 구조의 현대화와 관련된 교체.

　종결어미가 현대의 것으로 바뀌는 것이 문장 현대화의 중요한 한 징표라는 사실은 이미 앞선 연구에서 논의된 바 있다. 이러한 어미의 현대화는 순한글 고전소설에서 사용되던 비현대적 종결어미들이 신소설의 등장 이후 새로 쓰이기 시작한 종결어미로 교체되는 것처럼 상대적으로 이른 시기에 진행된다. 국한혼용문 사설에서의 종결어미도 교체도 마찬가지다. 2장에서 검토한 바와 같이 사설에서의 종결어미의 현대화도 1920년대 말에 이미 완성 단계에 이르는 것이다. 이는 문장의 현대성 판별에 어미 사용이 가장 크게 영향을 준다는 점과 무관하지 않을 것이다.

　한편 단음절 한자 용언의 고유어화, 특히 본 연구에서 다룬 '有하-, 在하-, 無하-' 등이 '있-, 없-'으로 교체되는 것은 문장 구조의 현대화를 직접 반영한 것이다. 즉 19세기말의 국한혼용문이 구문적 층위나 어휘적 층위에서 한문 문법을 토대로 했던 것을, 국어 문법을 토대로 한 문장 구조와 표현으로 바꾸는 체계적, 구조적 문체 현대화 과정의 한 부분인 것이다.

　한문 문법을 토대로 한 문장 구성 혹은 표현 방식이란, 예를 들어 '사회적 자유가 있을지라도 정치적 자유는 없을 수 있다'는 표현을 '社會的 自由가 <u>雖有하야도</u> 政治的 自由는 <u>可無하다</u>' 등으로 표현하는 방식을 가리킨다. 국어 어미 '-ㄹ지라도'가 지니고 있는 양보의 의미를 한자 '雖'로 나타내면서 그것을 한자 '有'를 수식하는 부사적 용법으로 써서 '雖有하-'라는 한문구 용언[17])으로 표현하고, '-ㄹ 수 있-'이라는 국어의 가능을 나타내는 표현을 한자 '可'로 나타내면서 역시 '無'를 수식하는 부사적 용법으로

---

17) '雖有'와 같이 부사적 기능을 가지는 한자와 단음절 한자를 결합하여 두 음절 한자어를 형성하는 방식은 한문 문법에서는 편정(偏正) 병렬이라 한다. 한문 문법에 적용되는 일반적 조어법의 하나다. 초창기 국한혼용문이 한문 문법의 영향 아래에 형성되었다는 증좌의 하나다. 송민(2013), 한영균(2014 : 415) 참조.

사용하여 '可無하-'라는 한문구 용언으로 표현한 것이다.[18] 이러한 문장
구성 방식은 한문이 문자 생활의 기본이었던 19세기말의 지식인들에게는
상대적으로 자연스러운 것이었다고 이야기할 수 있다.

한문 문법에 토대를 둔 한문구 용언 '雖有하-'가 '있을지라도'로,[19] '可無
하-'가 '없을 수 있-'으로 교체되어야 완전히 국어화(현대화)한 것으로
이야기할 수 있을 터인데, 이러한 변전은 단번에 이루어지지는 않는다.
일차적으로 '社會的 自由가 有할지라도 政治的 自由가 無할 수가 有하니라'와
같이 한문구 용언은 해체하되,[20] 한자어 용언은 그대로 사용하는 단계를
거치는 것이다. 이렇게 동사 '有'는 그대로 사용하되 부사적 기능을 담당한
'雖'의 의미를 어미 '-ㄹ지라도'로 표현하고, 또 '可無'가 '無할 수 有하-'로
해체되어 '可'가 나타내던 가능의 의미를 '-ㄹ 수 有하-'와 같은 양태 표현의
용언구로 풀어서 표현하는 것은 1900년대 후반 국한혼용문에서 흔히

---

18) '雖有하-' '可無하-'를 한문구 용언이라고 지칭하는 것은 한문 문법에서 성구(成句)
   를 만드는 방식으로 만들어진 '雖有, 可無'를 국어 문장에 수용하면서 '-하-'와
   결합하여 용언으로 사용한 데에 초점을 둔 표현이다. 한국어 문법으로 만들어진
   용언이 아닌 것이다. 이런 류의 용언은 일부 예외를 제외하고는 현대 한국어로
   전승되지 않고 해체되고, 뒤이은 고유어화로 소멸하는 것이 일반적이다.

19) 이 때, '雖'가 가지고 있는 의미를 반영하여 '비록 X가 有하-'로 표현하는 경우를
   심재기(1992)에서는 중첩 표현이라고 지칭하고, '-ㄹ지라도'라는 어미만으로도
   양보의 의미를 충분히 나타낼 수 있는데 양보 부사 '비록'을 반복해 사용한
   것은 한문 문법의 영향이라고 보았다.

20) 근대 계몽기의 국한혼용문은 표현하려는 내용을 모두 한자로 적는 것이 원칙이었
   다. 우리말을 표현하려고 선택한 것이지만, 그 때 선택된 한자의 문법적 기능은
   한문 문법을 따른다. 따라서 한자의 조합으로 만들어진 구(句)는 한문구가 된다.
   그러나 이러한 한문구 표현이 국어의 문장 구성 방식(어순 등)에 어긋난다는
   사실을 인식하게 되면 한문구를 해체하게 된다. 그러면서도 개별 어휘는 여전히
   구 구성에 쓰인 한자어를 그대로 사용한다. '緣木求魚'를 해체하여 '木을 緣하여
   魚를 求한다'로 푸는 식이다. 이러한 까닭에 비현대적 국한혼용문에는 단음절
   한자어 용언의 비중이 높아지는데, 그 중에서도 '有하-, 無하-'는 현대어의 '있-,
   없-'에 대응되는 양태 표현의 용언구를 구성하는 요소로 사용되기 때문에 특히
   그 빈도가 높을 수밖에 없다.

나타나는 문장 구성 방식이다.

단음절 한자어 용언 '有하-, 無하-'가 '있-, 없-'으로 교체되는 것은 '한자어만 한자로 적고 고유어로 적을 수 있는 것은 고유어로 적는' 것이 조선식 글쓰기의 올바른 방법이라고 인식하게 된 후[21]에 일어나는 또다른 문장 현대화 과정의 한 부분이다. 결국 단음절 한자어 용언의 고유어화는 한문 문법을 토대로 만들어진 한문구 용언을 한국어 문법을 토대로 한 표현으로 교체하는 변전 과정 중의 마지막 단계에 해당하는 것으로 문장 구성 방식을 한국어 문법의 것으로 바꾸려는 구조적 변전의 한 부분이라고 할 수 있는 것이다.

그러나 한자어 대명사를 고유어로 교체하는가 그렇지 않은가 하는 것은 텍스트의 문체 현대성에 대한 인식에는 영향을 줄지언정 문장 구조의 현대화와는 직접적인 관계가 없다. 〈기미독립선언문〉의 첫머리의 표현 '吾等은 玆에 我 朝鮮의 獨立國임과 …'에서 '吾等'을 쓰느냐 '우리'를 쓰느냐는 글을 읽는 사람이 비현대적 혹은 현대적 문장이라고 느끼는 데에는 영향을 주겠지만, 문장의 구조적 현대성과는 무관한 것이다. 즉 한자어 대명사의 사용은 문장 구조의 현대화와 관련된 문제가 아니라 어휘 선택의 문제인 것이다.

한자어 부사의 고유어화와 한자어 관형사의 고유어화가 그 속도와 시기에 차이가 있는 것도 단음절 한자어 용언의 고유어화와 한자어 대명사 사용 사이의 관계와 유사하다고 할 수 있다.

한자어 부사는 이미 1920년대 후반에 이르면 그 사용 비율이 1% 미만이 된다.[22] 이에 비해 한자어 관형사의 사용 비율은 1930년대 후반에 이르러서도 10%를 넘는 양상을 보인다. 우선 고유어 관형사 '이, 그 저'를 사용하는

---

21) 이러한 인식의 결과가 이른바 시문체(時文體)의 사용 권장으로 이어진다.
22) 1938년 이후 그 비율이 1%가 되지만, 한자어 관형사의 사용 비율과는 다른 차원의 문제이다.

가 한자어 '此, 其, 彼'를 사용하는가는 한자어 대명사와 마찬가지로 어휘 선택의 문제라고 할 수 있다. 문제는 부사 '如히, 然이나'의 사용 양상인데, 실제로 '然이나'는 이미 1920년대 말에 이르면 쓰이지 않게 된다.[23] 〈표 3〉의 부사의 빈도 중 1930년대 이후의 것은 그 용례가 모두 '如히'인 것이다. 그런데 '如히'는 2장 1)에서 기술한 바와 같이 주로 '~와/과 如히' 구성으로 쓰였다. 이때의 '如히'는 독립된 용법이라기보다 구 구성으로 인식되는 것이며, 이 경우 구 구성의 후속 요소인 '如히'가 고유어 '같이'로 적을 수 있는 것을 한자어를 사용하였다는 인식이 이른 시기에 고유어화를 이룬 배경일 것이다.

여기서 〈표 2〉와 〈표 3〉을 다시 검토해 보면, 1934~1936년 사이 현대적 국한혼용문의 사용 비율이 80%까지 높아졌다가 1937~1940년 사이 60%대로 하락하는 것은 문체 현대화 과정의 퇴보를 의미한다기보다 사설의 필자가 고유어와 한자어 중에서 한자어를 선택하는 비율이 늘어났기 때문이라고 이야기할 수 있을 것이다.

4. 마무리: 요약 및 남은 문제들

지금까지 1920년부터 1940년까지 간행된 동아일보의 사설 전체를 대상으로 현대적 국한혼용문의 출현과 확산 과정을 검토하고, 신문 사설의 문체 현대화 과정이 국어 문체 형성 과정에 대해 함의하는 바에 대하여 검토하였다. 이 글에서의 논의를 요약하고 자료 검토 과정에서 제기된 문제들을 정리하는 것으로 글을 마무리하기로 한다.

---

23) 이는 접속 부사의 고유어화라 할 것인데, 접속 부사의 현대화도 종결어미와 마찬가지로 문장 현대성을 판별하는 데에 중요한 징표가 된다. 현대적 문장을 구현하려면 이들 접속 부사류를 현대적인 것으로 교체하여야 하는 것이다.

1) 논의 결과의 요약

본 연구를 통해 확인할 수 있었던 국한혼용문 사설의 현대화 과정과 관련된 사항은 다음과 같이 요약할 수 있다.

첫째, 비현대적 국한혼용문의 판별을 위한 준거 요소 및 그 사용 양상.

1920~1940년 동아일보 사설에서 비현대적 국한혼용문을 구별하는 데에 이용한 준거 요소는 종결어미, 한자어 대명사, 한자어 관형사, 한자어 부사, 단음절 한자어 용언 등 다섯 유형이었는데, 이들의 현대적 표현으로 교체되는 시기는 차이가 있다. 대체로 '종결어미 〉단음절 한자어 용언 〉한자어 부사 〉한자어 대명사 및 한자어 관형사'의 순으로 현대적 표현(고유어)으로 교체된다.

그런데, 비현대적 국한혼용문을 구분해 주는 준거 요소의 현대화는 문장 구성 방식의 현대화와 현대적 어휘의 선택이라는 두 가지 기제에 의한 것을 구분하여야 한다고 보았다. 예를 들어 단음절 한자어 용언의 고유어화는 국어 양태 표현 구성을 한문구 용언에 의존하던 것을 국어 문법에 따른 표현으로 바꾸는 과정의 한 부분으로 문장 구성 방식의 현대화라는 구조적 변전에 필수적으로 요구되는 것이었던 반면, 한자어 대명사와 고유어 대명사 중 어떤 것을 사용하느냐 하는 어휘 선택의 문제로 본 것이다. 문체 현대화가 진행됨에 따라서 한자어 대명사를 사용에 대한 독자의 감각이 달라지기는 하지만, 구조적 변전과는 관계가 없는 교체라고 할 수 있다는 것이다.

둘째, 국한혼용문 사설 문체의 현대화.

동아일보 사설에서 현대적 국한혼용문이 처음 출현한 것은 1923년 9월이다. 그 이후 1920년대 후반에는 20~30%의 출현 비율을 보이다가, 1930년대에 들어서서야 50%를 넘어선다. 이후 1934~1936년 사이에는

80%에 달하기도 하는데, 1937년 이후 다시 60%대로 낮아진다. 따라서 국한혼용문의 현대화가 언제쯤 완결된다고 할 것인가에 하는 문제는 여러 요소를 함께 고려할 수밖에 없다. 기본적으로 국한혼용문의 현대화가 확립된 시기를 확정하는 데에는 현대적 국한혼용문의 사용 비율과 비현대적 국한혼용문을 추출하는 준거 요소 중 특정 단위의 출현 여부를 함께 고려하여야 할 것이다. 다만, 현대적 국한혼용문 사용의 확립과 국한혼용문 문체 현대화의 완결은 구분할 필요가 있다고 보았다.

2) 남은 문제들

과문의 탓일지 모르지만, 국어사적 관점에서 일제 강점기의 국한혼용문 사설의 문체 변화와 관련된 문제는 지금까지 한 번도 논의된 적이 없었다. 일제 강점기의 국한혼용문 사설은 국어 문체사 연구의 새 자료인 것이다. 새로운 자료를 다루는 것은 흥미로운 일이지만, 자료의 검토를 통해 얻어지는 결론만큼이나 그와 관련해서 새로 제기되는 문제도 더 쌓인다는 것이 글을 정리하면서 느끼는 소회이다. 여기서는 이 글에서의 논의와 관련해서 제기되는, 앞으로 해결해야 할 문제들을 정리하는 것으로 글을 마무리하기로 한다. 이런 작업이 필자 자신의 앞으로의 연구를 위해서도 그렇고, 앞으로 다른 사용역의 자료를 이용해서 이와 유사한 연구를 계획하는 경우나 신문 기사의 문체 현대화 과정을 새로 다루려는 이들에게도 필요할 것이기 때문이다.

첫째, 20세기 전반기의 비현대적 국한혼용문 사설의 문체와 관련된 문제.

일제 강점기 초기 10년 사이, 우리는 우리 손으로 신문을 발행하지 못했다. 따라서 20세기 초반 신문 사설의 문체 연구를 위한 자료는 1910년부터 1919년까지 10년동안 공백이라고 할 수 있다.[24] 그런 까닭인지 1900년 말엽의 신문 사설과 1920년대 초반 신문 사설은 둘 다 비현대적 국한혼용문이라고 이야기할 수 있음에도 불구하고, 그 사이에는 감각적으로 상당한 거리가 느껴진다. 그러한 느낌을 받게 한 까닭이 무엇인지 밝힐 수 있어야 국한혼용문 현대화 과정에 대한 좀더 구체적인 이해가 가능할 것이다. 여기에 1930년대에 간행된 사설 중에도 이 글에서의 자료 분석에서 비현대적 국한혼용문으로 구분된 것들이 적지 않다. 그러나 이들 역시 1920~1922년 사이의 사설의 문체와는 상당히 다르다. 결국 20세기 전반기의 자료로 '비현대적 국한혼용문 사설'이라고 지칭할 수 있는 대상은 최소한 세 가지 부류로 나뉘는 셈이다. 1900년대 말엽의 자료, 1920~1922년의 자료, 1930년대 후반의 비현대적 국한혼용문 자료. 이 세 부류의 문체를 대조하여 그 이동(異同)을 밝히는 것이 국한혼용문 사설 현대화 과정을 좀더 구체적으로 이해하기 위한 첫째 과제가 될 것이다.

둘째, 검토 대상 자료의 사용역 확대와 관련된 문제.

국한혼용문을 사용한 장르는 다양하지만 여기서는 신문 사설과 일반 평론의 문체에 대한 대조 분석의 필요성에 대해서만 언급해 두기로 한다.

1920년대에 들어서면 이미 상당량의 문학, 연극, 영화, 기타 예술 활동에 대한 평론이 신문, 잡지에 기고되는 것을 확인할 수 있다(cf. 양승국(2006), 백문임(2016)). 이들 평론은 신문 사설과 같은 논설문 범주로 다루어질 수도 있겠지만, 신문 사설의 문체와 평론의 문체 사이에는 작지 않은 차이가 있다. 평론이 개인의 문체라고 한다면 신문 사설은 신문사의 입장을 표명하는 것이라는 차이에서 오는 것일 수도 있는데, 구체적으로

---

24) 물론 1910부터 간행된 『매일신보』가 있지만, 그 문체는 10년간 거의 변화가 없다. 1900년말의 신문 사설과 유사한 것이다.

그 대조가 이루어진 적은 없다. 이 역시 앞으로 현대 한국어 문체 형성 과정을 밝힌다는 관점에서의 연구가 필요하다고 할 것이다.

셋째, 현대성 판별의 준거 요소 이외의, 현대적 혹은 비현대적 국한혼용 문 텍스트를 구성하는 언어 단위에 대한 분석의 필요성.

본 연구에서는 논의의 초점을 분명히 하기 현대적 국한혼용문과 비현대 적 국한혼용문을 구분하는 데에 다섯 유형의 준거 요소를 이용하였다. 그러나 실제 이 시기 텍스트에는 미처 언급되지 않은 많은 비현대적 언어 단위들이 포함되어 있으며, 그들의 사용 양상도 시기에 따라 차이가 있다. 국한혼용문의 문체 현대화에 대한 좀더 심도있는 논의가 이루어지 기 위해서는 이들에 대한 추가적 분석이 필요하다고 할 것이다.

참고문헌

김영민, 「근대 계몽기 문체 연구-유길준을 중심으로」, 『동방학지』 148, 연세대학
　　　교 국학연구원, 2009, 392~428쪽.
김완진, 「한국어 文體의 발달」, 『韓國 語文의 諸問題』, 일지사, 1983, 229~254쪽.
김형철, 『개화기 국어 연구』, 영남대학교 출판부, 1997.
권두연, 『신문관의 출판 기획과 문화운동』, 고려대학교 민족문화연구원, 2016.
김미형, 「한국어 문체의 현대화 과정 연구-신문 문장을 중심으로」, 『어문학연구』
　　　7, 상명대학교 어문학연구소, 1998, 123~147쪽.
김미형, 「논설문 문체의 변천 연구」, 『한말연구』 11, 2002, 23~71쪽.
김지영, 「최남선의 시문독본 연구」, 『한국현대문학연구』 23, 현대문학연구회,
　　　2007, 83~129쪽.
문혜윤, 「조선어 문장 형성 연구의 향방」, 『상허학보』 42, 상허학회, 2007, 93~121
　　　쪽.
백문임, 『조선영화란 하오: 근대 영화비평의 역사』, 창비, 2016.
송　민, 「한자어에 대한 어휘사적 조명」, 『국어학』 66, 국어학회, 2013, 3~40쪽

심재기, 「개화기의 교과서 문체에 대하여」, 『국어국문학』 107, 국어국문학회, 1992, 182~194쪽

안예리, 「시문체의 국어학적 분석」, 『한국학논집』 46, 계명대학교 한국학연구원, 2012, 233~264쪽.

안예리, 「'1음절 한자어 + 하다' 용언의 통시적 변화—말뭉치 언어학적 접근」, 『한국어학』 58, 한국어학회, 2013, 107~133쪽.

안예리, 「20세기 초기 종결어미의 분포와 용법─표기체와 사용역을 중심으로-, 『시학과 언어학』 28, 시학과 언어학회, 2014, 7~29쪽.

안예리, 「보도기사 전언(傳言) 종결 표현의 변화」, 『한국어학』 66, 한국어학회, 2015, 161~187쪽.

양승국, 『한국 근대 연극 영화 비평자료집』 1~20권, 역락, 2006.

유경민, 「국한혼용문 성경의 정착 과정─『간이선한문 신약성서』를 중심으로」, 『국어사연구』 13, 국어사학회, 2011, 267~305쪽

유경민, 「국한혼용문 성경과 현대 한국어 문체의 상관성」, 『반교어문연구』 38, 반교어문학회, 2014, 163~193쪽.

이기문, 「개화기의 국문 사용에 관한 연구」, 『한국문화』 5, 서울대학교 한국문화연구소, 1984, 65~84쪽.

이윤재, 「조선말은 조선적으로」, 『신민』 제2권 제5호, 1926, 『10월의 문화인물』 국립국어연구원 1992, 28~20쪽 재수록.

임상석, 『20세기 국한문체의 형성과정』, 지식산업사, 2008.

임상석, 「『시문독본』의 편찬 과정과 1910년대 최남선의 출판 활동」, 『상허학보』 25, 상허학회, 2009, 47~78쪽.

한영균, 「현대 국한혼용문체의 정착과 어휘의 변화」, 『국어학』 51집, 국어학회, 2008, 229~256쪽.

한영균, 「문체 현대성 판별의 어휘적 준거와 그 변화」, 『구결연구』 23, 구결학회, 2009, 305~342쪽.

한영균, 「서유견문 문체 연구의 현황과 과제」, 『국어학』 62, 국어학회, 2011, 225~269쪽.

한영균, 「『서유견문』 용언류 연구」, 『구결연구』 33, 구결학회, 2014, 393~441쪽.

한영균, 「현대 한국어 성립기의 설정과 하위 구분」, 『한민족어문학』 70, 한민족어문학회, 2015, 63~108쪽.

한영균, 「언문일치에 대한 인식의 변화와 그 구현─국한혼용문의 현대화 과정과

관련하여」, 『언어사실과 관점』 41, 연세대학교 언어정보연구원, 2017, 5~31쪽.

한영균, 「국한혼용문의 현대화 과정에 대한 시론」, 『언어와 정보사회』 31, 서강대학교 언어정보연구소, 2017, 367~390쪽.

한영균·유춘동, 「고소설의 서사 방식 변화와 필사 시기 추정의 상관성에 대한 시론」, 『열상고전연구』 54, 열상고전학회, 2016, 605~628쪽.

홍종선, 「유길준의 국문 인식과 근대 전환기 언문일치의 실현 문제」, 『한국어학』 70, 한국어학회, 2016, 211~234쪽.

찾아보기

출전

1부

- 「훈민정음의 창제와 유교 교화의 확대」, 『동방학지』 194, 2021.
- 「조선후기 훈민정음 연구의 사상 맥락과 성과 — 崔錫鼎과 柳僖를 중심으로 — 」, 『동방학지』 194, 2021.

2부

- 「한글과 민주주의의 '어울림' 풀이 — 역사 사회학의 눈으로」, 연세대학교 국학연구원 제473회 국학연구발표회(주제: 한글의 사회사 — 민본에서 민주로, 교화에서 운동으로), 2020년 10월 8일(이 글을 깁고 다듬어 늘림)
- 「식민 지배 체제의 극복과 민족 통합의 관점에서 본 한글 운동의 사회사」, (『위대한 유산 한글 580년의 여정』(가갸날, 2021)에 실린 「한글 운동의 역사적 의의」를 줄이고 고친 것임)
- 「근대계몽기 '국문론'의 양상과 새로운 주체 형성의 문제에 대하여」, 『語文研究』 제47권 3호, 2019.

3부

- 「유희『物名考』에 수록된 한글대응어의 가치」, 『동방학지』196, 2021.
- 「"아학편(兒學編)" 영단어 발음의 한글 표기에 관한 소고」, 『인문언어』 22.2호, 2020.12.31.
- 「빙허각 이씨의 유서 저술과 한글 표기」, 『한국고전여성문학연구』36집, 한국고전여성문학회, 2018.6.30.
- 「말한다는 것, 이른바 '왈(曰)'을 둘러싼 한글 소설 향유층의 의사소통 이해와 실천-한국서사문학사의 발화동사를 둘러싼 '어휘군/어휘장' 분석을 경유하여」, 『동방학지』195, 2021.

4부

- 「『제국신문』의 국문 인식과 한글 독자-'국문' 표현 기사를 중심으로」, 『동방학지』196, 2021.
- 「신문 사설에서의 현대적 국한혼용문의 출현 및 확산」, 『국어국문학』 184, 2018.

필자 (논문 게재순)

도현철 Do, Hyeon-Chul	연세대학교 사학과 교수
정호훈 Jeong, Ho-Hun	서울대학교 규장각한국학연구원 HK교수
박영신 Park, Yong-Shin	연세대학교 사회학과 명예교수/경희학원 고황석좌
이준식 Lee, Jun-Sik	전 독립기념관 관장
김병문 Kim, Byung-Moon	연세대학교 근대한국학연구소 HK교수
박부자 Park, Poo-Ja	성신여자대학교 국어국문학과 부교수
이석재 Rhee, Seok-Chae	연세대학교 영어영문학과 교수
박영민 Park, Young-Min	고려대학교 민족문화연구원 연구교수
최기숙 Choe, Key-Sook	연세대학교 국학연구원 교수
권두연 Kwon, Du-Yeon	한세대학교 교양학부 조교수
한영균 Han, Young-Gyun	연세대학교 명예특임교수

연세국학총서 121

한글의 사회문화사

박영신·도현철·최기숙 외 지음

초판 1쇄 발행 2022년 6월 30일

펴낸이 오일주
펴낸곳 도서출판 혜안

등록번호 제22-471호
등록일자 1993년 7월 30일

주소 ⊕ 04052 서울시 마포구 와우산로 35길 3(서교동) 102호
전화 3141-3711~2
팩스 3141-37107
이메일 hyeanpub@hanmail.net

ISBN 978-89-8494-684-2　93710
값 32,000 원